原本老乞大 新註新譯
원본노걸대 신주신역

이육화 역주

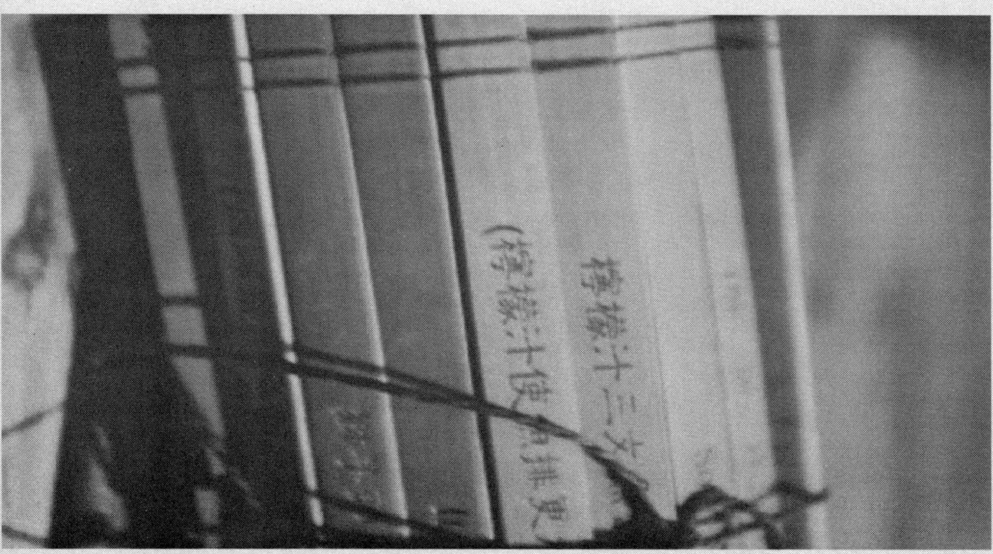

신아사

緖 論

≪原本老乞大≫[1], ≪老乞大≫, ≪重刊老乞大≫, ≪老乞大新釋≫ 등의 이른바 ≪老乞大≫系列書는 高麗末부터 朝鮮朝에 이르기까지 약 500여 년 동안 중국어 학습을 위해 편찬된 중국어회화 교재이다. 이러한 ≪老乞大≫系列書는 中國의 元·明·淸의 여러 시대를 거치면서 그 시대가 가지는 언어의 환경과 변화에 맞춰 일정한 시기를 두고 改修編纂되어 당시의 중국어 학습서로 중국은 물론이고 세계의 여타 文獻에서는 그 類例를 찾아 볼 수 없는 독특한 성격의 것이다. 특히 1998년에 最古本으로 추정되는 ≪原本老乞大≫(1346년)本이 발견됨으로써 국내외 학계에서는 세기의 발견이라고 찬사를 받으면서 주목을 받고 있고, 또한 활발한 연구가 진행되고 있는 것이다. 이러한 ≪老乞大≫系列書는 中國의 近代 漢語語彙 및 漢語口語發展史 등 연구에 소중한 資料인 동시에 漢語原文을 당시의 한글로 表音하고 對譯

1) ≪原本老乞大≫는 1998년 경북대학교 南權熙교수가 최초로 古本 ≪老乞大≫를 發見한 후, 정리를 거쳐 2000년 경북대학교 출판부에서 ≪元代漢語本老乞大≫라는 서명으로 출판되었고, 같은 해 北京外語敎學與硏究出版社에서 ≪原刊老乞大硏究≫이라는 書名으로 각각 출판되었다. 2002년에 北京外語敎學與硏究出版社에서 修訂本(鄭光 主編)을 다시 出版하면서 ≪原本老乞大≫라고 改名을 하였다. 이에 或者는 "舊本老乞大" 또는 "元本老乞大", "古本老乞大" 等으로 부르고 있는데, 최근 발견된 ≪原本老乞大≫가 이른바 崔世珍이 ≪老乞大集覽≫ 等에서 언급한 "古本", "舊本"인지는 알 수가 없고, 또한 ≪老乞大≫의 최초의 原本인지도 알 수는 없다. 다만 鄭光이 최근 중국과 한국에서 각각 ≪原本老乞大≫라고 書名으로 解題와 譯註를 하였고, 본 논문도 鄭光 譯註解題의 ≪原本老乞大≫(2004년, 김영사)에서 原文과 譯註를 참고하였음으로 이에 ≪原本老乞大≫라는 書名을 쓰기로 하였다.

文을 병기한 諺解書들은 우리 國語史 연구의 소중한 자료로 평가받고 있다.

현재까지 最古本으로 추정되는 ≪原本老乞大≫가 세상에 모습을 드러냈다. 이에 鄭光선생께서는 先行의 諺解本이 없는 가운데서도 元代 漢語口語의 생생한 記錄인 最古本 ≪原本老乞大≫를 細密한 考證과 함께 豊富한 註解를 가하여 "鄭光譯註 · 解題 ≪原本老乞大≫(김영사, 2004년)", "鄭光譯註 · 解題 ≪譯註原本老乞大≫(박문사, 2010年)를 편찬 간행하였다. "鄭光譯註 · 解題 ≪原本老乞大≫ 一書는 국내외 최초로 後學들을 위하여 語彙 하나하나에 細密한 考證과 함께 상세한 설명을 가한 註釋을 달고, 총 106話로 구분하여 우리말 번역문과 함께 原文을 수록하고 있다.

지금도 國內外的으로 ≪原本老乞大≫에 대한 단편적인 연구는 계속되고 있지만, 본 연구자는 近代漢語 語彙에 관한 일련의 연구를 진행하면서 ≪原本老乞大≫ 一書가 중국어 즉 漢語로 상세하게 註釋이 되어 있었다면 국내뿐만 아니라 對外的으로 우리의 譯學書를 연구하는 학자들에게 많은 도움이 되고, 그 聲價가 더욱 提高되지 않았을까 하는 생각이다.

또한 근래에 出刊된 ≪老乞大≫에 관한 譯註書를 참고하면서, 우리는 近代漢語의 여러 문헌을 대하면서 현재 우리가 알고 있고, 또한 구사하고 있는 現代漢語의 지식으로 近代漢語의 여러 현상들을 이해하고 해석하려는 경향이 있음을 보았다. 예를 들어 ≪原本老乞大≫에서 볼 수 있는 語彙 '話(兒)'에 대한 해석이 그러한 경우일 것이다.

這一兩半也昏。

이 한 냥 반짜리 지폐도 흐리게 보이는데요.

你却休謊, 恰早來喫 飯處貼 將來的鈔。
함부로 지껄이는 것이 아니야. 아침에 밥 먹는 데서 거스름돈으로 받은 지폐라니까.
儘教。胡留下者, 便使不得也罷。
됐어요, 어쨌든 두고 가시죠. 쓰지 못해도 할 수 없지.
你要那話怎麽? 使不得呵, 你肯要那?
당신 말을 그렇게 하는 것이 아니야. 쓰지도 못하는 것을 당신이 달라고 하겠어?

위의 예문은 근래 간행된 ≪原本老乞大≫의 譯註書에서 원문 그대로 옮겨 적은 것이다. 문제는 '話'를 '說話'의 '話', 즉 '말하다'로 간주하여 번역을 했기 때문에 原文의 의도와는 전혀 다르게 번역되고 있다고 보았다. 즉 위의 예문의 '你要那話怎麽'에서의 '要'는 '달라고 하다', '요구하다'의 의미를 가지는 動詞이고, '那話'는 '錢(昏鈔)'을 대신하고 있으므로 現代漢語의 '你要那種錢(昏鈔)幹甚麽?' 또는 '你爲甚麽要我那種使不得的錢呢?' 등으로 바꿔 놓을 수가 있을 것이다. 또 그래야만 위의 예문의 전체적인 의미가 맞아 떨어지는 것이다. 아무리 번역을 폭넓게 한다고 해도 '你要那話怎麽'를 '당신 말을 그렇게 하는 것이 아니야'라고 번역할 수는 없다고 본다. ≪原本老乞大≫ 時代에서의 '話(兒)' 또는 '話'라는 어휘는 어떤 사물이나 情況을 隱語的으로 나타내는 특수한 쓰임의 어휘이다. 직접적으로 어떤 사물이나 일에 대하여 지칭하기가 곤란하거나 은유적으로 지칭하고 할 때는 '話(兒)' 또는 '那話'를 쓰는 경향이 그 시대에서는 있었던 것이다.[2]

'你要那話怎麽'의 '那話'를 당시의 의미로 쓰이고 있는 '그것' 또는

2) 近代漢語에서 쓰이는 話(兒)', '話'에 논의는 拙稿(<老乞大語彙考(3)>, 中國語文論叢 41輯, 09年)와 本文의 第1話와 第50話에서 상세히 다루고 있다.

'그러한 것' 등으로 해석이 된다면 다음의 번역과 같이 앞뒤 정황에도 맞고 논리가 정확한 우리말 번역이 될 수 있다고 본다.

> 這一量半也昏。
> 이 한 냥 반짜리도 흐리게 보이오.
> 你却休謊, 恰早來喫 飯處貼 將來的鈔。
> 말을 함부로 하지 마시오, 아침에 밥 먹을 때 거스름돈으로 가져온 것이요.
> 儘教, 胡留下者。便使不得也罷。
> 됐어요, 그냥 받겠소, 설령 사용하지 못하더라도 별 수 없지요.
> 你要那話怎麽? 使不得呵, 你肯要那?
> 당신은 어째서 그런걸(그 쓰지도 못할 돈을)받는 것이요? 사용할 수 없다면, 당신이 받기나 하겠소?

또한 후세의 우리는 崔世珍 등이 언해한 諺解類의 자료에 대하여 전해져 내려오는 그대로의 모습을 무조건 신뢰하고 있다는 점이었다. 예를 들어 "偏背" 語彙가 그 대표적인 한 事例일 것이다. 아래 예문 1)번은 ≪原本老乞大≫에서 사용된 "偏背" 用例이고, 예문 2)번은 ≪飜譯老乞大≫에서도 똑 같은 장면에서 똑같이 쓰이고 풀이되고 있는 "偏背"의 用例이다.

> 1) 小人姓王, 在東京城裏閣北街東住。哥哥因事到東京, 不棄嫌小人呵, 是必家裏來。
> 소인은 왕(王)이라 하옵고 동경성의 閣北街 동쪽에 살고 있습니다. 아저씨께서 무슨 일로 동경에 오실일이 있고 만일 소인을 싫어하지 않으신다면 꼭 저희 집에 들러주십시오.
> 那般者。去時節, 便尋恁家裏去。
> 그럽시다. 혹시 간 일이 있을 때에는 댁을 찾아가도록 하겠습니다.
> 俺偏背你那。
> 설마 모르는 척은 안 할 것입니다.

2) 小人姓王, …… 若能勾去時節, 便尋你家裏去。
小人· 의 : 셩· 은 王 : 개로 · 니 … : 힝· 혀 유 · 여 · 히 갈 시 · 져 · 리 · 면 · 곧 네 집 · ᄎᆞ · 자 : 가 · 마.
소인은 왕가이옵고, … 혹시 여유가 있어 갈 때에는 꼭 당신 집을 찾아가겠습니다.
我偏背你。(飜老 45a)
내 · 라 · 독 · 벼 · 리 너를 ᄇᆞ· 리 · 려.
내가 특히 당신을 버리겠습니까?

위의 예문의 1)번과 2)번의 번역 역시 近刊된 譯註書에서 원문을 그대로 옮겨 적은 것이다. 여기서 논의하고자 하는 것은 '偏背'에 대한 해석이다. '偏背'에 대해서 崔世珍은 '독벼리(따로)'라고 諺解하였고, 鄭光 또한 위의 두 권의 譯註書에서 '偏背'에 대해서는 별도의 註釋을 달지 않고, 위의 예문의 번역에서처럼 '설마 모르는 척은 안 할 것입니다', '내가 특히 당신을 버리겠습니까?'라고 통틀어 번역하고 있음을 볼 수 있다.

現代漢語에서는 '偏背'에 대한 用例를 찾아 볼 수는 없지만, 그러나 元明淸時代의 文獻에서는 '偏背'의 用例를 쉽게 찾을 수가 있다.

3) 小弟偏背不多時, 你餓渴了自吃。(明 · 施耐庵 ≪水滸後傳≫一回)
제가 방금 전 먼저 먹었습니다, 배가 고픈 것이니 혼자서 드시지요.
4) 三人輪流取樂, 不許偏背。(明 · 湯顯祖 ≪南柯記≫三七(劉潑帽 · 前腔)白)
세 사람이 돌아가면 즐겨야지, 독점해서는 아니됩니다.

위의 예문 3)번의 '偏背'는 謙讓語로서 '밥을 먼저 먹어서 죄송합니다'라고 의미를 가지는 것으로, 즉 現代漢語로는 '先用了飯了'의 의미인 것이다. 예문 4)번도 '搶先享用'의 의미를 가지고 있다. 이와 같이 '謙讓語'로서의 '偏背', '偏倍'은 元代에서 淸代에 이르기까지 '已先用

膳', '占先' 등의 의미로 보편적으로 쓰이고 있었던 語彙인 것이다. 그러므로 '偏背'에 대한 ≪飜譯老乞大≫의 諺解는 잘못 번역되었다고 보는 것이고, 그러한 諺解를 응용하여 '내가 특히 당신을 버리겠습니까?' 등으로 번역한 것도 문제가 있다고 보는 것이다. 이에 아래의 例文은 ≪原本老乞大≫에서 쓰이고 있는 '偏背'에 대하여, 本義에 따라 번역을 해본 것이다.

商人 : 主人家哥, 俺幾箇行路的人, 還早晚不曾喫早飯, 前頭又無甚店子, 俺特的來, 怎生糶與些米做飯喫。
주인장! 우리 일행들은 여태까지 아침을 먹지 못했습니다. 앞에는 또 다른 주막도 없어서, 이렇게 찾아왔습니다. 부디 쌀을 파시고 밥을 지어먹을 수 있도록 해주시오.

主人 : 索甚麽糶米? 俺的飯熟也, 客人每喫了過去。… 恁外頭更有伴當麽? ……
쌀을 팔 필요가 있겠습니까? 우리 밥이 다 되어가니, 손님들은 먹고 가시오. … 밖에 또 다른 동료가 있소? ……

商人 : 小人姓王, 在東京城裏閣北街東住。哥哥因事到東京, 不棄嫌小人呵, 是必家裏來。
저는 王씨데, 東京城에서 살고 있습니다. 張社長께서 제가 있는 곳에 볼일이 있어 오시고, 소인이 싫지 않으시면 제 집에 꼭 들러주십시오.

主人 : 那般者。去時節, 便尋恁家裏去。
그렇게 하겠습니다. 가게 된다면, 형씨 집에 꼭 찾아가겠습니다.

商人 : 俺偏背你那。兀那人家, 俺恰纔糶米去來, 不肯糶與, 他每做下的見飯, 與俺喫了。又與你將來。
(일행이 기다리는 곳에 와서) 제가 먼저 배를 채웠습니다. 저 집으로, 내가 조금 전에 쌀을 팔러 갔었는데, 우리에게 팔려고 하지 않고, 그분은 지어진 밥을, 우리에게 먹도록 하였고, 또 형씨에게도 가져다주도록 주셨습니다.

'길을 가는 상인들이 어떤 마음씨 고운 사람을 만나 밥을 공짜로

얻어먹게 되고 또한 그 자리에 없는 동료의 밥까지 챙겨주어 고마움을 표하고 기다리는 일행에게 돌아와 먼저 요기를 했음을 미안해하면서 전후사정을 알리는' 흐뭇한 줄거리를 가진 이야기이다.[3]

앞에서 제시한 두 가지 경우 가운데, 前者는 現代 漢語知識으로 近代漢語를 이해하고자 한 것이고, 後者는 諺解의 解釋을 그대로 인용하여 誤謬를 범한 경우라 할 것이다.

≪原本老乞大≫에 대한 연구는 2008년부터 2015년 현재까지 '中國語文論叢', '中國學論叢', '中國語文論譯叢刊' 그리고 '中國人文科學' 등의 여러 학회지에 <老乞大語彙考>, <朴通事語彙考釋>, <原本老乞大新註新譯>, 등의 이름으로 발표된 약 20여 편에 달하는 논문의 결과물이며, 近來 出刊된 ≪老乞大≫와 관련된 여러 譯註書와 近代漢語詞典과 近代漢語와 관련된 각종문헌을 참고하고 고증 등의 작업을 거쳐 ≪原本老乞大≫에 대해서 상세한 漢語原文의 註釋을 달고 우리말 번역을 하여, ≪原本老乞大新譯新註≫[4]이라는 題目으

---

3) ≪老乞大新釋≫과 ≪重刊老乞大≫에서는 ≪原本老乞大≫에서의 '俺偏背你那'句節을 '我肯忘了你麽'로 改修되고 있음을 볼 수 있는데, 이는 '偏背'에 대한 해석을 잘못한 결과라고 본다. (拙稿, 老乞大語彙考(三)>, 中國語文論叢, 41輯, 2009년)

4) ≪老乞大≫系列書에 대한 既存의 譯註書로는 ≪飜譯老乞大≫, ≪老乞大諺解≫, ≪老乞大新釋諺解≫, ≪重刊老乞大諺解≫ 등 4종의 飜譯(諺解)書 외에 註釋本이라 할 수 있는 ≪老朴集覽≫이 있고, 近來의 譯註書로는 鄭光先生이 譯註한 ≪譯註飜譯老乞大≫(鄭光 監修, 國語史資料硏究會, 太學社, 1995年)와 ≪原本老乞大≫(鄭光 譯註解題, 김영사, 2004年) 그리고 ≪譯註飜譯老乞大와老乞大諺解≫(鄭光 지음, 신구문화사, 2006年)가 있다. 本稿는 既存의 '譯註'라는 명칭과의 중복을 피하고, 또한 既存의 譯註本의 미진한 부분을 새롭게 해석하고 보완을 했다는 의미로 '新註'라고 하였다. 또한 原文을 한글로 번역함에 있어 直譯함을 원칙으로 하였으나, 일부 매끄럽게 번역을 할 수 없는 부분에서는 原文 本然의 모습을 해치지 않는 범위 안에서 意譯의 방

로 諸賢들의 高見을 구하고자 한다.

老乞大·朴通事系列書는 老乞大朴通事時代를 代表하는 當時의 漢語의 口語이고, 近代漢語의 變遷과 發展過程을 研究하는 資料로서 그 가치를 충분히 인정받아야 할 것이다. 현재의 우리가 700년의 時空을 넘어 그 당시의 언어를 정확하게 이해할 수 어렵겠지만, 崔世珍이 그러했듯이 앞으로도 이러한 연구가 계속되어야 할 것이다.

2015年 冬至 光州大 湖心館에서
五垠 李陸禾 識

법을 택하였으며, 또한 현재에 통용되고 있는 어휘를 사용하여 한글의 번역을 하였고, 또한 '諺解本'과는 차별을 두고자 하여 '新譯'이라고 하였다.

일러두기

≪原本老乞大新譯新註≫一書는 앞의 緖言에서 언급한 바처럼 2008년부터 2014년 현재까지 '中國語文論叢', '中國學論叢', '中國語文論譯叢刊' 그리고 '中國人文科學' 등의 여러 학회지에 <老乞大語彙考>, <原本老乞大新註新譯> 등의 이름으로 발표된 약 20여 편에 달하는 논문의 결과물이며, 또한 近來 出刊된 ≪老乞大≫와 관련된 여러 譯註書와 近代漢語詞典과 近代漢語와 관련된 각종문헌을 참고하고 고증 등의 작업을 거쳐 ≪原本老乞大≫에 대해서 상세한 漢語原文의 註釋을 달고 우리말로 번역한 譯註書이다.

本書는 鄭光 譯註解題, ≪原本老乞大≫, 김영사, 2004年(이하, ≪鄭光本≫)과 汪維輝 編 ≪朝鮮時代漢語敎科書叢刊≫(中華書局, 2005年) 本을 저본으로 하고, ≪老乞大·朴通事諺解≫(亞細亞文化史, 1973年) 등의 影印本을 참고하였다.

1. ≪原本老乞大≫의 본문은 단락의 구분이 없으나, 譯註 등의 편리함을 위하여 鄭光 譯註解題 ≪原本老乞大≫의 106話 체제에 따라, 전체를 106話로 나누어 譯註를 하였다.
2. 本書는 第1話에서 第106話까지를 각기 독립된 하나의 단락으로 구분하여 語彙 하나하나에 現代漢語(中國語)로 脚註의 형식으로 설명을 하였다. 이에 같은 註釋이 다른 단락에 반복되어 출현되는 경우를 볼 수 있다.
3. 漢語文(本文)의 註釋에서 설명이 미진한 부분과 우리말 번역에서 直譯을 원칙으로 했으나, 意譯을 한 경우는 번역문에서 註釋을 달아 보완하는 형식을 취하였다.

4. 각종문헌에서 참고 인용한 註釋에 대해 그 출처를 분명히 하였으며, ≪老乞大集覽≫·≪單子解≫·≪累字解≫에서도 필요한 부분을 발췌하였다.
5. 각 단락의 제목은 본문의 내용에 맞추어 임의로 설정하였다.
6. ≪原本老乞大≫의 본문은 본래 話者가 설정되어 있지 않다. 본문의 이해를 돕기 위하여 漢商·韓商·主人·店主 등으로 설정하여 우리말 번역에서는 대화의 형식을 취하였다.

목 차

第 1話 恁從那裏來…… 25
어디서 오십니까?

第 2話 怎麽漢兒言語說的好有…… 32
어찌 중국말을 잘하십니까?

第 3話 更做甚麽工課…… 36
또 무슨 공부를 합니까?

第 4話 學他漢兒文書怎麽 …… 40
어째서 다른 나라의 중국 글을 배우셨습니까?

第 5話 你的師傅是甚麽人…… 44
스승은 어떤 분이셨습니까?

第 6話 咱每一處去來 …… 47
우리 함께 가시지요.

第 7話 曾知得大都馬價如何…… 53
大都의 말 시세는 어떻습니까?

第 8話 咱每今夜那裏宿去…… 56
오늘 저녁은 어디서 묵습니까?

第 9話 每夜喫的草料通該多少鈔 …… 61
매일 저녁 먹는 사료가 모두 얼마입니까?

第10話 覓了加五利錢…… 65
5할 정도의 이익을 봤습니다.

第11話 十月裏到王京…… 69
시월에 王京에 도착합니다.

第12話 這三箇伴當是你親眷那 ································· 71
이 세분의 형씨들은 노형의 친척입니까?

第13話 咱每閑話且休說······································· 74
잡담은 그만합시다.

第14話 休損了他的··· 78
남의 것을 망가뜨리지 마시오.

第15話 恁打火那不打火······································· 81
손님들께서는 식사는 하실 것입니까?

第16話 俺是高麗人都不會爨肉 ································· 84
우리 고려 사람은 요리를 하지 못합니다.

第17話 俺明日五更頭早行也 ··································· 87
우린 내일 이른 오경 쯤 떠납니다.

第18話 這般精土炕上怎生睡 ··································· 89
이런 맨흙 바닥의 구들에서 어떻게 잠을 자지요?

第19話 有一坐橋塌了來······································· 92
다리가 무너졌습니다.

第20話 打出腦漿來死了······································· 95
머리통이 터져 죽었습니다.

第21話 那賊往西走馬去了····································· 98
그 도적놈이 서쪽으로 말을 달려 도망쳤습니다.

第22話 捕盜官襲將去 ·· 101
포졸이 뒤를 밟아갔습니다.

第23話 井邊頭帖落井繩都有 ·································· 103
우물가에 두레박과 끈이 다 있습니다.

第24話 人不得橫財不富 …… 106
사람은 횡재하지 않으면 부자가 되지 못한다.

第25話 三人同行小的苦 …… 109
나이어린 사람이 고생이다

第26話 我不慣打水 …… 111
난 물을 잘 긷지 못합니다.

第27話 你高麗田地裏無井那怎麽 …… 114
형씨네 고려에는 우물이 없습니까?

第28話 咱每則這後園裏大淨手不好那 …… 116
우리 뒤뜰에서 똥을 누면 안 될까요?

第29話 廻來時却來俺店裏下來 …… 118
돌아오실 때 우리 집에서 묵으시지요.

第30話 糴些米自做飯喫去來 …… 120
쌀을 좀 사서 밥이나 해먹고 갑시다.

第31話 這早晩不曾喫早飯 …… 121
여태까지 아침을 먹지 못했습니다.

第32話 恁外頭更有伴當麽 …… 125
밖에는 또 다른 동료가 있습니까?

第33話 又沒甚好茶飯 …… 127
좋은 반찬도 없는데요.

第34話 是必家裏來 …… 130
제 집에 꼭 들러주십시오.

第35話 俺偏背你那 …… 132
제가 먼저 배를 채웠습니다.

第36話 尋箇宿處去來 …… 135
묵을 곳이나 찾으러 갑시다.

第37話 俺房子窄無處安下 …… 137
우리 집은 좁아서, 묵을 곳이 없습니다.

第38話 現將印信文引 …… 140
패찰과 통행증을 가지고 있습니다.

第39話 這客人怎麽這般硬廝戰 …… 143
이 사람들이 어찌 이렇게 자꾸 억지를 부리시나!

第40話 他每委實不是歹人 …… 146
그들은 정말 나쁜 사람들은 아닙니다.

第41話 到這早晩不曾喫飯裏 …… 149
지금까지 밥을 먹지를 못했습니다.

第42話 更恁這狗子每乖 …… 153
더욱 개들도 사납습니다.

第43話 人喫的也沒 …… 155
사람도 먹을 것이 없습니다.

第44話 俺兩箇却替恁去 …… 157
저희 둘이 두 분을 교대하러 가겠습니다.

第45話 這裏定害了 …… 159
많은 폐를 끼쳤습니다.

第46話 儘晩到大都去也 …… 161
저녁 전까지는 大都에 도착해야 합니다.

第47話 與了飯錢去來 …… 164
식대를 지불하고 갑시다.

第48話 喫幾盞酒便過去 ………………………………… 168
술을 몇 잔 한 다음 가도록 합시다.

第49話 哥哥先喫一盞………………………………………… 170
형님께서 먼저 한 잔 드시지요.

第50話 這鈔無了字兒怎麽使的 ……………………………… 172
이 돈은 글자가 흐려서, 어찌 사용하겠습니까?

第51話 這裏離城有的五里路 ………………………………… 176
이곳에서 성문까지는 5리길입니다.

第52話 你這店裏下的俺麽 ………………………………… 178
이곳에서 묵을 수 있을까요?

第53話 索幾箇席子藁薦來 ………………………………… 181
돗자리와 멍석 몇 장을 달라고 하세요.

第54話 你這馬待要賣那 ……………………………………… 183
말을 팔려고 하십니까?

第55話 纔從高麗田地來………………………………………… 187
이제 막 고려 땅에서 왔습니다.

第56話 恁高麗田地裏將甚麽行貨來 ……………………… 190
고려에서 어떤 물건을 가져 왔습니까?

第57話 俺家裏書信有那沒 ………………………………… 193
우리 집 서찰은 있습니까?

第58話 如今價錢如何………………………………………… 196
지금 시세는 어떻습니까?

第59話 我送到你外頭去……………………………………… 199
제가 밖에까지 배웅을 하겠습니다.

第60話 這箇青馬後生那老 ………………………………… 201
이 총이말은 몇 살입니까?

第61話 則有五箇好馬 ………………………………………… 206
오직 다섯 마리만 상태가 좋군요.

第62話 你則說賣的價錢 ……………………………………… 212
팔 값을 말하시오!

第63話 害風那, 做甚麽來這裏商量 ……………………… 216
미쳤다고 이곳에 와서 흥정을 한다는 말이요?)

第64話 咱每則依牙人的言語成了者 ……………………… 218
우리 중개인의 말대로, 성사합시다.

第65話 與俺好鈔……………………………………………… 220
우리에게 상태가 좋은 돈으로 주시오.

第66話 文契著誰寫…………………………………………… 222
계약서는 누구보고 쓰라고 해야 합니까?

第67話 我寫了這一箇契也 ………………………………… 225
계약서를 다 작성을 했습니다.

第68話 咱每筭了牙稅錢者 ………………………………… 227
중개료와 세금을 계산합시다.

第69話 這箇馬元來有病 …………………………………… 230
이 말은 애당초 병들어 있었습니다.

第70話 到涿州地面賣去……………………………………… 234
탁주에 가서 팔까 합니다.

第71話 臨晩也賤合殺賣與你 ……………………………… 237
곧 날도 저물고 하여, 값을 싸게 파는 것입니다.

第72話 我餘剩有些鈔裏 …………………………………… 240
나에게 여유 돈이 있습니다.

第73話 俺不是利家…………………………………………… 245
난 풋내기가 아니고 장사꾼이요.

第74話 這箇紫紵絲段子, 到多少尺頭 ………………………… 249
이 보라색 비단은, 그 길이는 얼마나 됩니까?

第75話 替子全買了也………………………………………… 253
덮개 등을 전부 사겠소.

第76話 再買一張弓去………………………………………… 256
또 활 한 자루를 사러갑시다.

第77話 有賣的弓絃時將來 …………………………………… 260
활시위 줄도 팔 것이 있으시면 가져오시오.

第78話 更買幾隻箭…………………………………………… 262
또 화살을 좀 사야겠습니다.

第79話 更買些椀子什物……………………………………… 264
또 그릇 따위의 생활용품들도 삽시다.

第80話 酒也醉了茶飯也飽了也 ……………………………… 267
술도 취하도록 마셨고, 밥도 배부르게 잘 먹었습니다.

第81話 拾來的糞將來………………………………………… 270
주워온 가축의 똥을 가져오세요.

第82話 咱每遠垜子放者射 …………………………………… 274
리 멀리에 과녁을 세워놓고 활쏘기를 합시다.

第83話 咱每做漢兒茶飯者 …………………………………… 276
우리 漢族 음식으로 식사를 하기로 합시다.

第84話 我有些腦痛頭眩 ········ 284
머리가 아프고 어지럽습니다.

第85話 咱每每年每月每日快活 ········ 287
우리는 해마다 달마다 날마다 즐겁게 생활합니다.

第86話 三條道兒中間裏行者 ········ 289
세 갈레 길 가운데 항상 가운데 길을 가도록 해라.

第87話 別人落處休笑 ········ 292
다른 사람의 단점을 비웃지 말라.

第88話 便是在下人扶侍官長的道理 ········ 294
바로 아랫사람이 윗사람을 섬기는 이치인 것이다.

第89話 自己錢物休愛惜 ········ 297
자신의 재물을 아까워하지 말라.

第90話 自己祖上的名聽休壞了 ········ 300
자신의 조상의 명예를 훼손해서는 안 된다.

第91話 按四時穿衣服 ········ 305
사계절에 맞춰 옷을 갈아입는다.

第92話 繫腰呵也按四季 ········ 310
요대는 계절에 맞춰 찬다.

第93話 上頭都有金頂子 ········ 312
모자에는 金으로 만든 頂子가 장식되어 있다.

第94話 春間穿雲南猠皮靴 ········ 315
봄에는 雲南에서 나는 양가죽 신발을 신는다.

第95話 揀口兒喫 ········ 317
입에 맞는 것만 가려 먹는다.

第96話 咱商量買廻去的行貨 ································· 323
사갈 물건에 대하여 상의를 드려야 합니다.

第97話 商量人蔘價錢 ······································· 326
인삼 가격을 흥정하다.

第98話 買毛施帖裏布的客人來 ······························ 330
모시와 삼베를 사는 상인을 데리고 오다.

第99話 恁這布裏頭長短不等 ································ 335
이 옷감들 길이가 똑 같지 않습니다.

第100話 該多少 ·· 339
얼마면 되겠습니까?

第101話 這鈔裏頭眞假俺高麗人不識有 ······················ 341
이 돈의 진위를 고려 사람은 알 수가 없습니다.

第102話 宜假不宜眞 ······································ 343
가짜를 좋아하고 진짜를 볼 줄 모른다.

第103話 我引著恁買些零碎行貨 ···························· 346
돌아가서 팔 잡화들을 사러갈까 합니다.

第104話 更買些麤木綿一百匹 ······························ 354
또 굵은 무명 100필을 샀습니다.

第105話 俺揀箇好日頭廻去 ································ 358
우리 길일을 골라서 돌아갑시다.

第106話 四海皆兄弟 ······································ 362
천하의 모든 사람들은 다 형제다.

【참고문헌】 ··· 364

原本老乞大 新註新譯

원본노걸대 신주신역

第一話 恁從那裏來
(어디서 오십니까?)

伴當[1], 恁[2]從那裏來? 俺[3]從高麗王京[4]來。如今[5]那裏去? 俺往[6]大都[7]去。恁幾時離了王京? 俺這月初一日離了王京。旣[8]

---

1) 伴當 : 同伙, 伙計; 隨從, 從僕。≪水滸全傳≫四四回 :「令李立帶十數個火家去山南邊那裏開店, 令石勇帶十來個伴當去北山那裏開店。」(許少峯 主編, ≪近代漢語詞典≫, 團結出版社, 1997年, 頁34) 王雲路 方一新 ≪中古漢語語詞例釋≫ :「"伴"字本爲伴侶義, "黨"字也可指同伙、同類。…近代漢語作品中, 可見 "伴當"、"伴儻"、"伴等"等詞, 有伙伴、同伴和僕從二義, 當系由 "伴黨"演變而來。」(吉林敎育出版社, 1992年, 頁13)

2) 恁 : 同 "您"。你 : 你們。或作 "任"。≪元典章新集·戶部≫ :「依著恁衆人商量來的行者。」(劉堅 江藍生 主編, ≪元語言詞典≫上海敎育出版社, 1998年, 頁212)

3) 俺 : "俺", "我們"之合音。大體用于複數。但 "俺"像現代漢語之 "我們", 也用在單數。例如, ≪元朝秘史≫ :「圍呵, 俺首先出去圍將野獸來與你。」又例如, ≪劉知遠諸宮調≫ :「對我曾說道, 俺娘乖。」

4) 王京 : 開城。開城本爲高麗首都, 號 "皇都", 後改號 "王京", 又俗稱 "松都", "宋京", "開京"等。

5) 如今 : "現今", "而今"也。如今語 "現在"同。在中古和近古普通的用語中 "現今" 這樣的意思不用 "現在", 而經常是用 "如今", "而今"等. 就是在 ≪紅樓夢≫中, 用 "現在"的也非常少, 而且多是强調事實確實存在, 而不是單純的表示時間。… "現在"常用作 "現今"的意義是從淸末開始的。(太田辰夫 著, 蔣紹愚, 徐昌華 譯, ≪中國語歷史文法≫, 北京大學出版社, 頁259)

6) 往 : 介詞。引進動作行爲朝向的處所, 有 "向", "到"之意。

7) 大都 : 是元代京城的名稱。元世祖忽必烈以開平爲上都, 遼的燕京爲中都。至元四年, 在中都東北修建新城而遷之, 九年改稱大都。(李泰洙, ≪老乞大四種板本語言硏究≫, 語文出版社, 2003年, 頁18)

8) 旣 : 猶 "旣是", "旣然"。"旣然是這樣"之意。是承認某種事實, 据此而進一步推論。≪水滸傳≫二三回 :「旣是恁地, 却容易。」(≪漢語大詞典≫, 漢語大詞典出版社, 1991年)

恁這月初一日離了王京, 到今半箇月, 才到的[9]這裏? 俺有一箇伴當落後[10]了來[11], 俺沿路上[12]慢慢的[13]行著[14]等候來[15], 爲[16]那[17]上[18], 遲了來[19]。那伴當, 如今趕上來那[20]不曾[21]? 這箇

9) 的 : 助詞。此作完了之"了", 也作"得"。臧本 ≪竇兒怨≫一 卜兒白 :「他賺我到無人居處, 行起凶來, 要勒死我, 虧了一個張老并他兒子張驢兒, 救得我性命。」(藍立蓂 編著, ≪關漢卿戲曲詞典≫ 四川人民出版社, 1993年, 頁60)

10) 落後 : 走在後面, 留後。

11) 來 : 此作語助詞, 略同現代漢語中的啊, 呢, 啦, 哩。

12) 沿路上 : 途中。與現代漢語"一路上"之意。≪二十年目睹之怪現狀≫第三十七回「德泉沿路買了兩把團扇, 幾張宣紙, 又買了許多顔料畵筆之類。」(≪漢語大詞典≫, 漢語大詞典出版社, 1991年)

13) 的 : 此作結構助詞. 與現代漢語結構助詞"地"同。曹廣順 ≪近代漢語助詞≫頁125～137 :「從現有的材料看, "地"作爲助詞出現的比"底"要早, 在魏晉南北朝文獻中, 已經有了用助詞"地"的例子, … 宋代以後"底""地"的另一個變化, 是由于語音的演變, 這兩個助詞逐漸改寫作"的"。… 元代中業, "的"最終取代了"底", 同時, 也出現了"的"取代"地"的例子。元代以後, 在明淸小說中, 代替"地"的"的"就比比皆是了。」(語文出版社, 1995年)

14) 著 : 表示動的持續或狀態的持續。又作"着"。周文質(時新樂) :「唱著, 舞著, 終日沉醉。」(劉堅 江藍生 主編, ≪元語言詞典≫上海敎育出版社, 1998年, 頁423)

15) 來 : 在此表示曾經發生過甚麽事情, 略同"來着"。≪竇娥寃≫二(采茶歌) 白 :「情願我招了罷, 是我藥死公公來。」(劉堅 江藍生主編, 同上揭書, 頁160) 助詞"來"當然是由動詞"來"産生的。原來是做了某事之後來到現在的場所的意思, 後來"來"成了附加的, 就把重點放在過去曾做某事上了。「師父何處歆來?」… "來"在元明時一直使用。他凭"沒有"構成疑問句, 瞬間動詞表示持續需要加"着", 這些方面和"來着"一樣。(談藪, 廣記173) (太田辰夫 著, 蔣紹愚, 徐昌華 譯, ≪中國語歷史文法≫, 北京大學出版社, 頁362)

16) 爲 : 介詞。與"因"意同。≪水滸全傳≫十五回 :「他雖是個不通文墨的人, 爲見他與人結交眞是義氣, 是個好男子, 因此和他來往。」

17) 那 : 遠指指示代詞, 與"這"相對。

18) 上 : 原因, 方面。也作"上頭"。或作"上起"。徐本 ≪陳摶高臥≫四(步步高) :「命不快上遭逢着這火醉婆娘, 干誤了我晚夕參聖一爐香, 牛夜裏觀乾象。」(劉堅 江藍生 主編, ≪元語言詞典≫, 上海敎育出版社, 1998年, 頁278) 又元·

伴當便[22]是, 夜來[23]才[24]來到。恁這月盡頭[25]到的[26]大都那[27]到不

無名氏 ≪小孫屠≫戲文第九出 :「後來因此閑言語上, 不曾踏上它門。」≪水滸傳≫第四回 :「洒家不瞞你說, 因爲你上, 就那日回到壯元橋下, 正遇着鄭屠那廝, 被洒家三拳打死了。」(高文達 主編, ≪近代漢語詞典≫, 知識出版社, 1992年, 頁687) 又元 · 朱凱 ≪昊天塔≫一折 :「他將我這尸骸恁般摩弄, 因此上向兒行一星星悲控。」(許少峯 主編, ≪近代漢語詞典≫, 團結出版社, 1997年, 頁990)

19) 了來 : 時態助詞 “了”。也作 “了也”。關漢卿 ≪望江亭≫四白士中白 :「且喜我夫人施一巧計, 將他勢劍金牌智賺了來。」

20) 那 : 語氣助詞。【單子解】那, 平聲, 音노, 推移也。나일나, 논힐후다。上聲, 나, 何也。那裏, 어듸; 那個, 어늬。又誰也。那一個, 누고。去聲, 나。那裏, 彼處也。那個, 더것。又語助。有那沒, 잇ᄂᆞ녀 업스녀。

21) 不曾 : 與現代漢語 “沒有”同。放在句末構成是非疑問句。太田辰夫 著 蔣紹愚, 徐昌華譯 ≪中國語歷史文法≫ :「“沒有”用作准句末助詞以前, 用的是 “不曾”。例如 : “那寄書的人去了不曾?” (救風塵2) “沒有”也用于完成或過去的場合。這種用法出現于明代。例如 : “你灌了他些姜湯兒沒有? (金19)」(北京大學出版社, 1987年, 頁363)

22) 便 : 就, 卽。元 · 白仁甫 ≪梧桐雨≫楔子 :「則爲你不曾建甚奇功, 便教你做元輔, 滿朝中都指斥鑾輿。」(許少峯 主編, ≪近代漢語詞典≫, 團結出版社, 1997年, 頁60)

23) 夜來 : (一) 晩上, 昨夜。指晨起之前的夜間。(二) 昨天。卽黑夜之前的那個白天。(許少峯 主編, ≪近代漢語詞典≫, 團結出版社, 1997年, 頁1358)

24) 才 : 副詞。略同 “剛”。≪元典章 · 刑部十九≫ :「才到淹北, 定是貨賣作驅。」

25) 盡頭 : 末端; 終點。此指月末。唐 · 徐凝 ≪過馬當≫詩 :「三月盡頭雲葉秀, 小姑新著好衣裳。」按 : “盡”, 農曆月終。古以農曆月終三十日爲大盡, 二十九日爲小盡。(≪漢語大詞典≫, 漢語大詞典出版社, 1991年)

26) 到的 : “的”, 同 “得”, 動詞詞尾, 表示完成。“到的”卽 “到得”。≪三戰呂布≫一折 :「爭奈俺手下兵微將寡, 怎生破的呂布?」(龍潛庵 編著, ≪宋元語言詞典≫, 上海辭書出版社, 1985年, 頁550)

27) 那 : 語氣助詞, 用在選擇問句全面一個選擇項的後面。≪元典章 · 戶部十≫ :「這言語是實那是虛?」【單子解】那, 平聲, 音노, 推移也。나일나, 논힐후다。上聲, 나, 何也。那裏, 어듸; 那個, 어늬。又誰也。那一個, 누고。去聲, 나。那裏, 彼處也。那個, 더것。又語助。有那沒, 잇ᄂᆞ녀 업스녀。

得? 知他[28]! 那話[29]怎[30]敢道[31]? 天可憐[32]見[33], 身已[34]安樂呵[35],

---

28) 知他 : 略同現代漢語的反語詞 “管他”, “不是～嗎元”, “怎麽能～呢”之意。王伯成 ≪天寶遺事≫ 祿山謀反(三煞) :「動無喘息行無汗, 坐也昏沉睡不安, 兩行淚道漬成斑. 每日家做伴的胡友胡兒, 胡舞胡歌, 胡吹胡彈, 知他是甚風範?」(拙稿, ≪老乞大語彙考≫, 中國語文論叢, 第39輯)

29) 那話 : 隱指某物或某種情況。常與 “那”字連用。≪古今小說≫卷二一 :「顧三郎悄悄問道 : 那話兒歇在那裏?」(高文達 主編, ≪近代漢語詞典≫, 知識出版社, 1992年, 頁313). 亦作 “話”。≪董西廂≫卷二 :「不合道渾如如那話, 初出産門來。」“話”, 此指胎兒。(龍潛庵 編著, ≪宋元語言詞典≫, 上海辭書出版社 1985年, 頁568), (拙稿, ＜老乞大語彙考(3)＞, 中國語文論叢, 41輯, 2009年)

30) 怎 : 如何, 怎麽。影印本(汪維輝編 “朝鮮時代漢語敎科書叢刊”)裏有 “怎”一字, 而鄭光譯註 · 解題 ≪原本老乞大≫本裏缺 “怎”一字。

31) 道 : 估量, 揣度之詞, 猶‘以爲’. 猶‘想’, 猶‘料’。元 · 無名氏「甚麽人喚門哩? 我開開這門。我道誰, 元來是劉二公。」(王學奇 王靜竹 撰著, ≪宋金元明淸曲辭通釋≫, 語文出版社, 2002年, 頁273)

32) 可憐 : 猶云可喜也; 可愛也; 可羡也; 可貴可重也。王安石 ≪過劉貢父≫詩 :「故知今有可憐人, 回首紛紛斗筲窄。」此言見可貴, 可重之人, 乃知斗筲之人小器也。(張相, ≪詩詞曲語辭匯釋≫, 中華書局, 1991年, 頁604)

33) 見 : 猶得也; 着也。≪董西廂≫三 :「便不辱你爺, 便不羞見我!」羞見, 猶云羞着; 便不, 猶云豈不。按此爲老夫人責鶯鶯語。… 然此在曲文中則多作可憐見。… ≪董西廂≫三 :「兀可憐見我那里。」… 凡云可憐見, 猶云可憐得或可憐着也。(張相, ≪詩詞曲語辭匯釋≫, 中華書局, 1991年, 頁631～ 633) 按, 可憐見, 方言俗語, 宋元時期的習慣用語, 同情的意思。

34) 身已 : 金, 元人稱身體爲 “身已”; 又作身起, 身奇(呼如記), 身肌, 音近義並同。≪劉知遠諸宮調≫二(般涉調 · 沁園春) :「撲翻身已, 權時歇待。」(顧學頡 王學奇, ≪元曲釋詞≫卷三, 中國社會科學出版社, 頁317)

35) 呵 : 語助辭, 相當於“時”, 多用在假設分句後。按 : 類似現代漢語的“(要是)…的話”。(拙稿, ＜老乞大語彙考(2)＞, 中國學論叢, 25輯, 2009년). ≪黃鶴樓≫一折白 :「玄德公也, 若你不來時, 萬事罷論; 若來呵, 便揷翅也飛不過大江去。」用在條件復句的前一分句末尾, 表示假設, 原因, 條件等。元曲選 ≪謝天香≫ 四折 :「若是這般呵, 功名成就多時了。」

也到得有[36]。

번역

漢商 : 노형[37]! 노형[38]들께서는 어디에서 오시는 길입니까?

韓商 : 우리[39]는 高麗 開京[40]에서 오는 길입니다.

---

36) 有 : 蒙古語助動詞的直譯, 用于句末, 相當于漢語的語氣助詞。

37) 原文의 '伴當'은 近代漢語에서는 '同僚', '從僕' 등의 다양한 의미로 쓰이고 있으나, ≪原本老乞大≫에서도 '일행' 또는 '동료'의 의미로, 또는 '시종' 등의 의미로도 쓰이고 있음을 볼 수 있다. 여기서는 中國商人과 한 무리의 高麗商人들이 우연히 同行을 하면서 대화가 시작되는 첫 부분으로, 아직은 通姓名 前이므로 '형님'의 호칭보다 '노형' 또는 '형씨'로 부르는 것이 분위기에 맞는 것 같아, 통성명전까지는 '노형' 또는 '형씨'라는 호칭을 써서 번역을 하였다.

38) '您'으로 쓰기도 한다. 2인칭 대명사로서 문맥에 따라 단수 또는 복수를 나타낸다. 당시 즉 老乞大時代에서 '您'字는 現代漢語에서와는 달리 존칭의 의미를 가지지 않는다(恁或作 "您"。你; 你們, 不含恭敬意味, 與今語 "您"用法有所不同). 原文의 '恁'은 2인칭 대명사로 대체적으로 複數의 의미를 가지는데, 呂叔湘은 ≪近代漢語指代詞≫ 一書에서 '恁(nín)'은 '你們'의 合音으로 金·元時代의 문헌에서는 '恁'이 '您'보다 흔히 쓰였다고 한다. 예를 들어 ≪董西廂≫에서는 '恁'이 17번이 쓰였고, '您'은 총 4번 쓰이고 있음을 볼 수 있다. '您(恁)'는 現代漢語에서처럼 尊稱의 의미는 없고, 그렇다고 초면에 '당신'이라고 하면 어감이 좀 겸손하지 않는 느낌을 주므로 이에 '노형'이라는 호칭을 써서 번역을 하였다.

39) 原文에서 '俺'과 '我' 그리고 '你'와 '恁'이 동시에 쓰이고 있는데, 대체적으로 '我'와 '你'는 單數로 '俺'과 "恁"는 複數의 의미로 쓰이고 있음을 볼 수 있다.

40) 原文의 '王京'은 고려의 수도인 開京을 말함이다. 譚其驤 主編의 ≪中國歷史地圖集≫(地圖出版社, 1982年) 7冊에는 元明時期의 中國의 全圖와 高麗 全圖를 볼 수가 있는데, 高麗 地圖에서 高麗 首都의 이름을 "王京"이라고 표기하고 있음을 볼 수 있다. 開京은 고려시대의 왕도(王都)였던 개성(開城)의 다른 이름이다. 960년(광종 11)에서 995년(성종 14)까지 開城의 이름인 동시에 그 뒤의 별칭이다.

漢商 : 그럼 지금은 어디로들 가십니까?

韓商 : 우리는 大都[41]로 갑니다.

漢商 : 노형들께서는 언제 開京을 떠나오셨습니까?

韓商 : 저희는 이달 초 하루 고려의 서울인 開京을 떠났습니다.

漢商 : 이달 초하루에 개경을 떠나서 오늘까지는 보름인데, 겨우 이곳에 당도해 계신가요?

韓商 : 우리 일행[42] 중 하나가 뒤처져 있었습니다, 우리는 천천히 길을 잡고 기다리곤 하였지요. 이러한 연유로, 더디어 당도하게 되었습니다.

漢商 : 그 일행은, 지금은 당도하였습니까?[43]

韓商 : 이 동행이 바로 그 사람인데, 어제 막 도착했습니다.

漢商 : 노형들께서는 이달 말에, 大都에 도착할 수 있을까요?

韓商 : 어찌 알겠소![44] 그 것을[45] 어찌 예측[46]할 수 있다는 말이요?

---

41) 原文의 '大都'는 元의 首都, 즉 지금의 北京을 말한다. 元代에서는 '大都'라고 불렸으므로 이에 그대로 '大都'로 번역하였다.

42) '伴當'이나 '伙伴'은 '동료'의 의미를 나타내지만, 같은 일행이므로 편의상 '일행'으로 번역을 하였다.

43) 原文의 '不曾'은 現代漢語의 "沒有"와 같다. 文尾에 놓여 긍정부정의 의문문을 만든다. '沒有'의 文型이 있기 전에는 '不曾'이 그 역할을 하였다.

44) 原文의 '知他'는 宋元代에 유행했던 반어문의 한 형식으로, '어찌 알겠는가?', '알 수 있는가?' 등으로 해석할 수 있다.

45) 原文의 '那話'는 "那+話"의 형태로, 어떤 특정한 사물이나 상황을 은유적으로 나타내는 代詞로서 近代漢語에서 흔히 볼 수 있는 詞語다. 여기서는「예정된 날짜에 북경에 당도할 수 있는 그러한 것」을 대신하고 있다. '話'의 이러한 쓰임은 ≪原本老乞大≫에서 두 번을 볼 수 있는데, 또 다른 한 번은 뒤의 第50話「你要那話怎麽? 使不得呵, 你肯要那?」에서 볼 수 있다. (拙稿, <老乞大語彙考(3)>, 中國語文論叢, 41輯, 09年)

46) 原文에서의 '道'는 '말하다'의 의미가 아닌 '추측'의 의미를 가진다고 보았다.

하늘이 (우리를)어여삐 여기시고[47], 몸이 성하다면, 아마도 도착할 수는 있을 것이요[48].

≪原本老乞大≫에서 '道'字의 출현 횟수는 총 47번이였는데, 그 중에서 '道'가 '說', '講述'의 의미로 쓰인 用例는 25번을 찾을 수가 있었고, 추측의 의미로 쓰인 경우는 총 4번인데, 예를 들어 뒤의 第20話「則道是腰裏纏帶裏是錢物」에서의 '道' 또한 추측의 의미를 가지는 어휘이다. (拙稿, ≪老乞大語彙考(3)≫, 中國語文論叢, 41輯, 09年)

47) 原文의 '可憐見'은 '어여삐 여기다'라고 새겼는데, 宋元時代의 方言俗語로서 戲曲 등의 작품에서 흔히 볼 수 있는 當時의 慣用的으로 쓰인 詞語이다. '同情하다'의 의미를 가지는 語彙이다.

48) 原文의 '有'字에 있어, ≪原本老乞大≫에서 '有'자가 文尾에 와서 語氣助詞처럼 쓰이는 用例를 51차례를 볼 수 있으나, ≪飜譯老乞大≫에서는 단 한 차례를 볼 수가 있다. 이로서 元代에 쓰였던 '有'자는 明代에 이르러 漢語口語에서 사라졌음을 의미한다. ≪老乞大集覽≫에는 文尾에 오는 '有'에 대해서「元代言語에 있어 文尾에 반드시 '有'字가 오는데, 語助詞처럼 보이나 실제는 어조사가 아니다. 지금은 사용하지 않는다.」라고 설명하고 있음을 볼 수 있다. 이렇듯이 文尾에 '有'字가 오는 것은 元代漢語의 특유의 언어현상이다. 蒙古語는 文尾에 助動詞가 오는데, 이를 漢語로 直譯하는 과정에서 생긴 현상으로 蒙古語의 語法體系에서는 助動詞의 역할을 하지만, 漢語에 進入해서는 語氣助詞로 변환된 것이라는 견해를 볼 수 있다. 李泰洙, ≪老乞大四種板本語言研究≫ :「句末語助詞 "有"是元代漢語特有的語言現像, …這個句末助詞遽余志鴻(1992), 饒尚寬(1986)等考證, 實爲蒙古語句末助詞的直譯。在蒙古語語法體系中它是助動詞, 但當它進入漢語語法體系裏時, 就轉而成爲語氣助詞了。這或許就是, ≪老乞大集覽≫說 "如語助而實非語助"的原因。(語文出版社, 2003年, 頁30)

第二話 怎麽漢兒言語說的好有
(어찌 중국말을 잘하십니까?)

恁是高麗人, 却[1]怎麽漢兒言語[2]說的[3]好有? 俺漢兒人[4]上[5]學文書[6]來的上頭[7], 些小[8]漢兒言語省的[9]有。你誰根底[10]學文書

---

1) 却 : 竟然。

2) 漢兒言語 : 漢兒, 指中國古代北方異民族對漢人的稱號。≪樂府詩集·橫吹曲辭五 · 折楊柳歌辭≫ :「我是虜家兒, 不解漢兒歌。」明 · 陳沂 ≪詢芻錄·漢子≫ :「漢自武帝征伐匈奴, 二十餘年。馬畜孕重墮殰罷極, 聞漢兵莫不畏者, 稱之爲漢兒。(≪漢語大詞典≫, 漢語大詞典出版社, 1991年) 按, 漢兒語言, 指當時漢人所說的口頭言語。

3) 的 : 結句助詞。與現代漢語 "得"同。

4) 漢兒人 : 漢人或稱漢兒。應指是 "漢人"。元統一中國後, 稱契丹, 高麗, 女眞等族人和金人統治下北中國的漢族人爲漢人。≪元史·世祖紀三≫ :「詔以安童爲長, 史天澤次之, 其餘蒙古, 漢人參用, 無令員數過多。」魯迅 ≪花邊文學·北人與南人≫ :「至于元, 則人民截然分爲四等, 一蒙古人, 二色目人, 三漢人卽北人, 第四等才是南人, 因爲他是最後投降的一伙。」(≪漢語大詞典≫, 漢語大詞典出版社, 1991年)

5) 上 : 此有 "那兒", "那裏"之意。≪變文集 · 李陵變文(95頁)≫ :「過失推向將軍上, 漢家兵法任交虜。(此言把過失推到將軍李陵身上。將軍上, 指將軍方面)。」(拙稿, <老乞大語彙考(1)>, 中國語文論叢, 第39輯, 08年)

6) 文書 : 文字圖籍。書籍, 文章。宋 · 朱淑眞 ≪夏日游水閣≫詩 :「獨自憑欄無個事, 水風凉處讀文書。」(≪漢語大詞典≫, 漢語大詞典出版社, 1991年)

7) 上頭 : 表示原因。常同 "爲, 以"等介詞配合使用. 也說 "上"。【單子解】頭, 首也。東頭·西頭, 동녘 근·셧녁 근; 頭到, 나죵내; 到頭, 나죵애。通作投。又上頭, 쳔ᄎᆞ로。又頭盤, 첫 판; 頭館 첫 관; 頭鷄 첫ᄃᆞᆰ。

8) 些小 : "些"猶 "一些", 小的意思, 用作量詞, 表示不定的數量。「"些小"多用于謙讓詞 :「些小薄禮, 何足稱謝。」(香坂順一 著 江藍生 白維國 譯, ≪白話語匯研究≫ 中華書局, 1997年, 頁340)

來[11]? 我在漢兒學堂裏學文書來。你學甚[12]麽文書來? 讀論語, 孟子, 小學。恁每日做甚麽工課[13]? 每日清早晨起來, 到學裏, 師傅[14]行[15]受[16]了生文書。下學到家, 喫飯罷[17], 却[18]到學裏寫倣書[19], 寫倣書罷對句, 對句罷吟詩, 吟詩罷, 師傅行講

---

9) 省的 : 亦作 "生得"。記得, 知道。≪新編五代史平話 · 梁史上≫ :「僖宗方在幼冲, 縱有忠臣直諫, 怎生省得?」元 · 宮天挺 ≪范張鷄黍≫第一折 :「這些話我也省的, 這一向我早忘了一半。」(高文達 主編, ≪近代漢語詞典≫, 知識出版社, 1992年, 頁704)

10) 根底 : 根, 同"跟"。亦作 "跟底"。跟前, 身邊, 面前。≪爭報恩≫四(側磚兒) :「我這裏急慌忙那身起, 大走到向他根底。」(劉堅 江藍生 主編, ≪元語言詞典≫, 上海敎育出版社, 1998年, 頁106)

11) 來 : 用在句末, 表示曾經發生過甚麽事情。略同 "來着"。(參看 第一話 注15)

12) 甚 :【單子解】甚, 숨, 俗語甚麽, 므슴, 有何也。又有呼爲신音者, 故古文語錄有什麽之語, 音시모。以甚爲什, 殊無意義。甚字用終聲, 連呼麽字, 則難於作音, 語不圓熟。故甚字不用終聲之音, 今俗亦呼爲스마。

13) 工課 : 學生在規定時間內應完成的寫作, 誦習, 閱讀等作業。亦作 "功課"。≪紅樓夢≫第一一六回 :「寶玉因賈政命他赴考, 王夫人便不時催逼, 查考起他的工課來。」張鳴善 ≪普天樂 · 嘲西席≫曲 :「講詩書, 習功課。」

14) 師傅 : 老師。≪紅樓夢≫第五回 :「這個地方兒有趣, 我若能在這裏過一生, 强如天天被父母師傅管束呢!」(高文達 主編, ≪近代漢語詞典≫, 知識出版社, 1992年, 頁708)

15) 行 : 用在人稱代詞或名詞之後, 表示處所方位, 相當于 "~那兒", "~跟前"。(拙稿, <老乞大語彙考(1)>, 中國語文論叢, 39輯. 08年)

16) 受 : 敎授; 傳授。受 : 同授。

17) 罷 : 王鍈 曾明德, ≪詩詞曲語辭集釋≫ :「釋曰 : 罷之常訓, 猶畢也, 成也, 若 "此身飮罷無歸處", "詩罷聞吳詠"是也。」(語文出版社, 1991年, 頁11)

18) 却 : 再, 仍。≪五代史平話 · 梁≫卷上 :「權爲看覷妻子, 三年却來相取; 如三年不來, 卽一任改嫁。」(許少峯 主編, ≪近代漢語詞典≫, 團結出版社, 1997年, 頁941)

19) 倣書 : 仿, 習字時摹寫的字。≪元史 · 巎巎傳≫ :「今秘書所藏裕宗倣書, 當時御筆于學生之下親書御名習書謹呈, 其敬愼如此。」(≪漢語大詞典≫, 漢語大

書[20]。講甚麽文書? 講小學, 論語, 孟子。

번역

漢商 : 노형은 고려 사람인데, 어찌 중국말[21]을 잘하십니까?

麗商 : 저는 중국인에게[22] 글[23]을 배웠습니다. 이러한 연유로, 어느

詞典出版社, 1991年)

20) 講書 : 解釋書的內容; 講課。≪初刻拍案驚奇≫卷十 :「行香講書已過, 便張告示, 先考府學及天台, 臨海兩縣。」王古魯注 : 提學執掌學校科試事, 所以初到一地, 必先舉行一下'講書'儀式。(≪漢語大詞典≫, 漢語大詞典出版社, 1991年)

21) 原文 '漢語言語'를 本 稿에서는 '중국어'로 해석을 했는데, ≪鄭光本≫은 '한어(漢語)'로 번역을 하고, 이에 상세한 註를 달아 설명하고 있음을 볼 수 있다. ≪여기서의 '漢語'는 '漢兒言語'를 말한다. 원문 '漢兒言語'의 한아(漢兒)란 원대(元代)에 북경 주변에 살고 있는 북방민족을 말하며, 그 들이 사용하는 언어를 한아언어(漢兒言語)라고 하였다. 장강(長江) 이남의 '오아(吳兒)'가 통어(通語)를 사용함에 비하여 이들의 한아언어는 몽고어가 혼입(混入)된 독특한 중국어였다. 후일 북경관화(북경관화)의 모태가 된 언어로서「原老」의 원문이 이 언어의 참모습을 보여준다.(26쪽 주 1번)≫그러나 앞의 注 2)번에서 '漢兒'를 '指中國古代北方異民族對漢人的稱號'로 해석을 하였고, ≪漢語大詞典≫에서도 '漢兒言語'를 '指當時漢人所說的口頭語言'로 풀이하고 있음을 볼 수 있다. 鄭光의 설명을 살펴보면 '漢兒言語'는 당시 大都를 중심으로 한 漢族들이 쓰는 漢語가 아닌, 마치 중국북방의 (異)민족들이 쓰는 漢語(方言)로 설명이 되고 있다. '漢兒言語'은 ≪漢語大詞典≫에서 설명한 것처럼 '당시 漢人들의 말하는 口語體를 말함인 것이다. 이것은 바로 뒤에서 나오는「俺漢兒人上學文書來的上頭」대목에서도 알 수 있다.

22) 原文의 '上'은 方位詞이다. '上'은 본래 명사 뒤에 붙어 물체의 표면 또는 위쪽의 방향을 나타내는 용도로 쓰였지만, 나중에는 '장소'·'범위'·'사물의 어느 한 방향' 등의 의미로 확대되어 쓰이고 있다. ≪原本老乞大≫나 ≪飜老老乞大≫에서 볼 수 있는 '人稱名詞+上'에서의 '上'에 경우, '這/那裏, 這/那邊'의 의미로 번역될 수 있다.

23) 原文에서 '文書'라 함은 '書冊'이나 '公文' 또는 '契約書' 등을 말함인데, 여기서

정도 중국어를 알고 있습니다.

漢商 : 노형께서는 누구에게서 글을 배우셨습니까?

麗商 : 저는 중국인 학당(學堂)[24]에서, 글을 배웠습니다.

漢商 : 어떠한 글들을 배우셨소?

麗商 : 논어, 맹자, 소학을 읽어 습니다.

漢商 : 노형께서는 날마다 또 무슨 공부[25]들을 하였습니까?

麗商 : 매일 새벽 일찍 일어나, 학당에 가서, 스승에게서 가르침[26]을 받습니다. 학당이 파하면, 집으로 가서 밥을 먹습니다. 그리고 다시 학당에 가서 글씨 쓰는 연습을 합니다. 習字 연습이 끝나면, 對聯 공부를 하고, 對聯이 끝나면, 詩를 읊고, 詩를 읊고 나면, 스승 앞에서 내용을 해석하는 講讀을 해야 합니다.

漢商 : 무슨 글들을 講讀합니까?

麗商 : 小學, 論語, 孟子를 講讀합니다.

는 '글줄이나 배웠다'의 의미로 '글'이라고 번역하였다.

24) 原文 '學堂'은 원대(元代)에 아동들을 가르치는 민간 학교를 말한다. ≪合同文字≫ 「雜劇」 '二折'의 대사에 "開着個學堂, 教幾個蒙童過日 — 학당을 열고, 몇 명의 아이를 가르치며 날을 보낸다"라는 例가 있다. ≪鄭光本≫ (26쪽 주 7번)

25) 原文에서의 '工課'는 論語나 孟子와 같은 詩書외에 다른 교육과정, 즉 외우기 글쓰기 등 課程을 말함인데, 통틀어 '공부'라고 번역하였다.

26) 原文의 '生文書'는 교과서 중에서 "아직 배우지 않은 부분"을 말한다. '생(生)'은 "생소하다"란 의미다. ≪鄭光本≫ (26쪽 주 10번)

第三話 更做甚麽工課
(또 무슨 공부를 합니까?)

說書罷, 更[1]做甚麽工課? 到晩師傅行撤簽[2]背念[3]書, 背過[4]的師傅與免帖[5]一箇, 若背不過時[6], 教當直[7]的學生背[8]起[9]打三

1) 更 : 又。關漢卿 ≪謝天香≫四(哨遍) :「又無箇交錯觥籌, 更無箇賓客閒遊飮杯酒。」(藍立蓂 編著, ≪關漢卿戲曲詞典≫ 四川人民出版社, 1993年, 頁92)

2) 撤簽 : 撤, 取, 討取。≪廣雅 · 釋詁一≫ : 撤, 取也。簽, 簽子。一種用竹木或鐵絲制成的尖細棍子。按 : 簽, 同籤。籤, 指竹片或紙片上寫有文字符號的一種標識。(≪漢語大詞典≫, 漢語大詞典出版社, 1991年)

3) 背念 : 背誦。凭記憶念出讀過的文辭。

4) 過 : 用在動詞後, 表示完畢。關漢卿 ≪射天香≫第三折 :「到早起過洗面水, 到晩來又索鋪牀疊被。」

5) 免帖 : 卽給假單。用于因下屬辦事辛勤, 事情出色成功, 特與以休息免差的批條。元 · 陳以仁 ≪存孝打虎≫四折 :「好探子也! 與你兩隻羊, 兩瓶酒, 十個免帖, 回本營去。」(許少峯 主編, ≪近代漢語詞典≫, 團結出版社, 1997年, 頁770) 按, 此作免打的批條。

6) 若~時 : 表示假設。與同現代漢語的 "如果 … 的話"。【單子解】時, 猶則也。古本用呵字, 今本皆易用時字, 或用便字。

7) 當直 : 謂直班, 直勤。≪勘頭巾≫二 :「令史云 : 今日該誰當直? 張千云 : 小人當直。」…引伸前意, 也當伺候, 照顧解釋。(顧學頡 王學奇, ≪元曲釋詞≫卷一, 中國社會科學出版社, 1983年, 頁398) 隨身服侍。照顧。伺候。永樂大典戲文 ≪張協壯元≫四五出 :「淨云 : 婆一路當直你, 厮系綰, 免憂慮, 成伴侶, 幾風味。」(許少峯 主編, ≪近代漢語詞典≫, 團結出版社, 1997年, 頁248)

8) 背 : ① 轉過身; 背過(臉)。荀子 ≪解蔽≫ :「背而走, 比至其家, 失氣而死。」② 把雙臂放在背後或擱在背後。如 : 背着手; 反持兩手。≪水滸傳≫三七回 :「但凡新人流配的人, 須先打一百殺威棒。左右, 與我捉去背起來!」(≪漢語大詞典≫, 漢語大詞典出版社, 1991年)

9) 起 : 猶 "着"。放在動詞後, 表示該動作正在進行。≪古今小說≫三卷 :「船上走

下。怎生[10]是撤簽背念書? 怎生是免帖? 每一箇竹簽上寫著一箇學生的姓名。衆學生的姓名都這般寫著, 一箇簽筒兒[11]裏盛著。教當直學生將[12]簽筒來搖動, 內中撤一箇。撤著[13]誰的, 便著[14]那人背書。背念過[15]的, 師傅與免帖一箇。那免帖上寫著免決[16]三下[17], 師傅上頭[18]畵著畵押字[19]。若再撤簽試

起三個婦人, 一個中年膀婦人, 一個老婆子, 一個小婦人。」(許少峯 主編, ≪近代漢語詞典≫, 團結出版社, 1997年, 頁895) ≪四春園≫四(太平令) :「快將斗大來銅鎚準備, 將頭稍定起。」(藍立蓂 編著, ≪關漢卿戲曲詞典≫, 四川人民出版社, 1993年, 頁209)

10) 怎生 : 甚麽。亦作"怎的"。關漢卿 ≪玉鏡台≫二 老夫人白 :「那學士多大年紀? 怎生模樣?」(藍立蓂 編著, ≪關漢卿戲曲詞典≫ 四川人民出版社, 1993年, 頁380)

11) 簽筒 : 裝盛簽帖的竹筒。

12) 將 : 拿。≪元典章·戶部六≫ :「若將這裏來呵, 費了頭口氣力, 費了脚錢有。」

13) 着 : 中。

14) 著 : 同"着"。叫; 讓。≪寃家債主≫二(鳳鸞吟) :「怎不著我愁, 這煩惱甚日休。」(藍立蓂 編著, ≪關漢卿戲曲詞典≫, 四川人民出版社, 1993年, 頁441)

15) 過 : 同前注 4)

16) 決 : 責打。免決, 卽"免打"。關漢卿 ≪陳母敎子≫三 正旦白 :「辱子未曾爲官, 可早先受民財, 倘着, 須當痛決。」(藍立蓂 編著, ≪關漢卿戲曲詞典≫ 四川人民出版社, 1993年, 頁139)

17) 下 : 動量補語。

18) 上頭 : 上邊, 上面。

19) 畵押 : 同"花押"。簽名。元 · 高文秀 ≪遇上皇≫二折 :「若到上京, 見了趙光普丞相, 見了這花押, 必然饒了這性命也。」(許少峯 主編, ≪近代漢語詞典≫, 團結出版社, 1997年, 頁484)【老乞大集覽】花押, ≪事物紀原≫云 : 古者書名, 改眞從草取, 其便於書記, 難於模倣也。復有不取其名, 多出於機巧者。此押字之始也。花者巧其体也。

不過[20], 將[21]出免帖來毁了, 便將功折過[22]免了打。若無免帖, 定然[23]喫[24]打三下。

번역

漢商 : 강독이 끝나면 또 무슨 공부를 합니까?

麗商 : 저녁이 되면, 스승 앞에서 제비뽑기를 하여 글을 외워야 합니다. 외우기를 통과한 학생은 스승께서 免帖을 하나 주십니다. 만약 외우지를 못하면, 시중을 드는 학생으로 하여금 등을 돌리게 하여[25], 매 세대를 때리십니다.

---

20) 過 : 此作"通過"之意。用在動詞加"不"或"得"的後面, 表示勝過或通過的意思。≪兒女英雄傳≫十七回 :「他旣然滿口的講禮, 你我便合他講禮, 等他講不過禮去, 再給他個利害不遲。」

21) 將 : 拿。將出…來, 卽 "拿出…來"。≪五代史·漢上≫ :「將出兩件衣服, 使知遠穿了。」

22) 將功折過 : 將功折罪; 將功贖罪。

23) 定然 : 必定, 必然。柳永 ≪長壽樂≫詞 :「對天顔咫尺, 定然魁甲等高第, 待恁時, 等着回來賀喜。」(龍潛庵 編著, ≪宋元語言詞典≫, 上海辭書出版社 1985年, 頁576)

24) 喫(吃) : 被, 讓。≪爭報恩≫楔子 :「倒一覺好睡也, 吃你打攪醒了我。」(同上揭書, 頁317)

25) 本文의 '背'는 '몸을 돌리다', '얼굴을 돌리다'의 의미를 가지기도 하고, '두 손을 등 뒤로 하다'의 의미를 가지기도 하는데, 한국 사람은 아이들이 잘못을 하였을 때 전통적으로 종아리를 때리는 벌이 있으나. 중국 사람들은 손바닥이나 등짝 또는 볼기를 때리는 습관이 있다고 본다. 이에 중국인 선생님에게 중국인 서당에서 훈육을 받고 있으므로, "등을 돌리게 하여 엉덩이를 때렸다"의 의미로 번역하였다. 그러나 ≪鄭光本≫ (30쪽 주 5번)에「원문 '背起'는 ≪飜老≫에서는 이것을 "엎드리게 하다"라고 되어 있으나 여기서는 "돌려 세우다"로 번역하였다. '背'에는 "등을 돌리게 하다"의 뜻이 있는데, 이는 조선 시대의 서당(書

漢商 : 제비를 뽑고 글을 외우게 하는 것은 무엇이고? 免帖은 또 무엇인지요?

麗商 : 대나무 찌 하나하나에, 학생 하나하나의 이름을 써 놓습니다. 많은 학생들의 이름을 모두 이렇게 써 놓고, 하나의 통속에 담아 놓습니다. 당번을 맡은 학생에게, 제비를 뽑는 통을 흔들라 하시고, 안에서 한 개를 뽑습니다. 누가 뽑히면, 뽑힌 사람에게 글을 외우게 합니다. 외운 학생은, 스승께서는 免帖이라는 것을 하나 주시지요. 그 免帖에는 "免決三下(세대를 免한다)"라는 글귀가 적혀 있습니다. 스승께서는 그 위에 手決을 하십니다. 만일 또 제비뽑기에 뽑혀 시험을 통과하지 못하면, 免帖을 내도록 하고, 그 免帖을 없애버리시는데, 공을 세워 잘못을 속죄하는 것처럼, 맞는 것을 면할 수가 있는 것이지요. 만일 免帖이 없으면 반드시 매 세 대를 맞아야 합니다.

堂)에서 학생들을 체벌(體罰)할 때 반드시 돌려세워서 종아리를 쳤기 때문이다.」라는 설명을 볼 수 있다.

第四話 學他漢兒文書怎麽
(어째서 다른 나라의 중국 글을 배우셨습니까?)

你是高麗人, 學他[1]漢兒文書怎麽[2]? 你說的也是, 各自人都有主見[3]。你有甚麽主見? 你說我試[4]聽着。如今朝廷一統[5]天下, 世間用著的是漢兒言語。咱[6]這[7]高麗言語, 只[8]是[9]高麗田

---

1) 他 : 不定指示詞。≪西洋記演義≫十七回 :「一手撥開泥頭, 伸起個奪錢伍, 不管他甜酸苦澀, 只是一舔。」(許少峯 主編, ≪近代漢語詞典≫, 團結出版社, 1997年, 頁1086)

2) 怎麽 : 做甚麽; 幹甚麽。馮春田 ≪近代漢語語法問題研究≫ :「張相云 : "作麽", 卽作甚麽之省文, 有怎麽也。… "作麽(摩)"處在句子謂語位置上, 可分爲兩種情況。一是相當于現在的 "幹麽"或 "作(幹)甚麽", … "師云 : 又是亂走作摩?(卷十三, 招慶和尙)"… "作摩"的第二類可與 "如何"相替換。"何曾失却那作摩?"(卷四, 石頭和尙)」(山東敎育出版社, 1991年, 頁267~271)

3) 主見 : 意見, 看法。≪水滸全傳≫七一回 :「此是善果好事, 哥哥主見不差。」(許少峯 主編, ≪近代漢語詞典≫, 團結出版社, 1997年, 頁1511)

4) 試 : 姑且。(藍立蓂 編著, ≪關漢卿戲曲詞典≫, 四川人民出版社, 1993年, 頁254)

5) 一統 : 統一。多指全國統一于一個政權。≪史記 · 秦始皇本紀≫ :「海內爲郡縣, 法令由一統。」

6) 咱 : 同 "咱們", 就是 "我們"。

7) 這 : 此 "這"用作襯字, 與用作指示詞者異。凡作襯字用者, 均只起調節聲調作用, 不爲義。≪凍蘇秦≫三(么篇) :「他是箇祗候人的所爲, 可那有孟嘗君的這度量。」

8) 只 : 就。≪盛世恒言≫二一卷 :「師父若教弟子三年嚴限, 只在中原之地, 度三千餘人, 興俺道家。」(許少峯 主編, ≪近代漢語詞典≫, 團結出版社, 1997年, 頁1494)

9) 是 : 介詞。意猶 "在", 表示所在地點。關漢卿 ≪五侯宴≫三(倘秀才)白 :「老身是這趙太公家居住。」(王學奇 王靜竹 撰著, ≪宋金元明淸曲辭通釋≫, 語文出版社, 2002年, 頁1007)

地[10]裏行[11]的[12]。過的[13]義州[14], 漢兒田地來, 都是漢兒言語。有人問著, 一句話也說不得時[15], 教[16]別人將[17]咱每[18]做[19]甚麼人看? 你這般學漢兒文書呵[20], 是你自意裏[21]學來[22]? 你的爺

---

10) 田地 : 地方, 轄境。又作 "地面"。≪五代史·梁上≫ :「有那同州是箇要害田地, 須索箇好伴當每去据守。」元 · 缺名 ≪鴛鴦被≫四折 :「如今來到洛陽地面, 張千, 是甚麽人吵鬧, 與我拿將過來。」(許少峯 主編, ≪近代漢語詞典≫, 團結出版社, 1997年, 頁269)

11) 行 : 使用; 行使。≪周禮·天官·庖人≫ :「凡用禽獸, 春行羔豚, 膳膏香。賈公彥疏 : 言行者, 義與用同。」淸·魏源 ≪聖武記≫卷一 :「其他, 道不拾遺, 百里往還, 不裹糧, 不購芻秣。不行銀錢, 以粟布交易。」(≪漢語大詞典≫, 漢語大詞典出版社, 1991年)

12) 的 : 結句助詞。與現代漢語 "得"同。

13) 的 : 助詞。此作完了之 "了", 也作 "得"。臧本 ≪竇兒怨≫一 卜兒白 :「他賺我到無人居處, 行起凶來, 要勒死我, 虧了一個張老并他兒子張驢兒, 救得我性命。」(藍立蓂 編著, ≪關漢卿戲曲詞典≫ 四川人民出版社, 1993年, 頁60)

14) 義州 : 與元接境, 鴨綠江沿岸的高麗成市名.

15) 時 : 表示假定的語助詞。與 "呵"同。

16) 教 : 同 "叫"。

17) 將 : 此作介詞。把, 用。≪拜月亭≫四(喬牌兒) :「每日我綠窓前不整閑針線, 不曾將眉黛展。」

18) 每 : 用在指人的代詞, 名詞或 "的"字詞組後, 表示複數。≪救風塵≫一(寄生草) :「他每有人愛爲娼妓, 有人愛作次妻。」

19) 做 : 當做。≪元典章·刑部十五≫ :「是的却做不是, 不是的却做是的。」

20) 呵 : 用在句中, 表示停頓。≪三奪槊≫四(倘秀才) :「我呵, 圪搭地勒住征駹, 立在這邊。」

21) 裏 : 用在句中相當于 "得", "的", "底"。≪宣和遺事≫前集 :「宋江讀了, 口中不說, 心下思量 : '這四口分明是說了我裏姓名'。」(≪漢語大詞典≫, 漢語大詞典出版社, 1991年)

22) 來 : 語氣助詞。用于疑問。≪拜月亭≫一 正旦白 :「怎生這秀才却共這漢是弟兄來?」(藍立蓂 編著, ≪關漢卿戲曲詞典≫, 四川人民出版社, 1993年, 頁152)

娘[23]教你學來? 是俺爺娘教我學來。你學了多少時[24]? 我學半年有餘也[25]。省的[26]那[27]省不的? 每日和漢兒學生每一處[28]學文書來的上頭[29], 些小[30]理會[31]的有。

---

23) 爺娘 : 亦作"爺孃"。父母。≪剪燈餘話≫ :「爺娘底處認墳墓, 姊妹何鄉尋骨肉!」(≪漢語大詞典≫, 漢語大詞典出版社, 1991年)

24) 時 : 此應作語氣助詞 "呵", 表示停頓。多用在假設分句後。按 : 類似現代漢語的"(要是)… 的話"。(拙稿, <老乞大語彙考(2)>, 中國學論叢, 25輯, 2009년). ≪黃鶴樓≫一折白 :「玄德公也, 若你不來時, 萬事罷論; 若來呵, 便揷翅也飛不過大江去。」用在條件復句的前一分句末尾, 表示假設, 原因, 條件等。元曲選 ≪謝天香≫四折 :「若是這般呵, 功名成就多時了。」

25) 也 : 表示肯定的語氣助詞, 類似現代漢語的 "啊", "呀", "啦"。與文言之助詞"也"不同。

26) 省的 : 亦作 "生得"。懂得, 知道。≪范張鷄黍≫一折 :「哥哥! 這些話我也省的, 這一向我早忘了一半。」(龍潛庵 編著, ≪宋元語言詞典≫, 上海辭書出版社, 1985年, 頁640)

27) 那 : 語氣助詞, 用在選擇問句全面一個選擇項的後面。≪元典章 · 戶部十≫ :「這言語是實那是虛?」【單子解】那, 平聲, 音노, 推移也。나일나, 논힐후다。上聲, 나, 何也。那裏, 어듸; 那個, 어늬。又誰也。那一個, 누고。去聲, 나。那裏, 彼處也。那個, 뎌것。又語助。有那沒, 잇ᄂᆞ녀 업스녀。

28) 一處 : 一起, 一塊兒。≪金瓶梅詞話≫十八回 :「西門大姐白日里便在後邊, 和月娘衆人一處吃酒。」(高文達 主編, ≪近代漢語詞典≫, 智識出版社 1992年, 頁932)

29)上頭 : 表示原因。常同 "爲, 以"等介詞配合使用. 也說 "上"。【單子解】頭, 首也。東頭 · 西頭, 동녁 근 · 셧녁 근; 頭到, 나죵내; 到頭, 나죵애。通作投。又上頭, 쳔ᄎᆞ로。又頭盤, 첫 판; 頭館 첫 관; 頭鷄 첫ᄃᆞᆰ。

30) 些小 : 少許; 一點兒。

31) 理會 : 知曉, 領會, 知道。≪單刀會≫二折 :「正末云 : "道童門首覷者, 看有甚麼人來", 道童云 : "理會的"。」(龍潛庵 編著, ≪宋元語言詞典≫, 上海辭書出版社, 1985年, 頁795)

번역

漢商 : 노형께서는 고려 사람인데, 어째서 다른 나라의 중국 글을 배우셨습니까?

麗商 : 노형의 말씀도 맞습니다. 사람들은 각자 자신만의 견해를 가지고 있는 법이지요!

漢商 : 형씨께서는 어떠한 생각을 가지고 있습니까? 어디 잠시 말씀이나 해보시오.

麗商 : 지금의 조정이 천하를 통일하여 다스리고 있고, 세간에서 쓰는 말은 漢語입니다. 내 나라 말은 내 나라 고려에서 사용할 수 있을 뿐입니다. 의주를 지나 중국 땅에 들어 오면, 온통 중국말뿐 입니다. 사람들이 말 한 마디라도 물어보면, 말하지 못하면, 다른 사람들이 우리를, 어떤 사람으로 보겠습니까?

漢商 : 노형이 이렇게 중국어를 배우셨는데, 형씨가 혼자 스스로 배웠습니까? 부모님께서 배우라고 하셨습니까?[32]

麗商 : 제 부모님께서 배우라고 하셨지요.

漢商 : 노형께서는 얼마동안 배우셨습니까?

麗商 : 저는 반년 남짓 배웠습니다.

漢商 : 이해되고 아는 것이 좀 있습니까?

麗商 : 날마다 중국인학생들과, 함께 글을 배웠습니다. 그러한 이유로 조금은 깨우친 바가 있었습니다.

---

32) 原文'是你自意裏學來'에 있어, '是'는 '是～是～', '是～還是～'의 選擇疑問文의 한 형식으로 봐야 할 것이다. 즉「是你自意裏學來? (是)你的爺娘教你學來?」의 의미인 것이다.

第五話 你的師傅是甚麽人
(스승은 어떤 분이셨습니까?)

你的師傅是甚麽人? 是漢兒人有[1]。多少年紀? 三十五歲也[2]。耐繁[3]教那[4]不耐繁教? 俺師傅性兒溫克[5], 好生[6]耐繁教。恁那衆學生內中, 多少漢兒人? 多少高麗人? 漢兒, 高麗中半[7]。

---

1) 有 : 用於句末的語助詞, 乃元代漢語特有的習慣語。≪老乞大集覽≫ 卷上 :「元時語必於言終用有字。如語助而實非語助。」(參看 第一話 註 48)

2) 也 : 語氣助詞。用于句末, 表示對已然或將然情況的確認。類似現代漢語的 "了", "啦"。類似現代漢語的 "啊", "呀", "啦"。與文言之助詞 "也"不同。

3) 耐繁 : 受得厭煩。也作 "耐煩"。≪金瓶梅≫73回 :「六姐, 你也耐煩, 兩個只顧强甚麽!」(吳士勛 王東明 主編, ≪宋元明淸百部小說詞語大辭典≫, 陝西敎育出版社, 1992年, 頁693)

4) 那 : 語氣助詞, 用在選擇問求全面一個選擇項的後面。≪元典章·戶部十≫ :「這言語是實那是虛?」【單子解】那, 平聲, 音노, 推移也。나일나, 논힐후다。上聲, 나, 何也。那裏, 어듸; 那個, 어늬。又誰也。那一個, 누고。去聲, 나。那裏, 彼處也。那個, 뎌것。又語助。有那沒, 잇ᄂᆞ녀 업스녀。

5) 溫克 : 穩定情緖, 控制自己, 保持溫和恭敬的態度。≪詩經 · 小宛≫ :「人之齊聖, 飮酒溫克。」這裏是說柔順體貼。吳昌齡 ≪張天師≫二折 :「 他從來老老實實, 忒軟善忒溫克, 近新來陡恁的。」(許少峯 主編, ≪近代漢語詞典≫, 團結出版社, 1997年, 頁1183)【老乞大集覽】溫克, ≪詩傳≫云 : 克勝也。猶溫恭自持以勝也。

6) 好生 : 十分, 非常。≪元朝秘史≫卷一 :「那三個人的顔色好生不善, 必害了你姓名。」

7) 中半 : 中, 半; 一半。≪列子 · 力命≫ :「 其使多智之人量利害, 料虛實, 度人情, 得亦中, 亡亦中。」張湛注 :「中, 半也。」中半, 對半。元無名氏 ≪劉弘嫁婢≫ 第一折 :「爲人憎愛中半, 佛也不得人道是哩!」(≪漢語大詞典≫, 漢語大詞典出版社, 1991年)

裏頭[8]也有頑的[9]麽[10]? 可知[11]有頑的。每日學長將[12]那頑學生師傅上[13]呈[14]著。那般打了呵, 只是[15]不怕。漢兒小厮[16]每哏[17]頑, 高麗小厮每較爭[18]些箇[19]。

---

8) 頭 : 用作方位詞, 猶 "面", 猶 "邊"。

9) 頑的 : 頑, 通"玩"。"頑的", 指調皮的人; 頑皮的人。≪西遊記≫七二回 :「他二人都放馬看擔, 惟行者是個頑皮, 他且挑樹攀枝, 摘葉尋果。」(≪漢語大詞典≫, 漢語大詞典出版社, 1991年)

10) 麽 : 疑問詞。或作 "莫", "沒"。≪黃鶴樓≫三【雙調新水令】白 :「我認的你, 有些面熟, 你敢是魚兒張麽?」(顧學頡 王學奇, ≪元曲釋詞≫卷二, 中國社會科學出版社, 1984年, 頁474)【單子解】麽, 本音모。俗用爲語助辭, 音마, 古人皆呼爲모, 故或通作莫。怎麽, 엇디; 來麽, 오너라。又用如乎字之意者則曰 : 去麽, 갈다; 有麽, 잇ᄂᆞ녀。元語麽道, 니ᄅᆞᄂᆞ다, 麽音ᄆᆞ, 今不用。

11) 可知 : 自然; 當然。≪水滸傳≫22回 :「我可知要見他哩。」(吳士勛 王東明 主編, ≪宋元明清百部小說詞語大辭典≫, 陝西教育出版社, 1992年, 頁557)

12) 將 : 同現代漢語 "把"字。

13) 上 : 此有 "那兒", "那裏"之意。≪變文集 · 李陵變文(95頁)≫ :「過失推向將軍上, 漢家兵法任交虜。(此言把過失推到將軍李陵身上。將軍上, 指將軍方面)。」(拙稿, <老乞大語彙考(1)>, 中國語文論叢, 第39輯, 08年)

14) 呈 : 恭敬地送上。呈送。

15) 只是 : 就是。≪西遊記≫46回 :「我師父乃至誠君子 … 說不會, 只是不會, 君子家, 豈有謬乎?」(≪漢語大詞典≫, 漢語大詞典出版社, 1991年)

16) 小厮 : 男孩, 兒童。元 · 白仁甫 ≪墻頭馬上≫ :「自離洛陽, 同小姐到長安七年也, 得了一雙兒女, 小厮叫做端端, 女兒喚做重陽。」(許少峯 主編, ≪近代漢語詞典≫, 團結出版社, 1997年, 頁1265)【單子解】厮, 卑賤之稱。這厮, 이놈。又相也。厮見, 서르 보다。又汎指人亦曰厮。小厮, 아ᄒᆡ, 瞎厮, 쇼경。

17) 哏 : "很"字的早期寫法。≪元典章 · 台綱一≫ :「哏道的是也, 交疾忙那般行者。」

18) 較爭 : 爭, 猶差。意爲 "相差, 不足"也。≪西廂記≫四本四折 :「我想那廢寢忘餐, 香消玉減, 花開花謝, 猶自較爭些。」此爭與較聯用也; 較亦差也。(張相, ≪詩詞曲語辭匯釋≫, 中華書局, 1991年, 頁247)

19) 些箇 ; (一)少許, 一點點。(二)表示略微, 稍稍。

번역

漢商 : 노형의 스승은 어떤 사람 이셨습니까?

麗商 : 漢族이셨습니다.

漢商 : 연세는 얼마나 되셨습니까?

麗商 : 서른다섯 되셨습니다.

漢商 : 참을성 있게 가르쳐 주셨습니까?

麗商 : 제 스승께서는 성격이 유순하시고 인자하셔서, 많은 인내력을 가지시고 가르쳐 주셨습니다.

漢商 : 그 많은 학생들 가운데, 중국인은 몇 명이고 고려인은 몇 명이였습니까?

麗商 : 중국인과 고려인이 반반입니다.

漢商 : 그중에도 장난이 심한 아이가 있겠지요?

麗商 : 물론 있었지요. 날마다 상급 선배가 장난이 심한 아이를, 스승께 알려 드리지요. 그렇게 때려 주는데도, 무서워하지 않습니다. 漢族 아이들은, 매우 장난이 심하고, 고려 아이들은 약간은 덜한 편이였습니다.[20]

---

20) '差'는 '부족하다', '모자라다'의 '差'의 의미를 가진다. 張相의 ≪詩詞曲語辭匯釋≫에 보면 '較'와 '爭'은 聯用되어 쓰이는 같은 의미를 가지는 글자로 보고 있다. 전체의 의미는「漢族의 아이들보다 장난이 좀 부족하다」는 의미로 '조금은 점잔하다'라고 번역할 수 있을 것이다. (拙稿, <老乞大語彙考(4)>, 中國語文論叢, 43輯, 09年)

第六話 咱每一處去來
(우리 함께 가시지요)

伴當, 恁如今那裏去? 我也往大都去。既[1]恁投[2]大都去時, 俺是高麗人, 漢兒田地[3]裏不慣[4]行, 你把似[5]拖帶[6]俺做[7]伴當[8]去, 不好那[9]? 那般者[10], 咱每一處去來[11]。哥哥[12], 你貴姓? 我

---

1) 既 : 確定。≪史記·游俠列傳論≫ :「諺曰 : 人貌榮名, 豈有既乎!」(≪漢語大詞典≫, 漢語大詞典出版社, 1991年)

2) 投 : 朝, 向。王實甫 ≪西廂記≫四本三折 :「霎時間杯盤狼藉, 車兒投東, 馬兒向西, 兩意徘徊, 落日山橫翠。」(許少峯 主編, ≪近代漢語詞典≫, 團結出版社, 1997年, 頁1143)

3) 田地 : 此作 "地方, 轄境"。又作 "地面"。≪五代史·梁上≫ :「有那同州是箇要害田地, 須索箇好伴當每去据守。」元 · 缺名 ≪鴛鴦被≫四折 :「如今來到洛陽地面, 張千, 是甚麽人吵鬧, 與我拿將過來。」(許少峯 主編, ≪近代漢語詞典≫, 團結出版社, 1997年, 頁269)

4) 慣 : 熟練, 擅長。關漢卿 ≪謝天香≫一折 :「能吹彈, 好比人每日常看伺, 慣歌謳, 好比人每日常差使。」(許少峯 主編, ≪近代漢語詞典≫, 團結出版社, 1997年, 頁426)

5) 把似 : (1) 不如, 倒不如, 何如。亦作 "把如"。≪董西廂≫四 :「譬如對燈悶悶的坐, 把似和衣强强的眠。」(2) 當作, 作爲。宋 · 劉辰翁 ≪永遇樂≫詞 :「而今無奈, 月正元夕, 把似月朝十五。」(許少峯 編, ≪近代漢語大詞典≫, 中華書局, 2008年, 頁32) 按, 此作 "當作, 作爲"解。

6) 拖帶 : 提携, 挈帶。≪西廂記≫一本三折(調笑令)白 :「願俺姐姐早尋一個姊夫, 拖帶紅娘咱。」(劉堅 江藍生 主編, ≪元語言詞典≫, 上海敎育出版社, 1998年, 頁326)

7) 做 : 作爲, 當做。

8) 伴當 : 此作 "隨從", "僕從"。元 · 高文秀 ≪黑旋風≫第四折 :「我使的伴當却那同知家裏取酒去, 這早晚怎生不見來?」(許少峯 編, ≪近代漢語大詞典≫, 中華書局, 2008年, 頁55)

9) 那 : 表示反問之語氣助詞, 與現代漢語 "嗎"同。

姓王。本家[13]在那裏住? 我在遼陽城[14]裏住。恁大都爲[15]甚麽勾當[16]? 我將[17]這幾箇馬賣去。那般呵[18]更[19]好, 俺也待[20]賣這幾箇馬去, 更[21]這馬上駝著的些小[22]毛施[23], 帖裏布[24], 一

10) 者 : 表示肯定語氣。又作 "咱, 則", 也作 "着"。

11) 去來 : 就是 "去"。"來", 語助詞。

12) 哥哥 : 對年齡相近的男子的尊稱。董解元 ≪西廂記諸宮調≫卷二 :「却認得是長生, 曾人把他衣扯着, 底言悄語喚哥哥。」

13) 本家 : 東家, 主人家。≪紅樓夢≫第二四回 :「梅香死, 本家超度。」許少峯主編 ≪近代漢語大詞典≫ 中華書局, 2008年, 頁79。

14) 遼陽城 : 現遼寧省遼陽縣。(日 · 青山定雄 編, ≪中國歷代地名要覽≫, 臺灣洪氏出版社, 1975年)

15) 爲 : 做, 幹。元 · 柯丹丘 ≪荊釵記≫四六出 :「你那賤人, 欲人不知, 莫若不爲。我家三世無犯法之男, 五代無再婚之女。」

16) 勾當 : ① 事情。≪京本通俗小說≫15卷 :「這也是先前不十分窮薄的時候做下的勾當。」② 做事; 謀生。≪水滸傳≫二回 :「只得子母二人逃上延安府去, 投托老種經略相公處勾當。」(吳士勛 · 王東明 主編, ≪宋元明清百部小說詞語大辭典≫, 陝西敎育出版社, 1992年, 頁352)

17) 將 : 帶領; 引領。≪五代史 · 梁上≫ :「我將你去探你姐姐。」

18) 呵 : 表示假設語氣。元 張國賓 ≪薛仁貴≫第三折 :「我若見了他呵, 去他那鼻凹裏直打上五十拳。」(≪漢語大詞典≫, 漢語大詞典出版社)

19) 更 : 猶 "絶"也。張相著 ≪詩詞曲語彙匯釋 :「≪兩歲姻緣≫劇二 : "看了他容貌兒實是撐, 衣冠兒別樣整。更風流, 更灑落, 更聰明。" 此三更字亦均作絶字解」(上海古籍出版社, 2009年, 頁34)

20) 待 : 要, 將要。≪青衫淚≫一 :「時遇春三月, 在公廨中悶倦, 待往街市上私行一遭。」(李法白, 劉鏡芙 編著, ≪水滸語詞詞典≫, 上海辭書出版社, 1989年, 頁202)

21) 更 : 此作 "並且"。≪武王伐紂平話≫中卷 :「姬昌具說七年前囚牢之苦, 更醢了伯邑考。」(許少峯 主編, ≪近代漢語大詞典≫, 中華書局, 2008年, 頁638)

22) 些小 : 一點兒, 微少。≪武王伐紂平話≫下卷 :「殺得兵士十人八九, 唯有紂王得脫, 將着些小敗將, 走入朝歌去了。」(許少峯 主編, ≪近代漢語大詞典≫, 中華書局, 2008年, 頁2056)

就[25]待[26]賣去。旣恁賣馬去呵，咱每恰好[27]做伴當去。

번역

麗商 : 노형, 노형께서는 지금은 아디로 가시는 것입니까?

漢商 : 전 또한 大都에 갑니다.

麗商 : 노형께서 大都로 가시기로 하셨고, 또한 저는 고려 사람이라서 중국 땅에서의 여행은 익숙하지 않으니, 노형께서는 저희를 아랫사람[28]삼아[29] 데리고 가시는 것이, 좋지 않겠습니

23) 毛施 : 毛施布。苧麻布。又稱木絲布, 沒絲布, 訛而爲毛施布。

24) 帖裏布 : 鐵勒, 麻鐵黎, 苧麻。

25) 一就 : 一起, 一並。≪五代史平話≫梁上 :「喚酒保買杯酒和肉來, 四個一就吃了。」(龍潛庵 編著, ≪宋元語言詞典≫, 上海辭書出版社 1985年, 頁12)

26) 待 : 將, 要, 打算之意。≪救風塵≫一, 白 :「他一心待嫁我, 我一心待娶他, 爭奈他媽不肯。」(顧學頡 · 王學奇, ≪元曲釋詞≫卷一, 中國社會科學出版社, 1983年, 頁380)

27) 恰好 : 正好; 恰巧合適。

28) 原文의 '伴當'은 앞뒤의 문맥으로 보아 '奴僕, 隨從'의 의미로 해석되어야 할 것이다. ≪原老≫에서의 총 44차례의 '伴當'이 출현되어 쓰이고 있는데, 그 중 대부분인 41차례가 '同伴, 伙伴'의 의미로 사용되고, '奴僕, 隨從'의 의미로 쓰이고 있는 경우도 총 3번의 用例를 찾아 볼 수 있다. 예를 들면 제83화「咱每通是十數箇人, 怎麽喫三十兩的酒? 且不則十數箇人喫, 下頭伴當每偏不喫那。」에서의 '伴當'이 바로 '奴僕, 隨從'로 해석되는 좋은 例인 것이다. (拙稿, <老乞大語彙詁釋(1)>, 光州大, 人文科學, 第10輯, 2010年)

29) 原文의 '把似'는 하나의 정황과 또 다른 정황과 비교하여 좋고 나쁨을 결정하거나, 하나를 선택함을 나타낼 때 쓰이는 말이므로, 즉 "혼자서 가는 것보다는 벗 삼아 함께 길을 가는 것이 좋을 것이다"라는 의미이다. '把似'는 또한 '當作, 作爲(여기다, 삼다)'의 의미로도 쓰이므로 '나를 심부름이나 하는 하인 삼아 같이 데리고 가라'라는 의미로 해석이 된다고 보았다. (拙稿, <老乞大語彙詁釋(1)>, 光州大, 人文科學, 第10輯, 2010年)

까?[30]

漢商 : 그러하시다면, 우리 함께 가십시다.

麗商 : 노형![31] 노형께서는 姓氏가 어찌되십니까?

漢商 : 나는 王씨입니다.

麗商 : 王형[32]께서는 어디에 사십니까?

漢商 : 난 遼陽城에서 살고 있습니다.

麗商 : 王형께서는 大都에 무슨 일로 가십니까?

漢商 : 난 이 말들을 팔려고 갑니다.

麗商 : 그러시다면 너무나 잘 되었군요, 나도 말들을 팔려고 가는 길입니다. 게다가 또 말 잔등에는 모시[33]와 삼베[34]가 좀 실려

30) 原文「俺是高麗人, 漢兒田地裏不慣行, 你把似拖帶俺做伴當去, 不好那?」를 번역함에 있어, 高麗商人이 中國商人을 만나 무조건「내가 高麗사람이니, 벗 삼아 데리고 가라」라는 말보다는, 앞뒤의 문맥과 위의 여러 註釋에서 설명한 '把似', '拖帶', '伴當' 등의 語彙가 내포하는 의미를 詳考하여, 이 대목의 우리말 번역을「저는 고려 사람이라서 중국 땅에서의 여행은 익숙하지 않으니, 노형께서는 저희를 아랫사람(심부름꾼) 삼아 데리고 가주시지요」라고 하였다. ≪鄭光本≫ (42쪽)에서는「우리는 고려인이고, 중국 땅에는 익숙하지 못하니 우리를 동행인으로 같이 데리고 가줬으면 좋겠는데요」라는 번역을 볼 수가 있고, 改修本인 ≪飜譯老乞大諺解≫에서도「나ᄂᆞᆫ 高麗ㅅ 사ᄅᆞ미라 한 ᄯᅡ해 니기 ᄃᆞᆫ니디 몯ᄒᆞ야 잇노니 네 모르매 나를 ᄃᆞ려 번 지어 가고려」라는 諺解를 볼 수 있다.

31) '哥哥'는 近代漢語에서 나이가 비슷한 남자에 대한 존칭으로 쓰이고 있었으므로, "노형"으로 번역하였다.

32) 原文의 '本家'는 '결혼한 여자의 친정집(指已嫁之女的娘家)' 또는 '종친의 친족(同宗親屬)' 그리고 '주인어른(東家, 主人家)' 등의 의미로 쓰이고 있는 語彙다. 여기서는 상대방의 姓氏를 알고 나서 이에 상대를 높여 부르는 존칭으로 보았다.

33) 原文의 '毛施'는 우리말의 '모시(베)'의 漢子音 표기이다. 당시 元나라에서 많이 수출되었던 물품의 하나로 모시풀(苧麻)로 짠 베를 말함인데, '毛施', '緦絲

있는데, 같이 팔려고 갑니다.

漢商 : 말을 팔려고 가신다면, 동무 삼아 마침 잘 되었습니다.

布', '苧麻布', '木絲布', '漂白布' 등으로도 불리고 있음을 볼 수 있다. 당시 중국에서는 고려의 모시베가 '질기고 하얗다'하여 한 때 유행하였다고 한다. 元代의 雜劇에서는 '물에 빨수록 더욱 하얗고 새것과 같은 高麗毛絲布'라는 말을 자주 볼 수가 있는데, 毛絲布는 부드럽고 질겨서 빨아도 손상이 없어, 그래서 당시의 사람들은 高麗의 모시를 '洗白復生'이라는 일컬었다. (作者未詳 ≪對我國元代與高麗的貿易硏究≫ :「高麗個体商販帶入元的苧布, 總量也不小。其中主要是用苧麻織成的布叫作僿絲布, 亦稱苧麻布, 木絲布, 漂白布等, 經久耐用, 在中國很流行。元代雜劇中就經常提到 "洗白復生高麗毛絲布", 毛施布柔靭耐洗, 故曰 "洗白復生", 常用來形容高麗的苧布) 原文 '毛施'에 대하여 ≪鄭光本≫ (43쪽 주 8번)에서도 다음과 같이 설명하고 있다 : ≪저마(苧麻), 모시를 말한다. 모시는 쐐기풀과의 다년초(多年草)이며 그 줄기의 껍질에서 실을 만든다. '毛施'는 우리말의 '모시'를 한자로 표기한 것이며 그 외에 '木絲', '沒絲' 등으로 쓴다. 고려의 특산이기 때문에 중국인도 그 이름으로 부르게 되었다(「朴覽」 上 참조). ≪어초기(魚樵記)≫ 「잡극(雜劇)」 2折의 대사(臺詞)에는 '高麗僿絲布'라고 보인다.≫

34) 原文의 '帖裏布'는 삼베(大麻布)를 말하는 것으로 보인다. '帖裏布'에 대해서 陳高華는 元代 王貞의 ≪農書·農器圖譜集(十二)≫을 인용하여 다음과 같이 설명하고 있다 :「≪農書·農器圖譜集(十二)≫에는 詹云卿의 ≪造布之法≫를 볼 수 있다. ≪造布之法≫에는 '毛施布法', '鐵勒布法', '麻鐵黎布法'의 기록을 볼 수 있다. … '鐵黎布'와 '帖裏布'는 音譯의 다른 이름이고, '麻鐵黎布'의 '麻'는 '麻(삼)'을 원료로 한 것이다. 詹云卿의 설명에 의하면, '毛施布'와 '麻鐵黎布'의 구분은 前者는 단색의 하얀 모시(白苧麻)를 쓴 것이고, 後者는 잡색의 老火麻를 쓴 것이다. 元代의 방직 원료로 쓰이는 麻 는 두 종류가 있는데, 하나는 苧麻이고 하나는 大麻이다. '火麻'는 '大麻'의 다른 이름이다. 즉 帖裏(鐵黎)布는 大麻로 만든 것이다. 苧麻로 만든 베는 부드럽고 질기고 또한 하얘서 일반 다른 천보다는 가격을 비싸다. (這部著名農學著作的 ≪農器圖譜集≫ 之二十 "麻苧門", 刊載了 "行台監察御史詹云卿 ≪造布之法≫", 其中有 "毛施布法", "鐵勒布法", "麻鐵黎布法"。… "鐵黎布"與 "帖裏布"應是同名異譯, 至于 "麻鐵黎布"的 "麻"是指該布用麻作原料。根据詹云卿的說法, "毛施布" 和 "麻鐵黎布"的主要區別名, 前者用 "一色白苧麻", 而後者則用 "雜色老火

麻"。元代作爲紡織原料的麻有兩種, 一種是苧麻, 一種是大麻。"火麻"則是大麻的別名。也就是說, 帖裏(鐵黎)布是用大麻制作的。苧麻績成的布, "柔韌潔白, 比之常布又價高一, 二倍") 原文 '帖裏布'에 대하여 ≪鄭光本≫에서는 '삼베'로 번역이 되어 있고, 同書 43쪽 주 9번에서는 다음과 같이 설명하고 있다 : ≪'帖裏布'는 전술한 왕정(王禎)의 농서(農書)에는 '毛施布法' 다음에 '鐵勒布法'과 '麻鐵勒布法'이 있다. '帖裏(tieli)'란 '鐵勒'(tiele) 또는 '麻鐵黎'(matiele)를 말하는 것으로 보인다. 전자는 '雜色苧麻', 후자는 '雜色老火麻'를 재료로 한 것이고, 둘 다 모시(毛施)보다 약간 질이 떨어진 마포(麻布)인 것 같다. 그 어원은 중국어가 아닌 것으로 보이면 현재로는 분명하지 않다. ≪飜老≫에서는 모두 삭제되었고, 다만 제98화에서 '帖裏布' 대신에 '黃布'로 바꿨다.≫

第七話 曾知得大都馬價如何

(大都의 말 값은 어떻습니까?)

哥哥, 曾[1]知得大都馬價如何? 近有相識[2]人來說, 馬的價錢這其間也好。似[3]這一等[4]的馬賣五定[5]之上, 這一等的馬賣四定之上。曾[6]知得布價高低? 布價如常[7]往年的價錢一般。大都喫食貴賤[8]? 俺那相識[9]人曾說, 他來時, 六兩一

---

1) 曾 : 表達疑問語氣, 可以譯作 "可"。董志翹 蔡鏡浩 ≪中古虛詞語法例釋≫ : 「汝若是九度見黃河淸, 曾知天上地府事否? (≪大唐三藏取經詩話 · 入大梵天王宮第三≫) "曾知"不是問曾經可知, 因爲下文中猴行者介紹的是當時大梵天宮發生的事。」(吉林教育出版社, 1994年, 頁55)

2) 相識 : 朋友, 知交。明 · 缺名 ≪補白兎記≫十四出 : 「醉舞酣歌日, 酕醄飮宴時, 相識滿天下, 知心能有幾?。」(許少峯 主編, ≪近代漢語詞典≫, 團結出版社, 1997年, 頁1245)【累字解】相識, 俗稱 "相識滿天下, 知心能幾人?", 謂朋友也。

3) 似 : 像; 類似。

4) 等 : 樣, 類。一等, 卽 "一種, 一類"。≪來生債≫ : 「有一等寒儉的泛泛之徒, 他出來的不誠心。」(劉堅 江藍生 主編, ≪元語言詞典≫, 上海教育出版社, 1998年, 頁74)

5) 定 : 同 "錠"字。

6) 曾 : 表達疑問語氣, 可以譯作 "可"。(同前注 1)

7) 如常 : 平常, 一般。≪水滸全傳≫八八回 : 「這個陣勢, 也只如常, 不見有甚驚人之處。」(許少峯 主編, ≪近代漢語詞典≫, 團結出版社, 1997年, 頁957)

8) 貴賤 : 指價値的高低。≪官場現形記≫八回 : 「這個是外國定好了來的價錢, 貴賤我們做不得主。」

9) 相識 : 朋友, 知交。明 · 缺名 ≪補白兎記≫十四出 : 「醉舞酣歌日, 酕醄飮宴時, 相識滿天下, 知心能有幾?。」(許少峯 主編, ≪近代漢語詞典≫, 團結出版社, 1997年, 頁1245)【累字解】相識, 俗稱 "相識滿天下, 知心能幾人?", 謂朋友也。

斗[10]粳米[11], 五兩一斗小米[12], 十兩十三斤麵[13], 二兩半一斤羊肉。似那般時, 俺年時[14]在大都來[15], 價錢都一般。

번역

麗商 : 노형! 노형께서는 大都의 말 시세가 어떠하지 알고계신지요?

漢商 : 얼마 전 아는 사람이 말하는데, 말의 시세가, 요즘은 좋다고 합니다. 이런 말은 五錠[16] 이상을 받을 수 있고요, 이런 말은

---

10) 斗 : 容量單位。十合爲一升, 十升爲一斗。

11) 粳米 : 明李時珍 ≪本草綱目· 穀一· 粳≫ :「粳乃穀稻之總名也, 有早中晚三收。諸 ≪本草≫獨以晚稻爲粳者, 非矣。黏者爲糯, 不黏者爲粳。」粳米, 卽粳稻碾出來的米。(≪漢語大詞典≫, 漢語大詞典出版社, 1991年)

12) 小米 : 去殼後的粟粒。

13) 麵 : 麵粉。

14) 年時 : 往年; 去年。【老乞大集覽】俗呼過去前年曰年時, 曰上年, 曰年裏。通稱已去之年曰往年, 曰舊年。

15) 來 : 略同 "來着"。≪竇娥冤≫二(采茶歌) 白 :「情願我招了罷, 是我藥死公公來。」(劉堅 江藍生主編, 同上揭書, 頁160) 助詞 "來"當然是由動詞 "來"產生的。原來是做了某事之後來到現在的場所的意思, 後來 "來"成了附加的, 就把重點放在過去曾做某事上了。「師父何處飲來?」… "來"在元明時一直使用。他凭 "沒有"構成疑問句, 瞬間動詞表示持續需要加 "着", 這些方面和 "來着"一樣。(談藪, 廣記173) (太田辰夫 著, 蔣紹愚, 徐昌華 譯, ≪中國語歷史文法≫, 北京大學出版社, 頁362)

16) 原文 '定'에 대하여 ≪鄭光本≫ (46쪽 주 4번)에서는 다음과 같이 설명하고 있다 : ≪'定'은 원대(元代)의 화폐 단위로서 '錠'의 약자다. 원래는 은(銀)의 무게를 다는 단위였으나 元에서 사용되는 지폐의 단위가 되었다. 1정은 50냥이었는데 중통초(中統鈔)라는 元의 지폐 단위로 사용되었다. 1냥은 중통초의 1관(貫), 1정은 50관을 말한다.≫

4錠 넘게 팔 수 있을 것입니다.

麗商 : 그럼 베 시세는 어찌되는지 알고 계십니까?

漢商 : 베 변동이 없고 지난해 가격과 같습니다.

麗商 : 그럼 大都의 음식 값은 좀 어떻습니까?

漢商 : 내 아는 사람이 말하기를, 그가 떠나 올 때, 멥쌀 한 말(斗)에 여섯 냥이고요, 좁쌀은 한 되에 닷 냥, 그리고 밀가루는 13斤에 10냥이고, 양고기는 한 근에 두 냥 반이 간다고 합니다.

麗商 : (값이)그러하다면, 내가 작년에 北京에서 있을 때와 값이 같군요.

第八話　咱每今夜那裏宿去
(오늘 저녁은 어디서 묵습니까?)

咱每今夜那裏宿去? 咱每往前行的[1]十里來[2]田地[3]裏有箇店子, 名喚瓦店[4]。咱每到時, 或早或晚[5]則那裏去。若過去了呵, 那壁[6]有二十里地無人家。旣那般呵, 前不著[7]村, 後不著店也, 咱每則[8]迭[9]那裏宿去。到那裏便[10]早時也好, 咱每歇息頭

1) 的 : 用在 "坐, 卧, 立"等動詞後面, 表示動作狀態的持續, 略同 "着(zhe)"。也寫作"地 "。隋本 ≪博望燒山≫一(醉中天) :「我請你個玄德公安然坐的。」

2) 來 : 約計之詞, 猶左右, 上下。≪初刻拍案驚奇≫ :「然後討飯。飯到, 又吃了十來碗。」

3) 田地 : 路程, 道路。元 · 鄭廷玉 ≪忍字記≫第一折 :「貧僧非是凡僧, 我是個禪和尙, 兩頭見日, 行三百里田地哩。」(≪漢語大詞典≫, 漢語大詞典出版社, 1991年) 按 : 應斷句爲 "咱們往前行的十里來田地", 可以解爲 "我們往前行着十里來地(路程)"也。

4) 瓦店 : 應是 "瓦", "瓦子", "瓦舍", "瓦肆"。宋元都市中商旅貿易和游樂的場所(包括戲場, 妓院, 賭場等)總稱。

5) 或早或晚 : 不論早晚。

6) 壁 : 邊。那壁, 卽 "那邊"。關漢卿(一枝花) ≪杭州景≫ :「遙望西湖暮山勢, 看了這壁, 覷了那壁, 縱有丹靑下不得筆。」

7) 不著 : 著, 同 "着"。不着, 不得, 沒有。≪金瓶梅詞話≫九十回 :「(來旺)作辭雪娥, 挑擔兒出門, 正是 : 不着家神, 弄不得家鬼。」(許少峯 主編, ≪近代漢語詞典≫, 團結出版社, 1997年, 頁95)

8) 則 : 用同 "只"。表示限于某個範圍。≪元典章 · 戶部八≫ :「若不要中統鈔, 則要至元鈔呵, 百姓每生受。」

9) 迭 : 及; 達到。【單子解】迭, 企及之辭。및다。

10) 便 : 卽使。≪謝金吾≫一(村里迓鼓)揷白 :「你便長出些個鬍子來, 我也不理你。」(劉堅 江藍生 主編, ≪元語言詞典≫, 上海敎育出版社, 1998年, 頁22)

口[11], 明日早行。這裏到大都有幾程[12]地[13]? 這裏到大都, 則是[14]有五百里之上[15]。天可憐見, 身子安樂呵, 更著[16]五箇日頭[17]到也者[18]。咱每到時, 那裏安下[19]去便當[20]? 咱每則投[21]順承門[22]關

11) 頭口 : 牲口。≪元典章≫ :「凡達達漢人, 偷頭口一個, 陪九個。」(王鍈 曾明德, ≪詩詞曲語辭集釋≫, 語文出版社, 1991年, 頁391) 頭口, 指騾馬驢牛之類大牲畜。元 · 高文秀 ≪誶范叔≫第二折 :「這的是喂頭口的草料, 怎生與小生吃?」(≪漢語大詞典≫, 漢語大詞典出版社, 1991年)

12) 程 : 指所走路程的長短。系約指。猶“段”。明 · 吳炳 ≪西園記≫二六出 :「你要問寒家, 也不隔幾程, 我和你托高隣, 只同汲一井。」(許少峯 主編, ≪近代漢語詞典≫, 團結出版社, 1997年, 頁144)

13) 地 : 同“路”, 表示“路程”。

14) 則是 : 此作“就”。關漢卿 ≪四春園≫四(得勝令) :「告你公公, 你則是耽饒過俺老父親。」(藍立蓂 編著, ≪關漢卿戲曲詞典≫, 四川人民出版社, 1993年, 頁378)

15) 上 : 超越, 過分。≪水滸全傳≫三二回 :「自此兩箇在孔太公庄上, 一住過了十日之上, 宋江與武松要行, 孔太公父子那裏肯放。」

16) 著 : 同“着”。添, 加。

17) 日頭 : 日子。≪董西廂≫卷一 :「沒一個日頭兒心放閑, 沒一個時辰兒不掛念。」(龍潛庵 編著, ≪宋元語言詞典≫, 上海辭書出版社 1985年, 頁146)

18) 也者 : 表確定的句末語氣助詞。(李崇興 等著, ≪元代漢語語法研究≫, 上海教育出版社, 2009年, 頁266)

19) 安下 : 安歇, 住下。≪金錢記≫二折 :「明日那韓先生來時, 着此人在書房中安下。」(龍潛庵 編著, ≪宋元語言詞典≫, 上海辭書出版社 1985年, 頁360)

20) 便當 : 方便, 便利。≪水滸全傳≫二八回 :「這裏不好安歇, 請都頭去那壁房裏安歇, 搬茶搬飯却便當。」≪水滸全傳≫二八回 :「這裏不好安歇, 請都頭去那壁房裏安歇, 搬茶搬飯却便當。」(許少峯 主編, ≪近代漢語詞典≫, 團結出版社, 1997年, 頁61)

21) 投 : 前往; 到。≪金瓶梅≫八回 :「(武松)鎖了房門, 一徑投紫石街來。」九回 :「連酒保王鸞并兩個粉頭包氏, 牛氏都拴了, 竟投縣衙裏來。」(白維國 編, ≪金瓶梅詞典≫, 中華書局, 1991年, 頁535)

22) 順承門 : 今北京宣武門在元代叫順承門, 明代始改稱宣武門。

店裏下[23]去來, 那裏就便[24]投[25]馬市裏去哏近。你道的是, 我也心裏那般想著有, 你說的恰[26]和[27]我意同, 只除[28]那裏好。但是[29]直東[30]去的客人每, 別處[31]不下, 都在那裏安下。俺年時也在那裏下來, 哏便當[32]。

---

23) 下 : 歇宿, 收留。≪警世通言≫卷二十四 :「想你這個模樣子, 誰家下你?」(高文達 主編, ≪近代漢語詞典≫, 智識出版社 1992年, 頁847)

24) 就便 : 此作'就'字。「"就"與 "便"可以組成同義複合副詞 "就便"。這種複合, 詞素的次序只有 "就+便", 沒有 "便+就"。…例 : "其餘些小, 就便分了。(水滸傳 17回)" "兩個吃了, 就便休息。(水滸傳 73回)" … "就"在古代漢語中爲 "卽"。"便"已如前述, 漢時卽已使用開來。與 "就", "便"竝行時代之前, 卽有 "卽", "便"竝行時代。因此, 與 "就便"相對應, 還有同義複合詞 "卽便", 也是自然的。」(香坂順一 著, ≪水滸詞彙研究≫, 文津出版社, 1992年, 頁198)

25) 投 : 到。朝, 向。≪三國演義≫一回 :「劉焉令鄒靖將兵五千, 同玄德, 關, 張, 投青州來。」(許少峯 主編, ≪近代漢語詞典≫, 團結出版社, 1997年, 頁1143)

26) 恰 ; 恰恰, 正。≪西廂記≫一本一折(勝葫蘆幺篇) :「恰便似嚦嚦鶯聲花外囀, 行一步可人憐。」(劉堅 江藍生 主編, ≪元語言詞典≫, 上海教育出版社, 1998年, 頁239)

27) 和 : 介詞 "跟"同。

28) 只徐 : 惟有, 只有; 除非。王實甫 ≪西廂記≫三本四折 :「我這頽證候, 非是太醫所治的, 只徐是那小姐美甘甘, 香噴噴, 凉滲滲, 嬌滴滴一點唾津兒咽下去, 這屌病便可。」(高文達 主編, ≪近代漢語詞典≫, 智識出版社 1992年, 頁1007)

29) 但是 : 連詞。凡是; 只要是。≪水滸傳≫一回 :「但是經傳一代天師, 親手便添一道封皮, 使其子子孫孫不敢妄開。」(吳士勛 王東明 主編, ≪宋元明淸百部小說詞語大辭典≫, 陝西敎育出版社, 1992年, 頁210)

30) 直東 : "直", 指示方位之詞。"直東"就是"正東"。

31) 處 : 用于詞尾, 表示地點, 所在。≪水滸全傳≫三九回 :「宋江聽罷, 搔頭不知痒處, 只叫得 : '苦', 我今番必是死也。」(許少峯 主編, ≪近代漢語詞典≫, 團結出版社, 1997年, 頁171)

32) 便當 : 方便, 便利。

번역

麗商 : 우리는 오늘 저녁은 어디서 묵습니까?

漢商 : 우리는 앞 쪽으로 쭉 가서, 십리정도 가다보면, 가게가 하나 있는데, “瓦店”이라고 합니다. 우리가 그곳에 당도하면 이르든 늦든 거기에서 묵어야 합니다. 만약 그곳을 지나치면 이십 리 길 안에는 인가가 없습니다.

麗商 : 그렇게 되면 앞쪽으로는 마을을 찾을 수가 없고, 뒤로도 주막을 찾을 수가 없으니, 우리는 그 주막에서 묵어야겠군요.

漢商 : 그곳에 도착하여, 설령 좀 일러도 좋을 것입니다, 짐승들을 쉬게 하고, 내일 일찍 길을 떠나야 하니까요.

麗商 : 이곳에서 北京까지는, 얼마나 됩니까?

漢商 : 여기서 大都까지는 오백 리가 좀 넘습니다. 하늘이 어여삐 여기시고 몸이 편안하면, 닷새를 더 가면 도착할 수 있을 것입니다.

麗商 : 우리가 도착하면, 어디서 묶어야 편리할까요?

漢商 : 우린 順承門 官店[33]에 묶기로 합시다. 그곳은 마장(馬場)[34] 쪽과는 좀 가까우니까요.

---

33) 原文의 ‘關店’이라는 명칭은 ≪飜譯老乞大≫本에는 ‘官店’으로 改修되어 나타나고 있다. ‘官店’은 “장사치들을 위하여 官에서 운영하는 숙소(官店, 供商賈使用的官營店房。≪漢語大詞典≫ 漢語大詞典出版社, 1991年)”를 말함인 것 같다.

34) 原文의 ‘馬市’에 대하여 ≪鄭光本≫ (51쪽 주 15번)에서는 다음과 같이 설명하고 있다 : ≪‘馬市’는 ‘말 시장’. 元代 大都의 지리서인 元 웅몽상(熊夢祥) ≪절진지(折津志)≫(≪折津志輯佚≫北京古籍出版社, 1983에 의함) ‘성지가시(城池街市)’에 ‘馬市’는 ‘羊角市’일대에 있었다고 기록되었다. 즉 ‘安富坊은 順承門의 羊角市에 있음’이라는 기사가 있어 ‘順承門’에서 가까웠음을 알 수 있다.≫

麗商 : 맞습니다, 나도 마음속으로 그렇게 생각을 했었는데, 노형의 말씀이 제 생각과 같습니다, 거기 말고는 더 좋은 곳이 없겠습니다.

漢商 : 동쪽[35]에서 가는 모든 나그네들은, 다른 곳에는 들지 않고, 모두 그곳에서 묶고 갑니다. 나도 작년에도 그곳에서 묶었는데, 매우 편했습니다.

35) 原文의 '直'은 方位를 나타내므로 '正東'을 말함이다. '直東', '直南'과 같은 쓰임은 ≪原本老乞大≫에서 볼 수 있는데, 地名과 함께 오기도 하고 단독으로 쓰여 전체의 방향을 나타내기도 한다. ≪原本老乞大≫에서 「但是直東去的客人每」는 ≪老乞大≫에서는 「但是遼東去的客人們」으로 나타나고 있음을 볼 수 있다. 原文 '直東'에 대하여 ≪鄭光本≫ (51쪽 주 17번)에서는 다음과 같이 설명하고 있다 : ≪原文 '直東'의 '直'은 방향을 표시하는 접두어이다. 위를 '直上', 아래를 '直下'라고 한다. 제9화, 제60화, 제67화에 '直南'이 보이면, 元刊本 ≪張千替殺妻≫ 雜劇 一折의 대사에 "哥哥往直西去, 早半年 - 형님은 '直西'에 가서 반년이 되었네"가 있고 또한 ≪大元馬政記≫의 지원(至元) 6년조에 '直北의 蒙古 千戶, 百戶, 牌甲'이라는 기사기 있다. 당시, 대도를 중심으로 사방을 이렇게 불렀던 것으로 보인다. 따라서 '直東'은 요동(遼東)이나 고려 방면을 말할 것이다.≫

第九話 每夜喫的草料通該多少鈔
(매일 저녁 먹는 사료가 모두 얼마입니까?)

你這幾箇頭口, 每夜喫的草料[1]通[2]該[3]多少鈔[4]? 這六箇馬每一箇五升料, 一束草, 通筭過來, 盤纏[5]著[6]五兩鈔。這六箇馬每夜喫的草料不等[7]。草料貴處[8], 盤纏六七兩鈔, 草料賤處, 盤纏四五兩鈔。這箇馬也行的好? 可知[9]有幾步慢竄。除了

1) 草料 : 喂牲畜的草飼料。

2) 通 : 總共, 全部。≪水滸全傳≫四一回 :「宋江道 : 黃文炳家多少人口? 有幾房頭? 侯建道 : 男子婦人通有四十五口。」(許少峯 主編, ≪近代漢語詞典≫, 團結出版社, 1997年, 頁1133)

3) 該 : 應得, 應當。

4) 鈔 : 紙幣名。吳晗 ≪燈下集 · 關于中國資本主義萌芽的問題≫ :「元朝曾用鈔, 明初鑄銅錢。」亦泛指錢。(≪漢語大詞典≫, 漢語大詞典出版社, 1991年)

5) 盤纏 : 費用, 日常用度。≪兒女團圓≫二折 :「你將這錢鈔, 家中做盤纏去。」(龍潛庵 編著, ≪宋元語言詞典≫, 上海辭書出版社 1985年, 頁827)

6) 著 : 同 "着"。花費。≪初刻拍案驚奇≫第一卷 :「那航海的, 何不只買吃口東西只換他低錢, 豈不有利? 反着重本錢, 置他貨物怎地?」(許少峯 主編, ≪近代漢語大詞典≫, 中華書局, 2008年, 頁2452)

7) 不等 : 不同; 不一樣。

8) 處 : (一) 用于詞尾, 表示地點, 所在。≪水滸全傳≫三九回 :「宋江聽罷, 搔頭不知痒處, 只叫得 "苦", 我今番必是死也!」(二) 用于詞尾, 表示時間, 其時。王實甫 ≪西廂記≫三本三折 :「我也不瞧破他, 只請他燒香。今夜晚妝處比每日較別, 我看他到其間怎的瞞我?」(許少峯 主編, ≪近代漢語詞典≫, 團結出版社, 1997年, 頁171) 按, 此兩意皆通。

9) 可知 : ① 當然。關漢卿 ≪蝴蝶夢≫三 :「張千云 : 兀那婆子, 你要喜歡麽? (旦) : 我可知要歡喜裏!」② 怪不得, 難怪。≪兩世姻緣≫四白 :「元來如此, 可知書皐他前日見面生情也。」(劉堅 江藍生 主編, ≪元語言詞典≫, 上海教育出版社, 1998年, 頁156)

這箇馬, 別箇的都[10]不甚好。你這馬和布子到大都賣了時, 却買些甚麽行貨[11], 廻還高麗田地[12]裏賣去? 俺往直南[13]濟寧[14]府, 東昌[15], 高唐[16], 收買些絹子, 綾子, 綿子, 廻還王京賣去。到恁那地面裏也有些利錢[17]麽? 那的[18]也中。俺年時[19]根著[20]漢兒伴當, 到高唐收買些綿絹, 將[21]到王京賣了, 也覓[22]了些利錢。

---

10) 都 : 表示對範圍與程度的總括。可譯作 "完全", "總共"等。

11) 行貨 : 貨物, 物品。≪水滸傳≫十六回 :「你這厮好大膽, 怎敢看俺的行貨!」(高文達 主編, ≪近代漢語詞典≫, 智識出版社, 1992年, 頁287)

12) 田地 : 現代漢語指是 "耕作之田地", 而在元·明時代有 "地方", "處所"等之意。

13) 直南 : 就是"正南", 指南邊。按, "直南濟寧府"就是 "南邊之濟寧府"。≪董西廂≫卷二 :「何曾敢與他和尙爭鋒, 望着直南下便迓。」

14) 濟寧 :【老乞大集覽】在兗州城西六十里, 古徐州地域。元陞爲濟寧路, 今爲州。

15) 東昌 :【老乞大集覽】≪禹貢≫兗州地域。元爲東昌路, 今爲府。

16) 高唐 :【老乞大集覽】在東昌府城東北一百二十里, 本春秋時齊之高唐邑, 元改爲州, 今仍之。

17) 利錢 : 利潤。關漢卿 ≪裵度還帶≫一旦兒白 :「裵度, 你學你姨夫做些賣買, 你無本錢, 我與你些本錢, 尋些利錢使, 可不氣概?」(藍立蓂 編著, ≪關漢卿戲曲詞典≫, 四川人民出版社, 1993年, 160)

18) 那的 : 那, 那箇。≪元典章 · 禮部六≫ :「除那的以外, 不揀甚麽差發休與者。」

19) 年時 : 往年。楊果 ≪小桃紅≫ :「常記年時對花飮, 到如今, 西風吹斷回文錦。」(劉堅 江藍生 主編, ≪元語言詞典≫, 上海敎育出版社, 1998年, 頁210。

20) 根 : 跟, 隨。"根著"就是 "跟着"。≪五代史平話 · 晋≫卷上 :「敬瑭根着庄宗名做李存勖, 出入行陣間, 多立了奇功, 在李存審帳下充馬軍總管。」(許少峯 主編, ≪近代漢語詞典≫, 團結出版社, 1997年, 頁392)

21) 將 : 此也作 "帶領, 引領"。

22) 覓 : 求取。≪元典章 · 刑部七≫ :「不合逼令妻阿孫, 妾彭鸞哥爲娼接客覓錢。」(劉堅 · 江藍生 主編, ≪元語言詞典≫, 上海敎育出版社, 1998年, 頁194) 按, "覓錢"爲 "掙錢"。

번역

漢商 : 노형의 이 말들은, 매일 저녁 먹는 사료가 모두 얼마[23]입니까?

麗商 : 이 여섯 마리의 말들은, 마리 당 사료 닷 되(升)와 한 묶음의 풀을 먹으니, 모두 합치면, 닷 냥의 비용이 들어갑니다.

漢商 : 내 이 여섯 마리의 말들은 매일 저녁 먹는 사료는 일정하지는 않습니다. 사료가 비쌀 때는 비용이 여섯 일곱 냥이 들고요, 사료가 쌀 때는 비용이 넷 닷 냥이 듭니다. 여기 이 말은 잘 달립니까?[24]

漢商 : 그럼요! 걸음걸이가 힘이 좋습니다.[25]

---

23) 原文의 '鈔'는 元代에 통용되었던 紙幣를 말함이며, 여기서는 일반적으로 '돈'의 의미로 쓰이고 있다.

24) 제9화에서 말이 출현하는 숫자는 고려 상인의 6마리와 중국 상인의 6마리 등 총 12마리인데, 제14화에서는 11마리가 출현되고, 또 제62화에서는 15마리를 사고 팔는 장면을 볼 수 있다. 本 稿는 제9화의 장면을 '고려 상인과 중국 상인이 자신의 말들이 먹는 사료 값에 대하여 의견을 주고받는 것'으로 해석을 하였다. 그러나 ≪鄭光本≫ (54쪽 주 3번)에서는 ≪… 여기서는 여섯 마리가 고려인의 것으로 보고 이 말들의 먹이 값에 차이가 있음을 중국인이 충고해주는 것으로 해석하였다.≫라는 설명을 볼 수 있다.

25) 原文 '慢竄'의 "慢"은 "느리다"의 의미가 아닌 "漫" 또는 "謾"과 소리가 같아 통용되는 글자로, 즉 "마음대로", "멋대로", "공연히" 등의 의미를 가지는 글자로 보았다. "竄"은 "달아나다", "도망치다" 등의 의미를 가지므로, "잘 달리다"의 의미로 확대해석을 하였다. 즉 "말이 멋대로 잘 달리다"로 意譯할 수 있을 것이다. 뒤의 제90화에 나오는 "騎的馬三十兩一匹, 好竄行馬"의 "竄行(말이 빠르게 질주하다)"이라는 어휘를 참고 하였다. (참고)竄行 : 應是 "攛行"。(馬)疾行狂奔。又作 "躥行"。曾瑞 ≪懷離≫ :「百忙裏攛行馬兒不住叫喊, 脚兒又疾, 口兒又喃。」(劉堅 江藍生 主編, ≪元語言詞典≫, 上海教育出版社, 1998年, 頁57). 原文 '慢竄'에 대하여 ≪鄭光本≫ (54쪽 주 6번)에서는 다음과 같이 설명하고 있다 :「원문의 '慢竄'은 그 의미를 파악하기 힘들다. '漫'은 '느리다'이

麗商 : 이 말 말고는 다른 말들은 그다지 좋지가 않습니다.

漢商 : 노형은 이 말과 베를, 북경에서 파시고는, 무슨 물건들을 사가지고, 高麗로 돌아가서 팔 것입니까?

麗商 : 저는 남쪽의 濟寧府[26]와 東昌[27] 그리고 高唐[28]에서, 명주, 비단, 솜(목화)을 사가지고, 고려의 王京으로 돌아가 팔 것입니다.

漢商 : 그곳에서는 이윤이 좀 있습니까?

麗商 : 그거야 시기가 맞아야 하지요! 저는 전에 중국인을 따라, 高唐으로 가서 솜과 명주를 사서, 王京으로 가지고 가서 팔아, 이윤을 좀 봐 습니다.

고, '竄'은 '빠르다'인데, 반대 개념의 조어법에 의하여 형성된 어휘다. 그 의미는 그 한쪽만을 취하여 강조한 것으로 보이는데 여기서는 '竄'쪽에 주 의미가 있다고 보아 '빠른 것'으로 일단 해석하였다. ≪飜老≫에서는 "걸음은 느리지만 빠르다"라고 어색한 언해를 하였다.」

26) 原文의 '濟寧府'는 지금의 山東省 서남부에 있는 濟寧市와 그 일대를 말한다. (≪鄭光本≫ 54쪽 주 7번)

27) 原文의 '東昌'은 현재의 山東省 聊城縣을 말한다. (≪鄭光本≫ 55쪽 주 8번)

28) 原文의 '高唐'은 현재의 山東省 高唐縣을 말한다. (≪鄭光本≫ 55쪽 주 9번)

第十話 覓了加五利錢
(5할 정도의 이익을 봤습니다)

恁那綾絹綿子, 就[1]地頭[2]多少價錢買來? 到王京多少價錢賣? 俺買的價錢, 薄絹一疋[3]十七兩, 打染[4]做小紅[5]裏[6]絹。綾子[7]每疋二十五兩, 染做鴉靑[8]和小紅。絹子每疋染錢三兩, 綾子每疋染錢, 鴉靑的五兩, 小紅的三兩。更[9]綿子每兩[10]價錢一兩二錢半。到王京, 絹子一疋賣五綜麻布三疋,

---

1) 就 : 介詞 "在"。關漢卿 ≪望江亭≫三 正旦白 :「自從俺父親就那客店上生扭俺夫妻兩箇, 我不曾有片時忘的下俺那染病的男兒。」(藍立蓂 編著, ≪關漢卿戲曲詞典≫, 四川人民出版社, 1993年, 頁137)

2) 地頭 : 應是 "當地, 就地"之意。顧學頡 · 王學奇 ≪元曲釋詞≫卷一 :「地頭鬼, 謂勾引外地流氓, 爲害鄕里的無賴。…現在還有 "地頭蛇"的說法, 意指當地的壞人, 故 "地頭", "地裏", "地土"都有當地, 就地之意。」(中國社會科學出版社, 1983年, 頁448)

3) 疋 : 同 "匹"。計算綢布等織物的長度單位。古代布帛廣二尺二寸爲幅, 長四丈爲匹。

4) 打染 : 就 "打染色"。

5) 小紅 : 淡紅。宋蘇軾 ≪正風波 · 詠紅梅≫詞 :「偶作小紅桃杏色, 閑雅, 尙餘孤瘦雪霜姿。」

6) 裏 : 與 "的"類似助詞。用于句中, 相當于 "的"。張相 ≪詩詞曲語辭匯釋≫ :「裏, 猶底也。… 周密 ≪掃花遊≫詞 : "怕裏流芳暗水, 啼烟細雨帶愁去。"怕裏猶云怕底, 亦猶云怕的是。」(中華書局, 1991年, 頁96). ≪宣和遺事≫前集 :「宋江讀了, 口中不說, 心下思量, 這四句分明是說了我裏姓名。」

7) 綾子 : 一種很薄的絲織品, 細薄而有花紋, 一面光, 像緞子。

8) 鴉靑 : 暗靑色。

9) 更 : 又。

10) 兩 : 重量之單位。

折[11]鈔三十兩。綾子一疋, 鴉青的賣布六疋, 折鈔六 十兩, 小紅的賣布五疋, 折鈔五十兩。綿子每四兩賣布一疋, 折鈔十兩。通滾[12]筭著, 除了牙稅[13]繳[14]計外, 也覓了加五[15]利錢。

번역

漢商 : 노형은 그 옷감[16]들은 현지에서는 얼마에 사오고, 高麗 王京에서는 얼마에 파시는 것입니까?

麗商 : 제가 사는 가격은, 얇은 명주(깁)[17] 한 필에 17냥인데, 연분홍 물을 들여 속옷용 이견(裏絹)[18]으로 만들었습니다. 무늬

---

11) 折 : 折兌; 折算。

12) 通滾 : 應是"通袞", "一起"。≪元典章 · 戶部六≫ :「湖廣行省監燒昏鈔, 中間多有檢出裨湊假僞挑剜接補短少鈔數, 著落當該庫官庫子追陪。好鈔到官, 隨與昏鈔通袞入爐燒毁了當。」(劉堅 · 江藍生 主編, ≪元語言詞典≫, 上海教育出版社, 1998年, 頁135)

13) 牙稅 : 卽是"牙錢"。牙行或牙人收取的傭金。劉時中(端正好) ≪上高監司≫之一 :「則發迹了些無徒米麥行, 牙錢加倍解, 賣麵處兩般裝。」(劉堅 江藍生 主編, ≪元語言詞典≫, 上海教育出版社, 1998年, 頁370)

14) 繳 :【老乞大集覽】凡事之歸結者曰繳。上司移下司之文, 必立限日某日廻繳, 下司回報曰繳報。

15) 加五 : 五成。按, ≪古今小說≫卷二 :「梁尙賓道 : 你若加二肯折, 我將八十兩銀子, 替你出脫了一半。客人道 : 你也是呆話, 做經紀的, 那裏折得起加二? 況且只用一半, 這一半我又去投誰?」句裏的 "加二", 就是 "二成"之意, 因而 "加五"可解爲 "五成"之意。【老乞大集覽】十分爲本取息五分, 則十分之外加得五分也。又有加一加二之語。

16) 原文의 '綾絹緜子'는 각각 비단과 명주 그리고 솜 등을 말함인데, 여기서는 통틀어 옷감이라고 번역하였다.

17) "絹"字에 대한 우리말 사전은 "얇고 성기게 짠 무늬 없는 흰 깁"으로 풀이되고 있고, 한자사전의 풀이는 "명주 絹"으로 풀이 되고 있다.

가 있는 비단(綾)은 필에 25냥인데, 암청색과 분홍색으로 물들였습니다. 물들이는 값으로는 명주(絹)는 필에 3냥이고요, 비단(綾)의 염색 값은 한 필에, 암청색은 5냥이고, 분홍색은 3냥이 들었습니다. 또 솜 한 냥 값은 "1兩2錢半"입니다. 王京에 가서 명주 한 필은 삼베(五綜麻布)[19] 3필 값에 팔수가

---

18) 原文 '打染做小紅裏絹'에서의 '裏絹'을 ≪飜譯老乞大諺解≫에서는 「안·깁」으로 諺解가 되고, '打染做小紅裏絹'은 「쇼홍물 드려 아ㅅ깁 삼고'」라고 諺解하고 있음을 볼 수 있다. 이에 '裏絹'을 일부 번역서에서는 '안감'으로 번역되고 있음을 볼 수 있다. '안감'에 대한 국어사전은 「옷 안에 받치는 감」으로 풀이되고 있다. '絹'은 누에실로 만든 고급 견직물로 일반백성들은 혼수에 쓰였던 귀한 옷감이다. 이것을 물을 들여 안감으로 만들어다는 것은 常識이 아닌 것 같다. '裏絹'은 글자그대로 '이견'으로 아니면 諺解의 '안깁'(무늬가 없기 때문에 겉옷에 바쳐 입는 속옷용 깁)을 그대로 인용해야 된다고 본다. '裏絹'에 관해서 ≪昌德宮에 이르러 칙서를 宣讀하였는데 國王에게 저사(紵絲) 30필, 이견(裏絹) 30필, 채견(綵絹) 1백 필을, 왕비에게 저사 20필, 이견 20필을 頒賜하였다. 임금이 따라가 태평관…≫이라는 태종실록(34권, 17년 7월 13일)에서도 볼 수 있고, 중국의 문헌에서도 '裏絹'이라는 어휘를 흔히 볼 수가 있다. 예를 들면 ≪明會典 卷三十≫에 ≪嘉靖十年, 以賞夷人絹疋不敷。將生絹一疋, 折銀五錢。裏絹加染練銀七分。行太倉銀庫支放.≫이 그것이다.

19) 原文의 '五綜麻布'에 대하여 ≪鄭光本≫에서는 '오종포(五綜布, 다섯 세 베)라고 번역하고 있음을 볼 수 있는데, 이에 대하여 ≪鄭光本≫ 54쪽 주 6번에서는 다음과 같이 설명하고 있다 : ≪원문의 '五綜麻布'로서 마포(麻布), 즉 베의 한 종류다. 이 베가 화폐로 쓰였음은 ≪高麗史≫(권79)…에 "우리 동방의 돈(錢)으로 三韓重寶 , 東國通寶, 海東重寶… 이것을 중국의 전적에 게재하여야 할 것이다. 近古에 또 銀甁을 만들어 화폐로 하고 모두 베필(布匹)과 子母相權한다. 후에 법이 소용없게 되었으므로 엽전과 은병은 공히 폐하게 되어 사용되지 않고, 드디어 오직 다서 세배(五綜布)를 사용해서 화폐로 삼는다"라고 쓰여 있어, 당시 고려에서는 '다섯 세 베(五綜布)'가 화폐로 사용되었던 것을 알 수 있다. '종(綜)'은 실의 단, 또는 베틀로 실을 교차시켜 짜는 장치를 말한다. 베를 짜기 위해 사용한 실의 양을 말하는 것이겠지만 상세한 것은 알 수 없다. ≪고려사≫의 같은 곳에는 '오승포(五升布)'라고도 표기되었다.≫

있는데, 중국 돈으로 환산하면 中統鈔[20] 30냥이 되지요. 비단은 한 필에 암청색은 삼베 6필 값이니, 60냥이고요, 분홍색은 삼베 5필이니, 50냥입니다. 솜은 무게 4兩에 삼베 한 필이니, 환산하면 10냥이 됩니다. 모두 합쳐 셈을 하면, 중개료와 세금[21] 납부[22] 등을 제외하고, 5할 정도의 이익을 봤습니다.

20) 중통초(中統鈔)는 元代에 통용되던 지폐의 이름이다. (第七話 注16번 참고)

21) 原文의 '牙稅'는 '牙人(중계료)'에게 지불하는 '牙錢(즈릅값, 수수료)'과 관청에 납부하는 稅金을 말한다. (≪鄭光本≫ 59쪽 주 11번)

22) 原文의 '繳計'의 '繳'은 '일의 결말을 내다'는 뜻이고, 上司에게 보고 하는 것을 '격보(繳報)'라고 한다(≪老朴集覽≫). '繳'에는 '납입하다'는 뜻도 있으니 납입해야 할 세금 등을 결산하는 것을 말하는 것으로도 생각할 수 있다. (≪鄭光本≫ 59쪽 주 12번)

第十一話 十月裏到王京
(시월에 王京에 도착합니다)

你自來[1]到大都賣了行貨, 却[2]買緜絹, 到王京賣了, 前後住了多少時[3]? 俺從[4]年時[5]正月裏[6]將馬和布子到大都賣了, 五月裏到高唐, 收[7]起[8]綿絹, 到直沽[9]裏上舡[10]過海, 十月裏到王

---

1) 自來 : 從來, 一向。≪水滸傳≫二十八回 : 「他自是孟州人, 自來素不相識, 如何這般覷我。」(龍潛庵 編著, ≪宋元語言詞典≫, 上海辭書出版社, 1985年, 頁328)

2) 却 : 又。又作 "却又"。關漢卿 ≪調風月≫一(尾) : 「忽地却掀簾, 兜地回頭問, 不由我心兒裏便親。」(藍立蓂 編著, ≪關漢卿戲曲詞典≫ 四川人民出版社, 1993年, 頁224)

3) 多少時 : 多少後面出現時間詞 "時"詢問時間, 在近代漢語(特別是宋元以前)裏往往是 "過去的時間"。馮春田 ≪近代漢語語法研究≫ : 「"師問 : 汝在此間多少時? 對曰 : 三年"。(祖堂集卷四 ≪藥山和尚≫)」(山東教育出版社, 2000年, 頁244)

4) 從 : 此作介詞 "在"。關漢卿 ≪玉鏡台≫一(呆古朶) : 「傳說呵在版築處生, 伊尹呵從稼穡中長。」(藍立蓂 編著, ≪關漢卿戲曲詞典≫, 四川人民出版社, 1993年, 頁44)

5) 年時 : 當年, 往昔。去年。金 · 董解元 ≪西廂記≫七劵 : 「從別後, 臉兒淸秀, 比是年時瘦。」(許少峯 主編, ≪近代漢語詞典≫, 團結出版社, 1997年, 頁820)

6) 裏 : "裏"在此作表示時間的助詞。≪董西廂≫ 卷一 : 「病裏逢春, 四海無家, 一身寄客。」

7) 收起 : 收, 收購。周立波 ≪調皮角色≫ : 「雜貨佬來了, 有買有賣, 收荒貨, 收鷄蛋, 也要焙乾的魚蝦。」

8) 起 : 猶 "着"。放在動詞後, 表示該動作正在進行。

9) 直沽 : 【老乞大集覽】在武昌縣東南, 衛河·白河·丁字沽合流于此, 入于海。≪質問≫云 : 海口也。離京南去四五日程天津衛地方, 南來河水, 北去河水, 倶東入海。

京。投到[11]年終行貨都賣了。又買了這些馬弁毛施布來了。

번역

漢商 : 형씨는 줄곧, 북경으로 가셔서, 물건을 파시고, 또 옷감을 사서, 王京으로 가셔서 파시는데, 앞뒤로 얼마나 머무셨습니까?

麗商 : 저는 지난 정월에 말과 베를 가지고 북경에서 다 팔았습니다. 오월에는 高唐에서 솜과 명주를 구매하여 直沽[12]에서 배를 타고 바다를 건너, 시월에 王京에 도착하여 연말에서야 물건들을 다 팔고 또 말과 모시를 사가지고 왔습니다.

---

10) 舡 : 兩船相幷而成的方舟。此作"船"。

11) 投到 : 等到; 在…之前。≪魚樵記≫二(醉太平)白 :「投到你來呵, 我秤下一斤兒肉, 裝下一壺兒酒, 我去取來。」(劉堅 江藍生 主編, ≪元語言詞典≫, 上海敎育出版社, 1998年, 頁322)

12) 原文의 '直沽'는 지금 중국의 天津으로 元代에는 南方에서 海路로 穀物 등을 大都에 운반하는 해상수송의 요충이었다. (≪鄭光本≫ 62쪽 주 1번)

第十二話 這三箇伴當是你親眷那
(이 세분의 형씨들은 노형의 친척입니까?)

這三箇伴當, 是你親眷那, 是相合[1]來的? 都[2]不曾[3]問姓甚麽。這箇姓金, 是小人[4]姑舅哥哥[5]。這箇姓李, 是小人兩姨[6]兄弟[7]。這箇姓趙, 是我街坊[8]。你是舅弟兄, 誰是舅舅上孩兒? 誰是姑姑上孩兒? 小人是姑姑生的, 他是舅舅生的。恁兩姨弟兄, 是親兩姨那[9]是房親[10]兩姨? 是親兩姨弟兄。俺母親是

1) 相和 : 會合; 集中。≪元典章 · 刑部三 · 站赤≫ :「不緊的使臣每教水路裏相合回去。」

2) 都 : 有時用在否定句中加强否定語氣, 可譯作 "一點也(不)", "根本(不)"等。「前至深澗, 迫急躍入, 如有人接右臂, 置盤石上, 都無傷處。」(≪太平廣記≫卷103) (董志翹 · 蔡鏡浩, ≪中古虛詞語法例釋≫, 吉林教育出版社, 1994年, 頁147)

3) 不曾 : 未曾。與現代漢語 "沒有"同。

4) 小人 : 男子自謙稱。

5) 姑舅哥哥 :【老乞大集覽】俗呼父之姊妹曰姑, 母之兄弟曰舅. 姑舅之出相謂曰姑舅哥哥。

6) 兩姨 : 姨表。按, 兩家的母親是姊妹的親戚關係。

7) 兄弟 : 弟弟。≪元史 · 泰定帝紀≫ :「諸王哥哥兄弟每。」(龍潛庵 編著, ≪宋元語言詞典≫, 上海辭書出版社, 1985年, 頁236)

8) 街坊 : 附近隣居。元 · 岳伯川 ≪鐵拐李≫三折 :「孩兒是小李屠, 不幸患病死了, 今日三日也. 心上還有些熱, 孩兒着衆街坊抬出來我看。」(許少峯 主編, ≪近代漢語詞典≫, 團結出版社, 1997年, 頁570)

9) 那 : 語氣助詞。【單子解】那, 平聲, 音노, 推移也。나일나, 논힐후다。上聲, 나, 何也。那裏, 어듸; 那個, 어늬。又誰也。那一個, 누고。去聲, 나。那裏, 彼處也。那個, 뎌것。又語助。有那沒, 잇ᄂᆞ녀 업스녀。

10) 房親 : 指家族近支宗親。【老乞大集覽】 ≪音義≫云 : 吾母與若母同宗伯叔所

姐姐, 他母親是姉妹。恁旣是姑舅兩姨弟兄, 怎麽[11]沿路穢語[12]不廻避[13]? 我高麗體例[14], 親弟兄也不隔話[15], 姑舅兩姨更那裏[16]問[17]?

번역

漢商 : 이 세분의 형씨들은 노형의 친척입니까? 모여서 오신 분들입니까? 성씨는 어떻게 되시는지 묻지를 못했습니다.

麗商 : 이 분은 金씨인데, 저의 고종(姑從)사촌 형님입니다. 이 사람은 姓은 李가로, 저의 이종(姨從)동생입니다. 이분의 趙씨로 저의 이웃입니다.

漢商 : 두 분은 고종간인데, 누가 외삼촌 소생이고, 누가 고모 소생

生。今按, 吾母之父與若母之父爲同生, 吾母與若母爲四寸, 吾與若也爲六寸兄弟。漢人無稱寸之呼。又 ≪質問≫云 : 同姓伯叔兄弟之子女。

11) 怎麽 : 爲什麽。≪漢宮秋≫一折 :「我則問那待詔別無話, 却怎麽這顔色不加搽?」

12) 穢話 : 醜話, 惡語。

13) 廻避 : 避讓, 躱開。≪醒世桓言·杜子春三入長安≫ :「將軍喝問 : 西邊坐着的是誰? 怎麽不迴避我?」

14) 體例 : 禮法, 格范。明 · 高則誠 ≪琵琶記≫三九出 :「媳婦事舅姑合體例, 相公怎不教女孩兒同去?」(許少峯 主編, ≪近代漢語詞典≫, 團結出版社, 1997年, 頁1111。

15) 隔話 : 回避的話, 諱言。(許少峯, ≪近代漢語大詞典≫, 中華書局, 2008年, 頁630)

16) 那裏 : 與現代漢語反問之語氣詞 "哪裏"同。有 "怎麽", "如何"之意。元 · 石德玉 ≪秋胡戲妻≫第二折 :「多謝親家, 我那裏吃得這酒!」

17) 問 : 管, 顧。無名氏 ≪秋景≫(水仙子過折掛令) :「正撞着客侶中三秋暮景, 天涯千里途程, 衰草長亭, 流水孤村, 問甚麽枕剩衾餘, 烟冷燈昏。」

입니까?

麗商 : 제 어머니가 고모가 되고, 저 사람의 아버지가 저의 삼촌입니다.

漢商 : 두 분은 이종사촌간인데, 친 사촌간입니까? 먼 육촌[18]간입니까?

麗商 : 친 사촌간입니다. 제 어머니가 언니가 되고, 저 사람의 어머니가 동생이 되지요。

漢商 : 어찌하여 오는 길 내내 말을 가리지 않고 막말을 하시오[19]?

麗商 : 우리 고려의 예법은, 친형제간이라도 말을 가리지 않습니다,[20] 하물며 사촌간인데 따질게 있겠습니까?

---

18) 原文의 '房親'은 "同姓六寸"을 말함이다. (≪譯語類解≫, 서울亞細亞文化社刊行(影印本), 118쪽)

19) 原文의 '廻避'는 길을 가다가 웃어른과 해후하는 경우, 살짝 옆으로 비겨 서서 존경을 표하는 법도를 말함인데, 여기서는 말의 예의범절의 의미로 번역하였다.

20) 原文 '隔話'에 대해서 許少峯은「回避的話, 諱言」(前注 13번)이라고 설명하고 있음을 볼 수 있다. 許少峯의 이러한 설명은 다른 문헌에서의 用例를 제시하지 않고, ≪老乞大≫의 原文「我們不會體例的人, 親弟兄也不隔話, 姑舅兩姨更那裏問」을 用例로 제시하고 있다. '隔話'에서의 '隔'은 "사이를 두다"의 "間隔"이라는 의미도 있지만, "抑制하다"의 의미도 가진다. 이에 "不隔話"의 의미는 추측컨대 "말을 억제하지 아니하다", 즉 "말을 함부로 하다"의 뜻으로 풀이를 해보았다. 原文 '隔話'에 대하여 ≪鄭光本≫(59쪽 주 12번)에서는 다음과 같은 설명을 볼 수 있다 :「원문 '隔話'는 연령이나 신분 등의 차이에 의하여 말을 공대한다는 뜻으로 보이나 다른 자료에서는 나타나지 않는 어휘다. 아마도 중국에서는 경어법이 없기 때문일 것이다.」

第十三話 咱每閑話且休說
(잡담은 그만합시다)

咱每閑話且休說。兀那[1]店子便是瓦店[2], 尋箇好乾淨[3]店裏下[4]去來, 歇住頭口者。街北這箇店子是我舊主人家[5], 咱每則這裏下去來。拜揖[6], 主人家哥。噯! 却是王大哥[7]! 多時不見, 好麽? 好麽? 你這幾箇伴當從那裏廝合[8]將[9]來? 我沿路相合著, 做伴當大都去。你這店裏草料都有那沒? 草料都有。料[10]是黑豆, 草是稈草[11]。是[12]秆草好。若是稻穰[13]時, 這

1) 兀那 : 卽 "那"。兀爲語助詞, 以加强 "那"的語氣。

2) 瓦店 : 應是"瓦子"或"瓦市", 亦作"瓦舍"。宋元都市中商旅貿易和游樂的場所。

3) 乾淨 : 潔靜, 衛生。

4) 下 : 歇宿, 收留。≪警世通言≫卷二十四 : 「想你這個模樣子, 誰家下你?」(高文達 主編, ≪近代漢語詞典≫, 智識出版社 1992年, 頁847)

5) 主人家 : 對店老板的稱號。有掌櫃的。元 · 高文秀 ≪遇上皇≫第三折 : 「一行三個人, 殷勤勸一杯, 不承望少下酒錢, 店主人家, 唱叫楊疾。」(許少峯 編, ≪近代漢語大詞典≫, 中華書局, 2008年, 頁2424)

6) 拜揖 : 奉手作禮。≪水滸全傳≫五一回 : 「李逵唱個喏道 : '拜揖節級哥哥, 小衙內有在這裏。」(許少峯 主編, ≪近代漢語詞典≫, 團結出版社, 1997年, 頁29)

7) 大哥 : 【累字解】大哥, 哥兒也。人有數兄, 則呼長曰大哥, 次曰二哥, 三曰三哥。誰非同胞而見儕輩可推敬者, 則亦呼爲哥。或加大字, 或加老字, 推敬之重也。只呼弟曰兄弟, 并擧兄及弟曰弟兄。

8) 廝 : 互相, 相。廝合, 卽相合。

9) 將 : 語義虛化, 置於單音節動詞之後, 構成該詞的雙音節形式, 表示動作的繼續或完成。如 : 般將(搬運), 唱將(演唱), 持將(持), 取將(收取) 等。

10) 料 : 飼料。明 · 羅貫中 ≪風雲會≫第二折 : 「疾忙敎各部下關糧米, 對名兒支料草。」(許少峯 編, ≪近代漢語大詞典≫, 中華書局, 2008年, 頁1162)

頭口每多有不喫的。黑豆多少一斗? 草多少一束? 黑豆二兩一斗, 草一兩一束。是眞箇[14]麽? 你却休瞞俺。這哥哥[15]甚麽言語? 你是熟客人, 咱每便是[16]自家裏一般, 俺怎麽敢胡說? 怕[17]你不時[18], 別箇[19]店裏試商量[20]去。儘教[21], 俺則是[22]這般說。

---

11) 稈草 : 稈同"秆"。今北方人謂禾莖曰秆草, 以飼馬牛, 又以爲簾薄。(≪漢語大詞典≫, 漢語大詞典出版社) 作飼料的禾莖雜草。宋 · 孟元老 ≪東京夢華錄 · 外諸司≫ : 「每遇冬月, 諸鄉納粟秆草, 牛車闐塞道路, 車尾相銜, 數千萬輛不絶。」

12) 是 : 的確; 確實。

13) 稻穰 : 稻秆。又稱稻穰, 稻藁, 稻草, 禾秆。

14) 箇 : 語氣助詞, 用以肯定的語氣。黃庭堅【沁園春】詞 : 「怎生禁得, 眞箇分離。」

15) 哥哥 : 對年輕男子的尊稱。≪西廂記≫五本三折 : 「紅見掙科 : 哥哥萬福! 夫人道哥哥來到呵, 怎麽不來我家里!」(龍潛庵 編著, ≪宋元語言詞典≫, 上海辭書出版社, 1985年, 頁707)

16) 是 : 通 "似"。元 · 鄭廷玉 ≪忍字記≫楔子 : 「我平日之間, 一文也不使, 半文也不用, 若使一貫錢呵, 便是挑我身上肉一般。」(許少峯 編, ≪近代漢語大詞典≫, 中華書局, 2008年, 頁1704)

17) 怕 : 猶云倘若, 如果, 若其。≪董西廂≫卷二【正宮 · 尾】: 「怎禁那和尚高聲罵 : 打脊賊徒每, 怎敢反國家? 怕更有當風的快出馬!」(顧學頡 王學奇, ≪元曲釋詞≫卷三, 中國社會科學出版社, 1988年, 頁2)

18) 時 : 用作語氣間歇之詞, 猶現代漢語中 "呵"或 "啊"字。≪拜月亭≫一【金盞兒】: 「怕不問時, 權做弟兄; 問着後, 道做夫妻。」(顧學頡 王學奇, ≪宋元語言詞典≫, 上海辭書出版社, 1985年, 351頁)

19) 箇 : 此作 "的"。

20) 商量 : 討價還價。≪宣和遺事≫元集 : 「楊志…將一口寶刀出市貨賣, 終日價無人商量。行至日晡, 遇一惡少後生要買寶刀。」(龍潛庵 編著, ≪宋元語言詞典≫, 上海辭書出版社, 1985年, 頁845)

21) 儘教 : 任; 任從。又作 "盡", "盡教"。關漢卿 ≪金仙池≫三【中呂粉蝶兒】: 「明知道書生教門我負心薄倖, 盡教他海角飄零, 無來由强風情, 剛可喜男婚女聘?」

22) 則是 : 只是, 只顧。≪薛仁貴≫ : 「俺那孩兒薛驢哥, 不肯做那庄農的生活, 每

번역

漢商 : 잡담은 그만합시다. 저 곳이 바로 瓦店[23]인데, 깨끗한 주막을 찾아 묵기로 하고, 말들도 쉬도록 합시다. 길 북쪽 이 가게가 내가 전에 알던 집이니, 우리는 이곳에서 묵기로 합시다. 안녕하시오! 주인장!

店主 : 누구신가 했더니 왕대인이셨군요! 오랜만입니다, 안녕하셨습니까! 함께 오신 분들은, 어디서부터 함께 오시는 길입니까?

漢商 : 우리는 오는 도중에 만나게 되어, 벗 삼아 같이 北京으로 갑니다. 이 주막에는 말먹이는 다 있는지 모르겠습니다.

店主 : 먹이는 다 있습니다. 사료는 검은 콩이고, 건초(乾草)는 서속(黍粟)과 같은 간초(稈草)[24]입니다.

漢商 : 확실히 서속과 같은 건초가 좋습니다. 마른 볏짚과 같은 건초들은 같으면, 짐승들은 대체적으로 먹으려고 하지 않습니다. 콩은 한 말에 얼마고, 풀은 한 묶음에 얼마입니까?

店主 : 콩은 한 말에 두 냥이고, 풀은 한 냥입니다.

日則是刺創弄棒, 習甚麽武藝。」(龍潛庵 編著, 同前揭書, 頁311)

23) 原文의 '瓦店'은 宋 · 元時代에 도시에 세워져 있는 상거래나 여흥을 즐길 수 있는 장소를 '瓦子', '瓦舍'라고 하는데, '瓦店'은 이를 말하는 것 같다.

24) 原文의 '稈'은 본시 벼의 줄기(稈, 禾莖也。≪說文≫)를 말함이나, 후에는 벼나 보리 밀 등의 모든 풀 종류의 줄기를 지칭하고 있음을 볼 수 있다. 예를 들어 "麥稈兒, 麻稈兒, 高粱稈兒, 烟稈兒 등이 그것이다. 즉 "稈草 "은 여러 가지 마른 줄기의 건초를 이름이다. 原文 "稈草 "에 대해 ≪鄭光本≫(70쪽 주 5번)에서는 다음과 같은 설명을 볼 수 있다 :「원문 '稈草'의 '稈'은 농작물의 줄기, 특히 중국 북방에서는 좁쌀, 즉 서속의 줄기를 말한다(「朴覽」中). ≪東京夢華錄≫권1, '外諸司'에 '粟稈草'가 바로 서속 짚으로 稈草와 같은 뜻임이 나타나 있다.」

漢商 : 이 가격이 틀림이 없겠지요? 날 속일생각은 마십시오.

店主 : 손님께서는 무슨 말씀을 하십니까? 손님은 우리 단골이어서, 우리는 한 가족과 같은 데, 내가 어찌 함부로 말씀을 드리겠습니까? 만일 적당치 못하다고 생각되시면,[25] 다른 가게에서 가격을 알아보시지요.

漢商 : 관두시오[26], 난 단지 그렇게 말해본 것뿐이요.

25) 原文'怕你不時'의 '怕… 時'는 現代漢語의 "如果…的話"와 類似하다. 여기서의 '不'는 '動詞'로써 "아니다", "아니다'라고 여기다"의 의미이다. 이에 전체를 "만일 적당치 못하다고 생각되시면"이라고 번역을 하였다.

26) 原文의 '儘敎'는 '얼마든지', '마음대로'의 의미를 가지지만, 대화 끝에 양보나 결단의 의미를 나타내는 용도로 쓰이는 당시의 관용어이다. '관두시오', '놓아두시오', '괜찮습니다' 등의 의미로 해석이 된다.

第十四話 休損了他的
(남의 것을 망가뜨리지 마시오)

俺通[1]是十一箇馬, 量[2]著六斗料與十一束草者。這鍘刀[3]鈍不快[4], 若干[5]草幾時切得了? 主人家, 別處快鍘刀借一箇去。那般者, 我借去。這鍘刀是俺親眷家的, 不付能[6]哀告借將來[7], 風刃也似[8]快, 恁小心些使, 休損了他的[9]。這伴當, 你過[10]的草忒麤, 口頭每怎生喫的? 好生細細的過者[11]。這伴當,

1) 通 : 總共, 全部。

2) 量 : 計算, 測量。

3) 鍘刀 : 卽 "鐵杤"也。【揚子 · 方言】戟, 東齊秦晉之間謂其大者曰鍘胡。按, 戟又寫作孑, 棘, 匽, 鍘等等。它是戈與矛的結合體。

4) 快 : 鋒利。

5) 若干 : 那麽些。≪水滸全傳≫四六回 : 「放着包裹裏見有若干釵釧首飾, 兄弟又有些銀量, 再有三五箇人, 也勾用了。」

6) 不付能 : 好不容易, 纔能够。同 "不甫能"。元·缺名 ≪飛刀對箭≫一折 : 「這箇父親, 今日也說打, 明日也說打, 不付能尋將來, 父親可又不打他。」(許少峯 主編, ≪近代漢語詞典≫, 團結出版社, 1997年, 頁82)

7) 借將來 : 卽 "借了來"。

8) 也似 : 表示比喩的詞 相當于, "一般", "一樣"。≪前漢書≫卷上 : 「忽見東南上一陣軍馬, 約到三千餘騎, 如勝也似來。」江藍生 ≪助詞 "似的"的語法意義及其來源≫ : 「比似助詞 "也似"始見于金元戲曲作品及元代某些文獻裏。… 到了淸代以後, 除 "飛也似"等作爲熟語沿用下來之外, 已很少使用 "也似"了, 代替它的是 "似的"與 "是的"。」(≪近代漢語探源≫ 商務印書館, 2000年, 頁171)

9) 他的 : "他", 別人。他的, 卽 "別人的(鍘刀)"。

10) 過 : 未詳。刪改本 ≪飜譯老乞大≫本改爲 "切"。

11) 者 : 表祈使語氣。又作 "着", "咱"等。關漢卿 ≪玉鏡台≫老夫人白 : 「梅香, 綉

你敢[12]不會煮料的法度[13]。你燒的鍋滾[14]時, 下上[15]豆子。但滾的一霎兒[16], 將這切了的草, 豆子上蓋覆了, 休燒火, 氣休敎走[17]了, 自然熟也。

번역

漢商 : 우리말들은 모두 합쳐서 11마리니, 계산을 해보니 사료 여섯 말과 건초 11묶음이 필요할 것 같소이다. 이 작두[18]는 날이 무디고 날이 서지 않아, 이 많은 풀을 언제 다 썰 수 있겠습니까? 주인장! 다른 집의 칼이 잘 드는 작두 하나 빌려다 주시오.

房中叫小姐來拜哥哥者。」

12) 敢 : 必定, 准定。≪西廂記≫三本楔子【賞花時】:「若得靈犀一點, 敢醫可了病懨懨。」(卜鍵 主編, ≪元曲百科大辭典≫, 學苑出版社, 1991年, 頁51)

13) 法度 : 本領; 手段。≪獨角牛≫二白 :「娘也, 打殺我也! 法度利害, 禍不是好惹的。」

14) 滾 : 水沸騰。

15) 下上 : 下, 放進, 投入。上, 趨向動詞。關漢卿 ≪竇娥寃≫三折 :「告這媳婦兒, 喚做竇兒, 合毒藥下在羊肚湯兒裏, 藥死了俺的老子。」

16) 一霎兒 : 一下子。指很短的時間。

17) 走 :【單子解】走, 行也。ᄃᆞᆫ니다。又逃回曰走回。又跑也。能走, 快走, 잘 ᄃᆞᆫᄂᆞ다。又透漏也。走話。又洩。走了氣, 김나다。

18) 原文의 '鍘刀'의 '鍘'은 '흙손'을 나타내는 의미이지만, 위의 주석 3)번의【揚子 · 方言】에 보면「齊, 秦, 晉 등의 지역에서 극(戟 : 창끝이 두 가닥으로 갈라져 있는 창)을 "鍘胡"라고 부른다는 설명을 볼 수 있다.」이에 확실히 단정할 수는 없지만, '戟'은 풀을 잘게 자르는 낫 따위를 지칭한 것으로 보인다. 풀을 잘게 자르는 데에는 작두를 사용할 수도 있고 낫 같은 도구를 이용하여, 즉 낫을 거꾸로 잡아매고 자를 수도 있다고 본다. 그러나 번역과 이해의 편리함을 위하여 '작두'라고 번역하였다. '鍘刀'의 정확한 실체는 알 수가 없다.

店主 : 그러하다면 내 빌리러 가지요。이 작두는 내 친척네 것입니다. 가까스로 겨우 사정 사정하여 빌려온 것입니다. 날이 바람처럼 빠르니, 조심하여 사용하시고, 남의 것을 망가뜨리지 마시오.

漢商 : 노형, 노형은 풀을 너무 굵게 잘랐어요, 말들이 어떻게 먹습니까? 엄청 가늘게 자르시오. 쇠죽을 잘 끓이지 못하는 군요. 솥이 끓으면 콩을 넣으세요. 얼마동안 끓이고 나서, 자른 풀을, 끓는 콩 위에 덮고, 불은 때지 말고, 김이 새어나가지 않도록 하면은. 저절로 익게 되는 것입니다.

第十五話 恁打火那不打火
(손님들께서는 식사는 하실 것입니까?)

客人每! 恁打火[1]那[2]不打火? 俺不打火, 喝風[3]那甚麽[4]? 你疾快做著[5]五箇人的飯者。你喫甚麽飯? 我五箇人打著三斤麵的餅者, 俺自買下飯[6]去。那般者, 你買下飯去時, 這間壁[7]肉案[8]上買猪肉去, 是今日殺來的好猪肉。多少一斤? 一兩半一斤。恁主人家一就[9]與俺買去, 買著一斤猪肉者。休要底

---

1) 打火 : 出門人在旅途做飯, 吃飯。亦作 "打伙"."搭伙"。≪清平山堂話本 · 陳巡檢梅嶺失妻記≫ :「羅童正行在路, 打火造飯。」龍潛庵 編著, ≪宋元語言詞典≫, 上海辭書出版社, 1985年, 頁213)

2) 那 : 語氣助詞, 用在選擇問句全面一個選擇項的後面。≪元典章·戶部十≫ :「這言語是實那是虛?」【單子解】那, 平聲, 音노, 推移也。나일나, 논힐후다。上聲, 나, 何也。那裏, 어듸; 那個, 어늬。又誰也。那一個, 누고。去聲, 나。那裏, 彼處也。那個, 뎌것。又語助。有那沒, 잇ᄂᆞ녀 업스녀。

3) 喝風 : 形容窮得一點吃的都沒有。同 "喝西北風"。元 · 施惠 ≪幽閨記≫第二五出 :「我若一日不醫死幾個, 叫我外婆, 姐姐在家裏喝風!」(許少峯, ≪近代漢語大詞典≫, 中華書局, 2008年, 頁734)

4) 甚麽 : 反問之語氣助詞。

5) 著 : 表動作之進行。同 "着"。

6) 下飯 : 過飯的菜肴。明 · 缺名 ≪鸚鵡記≫二三出 :「又要白米飯吃, 又要三四樣下飯, 怎生供得他!」(許少峯 主編, ≪近代漢語詞典≫, 團結出版社, 1997年, 頁1223)【累字解】以酒食爲主, 而以物爲酒食之助者, 則曰下飯。

7) 間壁 : 隔壁。旁邊的住宅; 隣居。

8) 肉案 : 肉店, 肉鋪。≪水滸傳≫三回 :「且說鄭屠開着兩間門面, 兩副肉案, 懸掛着三五片豬肉。」(王學奇 王靜竹 撰著, ≪宋金元明清曲辭通釋≫, 語文出版社, 2002年, 頁 917)

9) 一就 : 一幷, 就便。≪五代史平話·梁≫卷上 :「下坡不走, 快便難逢, 只好一就

似[10]肥的, 帶脇條肉買者。大片兒切著將來爨者。

번역

店主 : 손님! 손님들께서는 식사는 하실 것입니까?

漢商 : 밥을 먹지 않으면 바람으로 배를 채우란 말입니까?[11] 빨리 다섯 사람이 먹을 수 있는 먹을거리나 장만하시오.[12]

店主 : 어떤 식사를 하시겠습니까?

漢商 : 우리가 다섯 사람이니 밀떡(餠) 세근만 주시오. 반찬은 우리가 사겠소.

店主 : 그렇게 하시지요. 손님께서 반찬을 사신다면, 옆 집 고깃간에서 돼지고기를 사세요, 오늘 잡은 좋은 돼지고기입니다.

漢商 : 근에 얼마요?

店主 : 한 근에 한 냥 반이오.

漢商 : 주인장께서 수고하시는 김에 대신 좀 사주시오. 돼지고기

攻取河東。」

10) 底似 : 與 "抵死"同。此作 "分外, 格外"。王安石 ≪與微之同賦梅花得香字≫ : 「向人自有無言意, 傾國天教抵死香。」(龍潛庵 編著, 同前揭書, 頁519)【累字解】底似, ᄀ장, 又 너므。今不用。

11) 原文의 '甚麽'는 文尾에서 오는 反問의 語氣助詞로 앞의 부정사 '不'와 함께, '不 …那甚麽'를 문형을 이루는 것으로, ≪原老≫에서만 이와 같은 用例를 3번을 볼 수 있다. 뒤의 제89화에서의「若不救呵, 傍人不唾罵那甚麽?」와 마지막의 제106화에서의「不是好弟兄那甚麽!」바로 그것이다. 혹자는 이러한 문형이 바로 당시의 北方漢語, 즉 老乞大時代의 '漢兒言語'의 특징이라고 하기도 한다. (參考 : 李崇興 等著, ≪元代漢語(語法硏究)≫, 上海敎育出版社, 2009年, 266쪽)

12) 原文의 '做飯'은 '밥을 짓다' 등의 의미를 가지지만, 아래「三斤麵的餠」이라는 대목이 나오므로 "먹을거리"로 번역하였다.

한 근을 사시는데, 비계가 유달리 많은 것은 말고, 갈빗살이 붙은 고기로 사주시오. 큼지막하게 쓸어서 볶아[13]오시오.

13) 原文의 '爨'은 '불 때다', '밥을 짓다' 등의 의미를 가지지만, 앞뒤의 문맥에 따라 '밥하다', '볶다', '익히다', '요리하다' 등으로 번역을 하였다.

第十六話 俺是高麗人都不會爨肉
(우리 고려 사람은 요리를 하지 못합니다)

主人家! 迭不得[1]時, 咱每伴當裏頭教[2]一箇自爨肉。俺是高麗人, 都不會爨肉。有甚麽難處[3]? 刷[4]了鍋者, 燒的鍋熱時, 著上[5]半盞淸油, 將[6]油熟過[7], 下上肉, 著些鹽, 著[8]筯子[9]攪動。炒的半熟時, 調上些醬水, 生葱, 料物[10]打拌了。鍋子上蓋覆了, 鍋子上蓋覆了, 休着出氣。燒動火, 一霎兒[11]熟了。這肉熟了, 你嘗看, 鹹淡如何? 我試嘗。微微的有些淡, 着上些

1) 迭不得 : 來不及。元 · 尙仲賢 ≪三奪槊≫二折 :「敎我忍不住微微的笑, 我迭不得把你慢慢地敎。」(許少峯 主編, ≪近代漢語詞典≫, 團結出版社, 1997年, 頁286)

2) 敎 : 使, 令。≪醒世恒言≫五卷 :「可惜你靑春年少, 我已敎你父親去尋媒說合, 將你改配他人。」

3) 難處 : “困難”。

4) 刷 : 卽 “刷洗”。

5) 著上 : 添加。加上。

6) 將 : 此作 “讓; 叫”。

7) 過 : 用在動詞後, 表示完畢。

8) 著 : 同 “着”, 此作 “用”解。白居易 ≪還李十一馬≫詩 :「傳語李君勞寄馬, 病來唯着杖扶身。」(張永言 等編, ≪簡明古漢語字典≫, 四川人民出版社, 1991年)

9) 筯子 : 箸子。卽 “筷子”。

10) 料物 : 調味品。≪飮膳正要≫卷三 :「“料物性味”列擧有胡椒, 良羌, 茴香等。」(龍潛庵 編著, ≪宋元語言詞典≫, 上海辭書出版社, 1985年, 頁763)

11) 一霎兒 : 一下子。指很短時間。

鹽者。主人家, 餠了[12]也那[13]不曾[14]? 待[15]了[16]也[17], 恁放卓兒先喫, 比及[18]喫了時, 俺也了也。

번역

漢商 : 주인장! 늦을 것 같으면, 우리 중 누구에게 고기를 볶도록 시키세요.

麗商 : 난 고려 사람입니다, 우리 고려 사람은 요리를 하지 못합니다.

漢商 : 뭐가 어렵습니까? 솥을 닦아내고, 불에 솥이 뜨거워지면 참기름 반 잔 정도를 붓고, 기름이 뜨거워지도록 하여, 고기를 넣습니다. 소금을 뿌리고, 젓가락[19]으로 잘 저어 줍니다. 어느 정도 볶아지면, 간장과 파와 양념을 넣고 잘 젓습니다.

---

12) 了 : 完畢, 完成。

13) 也那 : 用于選擇疑問句前的語氣詞。與"還","抑或"之語氣。元·王曄 ≪桃花女≫二折 :「若是我不許聘, 我可有甚麼罪過, 知他是你行凶也那我放潑!」

14) 不曾 : 與現代漢語"沒有"類似。放在句末構成是非疑問句。

15) 待 : 將要。關漢卿 ≪裵度還帶≫三 正末白 :「這廟如此疏漏, 又待倒也, 如之奈何?」

16) 了 : 同前註 12

17) 也 : 表示肯定的語氣助詞, 類似現代漢語的"啊","呀"。按,"待了也"可以解釋爲"快要完成啦", 或者"快啦"。

18) 比及 : 及至, 等到。≪京本通俗小說 · 馮玉梅團圓≫ :「比及到家, 那漢還站在門首, 依依不去。」(龍潛庵 編著, 同前揭書, 頁107)

19) 原文 '筯子'에 대하여 ≪鄭光本≫(84쪽 주 11번)에서 다음과 같은 설명을 볼 수 있다 :「'筯子'는 '箸'를 말한다. '箸'라고 쓰기도 하지만, 元 · 明代에서는 '筯'로 쓰이는 경우가 많았다. 또한 현대어의 '筷子'가 사용되는 것은 좀 더 늦은 일로서 16세기에 들어간 다음의 일이고, 처음에는 '快子'라고 썼다.」

뚜껑을 덮고, 김이 새어나기지 않도록 하고, 불을 때면, 잠시면 익습니다.

麗商 : 고기가 익었는데, 간이 맞는지 맛 좀 봐주세요?

漢商 : 내가 맛을 좀 보겠습니다. 약간 싱거우니, 소금을 좀 더 넣으시죠! 주인장! 밀떡(餠)은 다되어 갑니까?[20]

店主 : 곧 되갑니다. 탁자에 차려놓고 먼저 드세요, 드실 때쯤에는, 내 이것(餠)도 다 될 것입니다.

20) 原文의 '也那'는 선택의문문의 앞 문구에 쓰이는 어기조사다. '也', '那' 등으로 오기도 한다. '還', '抑'와 비슷한 어감을 나타낸다.

第十七話 俺明日五更頭早行也
(우린 내일 이른 오경 쯤 떠납니다)

主人家, 俺明日五更頭[1]早行也, 咱每筭了房火錢者。俺這一宿人馬盤纏通[2]該[3]多少? 恁稱了三斤麵, 每斤七錢半, 計二兩二錢半。切了一斤猪肉, 該一兩半。四箇人, 每人打火, 房錢一兩, 計四兩。黑豆六斗, 每斗二兩半, 計一十五兩。草十一束, 每束一兩, 計十一兩。通該三十三兩七錢半。俺草料麵都是你家裏買來的, 你減了些箇如何? 儘教[4], 去[5]了那三兩七錢半零[6]的者, 只將三十兩來。旣這般呵。伴當, 恁三箇一就[7]都出過[8]者。記著數目, 到大都時, 一發[9]打筭[10]。那般

---

1) 頭 : 放在數量詞前後, 表示約指。猶差不多。≪金瓶梅詞話≫十八回 :「那是正直七月十二頭天氣, 夜子有些餘熱, 這潘金蓮怎生睡得着。」(許少峯 主編, ≪近代漢語詞典≫, 團結出版社, 1997年, 頁1138)

2) 通 : 總共, 全部。≪水滸全傳≫四一回 :「宋江道 : 黃文炳家多少人口? 有幾房頭? 侯建道 : 男子婦人通有四十五口。」(許少峯 主編, 同上揭書, 頁1133)

3) 該 : 應得, 應當。

4) 儘教 : 任; 任從。又作 "盡", "盡教"。關漢卿 ≪金仙池≫三【中呂粉蝶兒】:「明知道書生教門我負心薄倖, 盡教他海角飄零, 無來由强風情, 剛可喜男婚女聘?」

5) 去 : 除掉, 去掉。

6) 零 : 零頭, 餘數。

7) 一就 : 一并, 就便。≪前漢書平話≫卷下 :「今代州劉武手下二十萬雄兵, 令卿一就掌者。」(許少峯 主編, 同前揭書, 頁1369)

8) 過 : 猶助詞 "了"。關漢卿 ≪謝天香≫柳耆卿白 :「怕你不放心, 待我再去與他說過。」

9) 一發 : 一起, 一竝。≪水滸全傳≫二回 :「我家也有頭口騾馬, 敎莊客牽出後槽,

者, 俺都與他。

번역

漢商 : 주인장! 우린 내일 이른 오경 쯤 길을 갈까 하여, 우리의 식대를 계산할까 합니다. 하루 밤 묵고 가는 사람들과 말들을 합쳐 비용은 모두 얼마입니까?

店主 : 손님들께서는 밀가루(麵) 세 근을 다셨으니, 근 당 7錢 半이까, 총 2兩 2錢이고요, 돼지고기를 한 근을 썰었으니, 1兩반이 되겠고요, 네 사람이니, 1인당 숙식비는 1兩, 총 4兩 되겠고요, 검정콩이 6斗이니, 斗에 2兩半이므로, 총 15兩이 되고요, 풀이 11묶음으로, 묶음에 1兩이니, 총 11兩입니다. 그래서 총 33兩 7錢 半이 되겠습니다.

漢商 : 우리의 사료와 음식은 여기서 사온 것이니, 좀 깎아주시면 어떻겠소?

店主 : 그렇게 합시다, 우수리 3兩7錢半을 빼고, 30兩만 내시오.

漢商 : 그렇게 합시다. 이보시오 노형! 노형들[11]이 한꺼번에 (돈을) 내시오. 숫자를 기억하셨다가 大都에서 한꺼번에 계산합시다.

麗商 : 그러시다면, 내가 주인과 계산을 하겠습니다.

一發喂養。」(許少峯 主編, 同前揭書, 頁1364)

10) 打筭 : 就 "打算"。決算; 結帳。宋萬壺【一枝花】≪妓女≫ :「一番價有鈔一番睡, 旋打算旋伶俐。」

11) 原文의 '恁三箇'는 '당신들 세 사람'이라는 의미지만, '고려인 당신들 쪽에서'라는 의미이므로, '노형들'로 번역을 하였다.

第十八話 這般精土炕上怎生睡
(이런 맨흙 바닥의 구들에서 어떻게 잠을 자지요?)

伴當, 你將料撈[1]出來, 冷水裏拔[2]著, 等[3]馬大[4]控一會, 慢慢的喂者。初喂時, 則將料水拌與他, 到五更一發都與料喫, 那般時, 馬每分外[5]喫得飽。若是先與料呵, 那馬則揀[6]了料喫, 將草都抛撒[7]了。更困裏[8]休飲, 等喫一和[9]草時飲。咱每

---

1) 撈 : 從水裏掏取。

2) 拔 : 把東西放在凉水裏使變凉。例 : 把西瓜放在冰水裏拔一拔。

3) 等 : 讓, 使。關漢卿 ≪竇娥寃≫第三折 :「我不要半星熱血紅塵洒, 都只在八尺旗槍素練懸, 等他四下裏皆瞧見。」(許少峯 主編, ≪近代漢語大詞典≫, 中華書局, 2008年, 頁417)

4) 大 : 同 "待"。同音假借。張相著, ≪詩詞曲語辭匯釋≫ : ≪待 , 擬辭, 有將也, 打算也… 大與待同音, 故大亦借爲待字。關漢卿 ≪拜月亭≫劇 : "阿也! 是敢大較些去也。"言疾病將有起色也; 較爲病愈之義, 見較字條。又 : "梅香按排香卓兒去, 我大燒炷夜香者。" 言打算燒炷夜香也。元時刻本待字多從簡便寫作大, 不備擧。… 待, 語助辭。或在語末, 或在語中, 略同呵字, 啊字… ≪竇娥寃≫劇一 : "天若是知我情由, 怕不待, 和天瘦。"此猶云怕不是呵。… 此待字亦係於語言中間略作頓逗之勢, … 亦有借大字爲之者。關漢卿 ≪拜月亭≫劇 : "怕不大傾心吐膽盡筋截(竭)力把個牙推請。怕不大, 卽怕不待也, 義見上。牙推, 卽醫生.≫(上海高籍出版社, 2009年, 頁24~25)

5) 分外 : 格外, 特別。

6) 揀 : 挑選, 選擇。

7) 抛撒 : 踐, 糟踏。元 · 鄭廷玉 ≪看錢奴≫一折 :「你這厮平昔之間, 扭曲作直, 抛撒五穀, 相殘性命, 害衆成家, 你怎生能勾發迹那?」(許少峯 主編, ≪近代漢語詞典≫, 團結出版社, 1997年, 頁850)。【單子解】撒, 散之也。撒了, 헤티다。

8) 裏 : 時。關漢卿 ≪調風月≫四【甛水令】:「從小裏梅香嬤嬤抬擧, 問燕燕梳裹如何?」(藍立蓂 編著, ≪關漢卿戲曲詞典≫, 四川人民出版社, 1993年, 頁159)

9) 一和 : 一會兒, 一陣。常用在動詞後, 表示動作持續的時間。永樂大典戲文 ≪小

各自睡些箇, 厮[10]輪著起來勤喂馬。今日是二十二, 五更頭正有月明也。鷄兒叫, 起來便行。主人家, 點個燈來, 俺拂綽睡處。兀的[11]燈來也。壁子上掛者。這般精[12]土炕上, 怎生睡? 有甚麽藁荐, 將[13]幾箇來。大嫂[14]! 將藁薦席子來, 與客人每鋪。席子無, 兀的三箇藁薦, 與恁鋪。

번역

漢商 : 이보시오 노형, 노형은 말의 여물을 건져서, 차가운 물에 담가두시고, 말들을 잠시 쉬게 한 다음[15], 천천히 먹이세요. 처

孫屠≫九出 :「自家當朝一日, 和那婦人叫了一和, 兩下都有言語。」(高文達 主編, ≪近代漢語詞典≫, 知識出版社, 1992年, 頁1366)

10) 厮 : 猶 "相"也。卽 "互相"之意。

11) 兀的 : 這, 又作 "阿的"。關漢卿 ≪竇兒寃≫一 卜兒白 :「秀才, 你本利少我拾兩銀子, 兀的是借錢的文書, 還你。」(藍立蓂 編著, 同前揭書, 頁306)

12) 精 : 裸露。≪黑旋風≫三【得勝令】揷白 :「還有精着腿, 無箇褲穿的。」(劉堅 江藍生 主編, ≪元語言詞典≫, 上海教育出版社, 1998年, 頁145)

13) 將 : 拿, 帶。

14) 大嫂 : 宋元時對自己正房妻子的稱號。≪殺狗勸夫≫三白 :「這早晚大嫂敢關了前門, 我也徑往後門去咱。」

15) 原文의 原文에 '控'에 대해서 ≪鄭光本≫(90쪽 주 3번)에 다음과 같은 설명을 볼 수 있다 :「원문 '控'은 "말을 쉬게 한다"는 뜻으로 보인다.「四聲通解」에 "지금 휴식하는 것을 속된 말로 控이라 한다"는 설명이 있다.」'控'이 '제어하다' 등의 의미를 가지는 것 말고도 '말을 쉬게 하다'의 의미를 가진다면, '控' 앞의 '大'는 앞의 주석 4)번에서 볼 수 있는 것처럼 '待'의 借音字이고, 語句 중간에서 말투를 좀 고루는 작용을 하는 '呵'나 '啊'의 의미를 가지는 것으로 보았다. 즉「等馬大控一會」는 "叫馬啊歇息一會"로 해석될 수 있을 것이다. ≪飜譯老乞大≫의 諺解는「ᄆᆞ리 ᄒᆞᆫ 디워 ᄀᆞ장 쉬어든 기들워 날희여 머기라」로 되어 있다.

음 먹이를 줄 때는 여물 삶은 물을 섞어서주고, 五更쯤에 여물을 함께 주도록 하세요, 그렇게 하면, 말들이 아주 배가 부르도록 먹을 것입니다. 만일 먼저 여물을 주어버리면, 말들은 여물만 골라먹고, 꼴은 파 헤쳐지고 흩뜨려버리게 되는 것입니다. 게다가 피곤 할 때면 물을 마시게 해서는 안되고, 꼴을 한참을 먹게 하고 물을 마시도록 하세요. 우리는 이제 각자 잠을 자고, 서로 차례대로 돌아가면서 일어나 부지런히 말들에게 먹이를 먹입시다. 오늘은 스무 이틀이니, 五更정도에는 마침 달이 밝을 것입니다. 닭이 울면, 일어나서 바로 떠나기로 합시다. 주인장! 등불 좀 부쳐다주시오, 잠을 잘 자리를 청소를 해야겠습니다.

店主 : 자! 등잔이 왔습니다.

漢商 : 벽에 걸어 놓으세요. 이런 맨흙(흙이 드러난)바닥의 구들에서 어떻게 잠을 자지요? 거적이라도 있으면, 좀 주셨으면 합니다.

店主 : 여보 마누라! 거적이나 돗자리를 가져와 손님들에게 깔도록 하세요. 돗자리는 없고, 여기 거적 몇 장이 있는데, 깔아드리겠습니다.

第十九話 有一坐橋塌了來
(다리가 무너졌습니다)

主人家, 你種[1]著火者[2], 俺明日五更頭早行也。那般者, 客人每歇息, 俺照覷[3]了門戶, 睡也。來! 來! 且休去! 我問你些話。我先番大都來時, 你這店西, 約二十里來地, 有一坐橋塌了來, 如今修起[4]來那不曾? 早修起了也, 更比在前[5]高二尺, 闊三尺, 如法[6]好有。那般呵, 俺明日早則放心的去也。你底似[7]的休早行, 俺聽得前頭路澁[8]有。爲[9]甚麽有這般的

---

1) 種 : 點燃。元 · 缺名 ≪神奴兒≫二折 : 「我與你種着火, 停着殘燈。」≪二刻拍案驚奇≫卷二二 : 「却是一向是個公子, 那個來兜他? 又兼目下已做了單身光棍, 種火又長, 柱門又短, 誰來要這個廢物?」(許少峯 主編, ≪近代漢語大詞典≫, 中華書局, 2008年, 頁2414)

2) 者 : 表示 "命令, 祈使"之語氣詞。

3) 照覷 : 照看, 看顧。

4) 修起 : 整理回復。

5) 在前 : 以前, 前此。元 · 缺名 ≪醉寫赤壁賦≫四折 : 「聖人將你在前罪犯都饒了, 着小官將詔命你入朝, 復還舊職。」(許少峯, ≪近代漢語大詞典≫, 中華書局, 2008年, 頁2315)

6) 如法 : 合乎標準, 傳統成規。≪金瓶梅詞話≫二回 : 「西門慶道 : 我和你說正話。他家如法做得好炊餅, 我要問他買四五十個拿的家去。」(許少峯 主編, ≪近代漢語詞典≫, 團結出版社, 1997年, 頁958)

7) 底似 : 猶云分外也; 急急或竭力也。(張相 著, ≪詩詞曲語辭匯釋≫, 上海高籍出版社, 2009年, 頁74) (拙稿 <老乞大語彙考(六)>, 中國語文論譯叢刊, 27輯(2010年)【累字解】底似, ᄀᆞ장, 又 너므。今不用。

8) 澁 : 同 "澀", 即 "澀的"。行路艱難的樣子。≪羅李郎≫二【牧羊關】: 「我澀的難行立, 轟的則待倒。」(劉堅 江藍生 主編, ≪元語言詞典≫, 上海教育出版社, 1998年, 頁272) 按, 澀道 : 無級次的石砌陡斜小路。

歹人[10]有? 恁偏[11]不理會的。從年時[12]天旱, 田禾不收, 饑荒的上頭[13], 生出歹人來。碍[14]甚事? 俺則是赶著這幾箇馬, 又無甚麽錢本, 那厮[15]每待要[16]俺甚麽? 休那般說, 賊每怎知你有錢沒錢? 小心必勝。

번역

漢商 : 주인장께서는 이불은 끄지 말고 켜 놓아두시지요,[17] 우리는

9) 爲 : 因。元 · 缺名 ≪衣襖車≫二折 :「賣買歸來汗未消, 上床猶自想來朝; 爲甚當家頭先白? 一夜起來七八遭。」(許少峯 主編, ≪近代漢語詞典≫, 團結出版社, 1997年, 頁1180)

10) 歹人 : 壞人。≪五代史平話 · 梁史≫ :「若要禍亂時節, 天生幾個歹人出來攪亂乾坤。」(龍潛庵 編著, ≪宋元語言詞典≫, 上海辭書出版社, 1985年, 頁106)

11) 偏 ; 頗, 甚。≪留鞋記≫一【油葫蘆】:「你道我年紀小, 喜事遲, 我則怕鏡中人老偏容易。」(龍潛庵 編著, 同上揭書, 頁224)【單子解】偏, 독벼리。又독혀, 又칙여。

12) 年時 : 去年。又可解 "轉過年頭"。≪醒世姻緣錄≫第七回 :「到了年時三四月裏, 退了毛, 換箇白獅子猫。」(高文達 主編, ≪近代漢語詞典≫, 知識出版社, 1992年, 頁577)

13) 上頭 : 表示原因。常同 "爲, 以"等介詞配合使用. 也說 "上"。【單子解】頭, 首也。東頭 · 西頭, 동녘 근 · 셧녁 근; 頭到, 나죵내; 到頭, 나죵애。通作投。又上頭, 쳔[illegible]로。又頭盤, 쳣 판; 頭館 쳣 관; 頭鷄 쳣[illegible]。

14) 碍 : 怕, 畏懼。

15) 厮 : 對人不尊敬, 輕視的稱號。"那厮們"就是對 "歹人"的貶稱。

16) 待要 : 想要, 要想。元 · 范子安 ≪竹葉舟≫四折 :「你待要名譽興, 爵位高, 那些兒便是你殺人刀。」(許少峯 編, ≪近代漢語大詞典≫, 中華書局, 2008年, 頁382)

17) 原文의 '種著火'에 대해서 ≪鄭光本≫(94쪽 주 1번)에는「불씨를 재에 묻어서 언제든지 불을 만들 수 있도록 해두는 것이다.」라는 설명을 볼 수 있다. 原文「種火」는 '火種(불씨)'의 의미로 동사로 쓰이면 '불을 붙이다'와 '불씨를 묻다

내일 五更에 일찍 길을 떠날 것입니다.

店主 : 그러시다면, 손님들은 고만 쉬세요, 난 문단속이나 하고 잠을 잘 것입니다.

漢商 : 이보시오, 잠깐 가지마시고, 좀 물어볼 말이 있습니다. 제가 지난 번 大都에서 올 때, 이곳에서 서쪽으로 약 20여리 떨어진 곳에 다리가 무너져 있었는데, 지금은 다시 세워졌습니까?

店主 : 벌써 세워졌습니다. 게다가 전보다 두 자나 높아지고, 넓이는 세 자나 더 넓어지고, 규격대로 잘 만들어졌습니다.

漢商 : 그렇다면 우리는 내일 일찍 안심하고 가도 되겠습니다!

店主 : 여러분들은 그렇다고 급하게 서둘러서 너무 일찍 가지는 마시오. 내가 듣기로 길이 험하다고 합니다.

漢商 : 어떠한 이유로 이러한 나쁜 사람들이 있을까요?

店主 : 여러분들은 잘 알지 못할 것입니다. 지난해부터 날이 가물어, 곡식을 거두지 못하고, 기근이 들어, 흉한 사람들이 생겨난 것입니다.

漢商 : 무슨 염려가 되겠습니까? 우린 단지 말 몇 필을 몰고, 돈도[18] 없는데, 그 놈들이 우리에게 뭘 달라고 하겠습니까?

店主 : 그렇게 말하지 마시오, 도적들이 돈이 있는지 없는지를 어찌 안다는 말씀이요? 좀 조심하는 것이 최고입니다.

(지키다)' 등의 의미로 해석할 수 있을 것이다. 문제는 "내일 아침 불을 지피기 위하여 불씨를 묻어 두다"로 해석할 것인지 아니면, "내일 새벽(五更)에 떠날 것이니 불을 계속 켜두다"로 해석할지 이다. 앞뒤의 정황으로 보아, 本稿는 後者의 해석을 취하였다.

18) 原文의 '錢本'은 '돈, 밑천'이란 뜻으로 '本錢'과 같이 쓴다. ≪鄭光本≫ (95쪽 주 6번)

第二十話 打出腦漿來死了
(머리통이 터져 죽었습니다)

俺這裏前年六月裏[1], 有一箇客人[2]纏帶裏裝著一卷紙[3], 腰裏拴著, 在路傍樹底下歇凉睡。被一箇賊到那裏見了, 則道[4]是腰裏纏帶裏是錢物[5]. 生起歹心來。就[6]那裏拿起一塊大石頭, 投[7]那人頭上打了一下, 打出腦漿來死了。那賊將那人的纏帶解下來看呵, 却是紙, 就[8]那裏撇[9]下走[10]了。官司[11]檢了

1) 裏 : 時候。宋 · 佚名 ≪張協狀元≫ :「妾身年少裏, 父母俱傾棄。」

2) 客人 : 旅行在外的人。旅客。≪水滸全傳≫四三回 :「嫂子, 我是過路客人, 肚中飢餓, 尋不着酒食店, 我與你一貫足錢, 央你回些酒飯吃。」(許少峯 主編, ≪近代漢語詞典≫, 團結出版社, 1997年, 頁637)

3) 紙 : 此指向鬼神焚火的紙錢。

4) 則道 : 只以爲; 以爲。又作 "只道" "子道"。徐本 ≪遇上皇≫二【牧羊關】:「酒呵, 則道永不相逢, 不想今番一處。」(劉堅 江藍生 主編, ≪元語言詞典≫, 上海敎育出版社, 1998年, 頁430)

5) 錢物 : 錢。關漢卿 ≪五侯宴≫楔子正旦白 :「妾身無計所奈, 我將這孩兒將御(街)市上賣的些小錢物。」

6) 就 : 此作介詞 "在"。關漢卿 ≪望江亭≫三 正旦白 :「自從俺父親就那客店上生扭俺夫妻兩箇, 我不曾有片時忘的下俺那染病的男兒。」(藍立蓂 編著, ≪關漢卿戲曲詞典≫, 四川人民出版社, 1993年, 頁137)

7) 投 : 朝, 向。王實甫 ≪西廂記≫四本三折 :「霎時間杯盤狼藉, 車兒投東, 馬兒向西, 兩意徘徊, 落日山橫翠。」(許少峯 主編, ≪近代漢語詞典≫, 團結出版社, 1997年, 頁1143)

8) 就 : (同前注 6)

9) 撇 : 丢棄, 扔掉。

10) 走 : 古指疾走, 卽跑。漢 · 劉熙 ≪釋名 · 釋姿容≫ :「徐行曰步, 疾行曰趨, 急趨曰走。」

屍, 正賊捉不住, 乾[12]把地主并左近[13]平人[14]涉疑打傷。後頭[15]別處官司, 却捉住那賊, 發[16]將[17]來, 今年就[18]牢裏死了。

번역

店主 : 이곳 재작년 유월경에, 한 나그네가, 전대에 한 뭉치의 紙錢(冥錢)을 넣고, 허리에 차고서는 길가 나무그늘에서 더위를 시키다 잠이 들었는데, 도적놈이 그곳을 지나다가 보게 되었지요. 허리의 전대가 돈 인줄 여기고, 나쁜 마음이 일어,

---

11) 官司 : 官府。

12) 乾 : ① 白白地; 無代價地。徐本 ≪陳摶高臥≫四【步步高】:「命不快上遭逢着這火醉婆娘, 乾誤了我晩夕參聖一爐香, 半夜裏觀乾象。」② 胡亂。(劉堅 江藍生 主編, 同前揭書, 頁100) 按, 此作 "胡亂"解。

13) 左近 : 附近, 側近。≪金瓶梅詞話≫十九 :「也是左近一個人家請他看病, 正是街上買了一尾魚, 手提着。」(許少峯 主編, ≪近代漢語詞典≫, 團結出版社, 1997年, 頁1552)

14) 平人 : 平民。≪擣杌閑評-明珠緣≫11回 :「仍敢亂攀平人, 又打了個二十個掌嘴。」【老乞大集覽】左近平人 : 左近 ≪音義≫云 : 隣近的。今按, 左近蓋謂左右隣近之人, 省文爲左近也。平人謂無過責之人。一說爲 "證左在近平人也"。≪漢書≫'左驗'註 : 顔師古曰'左, 證左也', 言當時在其左右見其事也。

15) 後頭 : 後來。≪元典章 · 刑部十一≫ :「後頭他的爺梁寬理會得, 將他孩兒打了, 敎道了。」(劉堅 江藍生 主編, ≪元語言詞典≫, 上海敎育出版社, 1998年, 頁121)

16) 發 : (案情)暴露。≪水滸傳≫31回 :「我這幾日也曾尋思, 想這事必然要發。」(吳士勛 王東明 主編, ≪宋元明淸百部小說詞語大辭典≫, 陝西敎育出版社, 1992年, 頁279)

17) 將 : 語義虛化, 置於單音節動詞之後, 構成該詞的雙音節形式, 表示動作的繼續或完成。如 : 般將(搬運), 唱將(演唱), 持將(持), 取將(收取) 等。

18) 就 : 此作介詞 "在"。(同前注 6)

그곳에서 큰 돌을 집어 들어, 그 사람 머리통을 내리 쳐서, 머리통이 터져 죽었습니다. 그 도적놈이 그 사람의 전대를 풀어보니, 종이뭉치로, 그 자리에 버리고 도망을 쳤습니다. 관청에서 검시를 하였지만, 진짜 범인[19]을 잡지 못하고, 마구잡이로 부근의 주민들을 의심하고 고문을 했습니다. 나중에 다른 관청에서 그 도적놈을 잡아, 일이 밝혀지게 되었고, 올해에 옥에서 죽었습니다.

19) 原文 '正賊'은 진범인(眞犯人)이다. ≪元史≫(권103) '刑法'에 "무릇 有司, 財物을 받아서 일부러 정적을 놓아주고, 죄 없는 사람을 誣執하여 非法으로 拷訊함"운운의 기시가 있다. (≪鄭光本≫, 98쪽 註 3번)

第二十一話 那賊往西走馬去了
(그 도적놈이 서쪽으로 말을 달려 도망쳤습니다)

年時又有一箇客人[1]赶著一頭驢, 著[2]兩箇荊籠子裏盛著棗兒, 駝著[3]行。後頭有一箇騎馬的賊, 帶着弓箭根著[4]。行到箇酸棗[5]林兒無人處, 那賊將那客人脊背上射了一箭, 那人倒了, 那賊則道[6]是死了, 便赶著那驢往前行。那客人射的[7]昏了, 蘇醒廻來, 恰好有捕盜官那裏巡警, 那客人就告了。捕盜官將[8]著弓兵[9]往前赶, 到約二十里地赶上那賊。捉拿其

---

1) 客人 : 行販, 往返販貨的人。≪水滸全傳≫十六回 : 「怎知客人爲些微名薄利, 又無枷鎖拘縛, 三伏內, 只得在那途路中行。」

2) 著 : 同 "着"。此作介詞 "在"。關漢卿 ≪金線池≫三 末白 : 「今日白白的吃他娘兒兩箇一場欺負, 怎麽還在人頭上做人, 不如就着府堂觸階而死罷了!」

3) 著 : 同 "者", 又作 "着"。此作動作之持續。關漢卿 ≪玉鏡台≫一 老旦白 : 「梅香, 門首觑者, 只等學士來時, 報復我知道。」

4) 根著 : 就 "跟着"。"根"或作 "跟"。

5) 酸棗 : 木名。也稱棘。枝上有刺。葉長橢圓形。花黃綠色, 果實較棗小, 味酸。

6) 則道 : 只以爲; 以爲。又作 "只道" "子道"。徐本 ≪遇上皇≫二【牧羊關】: 「酒呵, 則道永不相逢, 不想今番一處。」(劉堅 江藍生 主編, ≪元語言詞典≫, 上海教育出版社, 1998年, 頁430)

7) 的 : 此作動詞後綴, 不爲義。關漢卿 ≪裵度還帶≫二【煞】: 「我則理會的先王之道斯爲美, 正是不患人之不己知。」

8) 將 : 率領。統率(軍隊)。帶(兵)。

9) 弓兵 : 就 "弓手"。負責治安的武裝人員。元時京師設南北兩城兵馬司, 州縣設縣尉司, 巡檢司, 捕盜所, 都配有弓手。詳 ≪元史 · 兵志四≫。: ≪元典章 · 台綱二≫ 「據設定弓手專一捕盜巡訪, 本管官員不得別行差點。」(劉堅 江藍生 主編, ≪元語言詞典≫, 上海教育出版社, 1998年, 頁107)【老乞大集覽】≪諸司職掌≫云 : 凡天下衝要去處, 設巡檢司, 專一盤詰往來奸細及販賣私鹽犯

間[10], 那賊便將一箇弓手放箭射下馬來, 那賊往西走[11]馬去了。

번역

店主 : 또 작년에 또 한 장사치[12]가 당나귀를 몰고 두 삼태기에 대추를 담아, 나귀등에 싣고 가고 있었습니다. 뒤에 말을 탄 도적놈이 활을 가지고 뒤를 따르고 있었습니다. 멧대추 밭 인적이 없는 곳에 이르러, 그 도적놈이, 그 장사치 등짝에 화살을 한 대 쏘아, 그 사람이 쓰러졌습니다. 그 도적은 죽은 줄 알고, 그 당나귀를 몰고 앞으로 갔지요. 그 장사치는 기절을 했다가, 정신이 들었습니다. 마침 포도관(捕盜官)[13]이 그 곳에서 순라를 돌고 경계를 하고 있었습니다. 그 장사치는 즉시 고발을 하였고, 포도관은 병사[14]들을 인솔하여, 약 20여리 길을 쫓아가, 그 도적놈을 따라잡았습니다. 막 체포

人·逃軍·逃囚·無引面生可疑之人。於丁粮相應人戶內檢點弓兵應役。

10) 其間 : …時候, 正時候。元·鄭廷玉 ≪楚昭公≫一折 :「等小官直至西秦, 借他兵來, 那其間內外夾攻, 方能取勝。」

11) 走 : 逃走。

12) 原文의 '客人'은 길을 가는 나그네를 뜻하기도 하지만, 註 1)에서처럼 장사하는 사람의 뜻으로도 쓰인다. 여기서는 대추를 팔러 다니는 장사치를 말한다.

13) 原文의 '捕盜官'은 元代의 경찰 관계를 담당하는 지방관을 말한다. ≪鄭光本≫ (101쪽 注 1번)

14) 原文 '弓兵'은 兵役의 일종으로, 민간인이 징집되어 '순검(巡檢)' 밑에서 지방의 치안 유지에 임하는 병사를 말한다. ≪老朴集覽≫에 "청년 남자가 있어 식량이 부족한 집에서 弓兵을 l골라 그 임무에 취한다"라고 되어 있다. ≪鄭光本≫ (101쪽 注 2번)

를 하려고 하는데, 그 도적놈이 병사 한 명을 활을 쏘아 말에서 떨어뜨려 놓고는, 그 도적놈이 서쪽으로 말을 달려 도망쳤습니다.

第二十二話 捕盜官襲將去
(포졸이 뒤를 밟아갔습니다)

捕盜官襲將去。到箇村裏, 差[1]了一百箇壯後生, 將著弓箭器械[2], 把那賊圍在一箇山峪裏, 纔拿著廻來。覷[3]那射著[4]的弓手, 那人左肐膊上射傷, 不曾[5]傷了性命。如今那賊現在官司[6]牢裏禁著有。既這般路澁[7]呵, 咱每又無甚麽忙勾當[8], 要[9]甚麽早行? 等到明天時, 慢慢的去, 怕甚麽[10]? 道的是, 依著恁天明時行。

---

1) 差 : 差遣; 派遣。

2) 器械 : 兵器, 武器。明 · 缺名 ≪草蘆記≫四十出 :「前者分付主公豫備器械, 完備否?」(許少峯 主編, ≪近代漢語詞典≫, 團結出版社, 1997年, 頁900)

3) 覷 : 瞧; 看。

4) 著 : 同 "着", 中也。

5) 不曾 : 同 "不爭"。差一點兒。≪薦福碑≫四【鴛鴦煞】:「不爭將黃閣玉堂臣, 幾乎的做了違宣抗敕鬼。」(劉堅 江藍生 主編, ≪元語言詞典≫, 上海教育出版社, 1998年, 頁33)

6) 官司 : 官府, 衙門。

7) 澀 : 道路險阻; 不暢通。

8) 勾當 : 事情。也作 "彀當"。≪水滸全傳≫十六回 :「你這村鳥理會的甚麽! 到來只顧吃嘴, 全不曉得路途上的勾當艱難, 多少好漢被蒙汗藥麻翻了!」

9) 要 : 探求, 求取。

10) 怕甚麽 : 有何不可。又作 "怕做甚麽"。關漢卿 ≪哭存孝≫四 李克用白 :「息婦兒也, 你也辭我一辭去, 怕做甚麽?」

번역

店主 : 포도관이 뒤를 밟아갔습니다[11]. 어느 마을에 이르러, 백 명의 장정을 차출하고, 활과 무기들을 가지고 그 도적놈을 한 계곡에서 포위를 하여, 가까스로 잡아왔습니다. 듣자하니[12] 그 활을 맞은 궁사는, 왼팔에 활을 맞아 상처를 입고, 하마터면 목숨을 잃을 뻔했답니다. 지금 그 도적놈은 관아의 감옥에서 옥살이를 하고 있다고 합니다.

漢商 : 길이 이렇게 험하면, 우리 바쁜 일도 없는데, 뭘 얻겠다고 일찍 길을 갈 필요가 있겠소? 날이 훤히 밝으면, 천천히 가도, 안될게 뭐가 있겠습니까?

麗商 : 맞습니다, 주인장 말대로 날이 훤하게 밝으면 가도록 하겠습니다.

---

11) 原文의 '襲'은 종이나 북이 치지 않고 몰래 뒤를 쫓아가 습격하는 것이다. (≪老朴集覽≫) ≪鄭光本≫(104쪽 注 1번)

12) 原文의 '覷'는 '看(살피다)', '瞧(엿보다)'의 의미를 가지는데, 改修本인 ≪老乞大≫에서 '覷'가 '看'으로 개수되어「看那射着的弓手」로 되어 있다. 여기서의 '看'은 '聽', '聞'의 의미를 가지므로, 이에 '듣자하니'로 번역을 했다.

第二十三話 井邊頭帖落井繩都有
(우물가에 두레박과 끈이 다 있습니다)

安置[1]! 安置! 客人每好睡者! 主人家且休去, 俺又忘了一件勾當。俺這馬每不曾[2]飲水裏[3], 等一會控到時飲去, 井在那裏[4]有? 兀那[5]房後便是井。有轆轤[6]那無? 淺淺的井兒, 則[7]著[8]繩子拔[9]水。井邊頭更[10]有飲馬的石槽[11]兒。既這般呵, 你收拾[12]帖落[13], 井繩出來。井邊頭[14]帖落, 井繩都有。我更囑咐

---

1) 安置 : 安歇, 睡好。猶睡個好覺。是睡前表示祝福的套話。元 · 鄭庭玉 ≪金鳳釵≫三折 :「大哥, 店身裏胡亂睡一夜, 請安置。」(許少峯 主編, ≪近代漢語詞典≫, 團結出版社, 1997年, 頁8)

2) 不曾 : 未曾。與現代漢語 "沒有"同。

3) 裏 : 猶助詞 "呢"。

4) 那裏 : 卽 "哪裏"。

5) 兀那 : 卽那。兀爲語助詞, 以加强 "那"的語氣。

6) 轆轤 : 一種滾桶形的木製輪軸, 加柄, 繫以繩, 多作井上起重汲水用。【老乞大集覽】亦作櫖櫨, 井上機轉汲水器。(下略)

7) 則 : 只。

8) 著 : 用。又作 "着(zhu)"。≪對玉梳≫三 白 :「道出一個不字來, 我着刀子結果了他性命!」(劉堅 江藍生 主編, ≪元語言詞典≫, 上海敎育出版社, 1998年, 頁441)

9) 拔 : 拉起。

10) 更 : 還; 再。≪七國春秋≫卷下 :「孫子曰 : 來救五更有誰? 角曰 : 無人。吾只獨自撞陣入來探信。」

11) 槽 : 喂牲畜盛飼料的器具。

12) 收拾 : 料理, 按排。元 · 缺名 ≪衣襖車≫一折 :「狄青收拾軍裝去了也, 凭着此人英雄, 必有輔國之志, 定亂之術。」

13) 帖落 : 應是'鐵落'。鐵落卽'鐵桶'。(陸澹安 編著, ≪戲曲詞語匯釋≫, 上海古籍

恁些話那! 那帖落不喫水, 恁不會擺[15]時, 帖落上絟著一塊塼頭者。那的[16]俺自會的, 索甚麼[17]你教。

번역

漢商 : 편안히 잘 자시오!

店主 : 손님들도 잘 주무시오!

漢商 : 주인장! 가시지 말고 잠시만 계시지요, 제가 또 한 가지 일을 잊었습니다. 우리 이 말들은 아직까지 물을 먹이지 못했습니다. 잠시 후 말이 어느 정도 쉬고 나면 물을 마시게 하려고 하는데, [18] 우물은 어디에 있습니까?

店主 : 저기 집 뒤가 바로 샘입니다.

漢商 : 도르래[19]는 있습니까?

出版社, 1984年, 頁655)

14) 邊頭 : 頭, 邊也。邊頭, 這邊。關漢卿 ≪單刀會≫一【金盞兒】:「雖然你岸邊頭藏了戰船, 却索與他水面上搭起浮橋。」(藍立蓂 編著, ≪關漢卿戲曲詞典≫ 四川人民出版社, 1993年, 頁287)

15) 擺 : 搖晃, 甩動。

16) 那的 : 那; 那個。≪元典章·禮部六≫ :「除那的以外, 不揀甚麼差發休與者。」

17) 索甚麼 : 無須; 用不着。

18) 原文의 '等一會控到時飲去'에 대한 ≪飜老≫의 諺解는 "ᄒᆞᆫ디·위 쉬·요·물ᄀᆞ·장 ·ᄒᆡ·야든 기·들·워 머기·라 가·져(한 동안 푹 쉬거든 기다려 먹이러 가자)"라고 되어 있다. 또한 앞의「第十八話」에서 "控"을 "말을 쉬게 하다"라는 의미로 보았으므로, 이에「잠시 후 말이 어느 정도 쉬고 나서」로 해석을 하였다.

19) 原文 '轆轤'는 두레박을 끌어올리는 활차(滑車)를 말한다. 중세국어에 차용되어 '녹로'로 쓰였다. ≪老朴集覽≫에는 그 만드는 방법부터 사용법까지 자세한 해설이 있다. ≪鄭光本≫(107쪽 注 2번)

店主 : 얕은 샘이라, 밧줄만으로도 물을 끌어올릴 수 있습니다. 우물가에 말에게 물을 먹일 수 있는 돌구유가 있습니다.

漢商 : 그러하다면, 주인장께서 두레박[20]과 밧줄을 준비 좀 해주시오.

店主 : 우물가에 두레박과 끈이 다 있습니다. 내 또 여러분께 당부의 말이 있습니다. 그 두레박이 물을 먹지 않으면, 두레박에 벽돌을 하나 매달아 놓으세요.

漢商 : 그것은 우리도 할 수 있습니다, 주인장께서 그것까지 가르쳐주실 필요는 없습니다.

20) 本文의 '帖落'의 用例는 찾을 수 없고, 바로 위의 註釋에서 설명한 바처럼 쇠로 만든 통을 '鐵落'라고 한다. '帖落'와 '鐵落'는 소리가 같기 때문에 통용될 수 있다고 보았다. 이에 물을 긷는데 쓰인다고 보고, 두레박으로 번역하였다. ≪鄭光本≫(107쪽 주 5번)에는 다음과 같은 설명을 볼 수 있다 : ≪원문 '帖落'은 몽고어의 한자표음으로 우물의 통, 즉 "두레박"을 말한다. 두레박의 '두레'가 그 차용으로 '박'을 붙여 고유어로 사용하였다. ≪老朴集覽≫에 "물을 긷는 용기, 버드나무 가지로 짜인 것은 '柳罐'이라 하고, 元代의 말로는 '帖落'이라 한다"라는 설명이 있다. 「四聲通解」에 "元의 말로는 '鐵落'이라고 한다"라는 해설이 있고, '鐵落'의 예는 ≪철괴이(鐵拐李)≫ 「잡극(雜劇)」 3折에 보인다.≫

第二十四話 人不得橫財不富
(사람은 횡재하지 않으면 부자가 되지 못한다)

咱每厮[1]輪著起來, 勤喂馬。常言道："馬不得夜草不肥, 人不得橫財不富。" 却休槽兒平直到明。咱每拌上, 馬喫一和[2]草時, 飮水去。盛草的筐兒也[3]沒, 著[4]甚麽將的[5]草去? 旣沒時, 且[6]著[7]布衫襟兒[8]抱些草去。我將料水去。這主人家好不[9]整齊, 攪料棒也沒一箇。疾快取將[10]咱每柱棒[11]來攪料。且[12]房子裏坐的[13]去來。一霎兒[14]馬喫了這和草[15], 飮水去。馬

1) 厮：相; 互相。

2) 一和：一會兒, 一陣。

3) 也：現代漢語 "連…也(都)"의 형태로, 倒置의 文型을 만들어주는 助詞다.

4) 著：此作 "用"。

5) 將的：就 "拿着"。"的"同 "地", "着"也。

6) 且：此作 "就"。關漢卿 ≪單鞭奪槊≫二：「茂公云：你且休往京師去, 回營中救敬德去來。末云：喒且回營救敬德去來。」

7) 著：同 "着"。拿, 將。元 · 秦簡夫 ≪翦髮待賓≫三折：「我則請的一位, 如今郵走將兩個這厮來, 可着甚麽與他吃。」(許少峯 編, ≪近代漢語大詞典≫, 中華書局, 2008年, 頁2452)

8) 襟兒：衣襟。

9) 好不：很不, 甚不。表示强調否定。≪水滸傳≫三五回：「你這鳥男女, 好不識人, 欺負老爺獨自一箇。」

10) 將：此作助詞。用于動詞和表趨向的補語中間。卽 "取將…來"之型式。關漢卿 ≪調風月≫二：「老阿者使將來伏侍爾, 展汚了咱身起。」

11) 柱棒：'柱', 應是'拄'。拄棒, 卽是 "拄杖"。拄杖, 卽 "手杖", "拐棒"。

12) 且：暫且。

13) 坐的：卽 "坐地"。坐着, 坐定。≪古今小說≫二卷：「那田氏還呆呆的坐地, 問

敢[16]喫了草也, 飲去來。

번역

漢商 : 우리 돌아가면서 일어나서, 부지런히 말에게 먹이를 주세. "말은 밤에 여물을 먹지 않으면 살이 찌지 않고, 사람은 횡재하지 않으면 부자가 되지 못한다."[17]라는 속담이 있습니다. 구유가 밤새 텅 비게 놓아두지 마세요(밤새 먹을 수 있도록 구유에 여물을 채워두시오). 우리가 (먹이를)잘 썩어 놓고[18], 말들이 한참 풀을 먹고 나면, 물을 먹이러 갑시다.

麗商 : 풀을 담을 광주리조차도 없는데, 무엇으로 풀을 담아가지요?

他時全然不省。」(許少峯 主編, 同前揭書 頁1553). 又 "下"。≪水滸傳≫十九 : 「吳用就血泊裏拽過頭把交椅來, 便納林沖坐地。」(高文達 主編, ≪近代漢語詞典≫, 知識出版社, 1992年, 頁149)【單子解】地, 土也。田地·土地·地方·地面。又指當處。土地之神亦曰土地。又語助, 坐地。又恁地. 猶言如此。

14) 一霎兒 : 一下子。指很短的時間。

15) 和草 : 和, 攪拌, 攪和。"和草"卽 "攪拌過的草"。元·缺名 ≪爭報恩≫一折 : 「這裏又無他那盛料盆, 又無那喂馬槽, 妹子也, 你可甚空房中來和草。」(許少峯 主編, 同前揭書 頁461)

16) 敢 : 此作 "必定, 准定"。

17) 鄭庭玉 ≪後庭花≫에서 "馬無夜草不肥, 人不得外財不富."라는 대목을 볼 수 있고, 張國賓 ≪合汗衫≫에서는 "人無橫財不富, 馬無夜草不肥"라는 구절을 볼 수 있다.

18) 原文의 「却休槽兒平直到明」에서의 '平'은, 그 의미가 불분명하다. 앞뒤의 의미로 보아 '비우다'의 '空'의 의미로 보고, 이에 앞의 문장 「馬無夜草不肥(말은 밤에 여물을 먹지 않으면 살이 찌지 않고)」의 내용을 참고하여 「말들이 밤새도록 먹이를 먹을 수 있도록 구유를 비워놓지 마라」의 의미로 번역하였다.

漢商 : 광주리가 없으면, 옷자락으로 마초를 담아 갑시다. 나는 사료와 물을 가지러 가겠소. 이 집 주인은 전혀 준비성[19]이 없는 것 같습니다, 여물을 젓는 막대기조차도 없군요. 빨리 우리가 가지고 다니는 지팡이라도 가져와 여물을 뒤집어줍시다.

麗商 : 잠시 방에서 앉아다가 갑시다. 잠시 후 말들이 버무린 사료를 먹고 나면, 물을 먹이러 갑시다.

漢商 : 말들이 틀림없이 풀을 먹었을 것이니, 물 먹이러 갑시다.

19) 原文의 '整齊'는 '(음식 등이)다 차려지다', '(용모가)단정하다', '準備되다' 등의 다양한 의미로 쓰이고 있으므로, 「好不整齊」는 「전혀 준비 되지 않았다」로 번역하였다.

第二十五話　三人同行小的苦
(나이어린 사람이 고생이다)

咱每都去了時, 這房子裏沒人, 敢[1]不中[2]。留一箇看[3]房子, 別箇的牽馬去來。碍[4]甚事? 這店裏都閉了門子也, 待[5]有甚麽人入來? 休那般說, 小心必勝。常言道:“常做賊心, 莫偸他物。“ 你自[6]依著我, 留一箇看房子。那般者, 咱每留誰看房子? 恁三箇裏頭, 著[7]這老的看者。三人同行, 小的[8]苦。咱每三箇去來。

---

1) 敢 : 此作 “敢是; 怕是; 莫非”。徐本 ≪魔合羅≫二 :「咽下去心似熱油澆, 烘烘澆五臟, 忽忽燎三焦, 兄弟, 這敢不是風寒藥?」(劉堅 江藍生 主編, ≪元語言詞典≫, 上海敎育出版社, 1998年, 頁101)

2) 不中 : 不合適, 于理不當。元 · 缺名 ≪謝金吾≫二折 :「正旦云 : 孩兒, 你不曾請旨, 私下關來, 敢不中麽?」(許少峯 主編, ≪近代漢語詞典≫, 團結出版社, 1997年, 頁95)

3) 看 : 看守。

4) 碍 : 怕, 畏懼。

5) 待 : 此作 語氣副詞 “又”。關漢卿 ≪竇娥宛≫二【黃鐘尾】:「爭到頭, 竟到底, 到如今待怎的?」(藍立蓂 編著, ≪關漢卿戲曲詞典≫ 四川人民出版社, 1993年, 頁53)

6) 自 ; 只也。又作副詞 “則”。

7) 著 : 表示使令。≪鏡花緣≫四十回 :「姑娘那邊這兩年不時著人問信。」

8) 小的 : 在長輩或上司面前謙稱自己。

번역

麗商 : 우리가 다 가면, 이 방에는 사람이 없게 되니, 좋지는 않을 것 같습니다. 한 사람이 남아 방을 지키고, 다른 사람들은 말을 몰고 갑시다.

漢商 : 염려할게 뭐가 있습니까? 이 가게는 이미 문을 닫았는데, 또 무슨 사람이 들어오겠습니까?

麗商 : 그렇게 말씀하지 마시고, 조심하는 것이 상책입니다. 속담에도 '항상 도독의 마음을 경계하고, 타인의 물건을 넘봐서는 안 된다'[9]라는 말이 있습니다. 형씨들은 내 의견에 따라, 한 사람이 남아 방을 지키도록 합시다.

漢商 : 그렇게 합시다, 우리 가운데 누가 남아 방을 지킵니까?

麗商 : 세 사람 가운데, 나이 드신 이분에게 지키라고 하지요.

漢商 : 여럿이 함께 길을 가면, 나이어린 사람이 고생하는 법이지요. 우리 셋이 갑시다.

---

9) 原文 '常做賊心, 莫偸他物'에 대해 ≪朴通事(中)≫제52화에서는 '做'字가 '防'字로, 즉 '常防賊心, 莫偸他物(항상 올바르지 못한 그릇된 생각을 경계하고, 남의 물건을 훔치지 말라)'로 쓰이고 있음을 볼 수 있다. '常防賊心, 莫偸他物' 一句는 明·范立本이 편찬한 ≪明心寶鑑≫ 省心篇 第十一에서 찾을 수가 있으나, 추적(秋適)의 抄略本 ≪明心寶鑑≫에서는 보이지 않는다.

第二十六話 我不慣打水
(난 물을 잘 긷지 못합니다)

這胡同[1]窄, 牽著馬多時, 過不去, 咱每做兩遭兒[2]牽。那般者。你敢[3]慣[4]打水, 我不慣打水。你先打水去, 俺兩箇牽馬去。那般者。我打水去, 恁將馬來。我恰纔[5]這槽兒裏頭, 拔[6]上兩帖落水也, 著馬喫。這箇馬好喫水, 這箇馬喫水細。這水小, 再打上一帖落者。將帖落來, 我試學打。這帖落是[7]不喫水, 怎生[8]得倒[9]? 我教與你。將帖落提起來, 離[10]水面擺動,

---

1) 胡同 : 同 "衚衕"。

2) 遭 : 量詞。猶次, 回。≪朱子語錄≫卷八七 :「相當時識這道理者亦多, 所以孔子亦要行一遭問禮於老聃。」(≪漢語大詞典≫, 漢語大詞典出版社, 1991年)

3) 敢 : 准定, 包管。元·尚仲賢 ≪三奪槊≫二折 :「那鞭休道十分的正着, 則若輕輕地抹着, 敢教你睡夢裏驚急列地怕道曉。」(許少峯主編, ≪近代漢語大詞典≫, 中華書局, 2008年, 頁378)

4) 慣 : 熟練, 擅長。關漢卿 ≪謝天香≫一折 :「能吹彈, 好比人每日常看伺, 慣歌謳, 好比人每日常差使。」(許少峯 主編, 同前揭書, 頁426)

5) 恰纔 : 剛纔, 指前此不久。朱庭玉 ≪風情≫【哨遍】:「恰纔柳陌罷風流, 又向花街趁芳妍。」

6) 拔 : 吸出, 汲。元·李文蔚 ≪燕青博語≫三【煞尾】:「則你個紙做的瓶兒怎拔乾的井, 蠟打的鍬兒怎撅就的坑!」(劉堅 江藍生 主編, ≪元語言詞典≫, 上海教育出版社, 1998年, 頁8)

7) 是 : 眞正, 實在。楊顯之 ≪瀟湘雨≫二折 :「只爲你人材是整齊, 將經史溫習, 聯詩猜字盡都知, 因此上, 將女孩兒配你。」(許少峯 主編, 同前揭書, 頁1035)

8) 怎生 : 如何, 怎樣。

9) 倒 : 同 "到"。

10) 離 : "離", 通"麗"。附着, 依附。≪易·離≫彖曰 :「離. 麗也, 日月麗乎天, 百穀草木麗乎土。」

倒撞入水去, 便喫水[11]也。這般時, 眞箇[12]在前曾見人打水, 終[13]不曾[14]學, 從[15]今日理會[16]得也。

번역

漢商 : 이 골목길이 좁으니, 여러 마리의 말을 끌고 가면. 지나갈 수 없으니, 우리 두 번으로 나눠 몰고 갑시다.

麗商 : 그렇게 합시다. 형씨는 틀림없이 물을 잘 기를 것이지만, 난 물을 잘 긷지 못합니다. 형씨가 먼저 가셔서 물을 길으세요, 우리 둘이 말을 끌고 가겠습니다.

漢商 : 그렇게 합시다. 내 물을 길러 갈 것이니, 당신들은 말을 몰고 오시오. 내가 이제 막 여물통에, 두 두레박의 물을 길어 놓았으니, 말에게 먹이도록 하시오.

麗商 : 이 말은 물을 잘 마시고, 저 말은 물을 적게 마시는군요. 여기 물이 모자라니, 한 두레박 더 길어 올려야겠소. 두레박을 가져오시오, 내 물 긷는 법을 배워보겠소. 이 두레박이 정말

11) 喫水 : 吸收水分。亦作"吃水"。

12) 眞箇 : "箇", 猶助詞 "的"。"眞箇", 眞的, 的確, 實在。≪水滸全傳≫二四回 : 「眞個是布機也似好針線, 又密又好, 其實難得!」(許少峯 主編, 同前揭書, 頁1476)

13) 終 : 終久, 畢竟。宋 · 王安石 ≪陸忠州≫詩 : 「低回得坎坷, 勛業終不遂。」(許少峯 主編, 同前揭書, 頁2411)

14) 不曾 : 同 "未曾"。與現代漢語 "沒有"同。

15) 從 : 此作介詞 "在"。關漢卿 ≪玉鏡台≫一【呆古朶】: 「傅說呵在版築處生, 伊尹呵從稼穡中長。」(藍立蓂 編著, ≪關漢卿戲曲詞典≫ 四川人民出版社, 1993年, 頁44)

16) 理會 : 領悟, 理解。

물을 먹지 않는데, 어찌 해야 물을 먹게 할 수 있을까요?

漢商 : 내가 가르쳐드리리다. 두레박을 당겨서, 수면에 닫게 하여 움직이면[17], (두레박)한 쪽으로 숙여지면서 물속에 잠기어[18], 물이 담기게 되는 것입니다.

麗商 : 그렇군요! 정말 요전에 사람들이 물 긷는 것을 본적이 있었습니다만, 결국은 배우지 않았었지요, 오늘에서야 (요령을) 깨우쳤습니다.

17) 原文 '離水面擺動'에서의 '離'는 앞의 註 10)번의 설명에서 볼 수 있는 것처럼 '밀착되다, 붙다'의 의미를 가진다고 보고, "(두레박을)수면에 대고 흔들다"로 해석하였다.

18) 原文의 '倒'는 "넘어지다, 쓰러지다"의 의미이고, '撞'은 "부딪치다"의 의미를 가지므로, 이에 "倒撞入水去"에 대하여 "두레박이 뒤집어져 물에 닿으면서 물속으로 들어가다"로 해석을 하였다.

第二十七話 你高麗田地裏無井那怎麽
(형씨네 고려에는 우물이 없습니까?)

你高麗田地裏無井那怎麽[1]? 俺那裏井不似這般井。這井是磚甃[2]的井, 至小有二丈深。俺那裏井都是石頭壘的, 最深殺[3]的沒一丈, 都是七八尺來[4]深有。俺那裏男子漢不打水, 則是婦人打水。著[5]箇銅盔[6], 頭上頂水。各自將著箇打水的瓢兒, 瓢兒上絟著一條細繩子, 却[7]和這裏井繩帖落一般取水有。却怎麽那般打水? 我不理會得。我則道[8]是和我這裏一般打水有。

---

1) 怎麽 : 怎麽 : 做甚麽; 幹甚麽。馮春田 ≪近代漢語語法問題硏究≫ :「張相云 : "作麽", 卽作甚麽之省文, 有怎麽也。… "作麽(摩)"處在句子謂語位置上, 可分爲兩種情況。一是相當于現在的 "幹麽"或 "作(幹)甚麽", … "師云 : 又是亂走作摩?(卷十三, 招慶和尙)"… "作摩"的第二類可與 "如何"相替換。"何曾失却那作摩?"(卷四, 石頭和尙)」(山東敎育出版社, 1991年, 頁267~271)

2) 甃 : 以磚瓦等砌的井壁。

3) 殺 : 通 "煞"。用在動詞等後面, 表示程度深。≪醒世恒言≫14卷 :「他高殺也只是個開酒店的。」(吳士勛 · 王東明 主編, ≪宋元明淸百部小說詞語大辭典≫, 陝西敎育出版社, 1992年, 頁852)

4) 來 : 約計之詞, 猶左右, 上下。≪初刻拍案驚奇≫ :「然後討飯。飯到, 又吃了十來碗。」

5) 著 : "用", "拿"。

6) 盔 : 盆子一類的器皿。例如 : 瓦盔。

7) 却 : 恰, 正。

8) 則道 : 只以爲; 認爲。亦作 "只道" "子道"。徐本 ≪遇上皇≫二【牧羊關】:「酒呵, 則道永不相逢, 不想今番一處。」(劉堅 江藍生 主編, ≪元語言詞典≫, 上海敎育出版社, 1998年, 頁430)

번역

漢商 : 형씨네 고려에는 우물이 없습니까?

麗商 : 우리 그곳의 우물은 이곳의 우물과는 다른 점이 있습니다. 이곳의 우물은 벽돌로 우물의 벽을 쌓아올린 우물이고, 최소 두 장(丈)이 넘는 깊이입니다. 우리 그곳의 우물은 돌로 쌓아올린 것으로, 아무리 깊어도 한 장(丈)이 되지 않고, 대체적으로 일곱 여덟 척(尺) 정도의 깊이입니다. 우리 그곳은 사내는 물을 긷지 않고, 아낙들이 물을 긷지요. 구리로 만든 물동이를[9], 머리에 이고 물을 깁습니다. 각자 물을 긷는 바가지를 가지고, 바가지에 가는 끈을 묶는데, 이곳의 두레박으로 물을 긷는 것과 흡사합니다.

漢商 : 어찌 그렇게 물을 길지요? 난 이해가 되지 않습니다. 난 우리 여기에서처럼 똑같이 물을 긷는 줄 알았습니다.

9) 原文 '銅盔'의 '盔'는 투구 또는 '깊게 만든 물동이'를 말한다. ≪鄭光本≫(120쪽 注 3번)

第二十八話 咱每則這後園裏大淨手不好那
(우리 뒤뜰에서 똥을 누면 안 될까요?)

恁牽廻這馬去, 再牽將別箇的來飲。這馬都飲了也。這般黑地[1]裏, 厠屋裏難去, 咱每則這[2]後園裏大淨手[3]不好那? 我拿著馬, 恁淨手去。我不索[4]淨手。恁離路兒者, 休在路邊淨手下[5], 明日著人罵去裏。咱每一箇人牽著兩箇去, 絟的牢者。這槽道[6]好生寬有, 厮[7]離的遠些兒絟, 又恐怕[8]繩子厮紐[9]著。

---

1) 黑地 : 按, 應是 "黑天摸地"之省。天地間一片漆黑。"摸"同 "墨" ≪水滸傳≫ 八七回 :「衆軍黑天摸地, 不辨東西, 只得下馬受降。」(高文達 主編, ≪近代漢語詞典≫, 知識出版社, 1992年, 頁297)

2) 則這 : 這。又作 "只這", "子這"。關漢卿 ≪切鱠旦≫三【越調鬪鵪鶉】:「見了的珍奇, 不消的咱說, 則這語更鮮滋味別。」(藍立蓂 編著, ≪關漢卿戲曲詞典≫ 四川人民出版社, 1993年, 頁379)

3) 淨水 : 婉辭。指大小便。大淨水, 就 "大便"。

4) 不索 : 不消, 無須。元·關漢卿 ≪救風塵≫一折 :「這歪剌骨好歹嘴也, 我已成了事, 不索央你。」(許少峯 主編, ≪近代漢語大詞典≫, 中華書局, 2008年, 頁90)

5) 下 : 助詞 "着"。臧本 關漢卿 ≪竇兒寃≫一 賽盧醫白 :「我且在這藥鋪中坐下, 看有甚麽人來。」(藍立蓂 編著, ≪關漢卿戲曲詞典≫ 四川人民出版社, 1993年, 頁309)

6) 槽道 : 牲口槽。柳青 ≪銅牆鐵壁≫第十章 :「只見葛專員那匹高大的騍騾已經備好鞍子, 拴在槽道外頭。」

7) 厮 : 相; 互相。

8) 恐怕 : 生怕, 擔心。元 · 馬致遠 ≪漢宮秋≫二折 :「我欲待起兵南侵, 又恐怕失了數年和好, 且看事勢如何, 別做道理。」

9) 厮紐 : 揪纏。"厮", 相, 互相。"紐", 扭結, 揪纏。

疾快將草料來拌上者, 儘教[10]則[11]他[12]喫者。咱睡去來[13]。

번역

麗商 : 이 말을 끌고 가고, 다른 말을 끌고 와서 물을 마시게 하세요.

漢商 : 이 말은 물을 다 마셨습니다.

麗商 : 이 컴컴한 밤중에, 변소 가기가 어려우니, 우리 뒤뜰에서 대변을 누면 안 될까요?

漢商 : 내가 말을 잡고 있을 터이니, 가서 볼일을 보시오. 난 볼일을 볼 필요가 없소이다. 길에서 좀 떨어져서 보시고, 길가에 싸놓지 마세요, 내일 사람들에게 욕을 먹습니다.

麗商 : 우리 한 사람이 두 마리씩 끌고 가서, 단단히 묶어 둡시다. 이 물구유가 매우 넓습니다, 서로 멀리 띄워서 맵시다. 끈들이 서로 엉킬까 염려가 돼서요.

漢商 : 빨리 마초를 가져다 버무려주고, 말들이 마음대로 먹으라고 합시다. 우리는 잠을 자러 갑시다.

---

10) 儘教 : 盡管。又作 "盡", "盡教"。關漢卿 ≪金仙池≫三【中呂粉蝶兒】:「明知道書生教門我負心薄倖, 盡教他海角飄零, 無來由强風情, 剛可喜男婚女聘?」

11) 則 : 用在名詞, 名詞性詞組, 代詞之前, 表示强調。≪黃粱夢≫二【高過浪裏來】:「俺如今鬢髮蒼白, 身體囊揣, 則恁的東倒西歪。」(藍立蓂 編著, 同前揭書, 頁410)

12) 他 : 此指頭口 "馬"。

13) 去來 : "來"是加强 "去"的語氣, 卽去了, 去的。元 · 白仁甫 ≪拜月亭≫四折 :「寡人也怕閑行, 不如回家去來。」(許少峯 編, ≪近代漢語大詞典≫, 中華書局, 2008年, 頁1556)

第二十九話 廻來時却來俺店裏下來
(돌아오실 때 우리 집에서 묵으시지요)

伴當每, 起來, 鷄兒叫第三遍也, 待明去也[1]。咱急急的收拾[2]了行李, 鞴[3]了馬時, 天明也。辭了主人家去來。主人家哥休怪[4], 俺去也。恁休怪, 好去[5]者。廻來時, 却[6]來俺店裏下來。這橋便是我夜來說的橋, 比在前哏[7]好有。在先[8]則是土搭[9]的橋來, 如今都是板幔了。這橋梁, 橋柱比在前哏牢壯, 阿的[10]捱[11]十年也壞不得。

---

1) 去也 : 時態助詞 "了"。又作 "去", "去了"。關漢卿 ≪拜月亭≫三 正白 :「阿也! 是敢大較些去也。」

2) 收拾 : 整頓, 整理。≪紅樓夢≫八三回 :「雪雁赶着收拾房裏的東西。」

3) 鞴 : 鞍轡等裝備。

4) 怪 : 怨恨, 不滿情緒。

5) 好去 : 居者對于出外旅行者的一種送別之詞, 猶云 "好走" "保重" "一路平安"。元 · 馬致遠 散套 ≪要孩兒 · 借馬≫ :「道一聲 "好去", 早兩淚雙垂。」

6) 却 : 再, 仍。≪新編五代史平話 · 梁≫上卷 :「權爲看覷妻子, 三年却來相取; 如三年不來, 卽一任改嫁。」(許少峯 編, ≪近代漢語大詞典≫, 中華書局, 2008年, 頁1562)

7) 哏 : 同 "很"。"很"字之早期寫法。≪元典章 · 刑部≫ :「如今斷底勾當, 斷底哏長了。」

8) 在先 : 原先, 以前。

9) 搭 : 構造, 蓋。≪金瓶梅詞話≫四九回 :「豫備酒席, 門首搭照山彩棚。」

10) 阿的 : 這, 這個。又作 "兀的", "兀底"。

11) 捱 : 遭受。≪西遊記≫二一回 :「你外公手兒重重的, 只怕你捱不起這一棒。」(≪漢語大詞典≫, 漢語大詞典出版社, 1991年)

번역

麗商 : 이보시오 형씨들, 일어나시오, 닭이 벌써 세 번째 회를 쳤으니, 곧 날이 밝을 것이요. 우리가 재빨리 짐을 정리하고, 말들을 챙기면, 날이 훤히 밝을 것이요.

漢商 : 주인과 하직 인사 갑시다. 주인어른 허물치 마시오, 우리 떠나겠습니다.

店主 : 여러분이야말로 허물치 마시고, 잘 가시오. 돌아오실 때, 우리 집에서 묵으시지요.

漢商 : 이 다리가 바로 어제 말한 다리인데, 전보다 좋습니다. 전에는 흙으로 덮은 다리였는데, 지금은 나무판으로 바닥을 깔았습니다.[12] 다리의 들보와 기둥은 전보다 튼튼해서, 십 년이 지나도 망가지지 않을 것입니다.

---

12) 本文의 '板幔'의 확실한 의미는 알 수가 없다. 여기서의 '板'은 "板橋(목판으로 가설된 다리)"의 '板'으로 보고, '幔'은 "덮다, 가리다(遮蔽)"의 의미도 있으므로, 앞뒤의 정황을 보아 "나무판자로 바닥을 덮다"의 의미로 해석을 하였다.

第三十話 糴些米自做飯喫去來
(쌀을 좀 사서 밥이나 해먹고 갑시다)

日頭這般高也, 前頭又無甚店子, 咱每則[1]投[2]兀那[3]人家, 糴些米自做飯喫去來。那般者, 肚裏好生饑也, 咱每去來。這馬都卸下行李, 鬆動肚帶, 取了嚼子[4], 這路傍邊撒[5]了著喫草者。教一箇看者, 別的都投這人家問去來。

번역

麗商 : 해가 벌써 중천이고, 앞에는 별다른 주막도 없으니, 우리는 저기 인가에 가서, 쌀을 좀 사서 밥이나 해먹고 갑시다.

漢商 : 그렇군요! 배가 무척 고프니, 우리 가 봅시다.

麗商 : 말들에게서 짐들을 내리고, 배띠를 느슨하게 하고, 물린 재갈을 풀어, 길가에 풀어놓고, 풀을 먹게 합시다. 한 사람이 남아 지키게 하고, 다른 사람은 저 집으로 물어보러 갑시다.

---

1) 則 : 用同 "只"。表示限于某個範圍。≪元典章·戶部八≫ :「若不要中統鈔, 則要至元鈔呵, 百姓每生受。」

2) 投 : 猶到, 猶臨。一作頭, 同音假借。≪醉死赤壁賦≫一【油葫蘆】:「投京師, 應舉場。」(顧學頡 王學奇, ≪元曲釋詞≫卷三, 頁497)

3) 兀那 : 那。又作 "兀"。≪漢宮秋≫一【混江龍】白 :「兀那彈琵琶的是那位娘娘? 聖駕到來, 急忙迎接者!」

4) 嚼子 : 放在馬口裏的鏈形鐵器, 兩端連在繮上, 以便駕馭。古名曰 "銜"。

5) 撒 : 擺放, 散落。≪水滸傳≫十二回 :「就演武廳前下馬, 到廳上, 正面撒着一把渾銀交椅, 坐下。」【單子解】撒, 散之也。撒了, 헤티다。

第三十一話 這早晩不曾喫早飯
(여태까지 아침을 먹지 못했습니다)

主人家哥, 俺幾箇行路的人, 這早晩[1]不曾喫早飯, 前頭又無甚店子, 俺特的來, 怎生[2]糴與些米做飯喫。索甚麽[3]糴米, 俺的飯熟也, 客人每喫了過去。這般時, 敢[4]少了恁飯。不碍事。便[5]小[6]時, 俺再做些箇便是[7]。將卓兒來, 敎客人每則這棚底下坐的[8]喫飯。淡飯胡喫些箇。有甚麽熟菜蔬, 將些來與客人喫。怕[9]無時, 有蘿蔔, 生葱, 茄子將來, 就[10]將些醬來。

---

1) 早晩 : 此作估量時間之詞, 現在, 過去, 將來, 均適用之。這早晩, 卽這時候。≪西廂記≫二之三 :「若有說話, 明日妾來回報, 這早晩怕夫人尋我, 回去也。」(張相, ≪詩詞曲語辭匯釋≫, 中華書局, 1991年, 頁798)【累字解】早晩, 這早晩, 이늣도록。又問何時曰 : 多早晩, 어느ᄣᅢ。

2) 怎生 : 無論如何, 好歹(多用于請求)。臧本 ≪羅合魔≫一【金盞兒】白 :「老的, 怎生與我寄個信去咱。」(劉堅 江藍生 主編, ≪元語言詞典≫, 上海教育出版社, 1998年, 頁411)

3) 索甚麽 : 用不着; 無須。又作 "索甚", "色甚麽"。

4) 敢 : 敢是; 怕是; 莫非。

5) 便 : 連詞。如果。≪二刻拍案驚奇≫卷九 :「龍香道 : 總是老孺人守着在此, 便再遲兩日去, 也會他不得了。」

6) 小 : 應是 "少"。上句有 "敢少了恁飯"爲證。

7) 便是 : 助詞。用于句末, 表示肯定語氣。關漢卿 ≪陳母敎子≫一二 末白 :「我得了官, 母親喜歡便是, 可怎生道怪我?」

8) 坐的 : 也作 "坐地"。坐着, 坐定。【單子解】地, 土也。田地·土地·地方·地面。又指當處。土地之神亦曰土地。又語助, 坐地。又恁地. 猶言如此。

9) 怕 ; 猶云倘若, 如果, 若其。≪董西廂≫卷二【正宮 · 尾】:「怎禁那和尙高聲罵 : 打脊賊徒每, 怎敢反國家? 怕更有當風的快出馬!」(顧學頡 王學奇, ≪元曲釋詞≫卷三, 中國社會科學出版社, 1988年, 頁2)

別箇菜都無, 兀的有塩瓜兒, 與客人喫。也好, 將來。客人每休怪, 胡喫。小人每驟面[11]間厮見[12], 哥哥[13]便這般重意[14]與茶飯[15]喫, 怎麽敢怪。量[16]這些淡飯, 係甚[17]利害[18]? 偏[19]俺不出外, 出外時, 也和恁一般。哥哥道的是。慣曾[20]出外偏

---

10) 就 : 就便。趁便。關漢卿 ≪單鞭奪槊≫二末 白 :「我正要看洛陽城哩, 如今領百十騎人馬同段志賢打探, 就觀看他洛陽城去。」(藍立蓂 編著, ≪關漢卿戲曲詞典≫ 四川人民出版社, 1993年, 頁137)

11) 驟面 : 不期相遇。元 · 鄭光祖 ≪王粲登樓≫第一折 :「多謝學士, 小生驟面相會, 倒賫發我金帛鞍馬薦書, 異日若得峥嶸, 此恩必當重報。」(≪漢語大詞典≫, 漢語大詞典出版社, 1991年)

12) 厮見 : 相見。

13) 哥哥 : 對年輕男子的尊稱。≪西廂記≫五本三折 :「紅見淨科 : 哥哥萬福! 夫人道哥哥來到呵, 怎麽不來我家裏?」

14) 重意 : 厚意, 情意深。元 · 喬符夢 ≪金錢記≫三折 :「小生有何德能, 着老相公這等重意管待也。」

15) 茶飯 : 宋元時期把菜稱爲茶。≪東京夢華錄≫ :「凡店內賣下酒, 廚子謂之茶飯。」茶飯, 這裏泛指普通進餐的菜和飯, 也指筵席。≪孝經直解≫十八 :「孝子沒了父母時分…吃茶飯呵不美, 阿的便是他煩惱的情分。三日後索要吃些茶飯。」(劉堅 江藍生 主編, ≪元語言詞典≫, 上海敎育出版社, 1998年, 頁39)【累字解】茶飯, 總稱食品之謂。

16) 量 : 用於句首, 强調限於某種情況。≪謝天香≫二【賀新郎】:「量妾身則是開封府階下承應輩, 怎做的柳耆卿心上謝天香。」(藍立蓂 編著, ≪關漢卿戲曲詞典≫ 四川人民出版社, 1993年, 頁162)

17) 甚 : 甚麽。

18) 利害 : 壞, 損害。≪桯史≫卷十 :「試官誤我三年, 利害不細!」(劉堅 江藍生 主編, ≪宋語言詞典≫, 上海敎育出版社, 1999年, 頁181)

19) 偏 : 此作 "正" "恰"。≪竇兒冤≫二【梁州第七】:「舊恩忘却, 新愛偏宜。墳頭上土脈猶濕, 架兒上又換新衣。」(龍潛庵 編著, ≪宋元語言詞典≫, 上海辭書出版社, 1985年, 頁224)【單子解】偏, 독벼리。又독혀, 又최여。

20) 慣曾 : 常也, 同 "慣"。≪切鱠旦≫三【紫花兒序】:「俺則是先圖些打捏, 怕有那慣買的哥哥照顧些些。」又, ≪救風塵≫三【滾綉球】:「第二來是我慣曾爲旅偏

憐[21]客, 自己貪杯惜醉人。

번역

漢商 : 주인어르신! 우리 일행들은 여태까지 아침을 먹지 못했습니다. 앞에는 또 다른 주막도 없어서, 이렇게 찾아왔습니다. 어쨌든 쌀을 좀 사서 밥을 지어먹을 수 있도록 해주시오.

主人 : 쌀을 사실 필요가 없습니다, 우리의 밥이 다 되어가니, 손님들께서는 먹고 떠나시오.

漢商 : 그리하시면, 주인장의 식사가 부족할 것입니다.

主人 : 괜찮소. 만일 모자라면, 내 또 지으면 될 것입니다.

탁자를 가져와서, 손님들에게 이 차일(遮日)[22] 아래서 앉아 밥을 먹을 수 있도록 해라.

없는 찬이니 아무렇게나 드시지요.

익힌 나물이 있으면 가져다가 손님이 드시도록 드려라. 만일 없으면 무나 파 그리고 가지가 있으니 가져오고, 가져오는 김에 장(醬)도 좀 가져 오너라.

興兒 : 다른 나물은 없고요, 여기 염장 오이가 있는데, 손님이 잡수

憐客, 第三來也是我自己貪杯惜醉人。」(藍立蓂 編著, ≪關漢卿戲曲詞典≫ 四川人民出版社, 1993年, 頁100)

21) 偏憐 : 過分嬌寵, 溺愛。唐 · 元稹 ≪遺悲懷≫詩 :「謝公最小偏憐女, 自嫁黔婁百事乖。」(許少峯 主編, ≪近代漢語大詞典≫, 中華書局, 2008年, 頁865) 【單子解】偏, 독벼리。又독혀, 又츼여。

22) 原文의 '棚'은 집안의 뜰 가운데에 임시로 세운 차일이나 천막을 말한다. 여기서는 '양붕(凉棚)', 즉 햇빛을 막기 위한 '차일(遮日)'을 말하는 것으로 보인다.≪鄭光本≫(135쪽 注 1번)

도록 드리세요.

主人 : 그것도 좋겠지, 가져오너라. 손님들께서는 너무 책을 마사고, 대충 드시지요.

漢商 : 소인들이 무작정 마주하게 되었는데, 형씨께서 이렇게 호의를 베풀어 음식을 주셨는데, 어찌 감히 불평을 할 수 있습니까!

主人 : 이까짓[23] 찬도 없는 밥인데, 손해날 것이 뭐가 있겠습니까? 때 마침 제가 출타를 하지 않았을 뿐이지, 출타를 했다면, 형씨들과 똑 같은 처지였을 것입니다.

漢商 : 주인장의 말씀이 맞습니다. 자주 외출을 하는 사람이 나그네의 처지를 살피는 법이고, 자신이 술을 좋아하면 술 취한 사람의 처지를 알아주는 법이지요.

23) 原文의 '量'은 "기껏해야 이 정도"라는 뉘앙스의 말이다. ≪鄭光本≫ (136쪽 注 7번)

第三十二話 恁外頭更有伴當麽
(밖에는 또 다른 동료가 있습니까?)

恁外頭更[1]有伴當麽[2]? 有一箇看行李, 就[3]放馬裏[4]。他喫的飯却怎生[5]? 儘教, 俺喫了時, 與他將些去。有椀與一箇, 這般[6]裏盛出一椀飯, 與那箇伴當。由他[7], 恁都喫了者。家裏更有飯裏, 喫了時將去。恁休做客[8], 慢慢喫的飽者。俺是行路的客人[9], 更待做甚客! 喫得飽那不飽? 俺好生飽了。收拾椀楪者。

---

1) 更 : 還; 再。≪七國春秋≫卷下 :「孫子曰 : 來救五更有誰? 角曰 : 無人。吾只獨自撞陣入來探信。」

2) 麽 : 表示疑問。又作 "末"。≪魚樵記≫三 白 :「伯伯, 王安道哥哥好麽?」(劉堅 江藍生 主編, ≪元語言詞典≫, 上海敎育出版社, 1998年, 頁201)

3) 就 : 順便。元 · 孟漢卿 ≪魔合羅≫楔子 :「你孩兒去南昌做賣買, 就躲災難。」(≪漢語大詞典≫, 漢語大詞典出版社, 1991年)

4) 裏 : 同 "呢", "哩"。

5) 怎生 : 怎樣, 如何。≪水滸全傳≫二三回 :「你那打虎的壯士, 你却說怎生打了這個大虫?」

6) 般 : 應是 "飯"字。

7) 由他 : 讓他去, 不管他。≪水滸全傳≫二四回 :「西門慶道 : 王乾娘, 我少你多少茶錢? 王婆道 : 不多, 由他, 歇些時却算。」(許少峯 主編, ≪近代漢語大詞典≫, 中華書局, 2008年, 頁1409)

8) 做客 : 客氣, 客套。

9) 客人 : 客商; 商販。≪水滸傳≫第十六回 :「楊志說道 : 俺只道是歹人, 原來是幾個販棗子的客人。」

번역

主人 : 밖에는 또 다른 동료가 있습니까?

漢商 : 한 사람이 있는데 짐을 지키고 있으면서, 말을 풀어놓고 있습니다.

主人 : 그 양반의 밥은 어떻게 할 요량입니까?

漢商 : 놓아두세요, 우리가 먹고 나서, 그에게 좀 가져다주지요. 그릇이 있으면 하나 주셨으며 합니다. 이 밥에서[10] 한 그릇 덜어내, 그 동료에게 주겠습니다.

主人 : 상관 마시고 다 잡수시오. 집에 밥이 또 있으니, 다 드시고 가지고 가세요. 사양하지 마시고, 천천히 배불리 드시오.

漢商 : 우리는 길을 가는 장사치인데, 무슨 체면을 차리겠습니까!

主人 : 배부르게 먹었습니까?

漢商 : 우리는 무척 배가 부릅니다.

主人 : 그릇들을 치워야겠군요.

10) 原文의 '這般裏'의 '般'은 의미가 통하지 않는다. '盤(큰 접시)'의 잘못이거나 ≪飜譯老乞大≫와 같이 '飯'이아야 할 것이다. 여기서는 ≪飜譯老乞大≫와 같이 '飯'으로 보았다. '般'과 '飯'은 현대 한국 한자음으로는 同音이다. ≪鄭光本≫ (140쪽 주 1번)

第三十三話 又沒甚好茶飯
(좋은 반찬도 없는데요)

客人每有一箇看著馬, 不曾來喫飯。興兒! 你另盛一椀飯, 罐兒[1]裏將[2]些湯, 根[3]著客人去, 與那箇伴當。喫了時, 却收拾家事[4]來。主人家哥休怪[5], 小人每這裏定害[6]。有甚麽定害處[7]? 喫了些淡飯, 又沒甚好茶飯。休那般說, 不當[8]有。饑時得一口, 强如[9]飽時得一斗。俺正饑渴時, 主人家這般與茶飯喫, 怎生忘得恁? 休那的說, 偏[10]俺出外呵, 頂著房子行那?

---

1) 罐兒 : 卽 "罐子"。盛東西用的大口器皿。

2) 將 : 取; 拿。

3) 根 : 跟, 隨。≪五代史平話 · 晉≫卷上 :「敬瑭根着庄宗名做李存勖, 出入行陣間, 多立了奇功, 在李存審帳下充馬軍總管。」

4) 家事 : 用具, 器物。≪元典章 · 戶部八≫ :「咱每這田地裏無用的傘, 磨合羅, 瓷器家事, 簾子這般與了, 博換他每中用的物件來。」(龍潛庵 編著, ≪宋元語言詞典≫, 上海辭書出版社, 1985年, 頁132)

5) 怪 : 怨恨, 不滿情緒。

6) 定害 : 攪憂, 煩憂。元 · 張國賓 ≪合汗衫≫二折 :「往常我哥哥見我, 歡天喜地; 今日見我, 有些煩惱 …必然見我早晚吃穿衣服定害他了, 因此上恩多怨深。」(許少峯 主編, ≪近代漢語大詞典≫, 中華書局, 2008年, 頁290)

7) 處 : 語氣助詞 "啊"。關漢卿 ≪拜月亭≫二 正旦白 :「父親不知, 本人于您孩兒有恩處!」(藍立蓂 編著, ≪關漢卿戲曲詞典≫ 四川人民出版社, 1993年, 頁40)

8) 不當 : 言語行爲不合道理或不合禮數。

9) 强如 : 勝過。

10) 偏 : 此作 "表示反問的副詞"。≪對玉梳≫二【滚綉球】:「則養你一個, 偏我不疼?」(劉堅 江藍生 主編, ≪元語言詞典≫, 上海教育出版社, 1998年, 頁224)

也索[11]投[12]人家尋飯喫裏! 却不說[13]："好者千里客, 萬里要傳名"。

번역

主人 : 손님 중에 한 사람이 말을 돌보느라, 밥을 먹으러 오질 못했군요. 興兒[14]야! 별도로 밥 한 그릇을 담아, 그릇에 국을 좀 담아, 손님들을 따라가, 밥을 먹지 못한 그분에게 드려라. 먹고 나면, 그릇들을 잘 담아서 가져 오너라.

漢商 : 주인께 너무 송구합니다, 우리가 너무 폐를 끼쳤습니다.

主人 : 무슨 폐가 되겠습니까? 그저 찬 없는 밥이고, 좋은 반찬도 없는데요.

漢商 : 그렇게 말씀하시지 마세요, 천만의 말씀입니다. 배고플 때의 한 입의 밥이, 배부를 때의 한 말의 쌀보다 낫은 법입니다. 우리가 배가 고팠을 때, 주인께서는 이렇게 밥을 챙겨주셨는데, 어찌 잊을 수가 있겠습니까?

主人 : 그런 말은 마시오, 나라고 해서 밖에 나가면, 집을 이고 다

11) 索 : 討, 要。馬致遠 ≪漢宮秋≫一折 :「不想使臣毛延壽問妾身索要金銀, 不曾與他, 將妾影圖點破, 不曾得見君王。」(許少峯 主編, 同前揭書, 頁1083)

12) 投 : 依附, 投靠。

13) 却不說 : 也說 "却不道"。常言道, 俗話說。鄭庭玉 ≪金鳳釵≫二折 :「當日嫁這窮書生, 你是樂者爲之樂, 有錢時歡喜無錢叫。却不道'貧不憂愁富不嬌驕。」(許少峯 主編, 同前揭書, 頁1397)

14) 原文의 '興兒'는 이집의 하인 이름인 것으로 보인다. 元代에는 남자 하인에게 흔히 이런 이름을 붙였다. ≪합한삼(合汗衫)≫「극(劇)」에도 주인공의 하인 이름에 '興兒'가 있다. (≪鄭光本≫, 143쪽 注 1번)

니겠습니까?[15] 남의 집에 투숙을 해야 하고 밥을 얻어먹어야 겠지요. 옛말에도 "천리 길 나그네를 잘 보살피면 그 명성이 만 리를 간다."[16]라는 말이 있습니다.

15) 原文은 '頂著房子行 - 집을 머리에 이고가다'로 여행을 떠나면 남의 신세를 지게 된다는 의미의 상투적인 표현이다. ≪수호전(水滸傳)≫ '제2회'에 나그네 길에서 사가촌(史家村)에 묶은 王進 에 대하여 太公이 "如今世上人那個頂着房屋走哩 - 지금 세상에서 집을 머리에 이고 걸어 다니는 사람이 있겠습니까?"라는 대사가 있다. (≪鄭光本≫, 144쪽 注 7번)

16) 原文 '好者千里客, 萬里要傳名'에 대해서 ≪飜譯老乞大≫에서는「好看千里客, 萬里要傳名」으로 改修되어 있음을 볼 수 있다. 이에 ≪鄭光本≫ (144쪽 注 8번)에서는「나그네를 돌봐주는 일은 힘들지만, 실은 자신의 명성을 널이 퍼지게 하여 결국 자신에게 크 이익이 된다는 의미의 속담이다.」라는 설명을 볼 수가 있다. 著作 未詳의 ≪中華聖賢經≫이라는 책에는「好看千里客, 萬里去傳名(천릿길을 온 손님을 잘 대접하면 만 리 길에 명성을 날릴 수 있다)。」이라는 글귀를 볼 수 있다.

第三十四話 是必家裏來
(제 집에 꼭 들러주십시오)

主人家哥, 小人這裏溷踐[1]了, 姓也不曾問。哥哥貴姓? 俺姓張, 是張社長[2]家[3]。伴當, 你却姓甚麽? 小人姓王, 在東京城裏閣北街東住。哥哥因[4]事到東京, 不棄嫌小人呵, 是必[5]家裏來。那般者。去時節[6], 便尋恁家裏去。

번역

漢商 : 주인어르신, 저희가 이곳에서 폐를 끼쳤는데, 성함도 여쭈어 보질 못했습니다. 어른신은 성씨가 어떻게 되는지요?

---

1) 溷踐 : 打擾。應是 "混踐"。馬致遠 ≪薦福碑≫一折 :「長者, 小生在此, 多多混踐。」

2) 社長 : 元時的鄉村組織, 五十家爲一社, 立社長。位次于里正。明 · 楊文奎 ≪兒女團圓≫楔子 :「請將老社長來, 別無甚事, 我這嫂嫂和俺兩個姪兒要分家哩。」(許少峯 主編, ≪近代漢語大詞典≫, 中華書局, 2008年, 頁1003)

3) 家 : 名詞 또는 人稱代詞 뒤에 붙는 접미사로, 어떤 한 部類에 속하는 사람임을 나타낸다. 예를 들어 "女孩家", "秀才家"등이 그것이다. 關漢卿 ≪四春園≫二淨白 :「兀那李慶安, 你是箇窮漢家, 怎麽圖財致命, 殺了王員外的梅香來?」

4) 因 : 此作表示"爲, 爲了"的介詞。≪紅樓夢≫二三回 :「盈盈蠟淚因誰泣, 點點花愁爲我嗔。」(≪漢語大詞典≫, 漢語大詞典出版社, 1991年)

5) 是必 : 務必, 一定要。≪呂后斬韓信平話≫卷中 :「若有人去邯鄲, 說與趙王, 是必休來長安。」高文達 主編, ≪近代漢語詞典≫知識出版社, 1992年, 頁718。

6) 時節 : 時候。≪七國春秋≫卷中 :「只見你每來時節, 有一人從後門去了。」(劉堅 江藍生 主編, ≪元語言詞典≫, 上海教育出版社, 1998年, 頁288)

主人 : 저는 張씨인데, 이 마을을 맡고 있는 張社長[7]이라고 합니다. 손님은 성씨가 어떻게 되십니까?

漢商 : 저는 王씨데, 東京城[8]의 閣北街[9] 동쪽에 살고 있습니다. 張社長께서 제가 있는 東京에 볼일이 있어 오시고, 또 소인이 싫지 않으시면 제 집에 꼭 들러주십시오.

主人 : 그렇게 하겠습니다. 가게 된다면, 형씨 집에 꼭 찾아가겠습니다.

7) 原文 '社長家'는 元代에는 50戶를 1社로 하고 그 우두머리를 '社長'이라 하였다. (≪朴覽≫上'社神'). 현재 우리의 '리(里)'에 해당된다. (≪鄭光本≫, 147쪽 注 2번)

8) 原文 '東京城'은 遼陽城의 옛 이름이다. 金代에 東京이라고 하였고 元의 至元 6년(1269)에 東京總管府를 두었다. 그러나 元 지원 25년에 이를 遼陽路로 개칭하였다.(≪元史≫권59 '地理'참조). 이 책에서 遼陽을 東京으로 호칭한 것으로 보아 至元 25년(1289) 이후에도 이러한 이름은 당분간 사용되었음을 알 수 있다. (≪鄭光本≫, 147쪽 注 3번)

9) 原文 '閣北街'는 遼陽에 있는 存經閣 북쪽의 거리를 말한다. (≪鄭光本≫, 147쪽 注 4번)

第三十五話[1] 俺偏背你那
(제가 먼저 배를 채웠습니다)

俺偏背[2]你那。兀那人家, 俺恰纔[3]糴米去來[4], 不肯糶與。他每做下[5]的見[6]飯, 與俺喫了。更與你將來。你喫了時, 與這小的[7]椀楪將去。伴當, 你赶將[8]馬來, 咱每打駝馱[9]。比及[10]

1) 本稿는 鄭光 · 譯註解題 ≪原本老乞大≫本의 體制를 따라 총106話나누어 譯註하기로 하였음을 밝힌 바 있다. 이에 鄭光 · 譯註解題 ≪原本老乞大≫本의 第三十五話에서는 '兀那人家 …'로 시작되고, '俺偏背你那'一句가 三十四話의 끝을 마무리하고 있음을 볼 수 있다. 그러나 本 稿는 '俺偏背你那'一句를 三十五話의 시작으로 보았다. 그 이유는 아래의 註) 2번과 註) 16번에서의 설명에서처럼 '偏背'는 '먼저 식사를 하였습니다.' 등의 의미를 가지는 겸양어로, 상대에게 양해를 구하는 장면에서 흔히 볼 수 있는 용어다. 제 34화 끝부분에서 나그네는 많은 배려를 해준 주인에게 감사를 표하고, 제35화에 들어와서는 자신을 기다라는 동료에게 먼저 밥을 먹었음을 실토하면서, 밥을 가져온 그간의 사정을 이야기 하는 시작의 장면이기 때문이다. (拙稿, <老乞大語彙考(三)>, 中國語文論叢 41輯, 09년)

2) 偏背 : 客氣話。意爲占先用了飯了(多享用或先享用)。≪水滸後傳≫ :「小弟偏背不多時, 你飢渴了自吃。」(許少峯 主編, ≪近代漢語大詞典≫, 中華書局, 2008年, 頁864)。按 : 應是 "偏倍"。"偏倍", 沾光, 有僭。≪牡丹亭≫三三出 :「便是這紅梅院, 做楚陽台, 偏倍了你。」(拙稿, <老乞大語彙考(三)>, 中國語文論叢 41輯, 09년)

3) 恰纔 : 剛纔。指前此不久。

4) 去來 : 表示曾經有的行爲, 猶"來着"。馬致遠小令【四塊玉 · 天台路】「命薄的窮秀才, 誰教你回去來?」

5) 做下 : 做好, 做成。金 · 董解元 ≪西廂記≫六卷 :「舊日做下的衣服件件小, 眼漫眉低胸乳高, 管有兀誰厮般着。」(許少峯 主編, 同前揭書, 頁1563)

6) 見 : 同 "現"。

7) 小的 : 小孩子。≪水滸全傳≫二四回 :「且說本縣有個小的, 年方十五六歲, 本身姓喬, 因爲做軍在鄆州生養的, 就取名叫做鄆哥。」

駝[11]了時, 他也喫了飯也, 咱每便行。這箇馬怎麽這般難拿? 元來這般[12]的。旣這般歹時, 再來著絆者。俺在前絆著來, 今日忘了不曾絆。咱每衆人邀當[13]著, 拿住者。駝馱都打了也, 咱每行者。小的, 你將碗楪, 罐兒家[14]去。生受[15]你, 休怪者。

번역

漢商 : 제가 먼저 배를 채웠습니다.[16] 저 집으로, 내가 조금 전에 쌀

---

8) 將 : 動詞後面的助詞。"赶將馬來"就是 "赶着馬來"之意。

9) 打駝馱 : 打行囊。駝馱, 牲口負載的行囊。(許少峯 編, ≪近代漢語大詞典≫, 中華書局, 2008年, 頁1897)

10) 比及 : 比及 : 及至, 等到。

11) 駝 : 用牲口負物。也作 "馱"。

12) 這般 : 這個樣, 這等。

13) 邀當 : 邀, 遮阻, 斷。≪新編五代史評話 · 晉≫卷上 : 「(契丹主)又怕山北諸州出兵, 邀其歸路而擊之。」(吳士勛 王東明 主編, ≪宋元明清百部小說詞語大辭典≫, 陝西敎育出版社, 1992年, 頁1150) 當, 擋。又作 "當攔"。關漢卿 ≪單刀會≫二【滾綉毬】: 「當陽坡(阪)有如雷吼, 曾當住曹丞相一百萬大甲貔貅。」(藍立蓂 編著, ≪關漢卿戲曲詞典≫ 四川人民出版社, 1993年, 頁57) 按, '邀當', 應是 "遮攔", "遮斷" "抵當"之意。

14) 家 : 人稱代詞, 名詞後綴。

15) 生受 : 受到別人幫助或請求別人幫助是說的感謝話, 猶言 "麻煩", "難爲"。≪琵琶記≫二八出 : 「多多的定害公公了, 又敎公公生受做甚麽?」(劉堅 江藍生 主編, ≪元語言詞典≫, 上海敎育出版社, 1998年, 頁286)。生受, 謂操勞, 費心, 受苦。… 在元曲賓白中, "生受"云云, 用作道謝語, 猶今云有勞, 麻煩, 難爲, 對不住等意。(顧學頡 王學奇 ≪元曲釋詞≫卷三, 中國社會科學出版社, 1988年, 頁330)

16) '偏背'는 '謙讓語'로서의 '偏倍'라고도 하는데, 元代에서 淸代에 이르기까지 '已先用膳', '占先' 등의 의미로 보편적으로 쓰이고 있었던 語彙이다. (拙稿, <老乞大語彙考(三)>, 中國語文論叢 41輯, 09년)

을 사러갔었는데, 우리에게 팔지 않았습니다. 그분들은 지어진 밥[17]을, 우리에게 먹도록 주셨습니다. 또 당신 한테도 가져다주도록 주셨습니다. 다 먹고 나면, 이 아이에게 그릇들을 가져가도록 주세요.

漢商 : 형씨, 형씨는 말을 끌고 오세요, 우리는 짐[18]을 꾸려놓겠습니다. 짐을 다 실어 놓으면, 저 친구도 식사를 끝낼 것이니, 우리는 바로 떠납시다.

麗商 : 이 말이 어찌 이렇게 부리기가 힘이 들지? 알고 보니 일이 이렇게 되었구먼!

漢商 : 그렇게 상태가 나쁘면, 다시 단단하게 묶으세요.

麗商 : 내가 앞전에는 잘 묶었었는데, 오늘은 묶는 것을 잊었구나. 여러 사람이 막아서고 꽉 잡고 계세요.

漢商 : 짐을 다 실었으니, 자 우리는 떠납시다. 애야! 이 그릇들을 지고 가거라. 번거롭게 했구나, 너무 허물치 말거라!

---

17) 原文의 '見飯'은 '이미 되어 있는 밥, 지은 밥'이란 뜻이다. (≪鄭光本≫, 150쪽 注 2번)

18) 原文의 '打駝馱'에서의 '打'가 動詞이므로, '駝馱'는 명사로서 "말 잔등에 싣는 짐(행낭)"을 말함이다. 아마도「馱垜 : 짐승 잔등에 싣는 짐(행낭)」과 소리가 같기 때문에 '駝馱'로 쓴 것으로 보인다. "打馱垜"이다.

第三十六話 尋箇宿處去來
(묵을 곳이나 찾으러 갑시다)

日頭[1]却又這早晚[2]也, 這裏到夏店[3], 演裏[4]十里來地, 到不得也。則 投[5] 這路北兀那人家, 尋箇宿處去來。那般者, 咱每去來。都去時, 那人家[6]見人多時, 不肯敎宿。著兩箇看行李, 俺兩箇問去。

---

1) 日頭 : 太陽。

2) 早晚 : 此作估量時間之詞, 現在, 過去, 將來, 均適用之。這早晚, 卽這時候。≪西廂記≫二之三 :「若有說話, 明日妾來回報, 這早晚怕夫人尋我, 回去也。」(張相, ≪詩詞曲語辭匯釋≫, 中華書局, 1991年, 頁798)【累字解】早晚, 這早晚, 이늣도록。又問何時曰 : 多早晚, 어느ᄣᅢ。

3) 夏店 : 地名, 今夏店街村。曾名夏店街, 英武寨。元朝有此村。因村臨古道, 夏姓在此開店, 得 名。据 ≪萊州府志≫記載 :"元至正三年(1343年) …設夏店鋪。"後稱夏店街。据 ≪山東通志≫ 載 :"明洪武元年(1368年) …設夏店馬驛站。" 明弘治年間設夏店驛。"淸咸豊年間增築寨, 名英武寨。淸末, 復稱今名。【老乞大集覽】驛名, 隷三河縣。

4) 演裏 : '演', 此作 "推演"之意。關漢卿 ≪調風月≫四【落梅風】:「据着生的年月, 演的歲數, 不是 個義夫節婦, 休想得五男并二女, 死得交滅門絶戶!」(藍立蓂 編著, ≪關漢卿戱曲詞典≫ 四川 人民出版社, 1993年, 頁336)。'裏', 猶助詞 '來'。

5) 投 : 朝, 向。

6) 人家 : 人。≪魯齋郎≫楔 白 :「(魯齋郎云)你知道他是甚麽人家? (張龍云)他是個銀匠, 姓 李, 排行第四。」(劉堅 江藍生 主編, ≪元語言詞典≫, 上海敎育出版社, 1998年, 259頁)

번역

麗商 : 해가(시간이) 이렇게 늦었군요![7] 이곳에서 夏店[8]까지는, 어림 잡아도 십리길인데,[9] 도착 할 수는 없을 것 같습니다. 이 길 북쪽의 저 집에 가서, 묵을 곳이나 찾으러 갑시다.

漢商 : 그렇다면, 우리 함께 가시지요.

麗商 : 다 함께 몰려가면, 그 곳의 사람이 많음을 보고는, 묵도록 하지 않을 것입니다. 두 사람은 짐을 보고, 우리 둘이 물으러 갑시다.

---

7) 原文의 '早晚'은 '隨時', '有時', '遲早(조만간)', '時候' 등의 의미를 가지지만, 문장에 따라 '晚'을 强調하는 경우가 있다. 예를 들어「你那裏去了? 這早晚纔來!(≪紅樓夢≫四三回)의 경우, '晚'字가 강조가 되어야「어디를 갔다가, 이제야 왔습니까!」라고 해석이 되는 것이다.

8) 原文 '夏店'에 대하여 ≪鄭光本≫ (153쪽 注 1번)에서 상세한 설명을 볼 수 있다 :「'夏店'은 북경에 가는 도중에 있는 驛이름 이다. 三河縣에 속하며(≪老朴集覽≫) ≪析津志輯佚의「大都東西館馬步站 · 天下站名에 "大都에서 東西로 40이라면 通州에 이르고 60이라면 夏店이다."라는 기사가 있다. …예부터 북경에 가는 사행의 숙박지로 조선 선조 7년(1574)에 使行의 일원으로 북경에 간 허봉(許篈)의 기행일기 … 에도 사행이 여기에 묵었다는 기사가 종종 보인다.」

9) 原文 '演裏'에 대한 다른 문헌에서의 用例는 찾을 수 없다. 다만 전후의 문맥을 살펴보면, 앞의 註) 4번에서처럼 '演'은 '推演(추측하다, 미루어 계산하다)'의 의미로 보았고, '裏'는 助詞 '來'의 의미로 보고, 이에 '추측하다', '짐작하다' 등의 의미로 번역하였다.

第三十七話 俺房子窄無處安下
(우리 집은 좁아서, 묵을 곳이 없습니다)

拜揖主人家哥。俺是客人, 今日晚也, 你房子裏覓[1]箇宿處。俺房子窄, 無處安下[2], 恁別處尋宿處去。你這般大人家, 量[3]俺兩三箇客人恰便[4]下不得那? 恁[5]好房子裏不 教俺宿時, 則[6]這門前車房[7]裏, 教俺宿一夜如何？俺不是不教恁宿。官司排門[8]粉壁[9], 不得安下面生[10]歹人[11], 恁[12] 知他是那裏來的

1) 覓 : 雇, 賃。≪水滸全傳≫三回 :「先去城外遠處覓下一輛車, 回來收拾行李, 還了房宿錢。」

2) 安下 : 安頓, 住歇。

3) 量 : 用於句首, 强調限於某種情況。≪謝天香≫二【賀新郎】:「量妾身則是開封府階下承應 輩, 怎做的柳耆卿心上謝天香。」(藍立蓂 編著, ≪關漢卿戲曲詞典≫ 四川人民出版社, 1993年, 頁162)

4) 恰便 : 就。關漢卿 ≪切鱠旦≫ 一【混江龍】:「這愁煩恰便似海來深, 憂和悶却兀的無邊岸。」(藍立蓂 編著, 同上揭書, 210頁)

5) 恁 : 如此, 這般。

6) 則 : 用同 "只", 表示限于某個範圍。≪元典章・戸部八≫ :「若不要中統鈔, 則要至元鈔呵, 百 姓每生受。」(劉堅 江藍生 主編, ≪元語言詞典≫, 上海教育出版社, 1998年, 頁410)

7) 車房 :【老乞大集覽】藏車輛以避雨雪處也。

8) 排門 : 同排家。挨家挨戶。明・李開先 ≪寶劍記≫ 三四出 :「卽使喚都頭保田, 將死尸用土暫 埋, 排門捕捉凶犯。」(許少峯 主編, ≪近代漢語詞典≫, 團結出版社, 1997年, 842頁)

9) 粉壁 : 卽白色牆壁。宋・劉攽 ≪漢官儀≫ :「"省中皆胡粉塗壁, 故曰粉壁。"… 唐宋以來, 衙 門前的粉壁, 更多用來謄寫告示, 公布法令。」(顧學頡 王學奇, ≪元曲釋詞≫卷一, 中國社會 科學出版社, 1983年, 574頁)【老乞大集覽】排門粉壁 : 有所拘刷人犯, 令城內編戶於外門壁上塗粉, 寫云 : 本戶元無隱藏

人? 自來[13]又不曾相識, 怎知是好人歹人, 便怎麽敢容[14]留安下恁[15]?

번역

漢商 : 주인장에게 인사드립니다. 우리는 행상인데, 날이 저물어서, 어르신 집에서 묵을 곳을 빌리고자 합니다.

主人 : 우리 집은 좁아서, 묵을 곳이 없으니, 다른 곳에서 묵을 곳을 찾으시오.

漢商 : 이렇게 큰 집에서, 우리 같은 두 세 명의 행상도 묵을 수 없다는 말입니까? 이렇게 좋은 집에서 우리 같은 사람에게 잠을 자지 못하게 하신 다면, 대문 앞 수레 창고에서, 하루 밤 묵도록 해시면 어떠시겠습니까?

主人 : 내가 당신네들을 묵지 못하게 하는 것이 아니라, 관청에서 집집마다 포고령을 내려[16], 낯선 사람이나 나쁜 사람을 들이

人犯。

10) 面生 : 面生不熟。

11) 歹人 : 壞人。

12) 恁 : 此作 "怎, 怎麽"。≪金瓶梅≫ 十六回 : 「你今日到那裏, 恁對他說?」(王學奇 王靜竹 撰著, ≪宋金元明淸曲辭通釋≫, 語文出版社, 2002年, 913頁)

13) 自來。從來, 一向。

14) 容 : 容許, 讓。

15) 恁 : 此作語尾助詞, 無義。關漢卿 ≪普天樂·開書染病≫ : 「便有那扁鵲來, 委實難醫恁。」(王學奇 王靜竹 撰著, 同上揭書, 頁913)

16) 原文 '排門粉壁'은 '집집마다(排門) 벽을 분칠하고'의 뜻이다. '排門粉壁'에서 알 수 있듯이 범죄자를 수사할 때에 거리의 각 집에 대문이 있는 벽에 분을 발라서 '當家에서는 범죄자를 은닉하지 않았음' 등과 같이 적게 하였다. (≪老朴

지 못합니다. 어디서 온 나그네들인지 어찌 알겠습니까?[17] 예전부터 안면이 있는 것도 아니고, 좋은 사람인지 나쁜 사람인지 어찌 알고, 감히 머물게 하고 방을 내주겠습니까?

集覽≫) ≪元典章≫「刑部」(19권) '諸禁, 禁乞養過房販賣良民'조에 "所屬에 遍行하고 排門粉壁하여 밝히 타이르다."라는 기사가 있는 등 元代의 法令文書에 종종 이런 구절이 보인다. (≪鄭光本≫, 156쪽 注 2번)

17) 原文의 '知他'는 宋元代에 유행했던 반어문의 한 형식으로, "어찌 알겠는가?", "알 수 있는가?" 등으로 해석할 수 있다. (拙稿, <老乞大語彙考>, 中國語文論叢, 제39집). ≪薦福碑≫劇一 :「知他我那命裏, 有公侯伯子男乎?」≪原本老乞大≫에서도 '知他'의 文型이 총 3회가 출현되어 쓰이고 있는데, 앞에 "怎, 怎麽"의 의미를 가지는 '恁'이 오는 경우는 없었다. '恁知他'는 現代漢語의 反語文인 '怎麽知道…?'와 같다고 보았다. 그러므로 原文의「恁知他是那裏來的客人」는 現代漢語의「怎麽知道你是哪裏來的客人呢? (당신들이 어디에서 온 사람들인지 어찌 알겠소?)」로 해석할 수 있을 것이다.

第三十八話 現將印信文引
(패찰과 통행증을 가지고 있습니다)

主人家哥, 俺不是歹人。小人在東京城裏住, 現將印信[1]文引[2]。你在東京城裏那些箇[3]住? 小人在東京城裏閣北[4]街東住。離[5]閣有多少近遠[6]? 離閣有一百步[7]地[8]。向[9]街那北巷裏, 向[10]街開雜貨鋪[11]兒便是。那雜貨鋪兒是恁的那[12]? 近南隔

---

1) 印信 : 官府的印章符札。≪水滸全傳≫ 二三回 :「行到廟前, 見這廟門上貼着一張印信榜文, 武松住了脚讀。」(許少峯 主編, ≪近代漢語詞典≫, 團結出版社, 1997年, 1397頁)

2) 文引 : 通行證。≪水滸傳≫ 六一回 :「(吳用)身邊取出假文引, 交軍士看了。」(龍潛庵 編著, ≪宋元語言詞典≫, 上海辭書出版社 1985年, 頁172)【老乞大集覽】如本國行狀。≪漢志≫云 : 引信也, 蓋取信之文也。今俗亦曰路引。

3) 那些個 : 此解處所之 "哪裏"。

4) 閣北 :【老乞大集覽】遼東泮宮有尊經閣, 泮宮在城內東南隅。

5) 離 : 相距, 距離。元・張國賓 ≪薛仁貴≫ 第一折 :「我如今推出紅心垜子, 上面安一文金錢, 離一百步遠放下垜子, 着他每人射三箭。」≪近代漢語大詞典≫, 中華書局, 2008年, 頁1131)

6) 近遠 : 遠。關漢卿 ≪單鞭奪槊≫ 四【四門子】:「那一個奔, 這一個赶將來, 和軍躲的偌近遠。」

7) 步 : 古時以六尺爲步, 半步爲武。

8) 地 : 路程。≪大唐三藏取經詩話≫ 第十一 :「猴行者曰 : 我師且行, 前去五十里地, 乃是西王母池。」≪近代漢語大詞典≫, 中華書局, 2008年, 頁429)

9) 向 : 在, 從。≪水滸全傳≫ 第一回 :「風過處, 向那松樹背後, 奔雷也似吼一聲, 撲地跳出一個吊睛白額錦毛大虫來。」≪近代漢語大詞典≫, 中華書局, 2008年, 頁2032)

10) 向 : 此作介詞。朝, 面對。≪紅樓夢≫ 第三回 :「向南大廳之後, 儀門內大院落上面五間大正房。」(許少峯 編, ≪近代漢語大詞典≫, 中華書局, 2008年, 頁2033)

著兩家兒人家, 有箇酒店, 是我相識[13]的, 你認的麼? 那箇是劉淸甫酒館。是俺街坊[14], 怎麼不認的? 雖然這般呵, 房子委實[15]窄, 宿不得。

번역

漢商 : 주인장! 우리는 나쁜 사람들이 아닙니다. 저는 東京城에 살고 있는데, 여기 패찰과 통행증[16]을 가지고 있습니다.

主人 : 형씨는 東京城 어디에서[17] 사십니까?

---

11) 雜貨店 : 出售生活日用品的商店。

12) 那 : 表示疑問的語氣助詞。≪救孝子≫四【太平令】白 : 「兀的不是楊興祖, 得了什麼官那?」(劉堅 江藍生 主編, ≪元語言詞典≫, 上海敎育出版社, 1998年, 頁206)

13) 相識 : 朋友, 知交。明 · 缺名 ≪補白兎記≫十四出 : 「醉舞酣歌日, 酕醄飮宴時, 相識滿天下, 知心能有幾?」(許少峯 主編, ≪近代漢語詞典≫, 團結出版社, 1997年, 頁1245)【累字解】相識, 俗稱 "相識滿天下, 知心能幾人? ", 謂朋友也。

14) 街坊 : 附近隣居。元 · 岳伯川 ≪鐵拐李≫三折 : 「孩兒是小李屠, 不幸患病死了, 今日三日也. 心上還有些熱, 孩兒着衆街坊抬出來我看。」(許少峯 主編, 同上揭書, 570頁)【老乞大集覽】謂同街同坊。猶言同里閈也。

15) 委實 : 確實, 的確。≪飛刀對箭≫二折 : 「大人也! 薛仁貴委實的街寃不屈。」(龍潛庵, 編著, 同上揭書, 551頁)

16) 原文 '印信文引'에 대해서 ≪鄭光本≫ (159쪽 注 2번)에서 상세한 설명을 볼 수 있다 : 「'印信文引'은 ≪老朴集覽≫ 의 주석에 의하면 '路引'이라고 불리는 통행증서임을 알 수 있는데, 관청에서 관인을 찍어 발행한 文書다. ≪元章典 · 戶部(권7≫ 에 "명백한 印信文引이 없으면 주지 말라."라는 예문이 있다. … ≪老朴集覽≫에서는 이것을 '지금의 속된 말로 노인(路引)이라고 한다.'라는 설명을 붙였다. 여기서 '路引'은 일종의 通行證書를 말한다.」

17) 原文의 '那些個'의 近代漢語에서의 쓰임은 "哪裏是", "說不上" 등의 反語의 의미를 가지는 어휘로 쓰이고 있는 用例를 볼 수 있지만, 장소를 나타내는 의

漢商 : 저는 東京城의 閣北街 동쪽에서 삽니다.

主人 : 閣에서 얼마나 멉니까?

漢商 : 閣에서 백 보(百步)정도의 거리입니다. 閣北街의 쪽 골목(北巷)에서, 閣北街쪽으로 잡화가게가 바로 그곳입니다.

主人 : 그 잡화점이 형씨의 가게라고요? 남쪽으로 두 집 건너서, 주점이 있는데, 내가 아는 사람의 주점입니다만, 아시는지요?

漢商 : 그 곳은 '劉淸甫酒館'입니다. 제 이웃인데, 어찌 모르겠습니까?

主人 : 비록 그렇다고 하더라도, 집이 정말 좁아서, 묵을 수는 없습니다.

미로 쓰인 用例는 찾을 수가 없다. ≪原本老乞大≫에서는 '那些個'가 쓰인 用例를 2번을 찾을 수가 있다. 한 번은 바로 本 註에서 토론하고 있는「你在東京城裏那些箇住?」에서의 '那些箇'이고, 다른 한 번은 '哪裏是', '說不上'의 의미로 해석되는 제71화에서의「你這般胡索價錢, 我那些箇還呵是」一句인 것이다. 그러나 다른 문헌에서는 '那些個'가 處所를 나타내는 의미로 쓰이는 용례를 찾을 수가 없다. 다만 '那些個'의 동의어로 "那些兒"로도 쓰이고 있는 用例를 볼 수가 있고, 또한 '那些兒'의 쓰임가운데, 處所를 나타내는 "哪裏"의 의미로도 쓰이는 用例를 찾아 볼 수가 있으므로, '那些個'를 "哪裏"의 의미로 해석할 수가 있다고 보았다. (藍立蓂 編著 ≪關漢卿戲曲詞典≫ : ≪ "那些兒" (1)哪裏是, 說什麽。又作 "那些箇" … (2)哪一些。… (3)哪裏。關漢卿 ≪四春園≫ 一 李慶安白 :「今夜晚間在那些兒相等。」四川人民出版社, 1993年, 185頁.≫)

第三十九話 這客人怎麽這般硬厮戰
(이 사람들이 어찌 이렇게 자꾸 억지를 부리시나!)

恁可憐見, 恁識[1]者。這早晚[2]日頭落也, 教俺那裏尋宿處去? 不揀[3]怎生, 俺宿一夜。這客人怎麽這般硬[4]厮戰[5]! 如今官司[6]好生嚴, 省會[7]人家[8]不得安下面生歹人。恁雖說是東京人家, 我猶自[9]不敢保裏。更恁這幾箇伴當樣範[10], 又不是漢兒, 又

---

1) 識 : 決斷。≪元典章・刑部一≫ :「如今怎生般定奪的, 省官人每識者。」≪通制條格≫卷七 :「雖是大四至說呵, 這裏頭實的也有也者, 虛的也有也者, 交打算不交打算, 上位識者。」(劉堅 江藍生 主編, ≪元語言詞典≫, 上海教育出版社, 1998年, 頁289)

2) 早晚 : 此作估量時間之詞, 現在, 過去, 將來, 均適用之。這早晚, 即這時候。≪西廂記≫二之三 :「若有說話, 明日妾來回報, 這早晚怕夫人尋我, 回去也。」(張相, ≪詩詞曲語辭匯釋≫, 中華書局, 1991年, 頁798)【累字解】早晚, 這早晚, 이늣도록。又問何時曰 : 多早晚, 어느ᄢᅢ。

3) 不揀 : 不管, 不論。明・高則誠 ≪琵琶記≫三四出 :「今日俺寺中建一個無碍道場, 不揀甚麽人, 或是薦悼雙親, 保安身己的, 都是這裏聚會。」(許少峯 主編, ≪近代漢語詞典≫, 團結出版社, 1997年, 84頁)

4) 硬 : 强行; 勉强。

5) 厮戰 : 應是 "厮纏"。厮纏 : 糾纏, 胡攪。

6) 官司 : 官府。

7) 省會 : 通告, 吩咐。≪前漢書平話≫ :「陳豨號令省會諸君, 無得與王陵打話, 牢守城門。」

8) 人家 : 稱自己, 即我。≪紅樓夢≫四六回 :「人家有爲難的事, 拿着你們當正經人, 告訴你們, 與 我排解排解。」(許少峯 主編, 同上揭書, 頁949)

9) 猶自 : 副詞 "還"的意思。又作 "由自", "由子"等。金・董解元 ≪劉知遠諸宮調≫卷七【道宮・美中 美】:「去年此夜, 猶自月圓人在。」(王學奇 王靜竹 撰著, ≪宋金元明清曲辭通釋≫, 語文出版社, 2002年, 頁1319)

10) 樣範 : 樣子, 式樣。亦作 "様法"。≪水滸傳≫六一回 :「後頭一個跟的道童, 且

不是達達[11], 知他是甚麽人？ 我怎麽敢留恁宿？ 恁不理會的, 新近[12]這裏有一箇人家, 則[13]爲敎幾箇客人宿來。那客人去了的後頭[14], 事發[15], 那人每却是達達人家走[16]出來的駈口[17], 因此將那人家連累, 官司見著落[18]跟尋[19]逃駈口有。似這般帶累人家, 怎麽敢留恁宿？

是生得滲瀨, 走又走的沒樣範, 小的們跟定了笑。」

11) 達達 : 元, 明時漢人對蒙古人的稱號。元・湯顯之 ≪酷寒停≫三折 :「他道你是甚麽人? 我道也不是回回人, 也不是達達人, 也不是漢兒人, 我說與你聽者。」(許少峯 主編, 同上揭書, 頁208)

12) 新近 : 最近, 近來。

13) 則 : 此作 "只是", "却"。≪梧桐葉≫一白 :「雖是坐享富貴, 則夫婦分離, 不知音耗。」(劉堅 江藍生 主編 同上揭書, 410頁)

14) 後頭 : 以後。≪元典章・台綱二≫ :「如今俺省得底勾當不說呵, 怕後頭道俺不是去也。」(劉堅 江藍生 主編 同上揭書, 121頁)

15) 發 : 發生, 暴露。

16) 走 : 逃走。

17) 駈口 : 應是 "軀口"。宋元時, 蒙古, 色目把浮虜稱爲軀口, 役爲奴婢, 并將男女配爲夫妻, 所 生子女永爲奴婢。元・關漢卿 ≪緋衣夢≫二折 :「止不過傷了些浮財, 損了些軀口, 則不如打 滅這場官司免淹逗。」(許少峯 主編, 同上揭書, 頁933)

18) 著落 : 同 "着落"。此作 "責成, 責令, 命令"。≪水滸傳≫十八回 :「休說太師府着落, 便是觀察自賫公文來要, 敢不捕送。」(龍潛庵 編著, ≪宋元語言詞典≫, 上海辭書出版社, 1985年, 頁861)。明 ≪投筆記≫二三出 :「昨者聞得仲兄班超出使西域, 被人劾奏, 聖旨着落有司抄沒家屬。」

19) 根尋 ; 也說 "根覓"。同 "跟尋"。根或作跟。查訪, 追究。≪劉知遠諸宮調≫二 :「覺來後不見牛 驢, 牛陂泊, 根尋到天晩, 夜深不敢依門戶。」(許少峯 主編, ≪近代漢語詞典≫, 同上揭書, 頁393)

번역

漢商 : 불쌍히 여기시고, 결단을 내려주십시오. 지금 해가 저물었는데, 우리가 어디서 묵을 곳을 찾을 수 있다는 말입니까? 어찌되었던, 우리를 하루 밤 묵게 해주세요.

主人 : 이 사람들이 어찌 이렇게 자꾸 억지를 부리시나! 지금 관아가 무척 엄하여, 생면부지의 사람을 묵게 할 수 없는 나를 이해하십시오. 그대가 비록 東京사람이라고는 하나, 난 아직은 보증 할 수가 없습니다. 더욱 같이 온 동행들의 행색은, 漢族도 아니고, 또한 몽골의 타타르도[20] 아닌 것 같고, 누군지 내 어찌 알겠소? 그러니 내 어찌 그대들을 묵도록 할 수 있다는 말이요? 그대들은 모를 것이요, 최근 이곳 한 집에서 몇 명의 行商을 묵도록 했습니다. 그 상인들이 떠나고 난 후에, 일이 터졌는데, 그 사람들이 바로 그 타타르족 집에서 도망쳐 나온 노비들이였다고 하여, 그 집이 연루되었습니다. 관청에서는 지금 도망치는 자들을 찾으라는 명이 내렸습니다. 이렇게 사람들을 연좌시키는데, 어찌 당신들을 머물게 하겠습니까?

20) 原文의 '達達'은 '韃靼(타타르)'로, 당시에 몽골사람을 지칭하는 말이다.

第四十話　他每委實不是歹人
(그들은 정말 나쁜 사람들은 아닙니다)

主人家恁說那裏話? 好人歹人更[1]不認的那? 這幾箇伴當, 他是高麗人, 從高麗田地裏來。他每高麗田地把[2]口子[3], 渡江處官司[4]比[5]咱每這裏更嚴。驗了文引, 仔細的盤問[6]了, 纔放過來。他每若是歹人來歷不明呵, 怎生能勾到這裏來? 他見[7]將文引, 赶著高麗馬, 投大都做買賣去。底似[8]的漢兒言語說不得的上頭[9], 不敢言語。他每委實[10]不是歹人。既這般的呵, 休則管[11]的戰張[12]。後頭[13]房子窄, 老小[14]更[15]多, 又

1) 更 : 猶豈也。杜甫 ≪春日悻州登樓≫ :「前場今始定, 移柳更能存!」(張相 ≪詩詞曲語辭匯釋≫, 中華書局, 1991年, 頁38)

2) 把 : 守, 看管。

3) 口子 : 邊界上的山口通道。明・黃元吉 ≪流星馬≫第二折 :「我奉萬戶的言語, 管領着雁門關 的山口, 恐防有天朝使臣往來。」≪近代漢語大詞典≫, 中華書局, 2008年, 頁1062)

4) 官司 : 官府, 衙門。

5) 比 : 用于比較形狀和程度的 "介詞"。

6) 盤問 :【老乞大集覽】≪吏學指南≫云 : 再三窮詰也。

7) 見 : 同 "現"。"見將文引"卽 "現在帶着文引"之意。

8) 底似 : 此作 "終究", "畢竟" 等意。

9)上頭 : 表示原因。常同 "爲, 以"等介詞配合使用. 也說 "上"。【單子解】頭, 首也。東頭·西頭, 동녁 근·셧녁 근; 頭到, 나죵내; 到頭, 나죵애。通作投。又上頭, 쳔ᄎᆞ로。又頭盤, 첫 판; 頭館 첫 관; 頭鷄 첫[illegible]。

10) 委實 : 確實, 的確。≪飛刀對箭≫二折 :「大人也! 薛仁貴委實的街寃不屈。」(龍潛庵 編著, ≪宋元語言詞典≫, 上海辭書出版社, 1985年, 頁5541)

11) 則管 : 一味, 一直。也作"只管裏"。≪風光好≫ 一折 白 :「我想俺這們戶人家,

有箇老娘娘[16]不快[17]。你不嫌冷時, 則這車房裏宿如何? 那般時, 俺則在車房裏宿。

번역

漢商 : 주인어르신께서는 무슨 말씀이십니까? 좋은 사람 나쁜 사람을 어찌 구분을 못하십니까? 이 동행들은, 고려 사람으로, 고려 땅에서 왔습니다. 고려 땅의 계곡이나 도강하는 곳을 지키는 관아는 우리 이곳보다 더욱 엄합니다. 통행증을 검사하고, 자세하게 심문을 한 다음, 비로소(국경을)건너도록 허락합니다. 저들이 만약 나쁜 사람이고 이력이 확실치 않다면, 어찌 이곳에 올 수 있다는 말입니까? 저들은 통행증을

則管裏迎賓　接客, 幾時是了也呵。(卜鍵 主編, ≪元曲百科大詞典≫, 學苑出版社, 1991年, 頁211)

12) 戰張 : 應是 "纏帳"。也作'纏障'。無休止的糾纏。≪醒世恒言≫ 二九卷 :「原來這俗物一無可取, 都只管來纏帳, 幾乎認錯了。」(吳士勛 王東明 主編, ≪宋元明淸百部小說詞語大辭典≫陝西敎育出版社, 1992年, 頁95)【老乞大集覽】纏張 : ≪音義≫云 : 纏去聲, 纏張猶言雜談。舊本書作戰張。

13) 後頭 : 後面。元・李文蔚 ≪圯橋進履≫ :「師父略等片時, 後頭軍馬來也。」(許少峯 主編, ≪近代漢語詞典≫, 團結出版社, 1997年, 471頁)

14) 老小 : 家眷, 家屬, 一家老少。≪京本通俗小說·菩薩蠻≫ :「原說 : 你若無事退回, 我自養你一家老小; 如要原錢還府, 也是我出。」(龍潛庵 編著, 同上揭書, 頁301)

15) 更 : 又。關漢卿 ≪謝天香≫四【哨遍】:「又無個交錯觥等, 更無個賓客閒游飮杯酒。」

16) 老娘娘 : 稱號自己的母親。≪古今小說≫二卷 :「金孝不勝歡喜, 便轉擔回家對老娘說道; 我今日造化, 拾得許多銀子。」(許少峯主編, 同上揭書, 頁677)

17) 不快 : 不舒服, 不適。實指有病。明·劉克 ≪嬌紅記≫卷下 :「俺家第二的秀才, 從去年身子不快, 求醫不好。」(許少峯 主編, 同上揭書, 頁85)

지니고, 고려 말들을 몰고, 大都로 팔러 가는 것 입니다. 어째든[18] 중국어를 잘 못하는 관계로, 말을 하려하자 않는 것이지, 그들은 정말 나쁜 사람들은 아닙니다.

主人 : 그렇다면, 끝없는 실랑이는 관둡시다. 뒤의 방들은 좁고, 가족들은 많고, 또 어머니께서 몸이 아프십니다. 추운 것이 괜찮으시다면, 이 수레 칸에 자는 것이 어떻습니까?

漢商 : 그러시다면, 우리는 수레 칸에서 묵도록 하겠습니다.

---

18) '底似'의 원형은 '抵死'로, 당시의 많은 문헌에서 '底死, 底死的, 抵死裏' 등으로 쓰이고 있는 用例를 쉽게 찾아볼 수가 있다. '似'는 '死'의 借音字로서 近代漢語에서 흔히 볼 수 있는 同音通用의 현상으로 볼 수 있을 것이다. '抵死'는 "一死兒地", "拼命", "終究", "分外", "急急", "老是" 등의 다양한 의미를 가지는데, 本文 앞뒤의 문맥으로 보아 "終究"의 의미로 보고 우리말로 '어째든'으로 풀이하였다. (拙稿, <老乞大語彙考(五)>, 中國語文論叢, 45輯, 2010年)

第四十一話 到這早晩不曾喫飯裏
(지금까지 밥을 먹지를 못했습니다)

主人家哥, 小人更有一句話, 敢[1]道麽? 有甚麽事, 你說。這早晩黑夜, 俺其實饑也, 又有幾箇馬。一客不犯二主[2], 怎麽[3]可憐見, 糶與俺一頓飯的米和馬草料如何? 俺這裏今年夏裏天旱了, 秋裏水澇[4]了, 田禾不收的上頭[5], 俺也旋糴旋[6]

1) 敢 : 可以; 能。≪㑳梅香≫三【小桃紅】(白敏中云) :「小生敢去也不敢去? (正旦云)先生, 你去不妨。」(劉堅 江藍生 主編, ≪元語言詞典≫, 上海教育出版社, 1998年, 頁102)

2) 一客不犯二主 : 應是"一客不煩二主"。一個客人不必叨擾兩家。意思是由一人全部承擔任務或始終助成其事。≪平妖傳≫ : 十二「俗語云 : 一客不煩二主。等這裏做過圓滿功德, 少不得這個東道, 仍要在楊巡檢身上設處。」(李法白 劉鏡芙 編著, ≪水滸語詞詞典≫, 上海辭書出版社, 1989年, 頁7)

3) 怎麽 : 無論如何; 好歹(多用于請求)。務必。語氣副詞。≪匯釋≫卷二"怎生"條云 :「怎生, 無須說法之意, 與普通作怎樣解者異。」"怎麽"也有同樣的用法。≪魯齋郎≫劇楔子 :「小人急心疼看看至死, 怎麽救小人一命!」意卽無必救我一命。≪看錢奴≫劇一 :「上聖, 怎麽可憐見, 則借得小人二十年, 左右是個小字兒, 高處再添一畫, 借的我三十年, 可也好也!」此爲賈仁祈求增福神的話, 意云無必可憐他, 將周榮祖家財借與他掌管卅年。(王鍈, ≪詩詞曲語辭例釋≫, (增訂本), 中華書局, 1991年, 頁310)

4) 澇 : 庄稼因雨水過多而被淹。

5)上頭 : 表示原因。常同 "爲, 以"等介詞配合使用. 也說 "上"。【單子解】頭, 首也。東頭·西頭, 동녁 근·셧녁 근; 頭到, 나죵내; 到頭, 나죵애。通作投。又上頭, 천ᄎᆞ로。又頭盤, 첫 판; 頭館 첫 관; 頭鷄 첫ᄃᆞᆰ。

6) 旋~旋~ : 連用于兩個動詞之前, 表示一邊這樣, 一邊又那樣。唐·章碣 ≪陪浙西王侍郎夜宴≫ :「深鎖雷門宴上才, 旋看歌舞旋傳杯。」(≪漢語大詞典≫, 漢語大詞典出版社, 1991年)

喫裏, 那裏將糴的米來? 俺從早起[7]喫了些飯, 到這早晚[8]不曾喫飯裏, 好生[9]的饑也。你糴來的米裏頭, 那[10]與我些箇, 俺則[11]熬些粥喫。兀的二兩半鈔, 從[12]恁意[13]與些箇。二兩半鈔, 與恁多少呵是? 由你! 但[14]與的是[15]數。今年爲[16]旱澇不收, 十兩鈔糴的一斗米。俺本無糴的米, 旣恁客人則管[17]的厮央[18],

---

7) 早起 : 早晨。元刻 ≪魔合羅≫ 一白 : 「早起天晴, 如今陟恁的好雨!」(劉堅 江藍生 主編, 同上揭書, 頁408)

8) 早晩 : 時候, 辰光。元・缺名 ≪鴛鴦被≫第二折 : 「自家巡夜的, 這早晚更深夜靜, 見一個人走將去, 那厮必定是賊。」(許少峯 編, ≪近代漢語大詞典≫, 中華書局, 2008年, 頁2322)

9) 好生 : 很, 很是, 非常。≪水滸傳≫十五 : 「這伙人好生了得, 都是有本事的。(李法白 劉鏡芙 編著, ≪水滸語詞詞典≫, 上海辭書出版社, 1989年, 頁113)

10) 那 : 同"挪"。移用錢糧。宋・梅堯臣 ≪依韻和永叔戲作≫ : 「不肯那錢買珠翠, 任從堆插階前菊。」(≪漢語大詞典≫, 漢語大詞典出版社, 1991年)【單子解】那, 平聲, 音노, 推移也。나일나, 논힐후다。上聲, 나, 何也。那裏, 어듸; 那個, 어늬。又誰也。那一個, 누고。去聲, 나。那裏, 彼處也。那個, 뎌것。又語助。有那沒, 잇ᄂᆞ녀 업스녀。

11) 則 : 就。

12) 從 : 同 "縱"。縱, 肆意, 任性。聽凭, 任從。≪水滸全傳≫四五回 : 「那厮必然從後門先走, 兄弟一把拿來, 從哥哥發落。」

13) 恁意 : 卽'任意'。'恁', 有時用法同'任', '任', 有 "任凭", "隨便"之意。

14) 但 : 盡管。不管怎樣; 毋論如何。≪前漢書≫卷上 : 「但奏, 寡人隨之。」(劉堅 江藍生 主編, 同上揭書, 頁68)

15) 的是 : 正是, 確是。元刊 ≪拜月亭≫二折【牧羊關】: 「這大夫好調理, 的是診候的强。」(卜鍵 主編, ≪元曲百科大辭典≫, 學苑出版社, 1991年, 頁38)

16) 爲 : 因也。

17) 則管 : 則管 : 一味, 一直。也作"只管裏", "則管裏"。≪風光好≫一折 白 : 「我想俺這們戶人家, 則管裏迎賓接客, 幾時是了也呵。」(卜鍵 主編, 同上揭書, 頁211)

18) 厮央 : 請求, 求告。'央', "求, 請"。王實甫 ≪西廂記≫二本楔子 : 「若使央他, 定不肯去。須將言語激着他, 他便去。」

俺糴來的米裏頭, 那[19]與恁三升, 煮粥胡[20]充饑。

번역

漢商 : 주인 어르신! 제가 또 드릴 말씀이 있는데, 말씀을 드려도 될까요?

主人 : 무슨 일이요? 말하시오.

漢商 : 이 늦은 저녁에 우리는 사실 배가 고프고 또한 말들이 있습니다. 한 번 신세를 졌으니 끝까지 지겠습니다.[21] 아무튼 우리를 어여삐 여기시고, 우리에게 밥 한 끼 먹을 수 있는 쌀과 말 먹이를 좀 파실 수 없을까요?

主人 : 우리 이곳은 여름에는 날이 가물고, 가을에는 물에 잠겨, 벼를 수확하지 못한 관계로, 우리도 한 끼 한 끼를 사 먹고 있는 형편인데, 어디 팔 곡식이 있겠소?

漢商 : 우리는 아침에 밥을 좀 먹고, 지금까지 밥을 먹지를 못하여, 무척 배가 고픕니다. 사온 쌀에서, 우리에게 조금만 나눠주시면, 우린 죽이라도 끓여서 먹겠습니다. 여기 두 兩半짜리 鈔[22]이니, 알아서[23] 조금만 주십시오.

---

19) 那 : 同"挪"。移用錢糧。同前註 10)

20) 胡 : 任意, 瞎來。

21) 原文은 '一客不犯二主'로 한 사람에게 이것저것 부탁을 할 때에 쓰는 상투문구다. ≪西遊記≫ 제3회에 손오공의 대사에고 이 구절이 보인다. (≪鄭光本≫, 170쪽 注 1번)

22) 原文의 '二兩半鈔'에 대해서 ≪鄭光本≫ (171쪽 注 5번) 에 다음과 같은 설명을 볼 수 있다 : 「원문의 '二兩半鈔'는 中統鈔 지폐 두 냥 반을 말하는 것으로 한 냥(一兩)은 한 관(一貫)을 가리킨다. 따라서 2관 500문(文)의 지폐란 말

主人 : '二兩半'어치를, 얼마나 드려야 합니까?

漢商 : 알아서 하세요, 아무튼 숫자에 맞게만 주시오.

主人 : 금년은 한발과 장마 때문에 곡식을 거두지 못하여, '十兩鈔'로 쌀 한 말(斗)을 살 수 있소. 우리는 본래 팔 쌀은 없지만, 여러분들이 애원을 하시니, 내가 사온 쌀에서, 세 되(升)를 나눠드릴 터이니, 죽을 끓여 대충 허기나 채우시오.

인데, 실제로 그러한 액면의 지폐는 존재하지 않는다. 이것은 元 至元 24년(1287) 至元鈔가 발행되었음에도 1/5로 가치가 절하된 기존의 中統鈔로 계산하였기 때문으로 보인다. 즉 至元鈔의 500문(文)짜리 지폐 한 장을 中統鈔의 값으로 2관(貫, 兩으로 표시) 반(半)이라고 말했을 것이다.」

23) 原文 '從'은 '縱'의 借音字로보았다. '縱'은 任性(제멋대로 하다. 마음 내키는 대로 하다)의 의미로 쓰이기도 한다. 原文 '恁意' 의 '恁' 또한 '任意, 隨便(자신 의사대로 하다, 마음대로 하다)'의 의미를 가지므로, '恁意' 또한 '任意'의 同音字로이다.

第四十二話 更恁這狗子每乖
(더욱 개들도 사납습니다)

客人每休怪, 其實來[1]今年生受[2]。若是似往年好收時, 休道恁兩三箇人, 便是[3]十數箇客人, 也都與茶飯喫。主人家哥說的哏是。俺也打聽得今年這裏田禾不收, 旣這般呵。主人家哥, 小人每待後頭熬粥去, 這早晚黑地裏出入不便當, 更恁這狗子每乖[4], 不揀怎麽, 恁與俺做些箇粥如何? 儘教, 恁客人則這車房裏安排宿處, 我著[5]孩兒每做將粥來與恁喫。好, 好, 多謝多謝。

번역

主人 : 여러분들은 너무 서운타 마세요. 사실 금년은 힘이 듭니다. 만일 작년처럼 수확이 좋았더라면, 여러분과 같은 사람 두

1) 來 : 句中襯詞, 用以强調 : 猶麽。元・缺名 ≪飛刀對箭≫一折 :「待進來眼前有八荒荊棘, 待 退來腦後有萬丈波濤。」(許少峯 編, ≪近代漢語大詞典≫, 中華書局, 2008年, 頁1092)

2) 生受 : 此作 “艱難困苦”。元· 金仁杰 ≪追韓信≫二【掛玉鉤】白 :「元來這打魚的覓衣飯吃, 更是生受。」(王學奇 王靜竹 撰著, ≪宋金元明淸曲辭通釋≫, 語文出版社, 2002年, 頁983)

3) 便是 : 卽使。‘便’有 “卽使”之意。≪謝金吾≫一【村裏迓鼓】挿白 :「你便長出些個鬍子來, 我也不理你。」

4) 乖 : 應是 “乖劣”。乖劣, 謂凶惡, 狠毒。

5) 著 : 同 “着”。敎, 命。元・缺名 ≪陳州糶米≫四折 :「則俺那勢劍如風快, 你死也應該, 誰着你金鎚當酒來。」(許少峯 編, 同上揭書, 頁2452)

셋이 아니라, 설령 열 명이 넘는 사람들 일지라도, 식사 대접을 할 수 있었을 것입니다.

漢商 : 주인어른의 말씀이 맞습니다. 우리도 올해 이곳의 수확이 좋지 않다고 들었는데, 그러하군요. 주인어른, 우리들이 뒤쪽으로 죽을 끓이려고 하는데, 지금과 같이 컴컴한 밤에 출입하기도 불편하고, 더욱 개들도 사나우니, 어찌되었던, 주인장께서 우리에게 죽을 좀 쑤어주시면 어떻겠습니까?

主人 : 놔두시오, 그대들은 이 수레 칸에서 잠자리나 준비하시오, 내 우리아이에게 시켜 죽을 쑤라고 하겠소.

漢商 : 그렇게 하겠습니다. 감사합니다.

第四十三話 人喫的也沒
(사람도 먹을 것이 없습니다)

主人家哥, 更有一句話, 人喫的且[1]有些箇, 這馬每却怎生? 一就那[2]與些草料如何? 客人每說甚麼話? 人喫的也沒, 更那裏將馬的草料來? 俺這[3]家前院後有的是草場。恁喫了[4]飯時, 著兩箇赶著馬那裏放去, 頭[5]明不喫的飽了那? 索甚麼[6]糴草料? 那般者, 哥哥道的是。俺車房裏去, 無甚明火。敎小孩兒將些箇燈來。那般者, 如今敎將來。咱每喫了飯時, 這裏留兩箇看行李, 先著兩箇放馬去。到半夜[7]前後, 却著

1) 且 : 倒, 却。≪張協狀元≫三十出 :「小二出江陵干事歸, 道娘行交倩買登科記, 且說張郎作狀元。」

2) 那 : 同"挪"。移用錢糧。宋・梅堯臣 ≪依韻和永叔戲作≫ :「不肯那錢買珠翠, 任從堆挿階前菊。」(≪漢語大詞典≫, 漢語大詞典出版社, 1991年)【單子解】那, 平聲, 音노, 推移也。나일나, 논힐후다。上聲, 나, 何也。那裏, 어듸; 那個, 어늬。又誰也。那一個, 누고。去聲, 나。那裏, 彼處也。那個, 뎌것。又語助。有那沒, 잇ᄂᆞ녀 업스녀。

3) 這 : 襯字, 無義。

4) 了 : 當 "完了", "完畢"。

5) 頭 : 同 "投"。投, 猶到, 猶臨。一作頭, 同音假借。作 "一投" "一頭"字, 意同。≪後漢書・任光傳≫ :「世祖遂與光等投暮入堂陽界。」"投暮", 謂至暮也。≪晉書・食貨志≫ :「投秋下種, 至夏而熟。」"投秋", 謂臨秋也。宋・唐庚 ≪湖上≫詩 :「湖邊得二友, 夜語投三更。」"投三更", 謂到三更也。(顧學頡 王學奇, ≪宋元語言詞典≫, 上海辭書出版社, 1985年, 497頁)

6) 索甚麼 : 無須; 用不着。

7) 半夜 : 一夜的一半, 也就夜裏十二點左右。

這裏的兩箇替[8]廻來。大家得些睡呵, 明日不渴睡[9]。

번역

漢商 : 주인어르신, 또 한 말씀 드릴 것이 있는데요, 사람들이 먹을 것은 좀 되었는데, 이 말들은 어떻게 하지요? 편리를 봐주시는 김에 말먹이를 좀 덜어주시면 어떻겠습니까?

主人 : 무슨 말씀을 그리하시오? 사람 것도 없는데, 어디서 말먹이를 가져온다는 말씀이오? 우리 집 앞과 뒤뜰에 풀밭이 얼마든지 있습니다. 밥을 먹고, 두어 사람들을 시켜, 말을 몰아, 그곳에 말들을 풀어 놓고, 날이 샐 때면 배가 불러있지 않을까요? 말먹이를 살 필요가 있을까요?

漢商 : 그러하다면, 주인어른의 말씀이 맞습니다. 수레 칸에 갔는데, 등불이 없었습니다. 아이에게 등잔불을 좀 가져오라고 해 주십시오.

主人 : 그럼, 지금 가져오라 하겠습니다.

漢商 : 우리가 밥을 먹고 나면, 이곳에 두 명이 남아서 짐을 지키도록 하고, 먼저 두 명을 말을 풀어 놓으라고 보냅시다. 한 밤 三更을 전후하여, 이곳의 두 명과 교대하여 돌아오게 합시다. 모두들 잠을 자둬야, 내일 졸지를 않을 것입니다.

---

8) 替 : 替換。

9) 渴睡 : 瞌睡。想睡覺或困倦而進入睡眠, 半睡眠狀態。≪初刻拍案驚奇≫卷十二 :「王生酒意已醒, 看看渴水上來, 伸伸腰, 打個呵欠。」

第四十四話 俺兩箇却替恁去
(저희 둘이 두 분을 교대하러 가겠습니다)

兀的燈來, 更有粥將來也, 匙椀都有, 你則喫者。咱每飯也喫了, 恁兩箇先放馬去。到半夜裏, 俺兩箇却替[1]恁去。我恰纔[2]睡覺[3]了, 起去[4]來[5]。參兒[6]高也, 敢[7]到半夜也。我先去, 替那兩箇來睡。你却來那裏, 咱每兩箇看著馬。那般者, 恁去。恁兩箇去睡些箇, 到那裏時, 教那箇伴當來者。你來也? 你邀[8]過馬來在一處[9]者, 容易照覷[10]。月黑也, 恐怕[11]迷失[12]走了,

---

1) 替 : 替換。≪破窯記≫二【倘秀才】白 :「兀的你母親將着衣服, 你便穿, 替下舊的, 與那窮 厮穿。」

2) 恰纔 : 剛纔, 指前此不久。朱庭玉 ≪風情≫【哨遍】:「恰纔柳陌罷風流, 又向花街趁芳妍。」

3) 睡覺 : 睡醒。≪清平山堂話本·簡帖和尙≫ :「那婦女把金篦兒去剔那蠟燭燈, 一剔, 剔在宇 文綬臉上, 吃一驚, 撒然睡覺, 却在客店裏床上睡, 燈猶未滅。」(高文達 主編, ≪近代漢語詞典≫, 知識出版社, 1992年, 頁733)

4) 起去 : 起來; 起身走開。關漢卿 ≪四春園≫一 李慶安 白 :「買了箇風箏兒放將起去, 不想一陣 大風刮在這家花園內梧桐樹上抓住了。」

5) 來 : 用在句末, 表示祈使或意願之語氣助詞。≪西廂記≫ 一本楔子【賞花時】:「你看佛典上 沒人燒香呵, 和小姐閑散心耍一回去來。」

6) 參兒 : 卽 "參星"。【老乞大集覽】三星名。冬至十一月節三更參中, 立冬十月節四更參中, 寒露九月節五更參中。今指參高而半夜則必九十月也。

7) 敢 : 必定, 准定。≪西廂記≫三本楔子【賞花時】:「若得靈犀一點, 敢醫可了病懨懨。」(卜鍵 主編, ≪元曲百科大辭典≫, 學苑出版社, 1991年, 頁51)

8) 邀 : 驅趕; 吆喝。≪西遊記≫八九回 :「八戒道 : "去罷, 去罷, 猪羊都四散走了!" 行者道 : "你去邀着, 等我討他帖兒看看。"」

9) 一處 : 一起, 一塊兒。≪金瓶梅詞話≫十八回 :「西門大姐白日裏便在後邊, 和月娘衆人一處吃酒。」

悞了路子。

번역

主人 : 여기 등불이 있고, 죽도 가져왔습니다. 수저와 그릇도 있으니, 모두들 드시지요.

漢商 : 우리 밥도 먹었으니, 두 분이 먼저 말을 풀어놓으러 가시지요. 三更 전후에, 저희 둘이 두 분을 교대하러 가겠습니다.

麗商 : 난 조금 전에 깨어 있었습니다, 일어나 가셔야지요. 삼태성(三太星)[13]이 높이 떠 있으니, 틀림없이 한 밤중 삼경일 것입니다. 제가 먼저 가서, 두 사람을 대신하고 와서 잠을 자라고 하겠습니다. 노형께서는 곧 그곳으로 오시면, 우리 둘이 말을 살핍시다.

漢商 : 그러하시면, 먼저 가시지요.

麗商 : 두 사람은 가서 눈을 좀 부치시고, 도착하면, 그 노형에게 오라고 하세요. 오셨습니까? 노형께서는 말들을 한군데로 몰아주시면, 돌보기가 쉬울 것입니다. 달이 어두워서, 겁을 먹어 방향을 잃고 달아나면, 길을 떠나는데 착오가 생길까 걱정됩니다.

---

10) 照覷 : 照看, 照顧。≪水滸傳≫十二回 :「今去北京路途中, 望乞二位上下照覷, 好生看他一看。」

11) 恐怕 : 恐懼, 害怕。≪三國志平話≫卷下 :「張飛無恐怕之心, 趕嚴顏便入巴州, 延會三日。」

12) 迷失 : 卽是'迷踪失路'。迷了路, 失去方向。

13) '參星' 또는 '參'이라고 부르는 二十八宿의 스물 한 번째 별. 오리온 별자리의 중앙에 나란히 있는 세 개의 별. 민간에서는 이들을 '삼태성(三太星)'으로 부르기도 하지만, 이는 북두칠성 머리 쪽에 위치한 '삼태성(三台星)' 별자리와는 다르다.

第四十五話 這裏定害了
(많은 폐를 끼쳤습니다)

明星[1]高也, 天道[2]待明去也。咱每赶將馬去來, 到下處[3]收拾了行李 時, 恰[4]明也。這馬每都絟住者, 教那兩箇起來。恁兩箇疾快起來, 收拾行李, 打駝駄[5]。但是[6]咱每行李收拾到者, 主人家的東西休錯將去。駝駄都打也, 叫喚主人家辭了去來。主人家哥, 休怪, 俺去也, 這裏定害[7]了。恁有甚麽定害處? 恁休怪, 好去[8]者。

---

1) 明星 :【老乞大集覽】啓明星以其先日而出, 故謂之啓明。人言一星而夕爲長庚, 誤也。俗亦曰曉星。

2) 天道 : 天色; 晨光。元 · 石君寶 ≪秋胡戲妻≫四折 :「第一怕鴉飛天道黑, 第二來又則怕蠶老麥焦黃。」(許少峯 主編, ≪近代漢語詞典≫, 團結出版社, 1997年, 1114頁)

3) 下處 : 在外的住所; 宿舍。≪警世通言≫三二卷 :「平日間有了杜家, 連下處也沒有了, 今日就無處投宿。」(許少峯 主編, 同前揭書, 頁1223)

4) 恰 : 就。≪胡蝶夢≫二【紅綽約】:「渾身是口怎支吾? 恰似箇沒口的葫蘆。」

5) 打駝駄 : 打行囊。駝駄, 牲口負載的行囊。(許少峯 編, ≪近代漢語大詞典≫, 中華書局, 2008年, 頁1897)【老乞大集覽】駝以馬負荷也, 駄指負載之物。

6) 但是 : 連接復句中的分句, 表示語意的轉折, 不過比現代漢語的 "但是"語氣要輕, 只是局部性的轉折。可譯作 "不過", "只是", "只不過"。(董志翹 蔡鏡浩, ≪中古虛詞語法例釋≫, 吉林教育出版社, 1994年, 頁94)

7) 定害 : 攪憂, 煩憂。元 · 張國賓 ≪合汗衫≫二折 :「往常我哥哥見我, 歡天喜地; 今日見我, 有些煩惱…必然見我早晚吃穿衣服定害他了, 因此上恩多怨深。」(許少峯 主編, 同上揭書, 頁290)

8) 好去 : 居者對于出外旅行者的一種送別之詞, 猶云 "好走", "保重", "一路平安"。元 · 馬致遠 散套 ≪耍孩兒 · 借馬≫ :「道一聲 "好去", 早兩淚雙垂。」

번역

漢商 : 샛별[9]이 높이 떠있는 것을 보니, 아침이 곧 밝아 올 것 같습니다. 우리가 말들을 몰고 가서, 숙소에서 짐을 챙기면, 바로 날이 훤히 밝아올 것입니다.

麗商 : 이 말들을 모두 묶었으니, 저 두 사람을 일어나라고 하시지요.

漢商 : 둘은 빨리 일어나서, 짐을 정리하고, 행낭[10]을 꾸리시오. 그러나 우리의 짐만을 챙기고, 주인집 물건은 잘못하여 챙겨 가는 일이 없도록 하세요.

麗商 : 짐을 다 꾸려 실었으니, 주인을 불러 작별인사나 하고 갑시다.

漢商 : 주인어르신, 허물치 마십시오, 우리는 가겠습니다, 많은 폐를 끼쳤습니다.

主人 : 무슨 폐를 끼친 것이 있다고요? 모두들 허물치 마사고, 편안히 가세요.

---

9) 原文의 '明星'은 '샛별', 즉 새벽에 동녘하늘에 반짝이는 금성(金星)을 이르는 말이다.

10) 原文의 '打駝馱'에서의 '打'가 動詞이므로, '駝馱'는 명사로서 '말 잔등에 싣는 짐(행낭)'을 말함이다. 아마도 「馱垜 : 짐승 잔등에 싣는 짐(행낭)」과 소리가 같기 때문에 '駝馱'로 쓴 것으로 보인다. "打馱垜"이다.

第四十六話 儘晚到大都去也
(저녁 전까지는 大都에 도착해야 합니다)

咱每前頭到夏店[1]時, 買飯喫了, 儘[2]晚到大都去也。這裏到夏店有多少近遠[3]? 敢[4]有三十里多地。你夜來怎麽說十里來[5]近遠, 今日却怎麽說三十里地? 我夜來錯記了來, 今日再想起來, 有三十里多地。咱每休磨拖[6], 趁[7]清凉, 就馬每喫的飽時, 赶[8]動者。日頭却早[9]這早晚[10]也。兀那望著的黑林子

1) 夏店 : 地名, 今夏店街村。曾名夏店街, 英武寨。元朝有此村。因村臨古道, 夏姓在此開店, 得 名。据 ≪萊州府志≫記載 : "元至正三年(1343年) …設夏店鋪。"後稱夏店街。据 ≪山東通志≫ 載 : "明洪武元年(1368年) …設夏店馬驛站。" 明弘治年間設夏店驛。"清咸豊年間增築寨, 名英武寨。淸末, 復稱今名。【老乞大集覽】驛名, 隷三河縣。

2) 儘 : 表示以某個範圍爲限, 不得超過。≪黃綉球≫ :「那個摺子一定要你偸出來, 騙出來, 儘今天送到。」

3) 近遠 : 謂遠近的程度。

4) 敢 : 此作 "大概, 大約"。≪元朝秘史≫ 卷十三 :「天地氣運, 大位子交代的時節敢到了。」(龍潛庵 編著, ≪宋元語言詞典≫, 上海辭書出版社, 1985年, 頁862)

5) 來 : 表示餘數。明・徐渭 ≪四聲猿・雌木蘭≫一出 :「昨日聞得黑山賊首豹子皮, 領着十來萬人馬, 造反稱王。」(許少峯 編, ≪近代漢語大詞典≫, 中華書局, 2008年, 頁1091)

6) 磨拖 : 消磨歲月, 逍遙自在。亦作 "磨跎", "磨陀", "磨駝"。關漢卿 ≪大德歌≫ :「想人生能幾何, 十分淡薄隨緣過, 得磨陀處磨陀。」(龍潛庵 編著, 同上揭書, 頁1010)

7) 趁 : 乘, 利用時機。≪古今小說≫二六卷 :「看他左右只在早晚要死, 不若趁這機會殺了, 去山下掘箇坑埋了。」(許少峯 主編, ≪近代漢語詞典≫, 團結出版社, 1997年, 139頁)

8) 赶 : 抓緊, 加緊。

便是夏店。這裏到那裏, 演裏[11]有七八里路。你在 先[12]也曾大都去來, 怎麽不理會的?

這夏店俺是曾走了一兩遭, 都忘了, 那裏[13]記得來?

번역

漢商 : 우리가 앞의 夏店에 도착하면, 밥을 사먹고, 저녁 전까지는 大都에 도착해야 합니다.

麗商 : 이곳에서 夏店까지는 거리는 얼마나 됩니까?

漢商 : 대략 30여리 정도가 될 것입니다.

麗商 : 어제 저녁에는 어째서 10여리 정도가 된다고 했는데, 오늘은 어찌 30리길 이라고 하시는지요?

漢商 : 내 어제는 잘못 기억을 하였고, 오늘 다시 생각해보니, 30여리가 되는 것 같습니다.

麗商 : 시간 낭비 말고, 시원하고 말들이 배가 불렀을 때, 서둘러

---

9) 却早 : 副詞'已'。也作 "早", "可早", "却又早"等。關漢卿 ≪單刀會≫ 四 正末白 :「却早來到也, 報伏去。」關漢卿 ≪謝天香≫三【醉太平】:「却又早七留七力來到我跟底, 不言語立地。」(藍立蓂 編著, ≪關漢卿戲曲詞典≫, 四川人民出版社, 1993年, 頁373)

10) 這早晚 : 這時候, 這會兒。元・高文秀 ≪黑旋風≫三折 :「我隨身帶着這夢汗藥, 我如今攪在這飯哩, 他吃了呵, 明日這早晚他還不醒哩。」(許少峯 主編, 同前揭書, 頁1475)【累字解】早晚, 這早晚, 이늣도록。又問何時曰 : 多早晚, 어느ᄣᅢ。

11) 演裏 : 關漢卿 ≪調風月≫四【落梅風】:「据着生的年月, 演的歲數, 不是 個義夫節婦, 休想得五男幷二女, 死得交滅門絶戶!」(藍立蓂 編著, ≪關漢卿戲曲詞典≫ 四川 人民出版社, 1993年, 頁336)。'裏', 猶助詞'來'。

12) 在先 : 原先, 以前。

13) 那裏 : 卽 "哪裏"。怎麽, 如何。

갑시다.

漢商 : 해가 벌써 이렇게 되었군요.

麗商 : 저 멀리 보이는 검푸른 숲이 바로 夏店이요. 여기서 저기까지는, 칠 팔 리 길이나 될 것 같습니다. 노형께서는 앞전에도 大都에 가셨었는데, 어찌 모르십니까?

漢商 : 이 夏店은 한두 번 정도 왔었는데, 다 잊었지요, 어찌 다 기억해낼 수가 있겠소?

第四十七話 與了飯錢去來
(식대를 지불하고 갑시다)

店子待到也, 咱每喫些甚麽茶飯好? 俺高麗人不慣[1]喫濕麵[2], 咱每則喫乾物事[3]如何? 那般者, 咱每買些燒餠[4], 爨[5]些肉, 喫了過去。咱每這裏當住馬絟者, 卸[6]下行李, 這飯店裏去來。問客, 先將一椀溫水來, 俺洗面皮[7]。客人每洗了面也? 賣物[8]! 抹卓兒。客人喫些甚麽茶飯? 俺四箇人爨著一兩半羊肉, 將二兩燒餠來。這湯[9]淡, 有鹽醬拿些來, 俺自[10]調和[11]

---

1) 慣 : 常也。

2) 濕麵 :【老乞大集覽】以麵條晒乾, 臨用於熱湯泡食者, 謂之掛麵, 未乾者謂之濕麵。

3) 物事 : 東西, 物品。≪水滸傳≫第二回 :「史進自此常常與朱武等三人往來, 不時間, 只是王四去山寨裏宋物事。」

4) 燒餠 : 古代指經烘烤制成的麵餠, 有餡兒。現在指經烘烤的不加餡的發麵餠, 表面多有芝麻。清 · 李斗 ≪揚州畵舫錄 · 草河錄上≫ :「雙虹樓燒餠, 開風氣之先, 有糖餡, 肉餡, 乾菜餡, 莧菜餡之分。」

5) 爨 : 泛指燒煮。

6) 卸 :【老乞大集覽】≪說文≫舍車解馬也。≪增韻≫脫衣解甲曰卸, 舟人出載亦曰卸。

7) 面皮 : 面顔, 臉面。

8) 賣物 : 未詳。猶'過賣'。過賣, 就是 "酒店飯館的伙計"。≪水滸傳≫二九回 :「過賣, 你叫櫃上那婦人來相伴我吃酒。」(李法白 劉鏡芙, ≪水滸語詞詞典≫, 上海辭書出版社, 1989年, 頁88)

9) 湯 :【老乞大集覽】湯卽粉羹也。凡人買燒餠饅頭, 而食者必有湯幷飮之, 用以解渴。亦曰飮汁, 如本國所云床花羹。

10) 自 : 獨自, 單獨。

11) 調和 : 調味品, 佐料。≪西遊記≫ 六八回 :「行者暗笑道 : 沙曾, 好生煮飯, 等喫。這燒餅, 一半兒冷, 一半兒熱, 熱的留下者, 俺喫。這冷的你將去, 爐裏熱著將來。咱每飯也喫了也, 與了飯錢去來。賣物, 來廻[12]鈔[13], 通該多少? 二兩燒餅, 一兩半羊肉, 通是三兩半。兀的五兩鈔, 貼[14]一兩半來。這一兩半沒些眉眼, 使的麽? 好鈔有, 你將去, 這鈔大都做料鈔[15]使。

번역

漢商 : 가게에 곧 도착하는데, 우리는 어떤 식사를 하면 좋을까요?

麗商 : 우리 고려 사람들은 국물이 있는 면[16] 종류는 자주 먹지를 않으니, 우리는 마른 것으로 먹는 것은 어떨까요?

我們去買調和來。」

12) 廻鈔 : "廻"應是 "回"字之誤寫。"回", "買, 賣"。姚守中 ≪粉蝶兒·牛訴冤≫ 套 :「好材兒賣與了皮匠, 碎皮兒回與田夫。」≪水滸傳≫ 十回 :「小人身邊有些碎銀子, 望煩回些酒吃。」(龍潛庵 編著, ≪宋元語言詞典≫, 上海辭書出版社, 1985年, 頁313)

13) 鈔 : 原指元代所發行的紙幣的名稱, 此作 "錢"之意。

14) 貼 : 就是 "貼錢"。找還的餘錢。≪水滸傳≫二三 :「酒家看了道 : 有餘, 還有些貼錢與你。武松道 : 不要你貼錢, 只將酒來篩。」(李法白 劉鏡芙 編著, ≪水滸語詞詞典≫, 上海辭書出版社, 1989年, 頁196) 按 : "貼六箇錢饋我", 就是"找給我六箇錢"之意。

15) 料鈔 : 元初發行的紙幣, 以絲料合價標準, 故稱。後泛稱紙幣。≪元典章 · 鈔法 · 昏鈔≫ :「諸行用庫, 凡遇人以昏鈔易換料鈔, 皆須庫官監視。」

16) 原文 '濕麵'에 대하여 ≪鄭光本≫ (190쪽 注 1번) 에 다음과 같은 설명을 볼 수 있다 :「면(麵)은 햇볕을 쬐어 말린 것과 그렇지 않은 것이 있는데, 말려서 뜨거운 물을 부어 불게 한 다음 먹는 것을 '괘면(掛麵)'이라고 하며 말리지 않는 것을 '습면(濕麵)'이라고 한다(≪老朴集覽≫). …濕麵이란 보통 麵類 이외에 수제비나 만둣국 같은 것까지도 포함한 총칭인 것으로 보인다. 또한 宋元代의 의학서에는 '濕麵'에 의한 소화불량의 처방이 종종 보인다.」

漢商 : 그렇다면, 우리는 燒餠[17]을 좀 사고, 고기를 좀 굽고, 먹고 건너갑시다. 우리는 이곳에 말들을 묶어 놓고, 짐을 내린 다음, 음식점으로 갑시다.

漢商 : 우리에게[18] 먼저 따듯한 물 한 대야 가져오시오, 얼굴을 씻어야겠소.

店主 : 손님들은 얼굴은 다 씻었습니까?

漢商 : 이보시오[19]주인장! 탁자나 좀 닦아주시오.

店員 : 손님들께서는 어떤 식사를 하시겠습니까?[20]

漢商 : 우리 네 사람은 양고기를 一兩半어치를 삶아주고, 二兩어치의 燒餠을 가져오시오. 이 국물은 싱거우니, 소금이나 간

---

17) 原文의 '燒餠'은 지금 우리의 호떡과 유사한 것으로, 지금의 중국 어디서도 볼 수 있는 음식이다.

18) 原文의 '問客, 先將一椀溫水來'에 대해서 改修本인 ≪飜譯老乞大≫本에서는 「過賣, 先將一椀溫水來, 我洗面」라고 改修되어 나타나고 있음을 볼 수 있다. 즉 '問客'가 '過賣'로 改修되어 나타나고 있는 것이다. 그러나 原文의 '問客'는 무엇을 말하는지 다른 문헌에서 그 用例를 찾을 수가 없다. 번역에서는 '問'을 '向'의 의미를 나타내는 介詞로 보고,「손님에게 먼저 물 한 대야 가져다주시오(問客先將一椀溫水來)」라는 의미로 번역을 하였다.

19) 原文에서의 '賣物'은 '賣手(물건을 파는 사람)', '賣卦(점을 보아주는 사람)', '賣笑(妓女)'와 같은 의미로 보고, 물건을 파는 사람의 의미로 보았다. 또는 ≪劉知遠諸宮調・知遠走慕家庄沙陀村入舍≫에 보면 "牛七翁莊頭賣務場, 劉知遠試端詳。"대목에서 '賣務場'은 '酒店'의 뜻을 나타내는데, 이에 '賣物'은 '賣務'의 音借로 보고 '술을 파는 사람'으로 해석을 해보았다. 다른 문헌에서 '賣物'이 명사로 쓰인 用例는 찾을 수가 없다. 이에 번역에서는 '주인장'으로 호칭하였다.

20) 이 부분은 話者가 누구인지는 보는 觀點에 따라 다를 것이다. ≪鄭光本≫(190쪽)에는「商人 : "식당아저씨, 우선 뜨거운 물을 갖다 다오. 얼굴을 씻을 테니까." 主人 : "손님들이 다 씻으셨네. 애야, 상을 닦아라. 손님. 무엇을 드시겠습니까?"」라는, 話者를 구분한 대화를 볼 수 있다.

장을 좀 주시오, 우리가 간을 맞추어 먹을 것이요. 이 燒餠은 반은 차갑고, 반은 따뜻하니, 따뜻한 것은 우리가 먹게 놓고 가시고, 차가운 것은 가져다, 화덕에 데워서 가져오시오.

麗商 : 우리는 밥을 먹었으니, 식대를 지불하고 갑시다. 이보시오, 값을 계산하시오[21], 모두 얼마요?

店員 : 燒餠은 二兩이고, 양고기는 一兩半이니, 모두 三兩半입니다.

麗商 : 여기 五兩이니, 一兩半을 거슬러주시오. 이 一兩半짜리는 귀퉁이가[22] 없는데, 쓸 수가 있겠소?

店員 : 멀쩡한 돈이니, 가져가세요, 이 돈은 大都에서도 다 통용되는 料鈔[23]이요.

---

21) 原文의 '鈔'는 본시 원대에서 통용되었던 紙幣를 말함인데, 여기서는 일반적인 '돈'을 말하고 있다. "回鈔"는 現代漢語에서도 쓰이는 "會鈔" 또는 "會賬"과 같은 의미로 '물건 값을 계산하다'의 의미이다 .

22) 原文의 '眉眼'에 대하여 ≪鄭光本≫ (190쪽 注 1번) 에 다음과 같은 설명을 볼 수 있다 :「지폐의 字面을 말한다. 원문은 '眉眼'으로 , 직역하면 눈썹과 눈으로 원래 "얼굴의 생김새, 용모"를 뜻하지만 여기서는 지폐의 字面을 말하는 것으로 보인다. 第 50話에서는 "자(字)가 없다"는 대화가 보인다. 字面이 안 보이게 닳아버린 鈔가 바로 '혼초(昏鈔)'이다.」

23) 原文 '料鈔'에 대해서 張帆의 ≪元典章≫ 札記에 다음과 같은 설명을 볼 수 있다 : ≪鄭介夫의 ≪太平策≫를 인용한 ≪元代奏議集錄≫에는 다음과 같은 기록을 볼 수 있다.「貫伯(발행관청 및 액면가 등이 인쇄되어 있는 부분을 말함. 인쇄된 글자가 분명하고, 귀퉁이가 떨어져나간 부분이 없다면, 京都이하에서는 '料鈔'라고 한다. 이것으로 보아 '料鈔'는 반드시 새로 찍어낸 것을 말하는 것은 아니고, 지폐의 표면과 글자가 선명하고 깨끗하면, '料鈔'라고 불렀다(≪元代奏議集錄≫所引 ≪太平策≫, 有云 : "貫佰分明, 沿角無缺, 京都之下, 謂之料鈔。" 据此, 料鈔并不一定是新印之鈔, 只要票面完好, 字迹淸晰, 卽可稱爲料鈔。).」

第四十八話 喫幾盞酒便過去
(술을 몇 잔 한 다음 가도록 합시다)

咱每打駝馱行。日頭正晌午[1]也, 有些熱, 早來喫了乹[2]物事[3], 有些乹渴。前頭不遠有箇草店兒[4], 到那裏咱每喫幾盞酒解渴, 歇住頭口者。暫時間, 卸下行李來, 喫幾盞酒, 便過去。量酒[5], 打將二兩鈔的酒來。客人每! 兀的二兩鈔的酒。好酒麽? 好酒, 你嘗看。酒不好, 不廻鈔。胡[6]喫的過去。有甚麽好菜蔬, 將些箇來。那般者, 有塩瓜兒, 如今[7]便將來。客人每, 熱喫那凉喫? 儘教[8]!休[9]旋去[10], 俺則凉喫。

---

1) 晌午 : 即是'晌午', 指中午前後的時間。按, '晌'同'晌'字。

2) 乹 : '乾'字之俗寫。

3) 物事 : 物品, 東西。≪二程語錄≫卷十二 : 「夫小人心中, 只得些小物事時便喜, 不得, 便不足。」(龍潛庵 編著, ≪宋元語言詞典≫, 上海辭書出版社, 1985年, 頁539)

4) 草店兒 : 卽是"草橋店"。不起眼的小客店, 鄉村客店。≪西廂記≫四本四折 : 「短長亭斟別酒, 草橋店夢鶯鶯。」

5) 量酒 : 卽"量酒的"。酒肆伙計, 酒保。≪古今小說≫三六卷 : 「婦女在宋四公根底坐定, 敎酒量添只盞兒來, 吃了一盞酒。」(許少峯 主編, ≪近代漢語詞典≫, 團結出版社, 1997年, 696頁)

6) 胡 : 任意, 瞎來。

7) 如今 : 現在。

8) 儘教 : 任; 任從。又作"盡", "盡教"。關漢卿 ≪金仙池≫三【中呂粉蝶兒】: 「明知道書生教門我負心薄倖, 盡教他海角飄零, 無來由强風情, 剛可喜男婚女聘?」

9) 休 : 不要; 莫。≪武王伐紂≫卷中 : 「休交殺害狐狸, 殺生害命。」(劉堅 江藍生 主編, ≪元語言詞典≫, 上海教育出版社, 1998年, 頁362)

번역

漢商 : 우리는 짐을 실고 갑시다.

麗商 : 해가 벌써 중천이군요! 좀 덥기도 하고, 아침에 마른 음식을 먹었는지, 목이 좀 마른 것 같습니다.

漢商 : 앞쪽 멀지 않은 곳에 자그마한 주막이 하나 있는데, 그곳에 가서 우리 술이나 몇 잔하면서 갈증이나 풀고, 짐승들을 쉬게 합시다. 잠시 동안이나마, 짐을 내리고, 술을 몇 잔 한 다음, 가도록 합시다.

漢商 : 이보시오 주인장[11]! 두 兩어치 술을 담아오시오.

量酒 : 손님! 여기 2兩어치의 술입니다.

漢商 : 좋은 술입니까?

量酒 : 좋은 술입니다, 맛을 좀 보시지요. 술이 맛이 없으면 술값을 주지 마십시오.

漢商 : 아쉬운 대로 마실만합니다. 무슨 좋은 안주가 있소? 좀 내오시오.

量酒 : 그러지요, 소금에 절인 오이가 있는데, 지금 바로 가져 오겠습니다. 손님들께서는 술을 따뜻하게 드시겠습니까 아니면 차게 드시겠습니까?

漢商 : 관두시오! 술은 데우지 마시오, 우린 차갑게 마시겠소.

---

10) 旋去 : 旋, 溫酒器。同 "鏇"。≪水滸全傳≫二八回 :「武松把那旋酒來一飮而盡, 把肉和麵都吃盡了。」(許少峯 主編, 同上揭書, 頁551) 去, 助詞, 用在動詞和形容詞之後, 表示事態發展的歸向。按, "旋"此作 "用溫酒器溫酒"。休旋去, 卽 "不要溫酒"之意。

11) 原文의 '量酒'는 술집의 종업원을 말함인데, 여기서는 편의상 '주인장'으로 번역하였다.

第四十九話 哥哥先喫一盞
(형님께서 먼저 한 잔 드시지요)

哥哥[1]先喫一盞! 哥哥受禮[2]。你敢[3]年紀大, 怎麽受禮? 哥哥你貴壽? 小人[4]年紀三十五歲。小人纔三十二歲也。哥哥, 你年紀大, 受禮。小人雖年紀大, 怎麽便受禮？ 咱每都起來, 大家容易[5]。那般者, 教你受禮, 堅執不肯。滿飮一盞, 休留底[6]酒。咱每都休講禮, 喫一盞酒。喫了酒也, 廻了酒錢去來。

번역

麗商 : 형님께서 먼저 한 잔 드시지요! 형님께서 먼저 술잔을 받으

---

1) 哥哥 : 對同輩男人之尊稱。

2) 受禮 : 接受別人的敬禮。關漢卿 ≪玉鏡臺≫三 旦白 :「這老子當初來時節, 俺母親言道 : 教小姐拜哥哥。他曾受我的禮來。」同上媒人白 :「學士, 小姐說你在老相公抱角床上受禮, 拜你爲師來。」(藍立蓂 編著, ≪關漢卿戲曲詞典≫, 四川人民出版社, 1993年, 頁258)

3) 敢 : 表示情理明顯, 不必懷疑。≪拜月亭≫四【駐馬聽】:「你的管夢回酒醒誦詩篇, 俺的敢燈昏人靜夸征戰。」(劉堅 江藍生 主編, ≪元語言詞典≫, 上海教育出版社, 1998年, 頁101)

4) 小人 : 男子自謙稱。

5) 容易 : 猶云輕易也; 草草也; 疏忽也。邵雍 ≪秋日飮後晩歸≫詩 :「水竹園林秋更好, 忍把芳樽容易倒。」猶云草草倒芳樽也。趙粗 ≪宋金元人詞≫, 陳瓘 ≪蝶戀花≫詞 :「莫向細君容易說, 恐他嫌你將伊摘。」容易說, 猶云輕易說或隨便說也。」(張相, ≪詩詞曲語辭匯釋≫, 上海古籍出版社, 2009年, 頁432)

6) 底 : 猶'這', '此'。無名氏 ≪鷰山溪 · 詞≫「竹籬茅舍, 底是藏春處。」

십시오.[7]

漢商 : 노형께서 분명 나이가 많은 것 같은데, 어찌 먼저 잔을 받겠습니까?

麗商 : 형님께서는 연세가 어떻게 되는지요?

漢商 : 저는 35살입니다.

麗商 : 저는 겨우 32살입니다. 형님, 형님께서는 나이가 많으시니, 먼저 잔을 받으시지요!

漢商 : 제가 비록 나이는 많지만, 어찌 잔을 먼저 받겠습니까? 우리 모두 다 일어나서, 서로 그저 편하게 부담 없이 대하기로 합시다.

麗商 : 그렇게 예를 받으시라고 했는데도 끝끝내 허락하지 않으시니, 술이나 한 잔 채워 마시고, 이 술잔의 술은 남기시기 없기입니다.

漢商 : 우리 모두 예의를 따지지 말고, 술이나 마십시다.

麗商 : 술을 마셨으니, 돈을 계산하고 갑시다.

---

7) 原文의 '受禮'에 대해서 ≪鄭光本≫ (199쪽 주 1번) 에 다음과 같은 설명을 볼 수 있다 :「原文은 '受禮'이다. ≪계차청전(啓箚靑錢)≫「全集(卷9)」에 술 마시는 법을 적어 놓은 '把盞體例'가 있는데 그에 의하면 윗사람에게 술을 권할 때에는 잔을 들고 앞으로 다가가서 반만 무릎을 끊고 상대에게 드린다. '受禮'란 이와 같이 에를 갖추어 주는 잔을 받는 것을 말하는 것이다. 나중에 '다들 일어서'라고 하는 것도 이와 관련된 것으로 모두 일어서서 윗사람에게 반만 무릎을 끊고 잔을 드리려고 준비하는 모습을 말한 것이다.」

第五十話 這鈔無了字兒怎麽使的
(이 돈은 글자가 흐려서, 어찌 사용하겠습니까?)

量酒, 來廻錢。兀的二兩半鈔, 貼[1]五錢我。哥哥, 與一張好的, 這鈔無了字兒[2], 怎麽使的[3]? 這鈔嫌甚麽? 字兒伯兒[4]分明都有, 怎麽使不得? 你不識鈔時, 教別人看去。我怎麽不識鈔? 索甚麽[5]教別人看去? 煥鈔不折本[6], 你自別[7]煥, 與一張便是也, 索甚麽合口[8]。這量酒也纏的[9]壞[10]了阿的般[11]鈔使不

1) 貼 : 就是 "貼錢"。找還的餘錢。≪水滸傳≫二三 :「酒家看了道 : 有餘, 還有些貼錢與你。武松道 : 不要你貼錢, 只將酒來篩。」(李法白 劉鏡芙, 編著, ≪水滸語詞詞典≫, 上海辭書出版社, 1989年, 頁196) 按 : "貼六箇錢饋我", 就是"找給我六箇錢"之意。

2) 字兒 : 此作 "紙幣上面表明弊值的文字"。"字", 舊指金屬錢幣鑄有文字的一面。宋・趙彦偉 ≪云麓漫鈔≫卷五 :「今人目錢有文處謂字, 背爲漫。」

3) 的 : 同 "得"。用作動詞後綴, 表示對該動作的肯定。猶 "到" "了" "成"。

4) 伯兒 : 此也作 "紙幣上面表明弊值的文字"。"伯", 同 "百", 一百文錢。

5) 索甚麽 : 用不着; 無須。又作 "索甚", "色甚麽"。

6) 折本 : 賠本, 虧本。≪青衫淚≫一折 :「稍似閑有些錢, 抵死裏無多債, 權做這場折本賣買。」

7) 別 : 另外。≪救風塵≫一【村裏迓鼓】:「你如今年紀小裏, 我與你慢慢的別尋箇婚配。」

8) 合口 : 爭吵。≪小孫屠≫十出 :「你如今與我收拾行李, 和我一同去還心願, 也免在家閑爭合口。」(劉堅 江藍生 主編, ≪元語言詞典≫, 上海教育出版社, 1998年, 頁118)

9) 纏的 : 此應是'剗的'。無端, 平白地。'的', 一作 "地"。'剗', 一作 "剷", "産", "參", 俱一音之轉。

10) 壞 : 變質; 變得不好或有害。

11) 阿的般 : '阿的', 指示詞, 略同 "這"。又作 "兀的", "兀底"。'阿的般', 就是 "這般"。

得。兀的[12]一箇一兩半，一個五錢將去。這一兩半也昏[13]！你却休謊[14]，恰[15]早來[16]喫飯處，貼將來的鈔。儘教[17]，胡[18]留下者，便[19]使不得也罷！你要那話[20]怎麽？使不得呵，你肯要那？

---

12) 兀的：又作 "阿的"，"窩的"，"兀底"，"兀得"。指示詞，略同 "這"。≪調風月≫一【勝葫蘆·么篇】：「覷了他兀的模樣，這般身分，若脫過這好郎君，交人道眼裏無珍一世貧。」(劉堅 江藍生 主編，同上揭書，頁340)

13) 昏：卽 "昏鈔"。破舊而不易辨認的紙幣。≪明史·食貨志≫：「以鈔用久昏爛，立倒鈔法，令所在置行用庫，許軍民商賈以昏鈔納庫易新鈔。」

14) 謊：騙，哄。元·缺名 ≪藍采花≫一折：「你道我謊人錢胡將這傳奇扮，幾曾見歌舞叢中出了個大羅神仙？」

15) 恰：剛剛，恰才。

16) 早來：剛才，才剛。≪大宋宣和遺事≫亨集：「徽宗使林靈素問："早來那兩個련奕棋是甚人。」(許少峯 主編，≪近代漢語詞典≫，團結出版社，1997年，頁1443)

17) 儘教：任；任從。又作 "盡"，"盡教"。

18) 胡：此作'將就'之意。明·高則誠 ≪琵琶記≫ 二十出：「咳，這般時年，胡亂吃一口充饑，還要分甚麽好歹！」

19) 便：用在復句的前一分句之首，表示讓步關係，可譯作 "卽使"，"卽便"，"縱然" 等。≪劉知遠諸宮調≫ 第二：「生時卽是你妻，便死也是賢婦。」(董志翹 蔡鏡浩，≪中古虛詞語法例釋≫，吉林教育出版社，1994年，頁36)

20) 那話：'那話兒'，'話兒'，隱指某物或某種情況。常與'那'字連用。亦作'話'。(高文達 主編，≪近代漢語詞典≫，知識出版社，1992年，頁313). (1) 指不易直說的事物的代名詞。多指男子生殖器和性行爲。明·缺名 ≪黃孝子≫九出：「家母因想小弟，哭壞了雙眼，無所依倚，只得做那話兒度日。」(2) 指剛說過的人或事。明·王錂 ≪春蕪記≫十五出：「(丑云)哥，方纔明明見個人走來，怎麽不見了？(衆云)多是那話兒見我們在此，想躲在黑暗裏去了。」(許少峯 編，≪近代漢語大詞典≫，中華書局，2008年，頁1387)

번역

漢商 : 주인장! 계산하시오. 여기 2兩半짜리이니, 5錢을 거슬러주시오.

量酒 : 손님! 깨끗한 돈을 한 장 주시지요, 이 돈은 글자가 흐려서, 어찌 사용하겠습니까?

漢商 : 이 돈이 뭐가 불만이요? 돈에는 문양과 글자들이[21] 분명한데, 어찌 사용할 수 없다는 말이요? 돈을 볼 줄 모르면, 다른 사람보고 살펴보라고 하시오.

量酒 : 내 어찌 돈 볼 줄을 모른다는 말씀입니까? 다른 사람에게 보라고 할 필요는 없습니다. 돈을 바꿔주어도 손해 볼 것이 없으니, 다른 것으로 바꿔 한 장 주시면, 다툴 필요가 없습니다.

漢商 : 이 양반이 공연히 트집을 잡아 이 돈을 쓸 수 없게 만들어 버리네![22] 여기 一兩 半짜리 하나와 五錢짜리 하나가 있으

---

21) 原文의 '字兒伯兒'는 元代의 지폐인 寶鈔를 말한다. 元代의 지폐는 上下 두 개의 난으로 나누어 위쪽은 '이관문성(貳貫文省)' 등의 액면 가격이 표시되었고, 그 아래에는 액면가에 해당하는 엽전 다발을 그렸다. 아래 난에는 僞造者에 대한 처벌 규정이나 발행 관아의 이름이 인쇄되었다. 한편 ≪元典章≫ …에는 "貳貫文省 등의 문자와 貫伯이 보이면 '鈔張의 下截(지폐의 下欄)'이 파손되어도 새 돈과 교환할 수 있다"는 기사가 있다. 이에 의하면 '貫伯'이란 아래 난에 그려진 엽전 그림을 가리키는 것임을 알 수 있다. '貫'은 엽전 천(千) 장을 끈으로 꿴 모습이고. '伯'은 '百'과 통하여 엽전 백장이 원래 뜻이다. (≪鄭光本≫, 202쪽, 注 3번)

22) 原文에서 '纏的'를 '剗的'의 의미로 보았다. 글자가 달라도 소리가 같으면 같은 의미로 쓰이는 경우는 당시에는 흔히 있기 때문이다. '剗的'一詞는 앞의 註釋에서 설명한 바처럼 "産地", "參的" 등으로도 쓰이고 있음을 볼 수 있다. '纏的'가 '剗的'로 쓰인 用例는 다른 문헌에서는 찾을 수 없지만, 앞뒤의 문맥으로

니 가져가시오.

量酒 : 이 1兩半짜리도 낡아서 흐릿한 혼초(昏鈔)[23]이군요 !

漢商 : 헛소리 마시오, 조금 전 밥 먹은 곳에서, 거스름돈으로 받은 돈이오.

量酒 : 관두시죠, 아쉬운 대로 받아 두겠습니다, 설령 쓰질 못하다 할지라도 할 수 없지요!

漢商 : 당신은 어째서 그런걸(그 쓰지도 못할 돈을)받는 것이요?[24] 사용 할 수 없다면, 당신이 받기나 하겠소?

보아 가능하다고 본다. '剗地'는 "反而, 倒", "依舊, 還是", "平白, 無故, 無端", "怎的, 怎麽" 등으로, 문맥에 따라 많은 의미로 해석이 된다. 또한 本文의 '壞'는 "變質", "毁壞" 등의 의미로도 쓰이므로, "변질시키다", "훼손시키다"의 의미로 보았다. 後期의 修改本이라고 할 수 있는 ≪飜譯老乞大≫에서는 ≪這賣酒的也快纏, 這們的好銀子, 怎麽使不得?≫ 라고 했기 때문에 '纏'을 "糾纏" 등으로 보고 "이 양반이 따지기도 잘하는군! 이렇게 질이 좋은 銀子를, 어찌 쓸 수가 없다는 말이요?"라고 해석 할 수는 있는 것이다.

23) 原文 '昏'은 '昏鈔'로 인쇄된 액면가 등의 글자가 흐릿한 지폐를 元代에서는 '昏鈔'라고 불렀다.

24) 原文의 '你要那話怎麽'에서의 '要'는 '달라고 하다', '요구하다'의 의미를 가지는 動詞이고, '那話'의 "話"는 앞의 註釋에서의 설명처럼 '錢(昏鈔)'을 대신하는 당시의 言語이다. 이에 現代漢語의 '你要那種錢(昏鈔)幹甚麽?' 또는 '你爲甚麽要我那種使不得的錢呢?' 등으로 바꿔 놓을 수가 있을 것이다. '話(兒)'의 이러한 쓰임과 해석은 (拙稿, ≪老乞大語彙考(3)≫, 中國語文論叢 41輯, 2009年)에서 상세히 논의하였다.

第五十一話 這裏離城有的五里路
(이곳에서 성문까지는 5리길입니다)

打了駝馱[1]著行。日頭後晌[2]也, 這裏離城有的[3]五里路, 著[4]兩箇後頭赶將頭口來, 我和一箇伴當先去尋箇好店安下[5]處却[6]來迎恁。咱每先說擬定[7]的, 則投[8]順承門關店裏下[9]去。那般者, 你兩箇先去, 俺兩箇後頭慢慢的赶將[10]頭口去。咱每

---

1) 打駝馱 : 打行囊。駝馱, 牲口負載的行囊。(許少峯 編, ≪近代漢語大詞典≫, 中華書局, 2008年, 頁1897)

2) 後晌 : 後半天, 下午。≪金瓶梅詞話≫三五回 :「西門慶家中又添買了許多蔬菜, 後晌時分, 在花園中翡翠軒卷棚內放下一張八仙桌兒。」(許少峯 主編, ≪近代漢語詞典≫, 團結出版社, 1997年, 頁471)

3) 的 : 猶現代漢語中的助詞 “着”字。‘的’, 一作 “地”, 音義同。≪凍蘇秦≫三【煞尾】:「馬兒上簪簪穩穩坐的。」(顧學頡 王學奇, ≪元曲釋詞≫卷一, 中國社會科學出版社, 1983年, 頁426)

4) 著 : 同 “着‘。叫; 讓。≪寃家債主≫二【鳳鸞吟】:「怎不著我愁, 這煩惱甚日休。」(藍立蓂 編著, ≪關漢卿戲曲詞典≫, 四川人民出版社, 1993年, 頁441)

5) 安下 : 安頓, 住歇。≪武王伐紂平話≫卷上 :「至夜于館驛中安下了, 有故恩州太守蘇顏, 前來管待蘇護, 邀入衙中置宴。」(許少峯 主編, 同前揭書 頁8)

6) 却 : 此作副詞 “就”。

7) 擬定 : 一定。亦作 “以定”, “已定”。王實甫 ≪西廂記≫五本三折 :「這妮子擬定都和那酸丁演撒, 我明日自上門去, 見俺姑娘, 只做不知。」(高文達 主編, ≪近代漢語詞典≫, 知識出版社, 1992年, 頁949)

8) 投 : 猶到, 猶臨。一作頭, 同音假借。作 “一投” “一頭”字, 意同。≪後漢書 · 任光傳≫ :「世祖遂與光等投暮入堂陽界。」“投暮”, 謂至暮也。

9) 下 : 歇宿, 收留。≪警世通言≫卷二十四 :「想你這個模樣子, 誰家下你?」(高文達 主編, ≪近代漢語詞典≫, 知識出版社, 1992年, 頁847)

10) 將 : 語義虛化, 置於單音節動詞之後, 構成該詞的雙音節形式, 表示動作的繼續或完成。如 : 般將(搬運), 唱將(演唱), 持將(持), 取將(收取) 等。

疾快行動[11]者, 比及[12]到那裏尋了店時, 那兩箇到來了也。

번역

漢商 : 짐을 싣고 갑시다. 해가 저물어 가는데, 이곳에서 성문까지는 5리길이니, 두 사람을 시켜 뒤에서 말들을 몰고 오라고 하시고, 나와 한 사람은 먼저 가서 좀 깨끗한 주막을 찾아 쉴 곳을 정하고 바로 마중하러 오겠습니다. 우리는 먼저 의논하여 정해둔 順承門[13]의 關店[14]에서 묵도록 하지요.

麗商 : 그러하다면, 두 분이 먼저가시지요, 우리 둘은 뒤에서 천천히 말들을 몰고 가겠습니다.

漢商 : 우리는 빨리 걸음을 재촉합시다, 그곳에 도착해서 숙소를 찾았을 때는, 두 사람도 도착할 수 있을 것입니다.

---

11) 行動 : 催走之意。元 · 缺名 ≪鴛鴦被≫二折 :「員外在此等了好一會也, 我又不哄你, 你也行動些波!」

12) 比及 : 及至, 等到。

13) 原文의 '順承門'은 大都, 즉 연경(燕京, 지금의 북경)의 서남쪽에 있는 문을 말한다. 明代의 속칭은 '순성문(順城門)이었으며 ≪飜老≫에서는 순성문으로 되어 있다. (≪鄭光本≫, 208쪽 注 3번)

14) 原文의 '關店'은 다른 문헌에서 찾을 수가 없다. 改修本 ≪飜譯老乞大≫에서는 '官店'으로 바뀌져 있다. '官店'은 '상인들을 위하여 官에서 운영하는 店房'을 말한다.

第五十二話 你這店裏下的俺麽
(이곳에서 묵을 수 있을까요?)

店主人家哥, 後頭更[1]有幾箇伴當赶著幾箇馬來也, 你這店裏下的俺麽? 你通[2]幾箇人? 幾箇馬? 俺通共四箇人, 十箇馬, 車子有麽? 車子沒。這般的時, 下的恁。兀的東壁[3]有一箇稍房子[4]空者裏, 你看去。你引俺看去來。俺忙, 沒功夫去, 你則看去者。悞了你多少功夫? 到那裏看了房子中不中[5], 俺說一句話。那般者去來。這房兒也下的俺。茶飯[6]如何? 茶飯呵, 俺店裏小主人[7]新近[8]出去了, 委實[9]無人打火[10], 你客人

1) 更 : 還; 再。≪七國春秋≫卷下 :「孫子曰 : 來救五更有誰? 角曰 : 無人。吾只獨自撞陣入來探信。」

2) 通 : 總共, 全部。≪水滸全傳≫四一回 :「宋江道 : 黃文炳家多少人口? 有幾房頭? 侯建道 : 男子婦人通有四十五口。」(許少峯 主編, ≪近代漢語詞典≫, 團結出版社, 1997年, 頁1133)

3) 壁 : 邊。又作 "壁廂", "邊廂"等。

4) 稍房子 : 同 "梢間"。元 · 缺名 ≪爭報恩≫一折 :「白日裏有那街市上討飯吃, 夜晚來在那大人家稍房裏住下。」'梢間', 指正房側首接蓋的小屋。常作堆柴用, 故柴房也叫梢間。(許少峯 主編, 同前揭書, 頁996)

5) 中 : 可以; 接合。≪齊民要術≫卷一 種田 :「大小如彈丸, 中生食, 味如小豆角。」(王雲路 方一新, ≪中古漢語語詞例釋≫, 吉林教育出版社, 1992年, 頁474)

6) 茶飯 : 宋元時期把菜稱爲茶。≪東京夢華錄≫ :「凡店內賣下酒, 廚子謂之茶飯。」茶飯, 這裏泛指普通進餐的菜和飯, 也指筵席。≪孝經直解≫十八 :「孝子沒了父母時分 …吃茶飯呵不美, 阿的便是他煩惱的情分。三日後索要吃些茶飯。」(劉堅 江藍生 主編, ≪元語言詞典≫, 上海教育出版社, 1998年, 頁39)
【累字解】茶飯, 總稱食品之謂。

7) 主人 : 奴僕及受雇傭者的家主。≪水滸傳≫六二回 :「節級哥哥, 可憐小人的主人盧員外吃屈官司。」

每自做飯喫。那般者, 俺自做飯喫, 鍋竈[11]椀楪都有麽? 那的恁放心, 都有。那般呵[12], 俺迎伴當每去。你去著[13]。

번역

漢商 : 주인장! 뒤에 또 몇 명의 동료들이 말 몇 마리를 몰고 오는데, 이곳에서 묵을 수 있을까요?

店主 : 모두 몇 사람이고, 말은 몇 마리입니까?

店主 : 우린 모두 네 사람이고, 말은 열 마리입니다.

漢商 : 말이 끄는 수레는 있습니까?

漢商 : 수레는 없습니다.

店主 : 그렇다면, 여러분들을 묵을 수 있도록 하겠습니다. 저기 동쪽에 작은방이 비어 있으니, 그리로 가서 살펴보시오.

漢商 : 주인께서 우리를 데리고 가봐주시지요.

店主 : 저는 바빠서, 갈 짬이 없으니, 손님들이 가보시지요.

漢商 : 얼마나 시간이 걸린다고 그러십니까? 그곳에 가서 방을 보

8) 新近 : 最近, 近來。

9) 委實 : 確實, 的確。

10) 打火 : 此作 "生火", "燒火"。≪水滸傳≫ 五三回 :「到五更時分, 戴宗叫李逵起來打火, 做些素飯吃了。」

11) 鍋竈 : 卽灶。生火做飯的設備。

12) 呵 : 語助辭, 相當於"時", 多用在假設分句後。按 : 類似現代漢語的"(要是)…的話"。(拙稿, ≪中國學論叢≫, 25輯). ≪黃鶴樓≫一折白 :「玄德公也, 若你不來時, 萬事罷論; 若來呵, 便揷翅也飛不過大江去。」用在條件復句的前一分句末尾, 表示假設, 原因, 條件等。元曲選 ≪謝天香≫四折 :「若是這般呵, 功名成就多時了。」

13) 著 : 同 "者"。語尾助詞 : 猶 "吧"。

고 적당한지, 내 딱 한 마디만 하겠습니다.

店主 : 그러하다면 가십시다.

漢商 : 이 방이라면 우리가 묵을 수 있을 것 같습니다. 식사는 어떻게 해야 합니까?

店主 : 식사는요, 우리 이 가게의 주인[14]이 최근에 출타를 하여, 불을 땔 사람이 없습니다. 손님들께서 몸소 밥을 해서 드셔야 합니다.

漢商 : 그러하다면, 우리가 밥을 해 먹어야 하는데, 취사 시설과 그릇들은 다 되어 있습니까?

店主 : 그것은 안심하세요, 다 있습니다.

漢商 : 그렇다면, 동료들을 마중하러 가야겠습니다.

店主 : 갔다 오시지요.

14) 本文의 '小主人'은 '小'는 "店主", 즉 손님에게 자신의 주인을 낮춰 부르는 의미일 수도 있다고 본다. 상인들이 묵어가는 주막에서 꼭 여인들이 불을 때고 밥을 지어야 한다고 볼 수는 없다. 그러나 改修本인 ≪飜譯老乞大≫에서는 부인(妻子)을 지칭하는 "家小"로 改修되어 있음을 볼 수 있다.

第五十三話 索幾箇席子藁薦來
(돗자리와 멍석 몇 장을 달라고 하세요)

恁兩箇到這裏多少時也? 俺纔到這裏, 恰待[1]尋恁去來, 你却來了, 店在那裏? 兀那西頭有。行李都搬入來者, 把馬每都鬆動[2]者。且[3]休摘了鞍子, 你去問[4]主人家, 索[5]幾箇席子藁薦來, 就[6]待箇苕苕[7]來拂綽。行李且休搬入去, 等鋪了席薦時, 一就[8]搬入去。

---

1) 恰待 : 剛要, 正要。≪水滸全傳≫四三回 :「這李鬼恰待出門, 被李逵劈角揪住。」

2) 鬆動 : 活便, 自由。≪蕩寇志≫七五回 :「你且少待, 我去前面人家的所在, 雇個庄家來挑着走, 落得身子鬆動。」(高文達 主編, ≪近代漢語詞典≫, 知識出版社, 1992年, 頁747)

3) 且 : 猶, 尙。

4) 問 : 介詞 '向'。≪元典章 · 刑部三≫ :「因弟李辛六問夢龍取索舊欠二兩, 無錢歸還, 將夢龍毁罵。」(劉堅 江藍生 主編, ≪元語言詞典≫, 上海教育出版社, 1998年, 頁335)

5) 索 : 討, 要。馬致遠 ≪漢宮秋≫一折 :「不想使臣毛延壽問妾身索要金銀, 不曾與他, 將妾影圖點破, 不曾得見君王。」(許少峯 主編, ≪近代漢語詞典≫, 團結出版社, 1997年, 頁1083)

6) 就 : 就便。卽 "隨卽", "趁便"之意。關漢卿 ≪單鞭奪槊≫二末白 :「我正要看洛陽城哩, 如今領百十騎人馬同段志賢打採, 就觀看他洛陽城去。」

7) 苕苕 : 卽 "掃帚"。'苕'字本作 "芀"。蘆葦的花。苕秆可爲帚。'苕', 同 "帚"。

8) 一就 : 一起, 一並。≪五代史平話≫梁上 :「喚酒保買杯酒和肉來, 四個一就吃了。」(龍潛庵 編著, ≪宋元語言詞典≫, 上海辭書出版社 1985年, 頁12)

번역

漢商 : 두 분은 이곳에 언제 도착하셨습니까?

麗商 : 우린 이제 막 도착해서, 막 찾아 나서려고 하는데, 오셨습니다, 여관은 어디 입니까?

漢商 : 저기 서쪽입니다.

麗商 : (도착해서)짐을 안으로 나르고, 말들을 편하고 자유롭게 해주시오!

漢商 : 아직은 안장을 벗기지 마시고, 주인에게 가서 돗자리와 멍석 몇 장을 달라고 하고, 가지고 오는 김에[9] 빗자루를 가져와 쓸어냅시다. 짐은 잠시 동안 들이지 말고, 돗자리를 깔고, 함께 안으로 들입시다.

---

9) 原文의 '就'는 '順便, 趁便'의 의미를 가진다. 즉 우리말로 ' … 하는 김에'로 새길 수가 있다. '就'의 '順便'의 용법은 앞의 제 31화「有甚麽熟菜蔬, 將些來與客人喫。怕無時, 有蘿蔔, 生葱, 茄子將來, 就將些醬來(익히 나물이 있으면 가져다가 손님이 드시도록 드려라. 만일 없으면 무나 파 그리고 가지가 있으니 가져오고, 가져오는 김에 장(醬)도 좀 가져 오너라)」에서의 '就'의 용법과 같다.

第五十四話 你這馬待要賣那
(말을 팔려고 하십니까?)

客人每, 你這馬待要賣那? 可知俺賣。你旣賣時[1], 也不索[2]你將投市上去, 則這[3]店裏有[4]者, 俺與恁尋主兒都賣了。儘教, 到明日再說話。咱這馬每路上來每日供[5]路子生受[6], 喂不到, 都沒甚麽膘息[7], 便將到市上, 市上人也出不上價錢。咱每捨著[8]草料, 好生[9]喂幾日, 發落[10]也不遲裏。你道的是, 我

---

1) 時 : 表示假定的語助詞。(參看 第五十二話 注 12).

2) 不索 : 無須。元·關漢卿 ≪救風塵≫一折 :「這歪剌骨好歹嘴也, 我已成了事, 不索央你。」

3) 則這 : 這。又作 "只這", "子這"。

4) 有 : 等候。關漢卿 ≪五侯宴≫三 :「(劉知遠見科, 云)哥哥, 呼喚你兄弟那廂使用? (李嗣源云 :)且一壁有者, 等五將來全時, 支拔與你軍馬。」(藍立蓂 編著, ≪關漢卿戲曲詞典≫ 四川人民出版社, 1993年, 頁360)

5) 供 : 不詳。刪改本 ≪飜譯老乞大≫將 "供"字改爲 "走", 全句爲「每日走路子辛苦」。

6) 生受 : 受折磨, 受罪。

7) 膘息 : 膘, 同'膘'。膘, 畜獸肥壯或其肥壯之處。膘息, 指牲畜的肥碩處。馬致遠 ≪耍孩兒·借馬≫曲 :「逐宵上草料數十番, 喂飼得膘息胖肥。」

8) 捨著 : 卽'舍着'。舍着, 拚出, 豁出。元 · 張國賓 ≪羅李郎≫三折 :「我舍着金鐘撞破盆, 好鞋踏臭屎, 但得個軸頭兒也有抹着時。」≪西遊記≫ 八六回 :「我舍着命, 與那妖精戰了一會, 得命回來。」(許少峯 主編, ≪近代漢語詞典≫, 團結出版社, 1997年, 頁1002)

9) 好生 : 此作 "認眞, 着着實實"解。≪龍圖耳錄≫第八七回 :「只要三角酒一完, 略噔的就打起哈起來了, 飯也不能好生吃。」≪近代漢語大詞典≫, 中華書局, 2008年, 頁729)

10) 發落 : 對付。≪水滸傳≫六一回 :「不是小人說嘴, 幇着主人去走一遭, 路上便

也心裏那般想著有[11]。俺更有人參, 毛施。明日打聽價錢去來, 有價錢時賣了者, 怕[12]底死[13]的賤時[14], 且停[15]些時。你那裏打聽去? 師傅店裏有俺相識[16], 那裏問去。那般者, 到明日咱每一處去。你兩箇看著頭口, 俺兩箇到城裏去便來。

번역

店主 : 손님들께서는 말들을 파시고자 하십니까?

漢商 : 물론 팔아야지요.

店主 : 손님들이 파신다면, 손님들께서는 시장에 가실 필요는 없고, 이 가게에서 기다리고 계시면 제가 손님들에게 살 사람을 찾아서 팔아드리겠습니다.

有些個草寇出來, 小人也敢發落的三五十個開去。」(高文達 主編, ≪近代漢語詞典≫, 知識出版社, 1992年, 頁189)

11) 有 : 蒙古語助動詞的直譯, 用于句末, 相當于漢語的語氣助詞。

12) 怕 : 此作連詞 "如果"。關漢卿 ≪拜月亭≫一【金盞兒】:「你昆仲各東西, 俺子母兩分離, 怕哥哥不嫌相辱呵, 權爲箇妹。」

13) 底死 : 分外, 格外。王安石 ≪與微之同賦梅花得香字≫ :「向人自有無言意, 傾國天教抵死香。」(龍潛庵 編著, ≪宋元語言詞典≫, 上海辭書出版社, 1985年, 頁519)

14) 時 : 同前註 1)

15) 停 : 放置; 存放。≪齊民要術≫卷七【笨曲幷酒】:「如餅中未燥, 五色衣未成, 更停三五日, 然後出。」又 :「三年停之, 亦不動。」(王雲路 方一新, ≪中古漢語語詞例釋≫, 吉林敎育出版社, 1992年, 頁364)

16) 相識 : 朋友, 知交。明 · 缺名 ≪補白兎記≫十四出 :「醉舞酣歌日, 酕醄飮宴時, 相識滿天下, 知心能有幾?」(許少峯 主編, ≪近代漢語詞典≫, 團結出版社, 1997年, 頁1245)【累字解】相識, 俗稱 "相識滿天下, 知心能幾人?", 謂朋友也。

漢商 : 관두시지요, 내일 다시 이야기합시다. 우리 이 말들은 길을 걸어오느라고 고생을 하고, 먹질 못해서, 그다지 살이 찌지 못하여, 설령 시장에 간다 하여도, 시장 사람들도 가격을 내놓지 못할 것이요. 우리는 사료를 아낌없이[17] 주고, 몇 일간 잘 먹이고 나서, 대응을 해도 늦지는 않을 것입니다.

麗商 : 손님의 말씀이 맞습니다. 저도 마음속으로는 그렇게 생각하고 있었습니다.[18] 우리는 또 인삼과 모시베가 있습니다. 내일 가격을 알아보러 가서, 가격이 좀 되면 팔고, 만일 엄청[19] 값

---

17) 原文에서의 '捨'는 '舍'로도 통용이 되므로, '捨著'를 '舍着'로 보았다. 近代漢語에서 '舍的', '舍得'의 어휘는 "不吝惜", "願意割舍"의 의미를 가지므로, '捨著'를 소리가 비슷한 '舍的', '舍得'의 의미로 보고, "아낌없이 내주다", '기꺼이 내놓다 " 등으로 해석을 하였다.

18) 原文의 '有'字에 있어, ≪原本老乞大≫에서 '有'자가 文尾에 와서 語氣助詞처럼 쓰이는 用例를 51차례를 볼 수 있으나, ≪飜譯老乞大≫에서는 단 한 차례만 볼 수가 있다. 이로서 元代에 쓰였던 '有'자는 明代에 이르러 漢語口語에서 사라졌음을 의미한다. ≪老乞大集覽≫에는 文尾에 오는 '有'에 대해서 「元代言語에 있어 文尾에 반드시 '有'字가 오는데, 語助詞처럼 보이나 실제는 어조사가 아니다. 지금은 사용하지 않는다.」라고 설명하고 있음을 볼 수 있다. 이렇듯이 文尾에 '有'字가 오는 것은 元代漢語의 특유의 언어현상이다. 蒙古語는 文尾에 助動詞가 오는데, 이를 漢語로 直譯하는 과정에서 생긴 현상으로 蒙古語의 語法體系에서는 助動詞의 역할을 하지만, 漢語에 進入해서는 語氣助詞로 변환된 것이라는 견해를 볼 수 있다. 李泰洙, ≪老乞大四種板本語言硏究≫ : 「句末語助詞 "有"是元代漢語特有的語言現像, …這個句末助詞據余志鴻(1992), 饒尙寬(1986)等考證, 實爲蒙古語句末助詞的直譯。在蒙古語語法體系中它是助動詞, 但當它進入漢語語法體系裏時, 就轉而成爲語氣助詞了。這或許就是, ≪老乞大集覽≫說 "如語助而實非語助"的原因。」(語文出版社, 2003年, 頁30)

19) 原文 '怕'는 '만약의 …라면'의 의미를 가지는 접속사이고, '底死'는 '抵死'로도 쓰이는데 '있는 힘을 다하여', '계속해서' 등의 의미로 쓰이나, 여기에서는 "특히", "유달리"의 의미로 보았다.

이 헐하면, 얼마간 묵혀놓고 있겠습니다.

漢商 : 어디로 알아보러 가실 것입니까?

麗商 : 師傅店에 내 아는 이가 있어, 그곳으로 물으러갈까 합니다.

漢商 : 그럼, 내일 우리 함께 갑시다.

麗商 : 두 사람은 짐승들이나 지키고 계시지요, 우리 둘은 저잣거리에 갔다가 곧 오겠습니다.

第五十五話 纔從高麗田地來
(이제 막 고려 땅에서 왔습니다)

拜揖大哥, 這店裏賣毛施布的高麗客人李舍[1]有麼? 你尋他怎麼[2]? 我是他親眷, 纔[3]從高麗田地[4]來。恰纔[5]出去了, 投[6]羊市角頭[7]去了。他說便[8]來, 你且[9]出去等一會再來。既他羊市角頭去呵, 又不遠, 俺則這裏等。由你等着。他在那箇房子裏下? 兀那西南角上, 芭籬門[10]南壁[11], 小板門[12]兒便是。他

1) 舍 : 宋元時稱貴顯子弟爲"舍人"。也簡稱"舍"。≪救風塵≫一 白 : 「自家鄭州人氏, 周同知的孩兒周舍是也。」(劉堅 江藍生 主編, ≪元語言詞典≫, 上海敎育出版社, 1998年, 頁281)

2) 怎麼 : 做甚麼; 幹甚麼。馮春田 ≪近代漢語語法問題硏究≫ : 「張相云 : "作麼", 卽作甚麼之省文, 有怎麼也。… "作麼(摩)"處在句子謂語位置上, 可分爲兩種情況。一是相當于現在的"幹麼"或"作(幹)甚麼", … "師云 : 又是亂走作摩?(卷十三, 招慶和尙)" … "作摩"的第二類可與"如何"相替換。"何曾失却那作摩?"(卷四, 石頭和尙)」(山東敎育出版社, 1991年, 頁267~271)

3) 纔 : 方始; 剛剛。

4) 田地 : 地方。

5) 恰纔 : 剛剛; 剛纔。朱庭玉 ≪風情≫【哨遍】: 「恰纔柳陌罷風流, 又向花街趁芳姸。」(劉堅 江藍生 主編, 同前揭書, 頁240)

6) 投 : 朝, 向。

7) 角頭 : 角落, 偏僻的地方。

8) 便 : 卽刻。臧本 ≪看錢奴≫四【鬪鵪鶉】: 「積善的長生, 造惡的便死。」(劉堅 江藍生 主編, 同前揭書, 頁23)

9) 且 : 卽, 就。

10) 芭籬 : "芭籬" 亦作"芭黎", "篱笆"。

11) 壁 : 面, 邊。

12) 板門 : 木板門。

出去了, 看家的有那沒? 有箇後生[13]來, 這裏不見也, 敢[14]出去了。

번역

麗商 : 안녕하십니까! 주인장. 이곳에 모시를 파는 고려 상인인 李氏[15]라는 분이 묵고 계신지요?

店主 : 왜 그분을 찾으십니까?

麗商 : 저는 그분의 친척인데, 이제 막 고려 땅에서 왔습니다.

店主 : 조금 전 나갔는데요, 가축을 거래하는 羊市角頭[16]에 갔습니다. 곧 온다고 하였으니, 나가 계시다가 잠시 후에 다시 오시지요.

---

13) 後生 : 指年輕人或年紀輕。≪來生債≫三【鬼三台】白 :「居士, 你便老了, 兒女每正後生哩。」(劉堅 江藍生 主編, 同前揭書, 頁121) 按 : 此指 "年輕人"。

14) 敢 : 表示情理明顯, 不必懷疑。≪西廂記≫三本楔子【賞花時】:「若得靈犀一點, 敢醫可了病懨懨。」(劉堅 江藍生 主編, 同前揭書, 頁101)

15) 原文의 '李舍'의 '舍'는, 宋元시기에는 성씨 뒤에 붙여 존칭을 나타내는 당시의 존칭어이다. 마땅한 對譯語가 없기 때문에 '李氏'라고 대역하였다. ≪鄭光本≫ (223쪽 注 1번)에는 다음과 같은 설명을 볼 수 있다 :「원문 '李舍'의 '舍'는 원래 관직명인 '舍人'의 준말이고, 성씨 뒤에 붙여 존칭의 의미를 갖는다. 우리말의 '~씨'에 해당한다. 따라서 원문 '李舍'는 "이씨"란 뜻이다. ≪飜老≫에서는 '이가(李家)로 諺解하고 있음을 볼 수 있다.」

16) 原文의 '羊市角頭'에 대해 ≪鄭光本≫ (223쪽 注 2번)에는 다음과 같은 상세한 설명을 볼 수 있다 :「원문은 '羊市角頭'로서 이 말은 제8화 주15에서 언급한 大都 '羊角市'의 '馬市'를 말한다. '羊角市'와 '羊市角頭'란 호칭의 차이에 대하여 … '羊角市'와 '羊市角頭'를 생략한 것으로 보아서 같은 말이라 보았다. 현재의 北京市의 西城區, … 즉 현재의 西安大街가 원래의 '羊市角頭'였다고 한다.」

麗商 : 그 분이 가축시장에 가셨고, 또한 멀지가 않으니, 저는 여기서 기다리겠습니다.

店主 : 기다리든지 마음대로 하세요.

麗商 : 그 분은 어느 방에 묵고 계십니까?

店主 : 저 서남쪽, 싸리문[17] 남쪽의, 작은 널빤지 문이 바로 그곳이요.

麗商 : 그분이 나가셨는데, 방을 지키는 사람은 없을까요?

店主 : 어떤 젊은이가 있었는데, 이곳에는 보이지 않는 것을 보니, 아마도 외출한 모양이요.

17) 原文의 '芭籬'는 대나무 또는 풀로 엮은 것을 말한다.

第五十六話 恁高麗田地裏將甚麽行貨來
(고려에서 어떤 물건을 가져 왔습니까?)

恁高麗田地裏將甚麽行貨[1]來? 俺將的幾箇馬來? 更[2]有甚麽行貨? 別[3]沒甚麽, 有些人參, 毛施[4]帖裏布[5]。如今價錢如何? 價錢如常, 人參正闕[6]著, 哏好價錢。如今賣的多少? 往年時則[7]是一斤十五兩, 如今爲沒賣的, 半定也沒處尋裏! 你那蔘那裏蔘? 俺的是新羅參。新羅參呵, 更好, 愁甚賣?

번역

店主 : 고려에서 어떤 물건을 가져 왔습니까?

麗商 : 말 몇 필을 끌고 왔습니다.

店主 : 또 무슨 물건이 있습니까?

---

1) 行貨 : 貨物, 物品。≪水滸傳≫十六回 :「你這厮好大膽, 怎敢看俺的行貨!」(高文達 主編, ≪近代漢語詞典≫, 智識出版社 1992年, 頁287)

2) 更 : 又。

3) 別 : 另外。≪救風塵≫一【村裏迓鼓】:「你如今年紀小哩, 我與你慢慢的別尋個婚配。」(劉堅 江藍生 主編, ≪元語言詞典≫, 上海教育出版社, 1998年, 頁25)

4) 毛施 : 毛施布。苧麻布。又稱木絲布, 沒絲布, 訛而爲毛施布。

5) 帖裏布 : 鐵勒, 麻鐵黎, 苧麻。

6) 闕 : 缺乏; 稀少。≪國語·楚語下≫ :「民多闕則有離叛之心。」

7) 則 : 只是; 却。≪梧桐葉≫一白 :「雖是坐亨富貴, 則夫婦分離, 不知音耗。」(劉堅 江藍生 主編, 同前揭書, 頁410)

麗商 : 다른 무엇은 없고, 인삼하고 모시[8]와 삼베[9]가 좀 있습니다.

---

8) 原文의 '毛施'는 우리말의 '모시(베)'의 漢子音 표기이다. 당시 元나라에서 많이 수출되었던 물품의 하나로 모시풀(苧麻)로 짠 베를 말함인데, '毛施', '毷絲布', '苧麻布', '木絲布', '漂白布' 등으로도 불리고 있음을 볼 수 있다. 당시 중국에서는 고려의 모시베가 '질기고 하얗다'하여 한 때 유행하였다고 한다. 元代의 雜劇에서는 '물에 빨수록 더욱 하얗고 새것과 같은 高麗毛絲布'라는 말을 자주 볼 수가 있는데, 毛絲布는 부드럽고 질겨서 빨아도 손상이 없어, 그래서 당시의 사람들은 高麗의 모시를 '洗白復生'이라는 일컬었다. (作者未詳 ≪對我國元代與高麗的貿易硏究≫ : 「高麗個体商販帶入元的苧布, 總量也不小。其中主要是用苧麻織成的布叫作毷絲布, 亦稱苧麻布, 木絲布, 漂白布等, 經久耐用, 在中國很流行。元代雜劇中就經常提到 "洗白復生高麗毛絲布", 毛施布柔韌耐洗, 故曰 "洗白復生", 常用來形容高麗的苧布) 原文 '毛施'에 대하여 ≪鄭光本≫ (43쪽 주 8번)에서도 다음과 같이 설명하고 있다 : ≪저마(苧麻), 모시를 말한다. 모시는 쐐기풀과의 다년초(多年草)이며 그 줄기의 껍질에서 실을 만든다. '毛施'는 우리말의 '모시'를 한자로 표기한 것이며 그 외에 '木絲', '沒絲' 등으로 쓴다. 고려의 특산이기 때문에 중국인도 그 이름으로 부르게 되었다(「朴覽」上 참조). ≪어초기(魚樵記)≫ 「잡극(雜劇)」 2折 의 대사(臺詞)에는 '高麗毷絲布'라고 보인다.≫

9) 原文의 '帖裏布'는 삼베(大麻布)를 말하는 것으로 보인다. '帖裏布'에 대해서 陳高華는 元代 王貞의 ≪農書·農器圖譜集(十二)≫을 인용하여 다음과 같이 설명하고 있다 : 「≪農書 · 農器圖譜集(十二)≫에는 詹云卿의 ≪造布之法≫를 볼 수 있다. ≪造布之法≫에는 '毛施布法', '鐵勒布法', '麻鐵黎布法'의 기록을 볼 수 있다. … '鐵黎布'와 '帖裏布'는 音譯의 다른 이름이고, '麻鐵黎布'의 '麻'는 '麻(삼)'을 원료로 한 것이다. 詹云卿의 설명에 의하면, '毛施布'와 '麻鐵黎布'의 구분은 前者는 단색의 하얀 모시(白苧麻)를 쓴 것이고, 後者는 잡색의 老火麻를 쓴 것이다. 元代의 방직 원료로 쓰이는 麻 는 두 종류가 있는데, 하나는 苧麻이고 하나는 大麻이다. '火麻'는 '大麻'의 다른 이름이다. 즉 帖裏(鐵黎)布는 大麻로 만든 것이다. 苧麻로 만든 베는 부드럽고 질기고 또한 하얘서 일반 다른 천보다는 가격이 비싸다. (這部著名農學著作的 ≪農器圖譜集≫之二十 "麻苧門", 刊載了 "行台監察御史詹云卿 ≪造布之法≫", 其中有 "毛施布法", "鐵勒布法", "麻鐵黎布法"。… "鐵黎布"與 "帖裏布"應是同名異譯, 至于 "麻鐵黎布"的 "麻"是指該布用麻作原料。根据詹云卿的說法, "毛施布"和 "麻鐵黎布"的主要區別名, 前者用 "一色白苧麻", 而後者則用 "雜色

요즘 시세가 어떻습니까?

店主 : 가격은 변함이 없는데, 인삼이 때마침 품귀여서, 가격이 참으로 좋습니다.

麗商 : 지금은 얼마에 거래되고 있습니까?

店主 : 작년에는 근에 15兩인데, 지금은 파는 곳이 없어서, 半定의 값에도 찾을 수가 없습니다! 그 삼은 어디 삼이요?

麗商 : 우리 것은 신라삼이요.

店主 : 신라삼이면 더욱 좋습니다, 파는데 무슨 걱정이 있겠습니까?

老火麻"。元代作爲紡織原料的麻有兩種, 一種是苧麻, 一種是大麻。"火麻"則是大麻的別名。也就是說, 帖裏(鐵黎)布是用大麻制作的。苧麻績成的布, "柔韌潔白, 比之常布又價高一, 二倍") 原文 '帖裏布'에 대하여 ≪鄭光本≫에서는 '삼베'로 번역이 되어 있고, 同書 43쪽 주 9번에서는 다음과 같이 설명하고 있다 : ≪'帖裏布'는 전술한 왕정(王禎)의 농서(農書)에는 '毛施布法' 다음에 '鐵勒布法'과 '麻鐵勒布法'이 있다. '帖裏(tieli)'란 '鐵勒'(tiele) 또는 '麻鐵黎'(matiele)를 말하는 것으로 보인다. 전자는 '雜色苧麻', 후자는 '雜色老火麻'를 재료로 한 것이고, 둘 다 모시(毛施)보다 약간 질이 떨어진 마포(麻布)인 것 같다. 그 어원은 중국어가 아닌 것으로 보이며 현재로는 분명하지 않다. ≪飜老≫에서는 모두 삭제되었고, 다만 제98화에서 '帖裏布' 대신에 '黃布'로 바꿨다.≫

第五十七話 俺家裏書信有那沒
(우리 집 서찰은 있습니까?)

阿的不[1]李舍來也? 好麽, 好麽? 幾時來? 家裏都好麽? 都安樂好有。投俺下的房子裏去來。請, 請, 裏頭坐的[2]! 你從[3]幾時離了王京? 俺七月初頭[4]離了。却怎麽這時間纔來到? 我沿路慢慢的來。俺家裏書信有那沒? 書信有。這信上寫著沒甚備細[5]。你來時, 俺父親, 母親, 伯父, 叔父, 伯娘[6], 嬸子,

1) 阿的不 : 豈不, 這不是。顧學頡 王學奇 ≪元曲釋詞≫卷三 : ≪兀的, 或作兀得, 兀底, 阿的, 窩的。含義有三 : 一用爲指示詞, 猶這; 二在反問語氣中用之, 有怎不, 豈不, 這不是等義。… 古所云阿堵者, 卽今所云兀底也。兀的, 兀底, 阿的, 字形雖與 "阿堵"各別, 實爲一音之轉, 義同。… "兀的"與否定詞 "不"字連用時, 表示反問語氣, 有怎不, 豈不, 好不, 如何, 這不是等義.≫(中國社會科學出版社, 1988年, 頁596~598)

2) 坐的 : 卽 "坐地"。坐着, 坐定。≪古今小說≫二卷 :「那田氏還呆呆的坐地, 問他時全然不省。」(許少峯主編, 同前揭書, 頁1553) 又 "下"。≪水滸傳≫十九 :「吳用就血泊裏拽過頭把交椅來, 便納林沖坐地。」(高文達 主編, ≪近代漢語詞典≫, 知識出版社, 1992年, 頁149). ≪老朴集覽≫單字解 : 3b-4 :「地, 土也; 田地, 土地, 地方, 地面。又指當處土地之神亦曰土地。又語助; 坐地。又恁地, 猶言 "如此"。」

3) 從 : 介詞。在; 由。介紹動作行爲發生的處所。宋 · 陳鵠 ≪耆舊續聞≫卷一 :「有一士人從貴臣幕外過, 見其女樂甚都。」(羅竹風 主編, ≪漢語大詞典≫, 漢語大詞典出版社, 1991年)

4) 頭 : 放在數量詞前後, 表示約指。猶差不多。≪金瓶梅詞話≫十八回 :「那時正値七月十二頭天氣, 夜子有些餘熱, 這潘金蓮怎生睡得着。」

5) 備細 : 詳細情況。≪水滸傳≫五回 :「大頭領大驚, 正問備細, 只見報道 : "二哥來了"。」(龍潛庵 編著, ≪宋元語言詞典≫, 上海辭書出版社, 1985年, 頁538)

6) 伯娘 ; 大媽。稱伯父之妻。

姐姐, 姐夫, 二哥, 三哥, 阿嫂[7], 姊妹[8], 兄弟[9]每都安樂好麽? 都安樂。那般好呵。休道黃金貴, 安樂最直錢。怪殺[10]今日早起[11]喜鵲兒噪, 更有噴嚏來, 果然有親眷來, 更有書信, 却道[12] "家書直萬金"。小人拙婦和小孩兒每都安樂那[13]? 都安樂。你那小女兒出班子[14]來, 俺來時都完痊痾了。

번역

店主 : 저기 李씨가 오고 있지 않습니까?

麗商 : 편안하셨습니까?

李舍 : 언제 오셨소? 집안은 별고 없는지요?

---

7) 阿嫂 : 稱哥哥的妻子。(白維國, ≪金瓶梅詞典≫, 中華書局, 1991年, 頁1)

8) 姊妹 : 指妹妹。≪劉知遠諸宮調≫卷十二 :「交他做姐姐, 我做妹妹, 俺兩個一個口兒裏出氣。」

9) 兄弟 : 弟。關漢卿 ≪金線池≫一末白 :「兄弟對哥哥根前, 怎敢提筆?」

10) 怪殺 : 怪, 難怪; 怪不得。"殺"或作 "煞, 噍, 僂, 作 "語助詞", 猶現代漢語的 "呵", 猶 "哦"。怪殺", 就 "難怪呵"之意。徐本 ≪范張鷄黍≫三【元和令】:「怪幾日前長星落大如斗, 流光射夜如晝, 元來是喪賢人地慘共天愁。」(劉堅 江藍生 主編, ≪元語言詞典≫, 上海敎育出版社, 1998年, 頁112)

11) 早起 : 早晨。元刻 ≪魔合羅≫一白 :「早起天晴, 如今陟恁的好雨!」(劉堅 江藍生 主編, 同上揭書, 頁408)

12) 却道 : 恰是; 正是。"却", 恰; 正也。元刊 ≪單刀會≫三【粉蝶兒】:「天下荒荒, 却周秦早屬了劉項。」(藍立蓂 編著, ≪關漢卿戲曲詞典≫ 四川人民出版社, 1993年, 頁225). "道", 猶是也。≪董西廂≫一 :「不惟道生得箇龐兒美, 那堪更小字兒稱愜人意。」按小字指鶯鶯之名。不惟道, 猶云不惟是或不但是也。(張相, ≪詩詞曲語辭匯釋≫, 中華書局, 1991年, 頁465)

13) 那 : 疑問詞。用于句中或句末, 略同于 "呵", "麽"。

14) 出班子 : 應是'出斑子'。出痘兒。痘瘡。

麗商 : 모두 편안하십니다.

李舍 : 내가 묵고 있는 방으로 갑시다. 자! 자! 안쪽으로 앉으세요! 언제 開京을 떠나셨습니까?

麗商 : 난 칠월 초 무렵에 떠났습니다.

李舍 : 그런데 어찌하여 이제야 도착하셨습니까?

麗商 : 길을 천천히 잡고 왔습니다.

李舍 : 우리 집 서찰은 있습니까?

麗商 : 서찰이 있습니다.

李舍 : 이 서찰에는 자세히 쓰여 있지가 않군요. 오실 때, 우리 아버지, 어머니, 큰아버지, 작은아버지, 누님과 자형, 둘째 형님, 셋째 형님, 형수, 여동생 그리고 남동생들은 모두들 편안들 하던가요?

麗商 : 모두 편안하십니다.

李舍 : 그렇다면 좋은 일이지요. 「황금이 귀하다고 말하지 말고, 평안함이 가장 값진 것이다.」라는 말이 있지요. 어쩐지 오늘 아침에 까치가 울고, 게다가 또 재채기가 난다고 했더니, 과연 반가운 분이 찾아오시고, 게다가 또 편지까지, 「家書直萬金(家書 한 장이 억만금의 값이다)」이라는 말이 바로 그 말이군요. 저의 집사람과 아이들도 평안하겠지요!

麗商 : 다들 평안하십니다. 따님이 마마[15]를 앓고 있었는데, 내가 떠나올 때는 다 나았습니다.

15) 原文의 '班子'는 '斑子'의 同音異字로 본다. ≪譯語類解≫ (서울 亞細亞文化社刊行, 125쪽)에 "出痘兒", "斑子"의 어휘에는 "힝역(마마, 천연두)"으로 언해되어 있음을 볼 수가 있다.

第五十八話 如今價錢如何
(지금 시세는 어떻습니까?)

你將甚麼行貨[1]來? 俺將著幾箇馬來, 更有些人蔘, 毛施, 帖裏布。如今價錢如何? 馬的價錢和布價則依往常。人蔘價錢哏好有。道的是! 恰纔這店裏那客人也這般說。你有幾箇伴當? 更有兩箇伴當, 都是親眷, 一箇是姑舅哥哥, 一箇是兩姨兄弟。在那裏下[2]? 在順承門關店街北一箇車房裏下著有。從幾時來到? 俺則夜來[3]到。這伴當是誰? 到東京這壁廂[4]廝合[5]著。他也有幾箇馬, 一處[6]赶將來。他是漢兒人, 在東京城裏住。俺沿路來時好生多得他濟[7]。俺漢兒言語不甚理會[8]的, 路上喫的, 馬匹草料, 以至安下處, 全是這哥哥

1) 行貨 : 貨物, 物品。≪水滸傳≫十六回 : 「你這廝好大膽, 怎敢看俺的行貨!」(高文達 主編, ≪近代漢語詞典≫, 智識出版社 1992年, 頁287)

2) 下 : 歇宿, 收留。≪警世通言≫卷二十四 : 「想你這個模樣子, 誰家下你?」(高文達 主編, 同上揭書, 頁847)

3) 夜來 : (一) 晚上, 昨夜。指晨起之前的夜間。(二) 昨天。卽黑夜之前的那個白天。(許少峯 主編, ≪近代漢語詞典≫, 團結出版社, 1997年, 頁1358)

4) 這壁廂 : 這邊。亦作 "這廂"。≪水滸傳≫八三回 : 「那廝隊裏四個蠻子四條槍, 便來攢住了, 俺這壁廂措手不及, 以此輸了。」(龍潛庵 編著, ≪宋元語言詞典≫, 上海辭書出版社, 1985年, 頁461)

5) 廝合 : 卽 "相合"。

6) 一處 : 一起, 一塊兒。

7) 濟 : 應是 "濟助"或 "濟惠"。卽 "幫助"。

8) 理會 : 知曉, 領會, 知道。≪二程語錄≫卷十一 : 「又問 : 日食有常數, 何治世少而亂, 煞獨理明也, 天人之際甚微, 宜更思索。」(龍潛庵 編著, ≪宋元語言詞典≫, 上海辭書出版社, 1985年, 頁795)

生受[9]。道的是。

번역

李舍 : 어떤 물건들을 가져왔습니까?

麗商 : 우리는 말 몇 마리와 그 밖에 또 인삼과 모시 그리고 삼베를 좀 가져왔습니다. 지금 시세는 어떻습니까?

李舍 : 말의 가격과 베 값은 변함이 없고, 인삼 값은 아주 좋습니다.

麗商 : 그러하군요! 조금 전 숙소에 있던 상인도 그렇게 말을 했습니다.

李舍 : 일행이 몇 분입니까?

麗商 : 둘이 더 있는데, 모두가 일가친척으로, 한 분은 이종사촌 형님이고, 한 사람은 고종사촌 동생입니다.

李舍 : 어디에서 묵고 계신지요?

麗商 : 順承門 關店街 북쪽의 한 수레 칸에서 묵고 있습니다.

李舍 : 언제 당도하셨습니까?

麗商 : 난 어제 도착했습니다.

李舍 : 이 분은 누구십니까?

麗商 : 東京 그곳에 도착해서 합류를 했습니다. 이 분도 말이 몇 필이 있어, 함께 몰고 왔습니다. 이 분은 漢族으로 東京城에서 살고 계십니다. 오는 도중에 이 분의 도움을 많이 받았습니

9) 生受 : 此作“辛苦, 受苦, 操勞”。元·無名氏 ≪合同文字≫一【油葫蘆】:「量小生有甚人情有甚錢, 苦痛也波天! 則爲那家私生受了二十年。」(王學奇 王靜竹 撰著, ≪宋金元明清曲辭通釋≫, 語文出版社, 2002年, 頁982)

다. 우리는 중국말을 그다지 잘하지 못하니, 도중에 먹을 것과 말의 사료 그리고 묵는 숙소까지, 모두 이 형님이 고생을 하셨습니다.

李舍 : 그리하셨겠습니다.

第五十九話 我送到你外頭去
(제가 밖에까지 배웅을 하겠습니다)

俺且[1]到下處去, 再厮見。且停些時[2]! 咱每聊且[3]喫一盞酒, 不當[4]洗塵[5]。不索[6], 今日忙, 明日再厮見喫酒, 也不遲裏[7]! 那般呵, 明日就店裏尋你去, 一就和那親眷每, 一處喫一兩盞。我送到你外頭去。索甚麼[8]你送? 你這房裏無人, 不索去。那般者, 你却且休怪, 小人沒一禮[9]館待[10]。怪甚麼? 咱每一家

---

1) 且 : 即; 就。關漢卿 ≪單鞭奪槊≫二 :「(茂公云)你且休往京師去, 回營中救敬德去來。(末云)喒且回營救敬德去來」(藍立蓂 編著, ≪關漢卿戲曲詞典≫ 四川人民出版社, 1993年, 頁215)

2) 時 : 此作助詞, 猶'啊'。

3) 聊且 : 姑且; 暫且。

4) 不當 : 不能算。≪殺狗勸夫≫三 白 :「我今日不當十分醉。」(劉堅 江藍生 主編, ≪元語言詞典≫, 上海教育出版社, 1998年, 頁30)

5) 洗塵 : 設宴招待遠方來人。≪水滸全傳≫三三回 :「便請宋江更換衣裳鞋襪, 香湯沐浴, 在後堂按排筵席洗塵。」(許少峯 主編, ≪近代漢語詞典≫, 團結出版社, 1997年, 頁1215)

6) 不索 : 索, 須也。不索, 即不須也。

7) 裏 : 助詞。同與現代漢語語氣助詞 "呢"。

8) 索甚麼 : 用不着; 無須。又作 "索甚", "色甚麼"。

9) 一禮 : 應是 "一力"之誤寫。一力, 即 "竭力", "全力"。王實甫 ≪西廂記≫五本四折 :「長生, 你若端的不曾做女婿呵, 我去夫人根前一力保你。」

10) 館待 : 管待也。管待, 謂招待, 款待, 多指宴以酒食而言。清 · 東山痴野 ≪才貌緣≫十一【雁過聲】白 :「幸蒙館待, 只道咫尺巫雲, 誰知邈若山河。」"管", 一作 "館", 以同音借用。(王學奇 王靜竹 撰著, ≪宋金元明淸曲辭通釋≫, 語文出版社, 2002年, 頁430) ≪七國春秋平話≫卷上 :「其時, 孫子排宴管待諸國君王。」(顧學頡 王學奇, ≪元曲釋詞≫卷一, 中國社會科學出版社, 1983年, 頁688)

裏, 又不是別人。

번역

麗商 : 난 거처로 곧 갈까 합니다, 다시 또 만나기로 하지요.

李舍 : 잠시 더 계시지요! 우리 잠깐 동안 술이나 한 잔 하면 좋겠는데, 그렇다고 정식의 旅毒을 푸는 환영의 宴會[11]는 아니겠지만 말입니다.

麗商 : 그럴 필요는 없습니다, 오늘은 바쁘니, 내일 만나서 한 잔 해도, 늦지 않을 것입니다.

李舍 : 그렇다면, 내일 가게로 찾아가겠습니다, 함께 다른 친지들과도, 같이 술 한 잔 하시지요. 제가 밖에까지 배웅을 하겠습니다.[12]

麗商 : 배웅까지 필요가 있겠습니까? 이 방에 아무도 없으니, 나가실 필요는 없습니다.

李舍 : 그렇게 하겠습니다, 그렇지만 너무 서운해 하시지 마십시오, 제가 손님대접에 최선을 다하지 못했습니다.

麗商 : 서운하기는요? 우리는 같은 일가이고, 남도 아니고요.

---

11) 原文의 '洗塵'은 「旅路의 먼지를 씻어낸다」는 의미로, 잔치를 열어 먼 곳에서 온 사람을 환영하는 하나의 행사로 現代에서도 여전히 행해지고 있다. "接風"이라고도 한다.

12) 原文 '我送到你外頭去'의 구문에서 '你'의 위치가 정상이 아닌데, ≪飜老≫에서는 "我送你到外頭去"로 바뀌었다. 誤記가 아닌가 한다. (≪鄭光本≫, 240쪽 注 4번)

第六十話　這箇青馬後生那老
(이 총이말은 몇 살입니까?)

不多時却[1]到店裏，見店主人和三箇客人立地[2]看馬。店主人道。這三箇伴當[3]，兩箇是買馬的客人[4]，一箇是管牙人[5]。你這馬，他每都一發[6]買將直南[7]賣去，便將到市上也則[8]兀

1) 却 : 動詞。返; 回。≪三國志≫卷上 :「丞相道無凭驗, 兄弟却來取書。」(劉堅 江藍生 主編, ≪元語言詞典≫, 上海敎育出版社, 1998年, 頁257)

2) 立地 : 顧學頡 王學奇, ≪元曲釋詞≫卷二(中國社會科學出版社, 1984年, 頁337) :「立地, 卽立着, 站着。"地"用爲語調詞, 猶着。這種用法, 元曲中很普遍, 如 "坐地"卽坐着, "臥地"卽躺着, 等等。敦煌變文 ≪前漢劉家太子傳≫ : "其耕夫逐耕壟, 上下埋地"("埋地"卽埋着)

3) 伴當 : 同伴, 朋友。又作僕從, 奴僕。王雲路 方一新 ≪中古漢語語詞例釋≫ :「"伴"字本爲伴侶義, "黨"字也可指同伙, 同類。…近代漢語作品中, 可見 "伴當", "伴儅", "伴等"等詞, 有伙伴, 同伴和僕從二義, 當系由 "伴黨"演變而來。」(吉林敎育出版社, 1992年, 頁13)

4) 客人 : 客商; 商販。≪三國志平話≫卷中 :「趙雲按適樓, 言天晚, 來日入城, 客人不肯, 言 : "俺資本船貨物多, 城外恐有失。"」

5) 牙人 : 爲賣買雙方撮合從中取得傭金的人。也說 "牙子"。≪元典章·戶部五≫ :「哈迷委曾先已商議定價, 令牙人估計前後房院實直。」(劉堅 江藍生 主編, ≪宋語言詞典≫, 上海敎育出版社, 1999年, 頁370) 按, 管牙人應爲'官牙人', '官牙子'之誤寫, 官牙人相對有'私牙人'。

6) 一發 : 此作 "統統, 全部"之意。≪合汗衫≫三 白 :「母親有的話, 一發說了罷。」(顧學頡 王學奇 ≪元曲釋詞≫卷四, 中國社會科學出版社, 1990年, 頁224)

7) 直南 : 正南也。用在方位詞前, 起指示方位作用。≪射柳捶丸≫一【混江龍】白 :「爲因直北雁門關外, 有一人仍是耶律萬戶。」(劉堅 江藍生 主編, 同上揭書, 頁430)

8) 則 : 就。關漢卿 ≪四春園≫二 官人白 :「非衣兩把火, 這名字則在這頭一句裏面。」

的[9]是[10]。千零不如一頓, 則不如都賣與他每倒[11]快也。既你待[12]賣時, 咱每商量[13]。這箇青馬[14]後生[15]那[16]老? 你則拿著[17]覷[18]牙根底[19]。我覷了也, 下頭沒[20], 上頭邊兒有, 哏老有。你敢[21]不理會的馬齒歲, 這箇馬如何? 今春新騸[22]了的, 哏壯

---

9) 兀的 : 此作表示驚異或强調語氣的助詞。關漢卿 ≪陳母敎子≫二 正旦白 : 「則不你說, 兀的又有人來說裏!」

10) 是 : 與 "似"通用。關漢卿 ≪玉鏡臺≫二【牧羊關】: 「指頭是三節兒瓊瑤, 指甲似十顆水晶。」

11) 倒 : 正, 却。

12) 待 : 打算, 想要。

13) 商量 : 討價還價。≪宣和遺事≫元集 : 「楊志…將一口寶刀出市貨賣, 終日價無人商量。行至日晡, 遇一惡少後生要買寶刀。」(龍潛庵 編著, ≪宋元語言詞典≫, 上海辭書出版社, 1985年, 頁845)

14) 青馬 : 青色的馬。三國 · 魏 · 阮籍 ≪獼猴賦≫ : 「夸文獨鹿被其豪, 青馬三騅棄其群 : 此以其壯而殘其生者也。」

15) 後生 : 年輕。≪西廂記≫二本 二折【朝天子】: 「休道這生年紀兒後生, 恰學害相思病。」

16) 那 : 語氣助詞。用在選擇問句前面一個選擇項的後面。≪元典章 · 戶部十≫ : 「大哥, 這是冬天那春天?」

17) 拿著 : 卽 "捉着"。

18) 覷 : 瞧; 看。

19) 牙根底 : 根底, 猶云面前或旁邊也。按, "牙根底", 此猶云 "牙邊", 就是 "牙齒周圍"。張相 ≪詩詞曲語辭匯釋≫ : 「≪樂府新聲≫下, 無名氏小令, ≪罵玉郎過感皇恩採茶歌≫ : "無情杜宇閒淘氣。頭直上, 耳根底, 聲聲聒得人心碎。" 此猶云耳邊。」(上海古籍出版社, 2009年, 頁632)【累字解】根底, 앏픠。比根前稍卑之稱。

20) 沒 : 就是 "陷沒"。猶不見, 失去。

21) 敢 : 只怕, 也許。敢, 此作表示不確定, 猜測之意的副詞。

22) 騸 : 閹割牲畜。≪西遊記≫三九回 : 「菩薩道 : 點汚他不得, 他是個騸了的獅子。」

馬。這好的歹的都一發[23]商量。

번역

얼마 후 주점으로 되돌아 왔다. 店房의 주인과 세 명의 손님이 서서 말들을 살펴보고 있는 광경을 목격한다.

店主 : (가게 주인이 말 한다) 이 세 사람은, 두 분은 말을 살 사람들이고, 한 분은 중개인[24]이요. 댁들이 몰고 온 말들을, 이 분

23) 一發 : 一起, 一竝。

24) 原文의 '管牙人'이란 어휘는 다른 문헌에서 찾을 수가 없고, 앞의 주 5)번에서 언급한 바처럼 '管牙人'은 '官牙人'의 誤寫로 보인다. ≪原本老乞大≫本에서는 '거간' 즉 '중개인'의 의미를 가지는 語彙에 대해서 '牙子' · '牙人' · '牙家' 등의 어휘가 쓰이고 있음을 볼 수 있고, '管牙人'이라는 어휘가 모두 두 번이 사용되고 있었다. 改修本인 ≪飜譯老乞大≫에서는 '管牙人'이 삭제되고, '牙人'으로 改修되어 있음을 볼 수 있다. 近代漢語의 다른 문헌에서는 "牙郞", "牙老" 등의 어휘도 찾을 수가 있고, 여자 거간꾼을 "牙婆", "牙嫂", "牙媼" 등으로 불린다. '官牙人'은 이른바 '官認仲介人'이다. '官牙子'에 반대되는 말에는 '私牙子'가 있다. 다음은 중국 鎭江日報(09年11月16日)에 실린〈古代經紀人 - 牙子〉이라는 글에서 발췌한 '牙子'에 대한 글이다 :「중국의 고대에도 중개사가 존재하였는데 '牙子'·'牙人'·'牙郞'·'牙儈' 등으로 불렸다. 그들은 매매당사자들을 이어주고 성사에 도움을 줌으로서 중개료를 받는 것이다. 明나라의 商書인 ≪士商類要≫에는 '매매에는 牙子가 필요하고, (배에)물건을 싣고 내리려면 선창이 필요하다' 말이 있다. 이것은 '牙子'에 대해서 商業 활동에 매우 긍정적인 기능을 하고 있음을 말하는 것이다. 이른바 牙者는 물건의 질을 감별하고, 무게를 확인하고, 가짜를 가려내는 것이다. 바로 이러하기 때문에 정부는 중개인의 감독과 稅收의 증대를 강화하기 위하여 '牙行'이라는 지금의 허가증과 같은 증서(帖子)를 발급한 것이다. 그래서 이른바 '官牙'라는 말이 생긴 것이다.(中國古代也有 "經紀人", 稱爲 "牙子", 也叫 "牙人", "牙郞", "牙儈", 他們所從事的職業, 就是在賣買雙方之間撮合, 幫人做成交易後收取傭金。…明代商書 ≪士商類要≫說 : "賣買要牙, 裝載須埠。"對 "牙子"在商業活動中的作用, 給予了充分肯定 : "所謂牙者, 別精粗, 衡重輕, 革僞妄也。" 正

들이 한꺼번에 사서 남쪽[25]으로 가서 팔 것이니, 시장에 가는 것과 매 한 가지일 것이요[26]. 흩어진 천 개보다 한 개의 큰 뭉치가 낫다고, [27] (한 마리 한 마리씩 팔리는 것보다) 이

因爲牙子重要, 所以官府爲了加强管理和收税的需要, 還給 "牙行"發帖(類似如今的商業執照), 于是就有了所謂 "官牙"的說法。」'管牙人'에 대해서 ≪鄭光本≫ (242쪽 注 2번)에서는 다음과 같은 설명을 볼 수 있다 :「언해에서는 '즈름'으로 번역하였다. 거간 또는 거간꾼을 말한다. 일반적으로 ≪飜老≫에서처럼 '牙子' 또는 '牙人'이라고 하지 '管牙人'이라고 쓴 예는 아직 찾아볼 수 없다. ≪老朴集覽≫에 의하면 '牙'는 본래 '瓦'이었으나 唐代에 '瓦'와 '牙'의 글자 모양이 유사하였으므로 잘못하여 '牙'라고 쓴 것이 그대로 정착되었다고 한다(朴覽 上).」

25) 原文의 '直'은 方位를 나타내므로 '正南'을 말함이다. '直東', '直南'과 같은 쓰임은 ≪原本老乞大≫에서 볼 수 있는데, 地名과 함께 오기도 하고 단독으로 쓰여 전체의 방향을 나타내기도 한다. ≪原本老乞大≫에서「但是直東去的客人每」는 ≪老乞大≫에서는「但是遼東去的客人們」으로 나타나고 있음을 볼 수 있다. 原文 '直東'에 대하여 ≪鄭光本≫ (51쪽 주 17번)에서는 다음과 같이 설명하고 있다 : ≪原文 '直東'의 '直'은 방향을 표시하는 접두어이다. 위를 '直上', 아래를 '直下'라고 한다. 제9화, 제60화, 제67화에 '直南'이 보이면, 元刊本 ≪張千替殺妻≫ 雜劇 一折의 대사에 "哥哥往直西去, 早半年 - 형님은 '直西'에 가서 반년이 되었네"가 있고 또한 ≪大元馬政記≫의 지원(至元) 6년조에 '直北의 蒙古 千戶, 百戶, 牌甲'이라는 기사가 있다. 당시, 대도를 중심으로 사방을 이렇게 불렀던 것으로 보인다. 따라서 '直東'은 요동(遼東)이나 고려 방면을 말할 것이다.≫

26) 原文 '便將到市上也則兀的是'에서의 '是'는 소리가 같은 '似'와 통용이 된다고 한다면, '便將到市上也則兀的是' 一句를 '牽(馬)到市場也就一樣'처럼 現代漢語로 바꿀 수가 있을 것이다. 즉 '장사꾼들이 한꺼번에 몽땅 사갈 것이니, 말을 끌고 시장으로 가서 파는 것과 똑 같다'의 의미로 해석하였다. ≪原本老乞大≫의 '便將到市上也則兀的是'는, 改修本인 ≪飜譯老乞大≫에서는「便到市上, 也只一般。」으로 나타나고 있음을 볼 수 있다.

27) 原文 '千零不如一頓'의 출처는 알 수가 없고, ≪鄭光本≫ (242쪽)에는「조금씩 따로따로 흩어져 있는 천무더기보다는 한 개의 큰 무더기가 낫다」라는 번역을 볼 수 있다. ≪飜老≫에서는「즈믄 뽄거시 ᄒᆞᆫ 무들기만 ᄀᆞᆮ디 몯ᄒᆞ니」로 諺解하

분들에게 한꺼번에 파는 것이 빠르고 좋을 것입니다.

商客 : 여러분들이 팔려고 작정을 하셨다면, 우리 한 번 흥정을 해 봅시다. 이 총이말(靑馬)[28]은 나이가 몇 살입니까?

漢商 : 손님께서 말을 잡고 말들의 이빨들을 잘 살펴보시지요.

商客 : 내가 살펴보았는데, 아래는 없고, 위쪽은 있는걸 보니, 꽤 나이가 먹어 보입니다.

漢商 : 말의 나이를 잘 볼 줄 모르시는 모양입니다, 이 말이 어떠한가 하면요? 올 봄에 거세를 한 튼튼한 어린 말입니다.

商客 : 좋은 말과 나쁜 말들을 함께 묶어서 값을 흥정합시다.

고 있음을 볼 수 있다.

28) 原文 '靑馬'에 대한 ≪飜譯老乞大≫의 諺解는 '총이ᄆᆞ리'이다. 갈기와 꼬리가 파르스름한 흰 말이다.

第六十一話 則有五箇好馬
(오직 다섯 마리만 상태가 좋군요)

這曳剌[1]馬, 騸馬[2], 赤馬, 黃馬, 鷰色馬, 栗色馬, 黑綜馬, 白馬, 黑馬, 灰馬, 土黃馬, 繡膊馬[3], 白臉馬, 五明馬[4], 桃花馬[5], 青驄馬[6], 豁[7]鼻馬, 騍馬[8], 懷駒馬, 環眼馬[9], 乖騷馬[10], 烟薰馬[11]。這馬牛行花塔步, 竄行[12]馬, 鈍馬, 眼生[13]馬, 撒蹶[14]的馬,

---

1) 曳剌 : 契丹語稱壯士, 走卒爲曳剌(ye la); 唐代回訖語謂之曳落河。≪遼史·百官志≫作拽剌。(顧學頡 王學奇, ≪元曲釋詞≫卷四, 中國社會科學出版社, 1990年, 頁196)

2) 騸馬 : 卽 閹割了的馬, 也稱去勢之馬。

3) 繡膊馬 : 騧馬(黃馬黑喙)之一種。≪琵琶記≫ 第一出 :「〔末〕有甚顏色的?〔丑〕布汗, 虎刺, 合里烏, 赭噁兒…兔黃, 眞白, 玉面, 銀鬃, 綉膊, 青花。正見五花散作雲滿身, 萬里方看汗流血。」

4) 五明馬 : 因馬的四蹄白如霜雪, 肩上有一片白毛, 故名。亦作 "五明驥"。

5) 桃花馬 : 駓。毛色黃白相雜的馬。亦稱 "桃花馬"。

6) 青驄馬 : 毛色青白相雜的駿馬。

7) 豁 : 裂開, 缺口。

8) 騍馬 : "騍", 雌。"騍馬"就 "母馬"。

9) 環眼馬 : 二目皆白之馬。

10) 乖騷馬 : 乖, 機巧, 靈敏。騷, (馬)高大健壯。騷馬, 壯健的馬。宋·梅堯臣 ≪上馬和公儀≫ :「烟火千門曉欲開, 五花騷馬肯徘徊。」按, 乖騷馬, 應指機靈健壯的好馬。

11) 烟薰馬 : 未詳。

12) 竄行 : 竄, 奔跑; 逃竄。竄行, (馬)疾行狂奔。又作 "攛行", "蹿行"。

13) 眼生 : 對所見的人或物不認識或不熟悉。按, 此作 "視線不正確"。

14) 撒蹶 : 指馬, 驢等向後踢腿。寧致遠 ≪楚氏春秋≫ :「那馬見此計不成, 如瘋癲一般, 在練兵場上撒蹶亂跳。」

前失[15]的馬, 口硬[16]馬, 口軟馬。這些馬裏頭, 歹的十箇。一箇瞎, 一箇跛[17], 一箇蹄歪, 一箇磨硯, 一箇打破[18]脊梁[19], 一箇熟蹶[20], 一箇疥[21], 三箇瘦。則[22]有五箇好馬。

번역

商客 : 種馬인 수말[23], 거세(去勢)된 악대말[24], 털빛이 붉은 절따

15) 前失 : 指馬的前足失陷或謂失足向前跌倒。≪儒林外史≫ 第二回 : 「每日騎着這個驢, 上縣下鄉, 跑得昏頭暈腦, 打緊又被這瞎眼的忘八在路上打個前失, 把我跌了下來。」

16) 口硬 : 指牲口年齡較小, 較壯的。馮彪 ≪颷馬一族≫ : 「那種口硬馬, 越勒嚼子越狂奔, 跨溝躍坡, 往死裏跑, 一般人都憷它。」

17) 跛 : 腿或脚有病, 走路時身體不平衡, 瘸。例 : 跛脚。跛子。

18) 打破 : 使物體破壞, 損傷。元 · 馬致遠 ≪荐福碑≫第二折 : 「天色暄熱, 打破了我這脚, 我慢慢的行波。」

19) 脊梁 : 人和動物背上中間的骨頭。

20) 熟蹶 : 熟, 喩程度深。例 : 熟睡。蹶, 跌倒。

21) 疥 : 疥癬。

22) 則 : 此作 "只; 僅"。

23) 原文 '曳剌馬'에 있어, '曳剌(yela)'는 앞의 註 1)번에서처럼 거란어(契丹語)로 '健兒', '兵士'를 나타내는 말임을 알 수 있지만 '曳剌馬'에 대한 풀이는 辭書에서 찾을 수가 없다. 그러나 아래의 烏日陶克套胡(內蒙古師範大學 敎授)가 지은 ≪古族遊牧民經濟及其變遷≫ 一書에는 '曳剌馬'와 소리가 비슷한 種馬 '移剌馬'에 대한 어휘를 볼 수가 있다 : 「由南宋人彭大雅撰, 徐霆疏証的 ≪黑韃事略≫中對蒙古人, 蒙古馬有這樣的描述 : "其牡馬留十分壯好者, 作移剌馬種, 外餘者多扇(騸)了"。"移剌者, 公馬也, 不曾扇, 專管; 騍馬群不入扇馬隊, 扇馬, 騍馬各自爲群隊也"。(南宋人 彭大雅가 撰하고 徐霆가 疏를한 몽골의 見聞錄인 ≪黑韃事略≫(1237年)에는 몽골사람과 몽고말(馬)에 대한 이러한 묘사가 있다. 건장한 수컷 말을 남겨 '移剌馬'의 種馬로 쓰고, 나머지는 거세를 한다. '移剌'은 수말로, 거세를 하지 않고 전문적으로 관리를 한다; 암말은 수말

마[25], 털빛이 누런 공골말[26], 온 몸의 털빛이 검푸른 오류마[27],

무리에 섞이지 않게 하고, 수말과 암말은 각각 무리를 이루게 한다.」(中國 百度에서 발췌) 그러나 改修本인 ≪老乞大≫와 ≪飜譯老乞大≫에서는 '曳剌馬' 대신 '兒馬'로 교체되었고 '아질게𐀀'로 諺解되고 있음을 볼 수 있다. '아질게'는 '새끼'의 옛말로 중세 몽고어 aǯirra(morin)에서 유래되어 쓰인 말이다. '아질게𐀀'에 대한 국어사전에서는 '망아지'라는 풀이를 볼 수 있고, '兒馬'는 '길이 들지 아니한 작은말'이라는 설명을 볼 수가 있다. ≪新元史≫에서도 '曳剌馬'는 '騸馬', '小馬'와 함께 출현이 되고 또한 이러한 말들이 馬場에서 거래되는 가격으로 볼 때, '曳剌馬'는 새끼 말인 '망아지(小馬)'와는 다름을 알 수가 있다. (≪新元史≫卷一百 · 志第六十七 : 「馬價以中統鈔爲則 : 騸馬, 每匹上等五錠, 中四錠, 下三錠; 曳剌馬, 每匹上等四錠, 中等三錠, 下等二錠; 小馬, 每匹上等三錠, 中等二錠二十五兩, 下等一錠。」). 다음은 세종실록에서 엿볼 수 있는 '兒馬'에 대한 언급으로, '兒馬' 즉 '아질게𐀀'은 순응되기 전 서너 살 먹은 '새끼 말'임을 알 수 있다 : 「兵曹據司僕寺提調所申啓…請自今點馬別監同都節制使, 依詳定尺數, 從自願以三歲兒馬二匹, 換調習壯實馬一匹, 分養于各官, 京畿各牧場兒馬, 則刷聚本寺 換易分養于各官, 臨時進獻. (병조에서 사복시 제조의 신청에 의해 아뢰기를, "…지금부터 점마별감이 도절제사와 같이 상정한 척수에 의해, 자원에 따라 3세의 아마 2필을 훈련된 장대한 말 한 필과 교환하여 이를 각 고을에 분배해 기르게 하고, 경기 각 목장에 있는 아마는 모두 본시로 집합시켜 교환한 뒤에 각 고을에서 나누어 기르다가, 때가 되거든 가져다가 바치게 하시기를 청하옵니다." 하였다.)」(世宗實錄 권제49, 31장; 네이버 백과에서 발췌) 그러므로 ≪老乞大≫와 ≪飜譯老乞大≫에서 볼 수 있는 '兒馬(아질게𐀀)'은, 原文인 "曳剌馬'를 "兒馬'로 바꾼것일뿐 같은 의미를 가지는 어휘는 아닌 것이다. '曳剌馬(移剌馬)'는 種馬이고, ≪老乞大≫와 ≪飜譯老乞大≫에서 '曳剌馬'대신 '아질게 𐀀'로 언해된 '兒馬'는 '망아지'를 나타내는 것이다.

24) '악대말'은 '거세마(騸馬)'를 일상적으로 이르는 말이다. 다음은 '騸馬'에 대한 중국의 자료인데, '騸馬'는 '불깐 말'의 중국어 표기이고, 몽골어로는 '阿塔思'라고 부르고 있음을 알 수 있다. 우리말의 '악대 말'의 '악대'는 몽골어 '阿塔思'와 비슷하게 들린다. (馬生下來一, 二年間在草地上進行精心騎乘訓練, 使其飽食青草, 膘滿體壯。長出四齒卽去勢。蒙古語稱去勢之馬爲 "阿塔思", 漢語叫騸馬。這樣早去勢的馬矯健勇壯, 而且有力柔順, 能耐寒冷氣候。去勢後的馬經二, 三年在草地放牧後, 再次騎乘, 并像最初騎乘訓練那樣再次教練。經第二

털이 밤 빛깔인 구렁말[28], 털이 희고 갈기가 검은 가리온[29], 흰 빛에 거무스름한 점이 드문드문 섞인 서라말[30], 털빛 온통 검은 가라말[31], 털빛이 잿빛인 추마말[32], 등에 검은 털이 난 고라말[33], 주둥이가 검은 황마(黃馬)[34], 뺨에 흰줄이 지고, 눈에 푸른빛을 띤 잠불마[35], 이마와 네 발이 흰 오명마(五明馬)[36], 누른 바탕에 흰빛이 섞인 도화잠불(桃花馬)[37], 흰 털에 푸른

次教練, 馬的性情已較溫順, 步法也很理想, 不會咬人, 踢人) (摘自 百度百科)

25) ≪飜譯老乞大≫의 諺解는 '졀다ᄆᆞᆯ'이다. 우리말사전에는 '적다마(赤多馬)', '절따말', 등으로 설명되어 있다.

26) 原文 '黃馬'에 대한 ≪飜譯老乞大≫의 諺解는 '공골ᄆᆞᆯ'이다.

27) 原文 '鵞色馬'에 대한 ≪飜譯老乞大≫의 諺解는 '오류마'이다.

28) 原文 '栗色馬'에 대한 ≪飜譯老乞大≫의 諺解는 '구렁ᄆᆞᆯ'이다.

29) 原文 '黑綜馬'에 대한 ≪飜譯老乞大≫의 諺解는 '가리운ᄆᆞᆯ'이다.

30) 原文 '白馬'에 대한 ≪飜譯老乞大≫의 諺解는 '셜아ᄆᆞᆯ'이다.

31) 原文 '黑馬'에 대한 ≪飜譯老乞大≫의 諺解는 '가라ᄆᆞᆯ'이다.

32) 原文 '灰馬'에 대한 ≪譯語類解≫의 諺解는 '츄마ᄆᆞᆯ'이다. ≪飜譯老乞大≫에서는 '灰馬' 대신에 '鎖羅青馬'로 대체되었지만, '츄마ᄆᆞᆯ'로 諺解되어 있음을 볼 수 있다.

33) 原文 '土黃馬'에 대한 ≪飜譯老乞大≫의 諺解는 '고라ᄆᆞᆯ'이다.

34) 原文의 '繡膊馬'는 과(騧; 황고랑), 즉 '주둥이가 검은 노란색의 말(黃馬黑喙)'의 한 종류다. ≪宋會要輯稿≫라는 책에는 '주둥이가 검은 공골 말(騧)'에 대해서 그 특징에 따라 '純騧, 繡膊, 釣星, 曆面, 白脚, 護蘭' 등의 여섯 종류로 나누고 있음을 볼 수 있다. (清·徐松 ≪宋會要輯稿≫ : 「騧之別六, 純騧, 繡膊, 釣星, 曆面, 白脚, 護蘭」) 原文 '繡膊馬'에 대한 ≪飜譯老乞大≫의 諺解는 '쇠눈래브튼ᄆᆞᆯ'이다.

35) 原文 '白臉馬'에 대한 ≪飜譯老乞大≫에서는 '破臉馬'로 改修되고, 諺解는 '간자ᄆᆞᆯ(이마와 뺨이 흰 말)'이다. 原文 '白臉馬'에 대한 ≪譯語類解≫의 諺解는 '잠불ᄆᆞᆯ'이다.

36) 原文 '五明馬'에 대한 ≪飜譯老乞大≫의 諺解는 '가라간쟈ᄉᆞ죡빅'이다.

37) 原文 '桃花馬'에 대한 ≪飜譯老乞大≫의 諺解는 '도화잠불ᄆᆞᆯ'이다.

빛이 나는 말(靑驄馬)[38], 코 째진 말[39], 암말, 새끼 밴 말, 눈알이 하얀 고리눈 말[40], 영민한 건장한 말[41], 연훈마(烟薰馬)입니다[42]. 이 말은 소걸음걸이로 느릿느릿 걷고, [43] 발이 빠른 말, 느린 말, 시선을 맞추지 못하는 말[44], 뒷발만 차는 말, 앞으로 잘

---

38) 原文 '靑驄馬'에 대해 ≪飜譯老乞大≫는 '靑白馬'로 改修되고, 諺解는 '텰청총이'이다.

39) 原文의 '豁鼻馬'는 코 째진 말, 즉 '콧구멍이 넓은 말'을 말한다. ≪飜譯老乞大≫에서는 '豁鼻馬'를 '고ᄲᅥᆫ ᄆᆞᆯ' 諺解되어 있다.

40) 原文의 '環眼馬'는 두 눈알이 갈색이 아닌 하얀색으로 '고리눈 말(瞯)'이라고도 하는데, 쉽게 겁을 먹고 놀란다하여 말 가운데 最下로 쳤다고 한다. ≪飜譯老乞大≫에서는 '골회눈이' 諺解되어 있다.

41) 原文 '乖驕馬'는 영리하고 건장한 말로 보았다. '乖'字에 대해서 ≪古漢語字典≫에서는 '違背', '不和諧' 등 의미로 풀이되고 있음을 볼 수가 있지만, ≪近代漢語詞典≫에는 '機巧', '靈敏'. '敏銳' 등의 의미로 쓰이고 있는 用例들을 많이 볼 수 있다. 이에 ≪現代漢語詞典≫(商務印書館)에서 '乖'字를 찾아보면, '乖'字는 '乖 1'과 '乖 2'로 각각 나누어서 풀이하고 있음을 볼 수 있다. 즉 '乖 1'에서는 '① (小孩兒)不鬧; 聽話' ② '伶俐'로 풀이하고 있고, '乖 2'에서는 <書> ① '違反; 背理' ② '(性情, 行爲)不正常'으로 풀이되고 있음을 볼 수 있다. 改修本인 ≪飜譯老乞大≫에서는 '乖驕馬'가 삭제되고 '劣馬(외ᄂᆞᆫ ᄆᆞᆯ)'라는 어휘가 등장하고 있음을 볼 수 있다. '劣馬'는 '성격이 난폭하여 제어하기 어려운 말'을 말한다. 혹시 改修하는 과정에서 '乖'字를 '乖僻' 등의 書面語의 의미만을 보고 '乖驕馬'를 '劣馬'로 대체시킨 것으로 보인다.

42) 原文 '烟薰馬'에 대한 자료를 찾을 수가 없다. ≪飜譯老乞大≫에서는 삭제되고 보이지 않는다.

43) 原文 '牛行花塔步'를 설명한 문헌을 찾을 수가 없다. ≪飜譯老乞大≫에는「이 ᄆᆞᆯ이 ᄉᆈ거름 ᄀᆞ티 즈늑즈늑기 건ᄂᆞᆫ ᄆᆞᆯ 리로다」로 언해되고 있음을 볼 수 있다.

44) 原文 '眼生馬'에서의 '眼生'은 '사물을 잘 분간하지 못하다'는 의미를 가지므로, '시선이 바르지 못하다'로 번역하였다. ≪飜譯老乞大≫에서는 '놀라ᄂᆞᆫ 몰'로 諺解되어 있다. ≪鄭光本≫ (249쪽 주 26번)에서는 다음과 같이 설명하고 있음을 볼 수 있다 : ≪原文 '眼生馬'는 "낯선 것에 놀라기 쉬운 말"이란 뜻이다. '生'은 '陌生'과 같고, 낯설다는 의미이다. ≪麗春堂≫「雜劇」2折의 李圭 대사에 "可不是射不着, 我那馬眼生, 他躱一躱, 把我那箭擦過去了(화살이 맞

고꾸라지는 말, 말을 잘 안 듣는 말[45]과 성격이 온순한 말[46]들이 있군요. 이 말들 가운데, 열 마리가 좀 상태가 좋지 않습니다. 한 마리는 눈이 멀고, 한 마리는 절름발이며, 한 마리는 발굽이 비뚤어지고, 한 마리는 발굽이 닳아빠지고, 한 마리는 등이 휘었으며, 한 마리는 많이 저는데다가, 한 마리는 옴에 옮았고, 세 마리는 살이 없고 말랐습니다. 오직 다섯 마리만 상태가 좋군요.

지 않는 것이 아니라 제 말이 낯선 것에 놀라 피했기 때문에 화살이 빗나갔습니다)"라는 대사가 있다. 또한 같은 극의 1折에서는 이 부분을 '眼叉'라고 말하였다.≫

45) 原文의 '口硬馬'에 대해 앞의 주 16)번의 例文(那種口硬馬, 越勒嚼子越狂奔, 跨溝躍坡, 往死裏跑, 一般人都憷它; 그러한 '口硬馬'는 재갈을 물릴수록 사방으로 날뛰고 죽자고 달리므로 일반 사람들은 무서워들 한다.)을 보면, 어리고 순치되지 않은 억센 말(馬)을 말하는 것으로 보인다. ≪飜譯老乞大≫에서도 '아귀 센 몰'로 언해되어 있는데, ≪李朝語辭典≫(李昌惇 著)에서는 '아귀 센 몰'에 대해서 '억센 말'로 풀이하고 있음을 볼 수 있다. 또한 '口軟馬'의 諺解는 '아귀 무른 몰(온순한 말)'이다.

46) 原文의 '口軟馬'의 ≪飜譯老乞大≫의 諺解는 '고개므른 몰'이고, ≪老乞大諺解≫는 '아귀 무른 몰'이라 하였다. '아귀 무른 몰'은 '온순한 말'이라는 풀이를 볼 수가 있다.

第六十二話 你則說賣的價錢
(팔 값을 말하시오)

你這馬好的歹的, 大的小的, 相滾[1]著要多少價錢? 一箇家[2]評[3]了價錢。通要一百二十兩定[4]鈔。你說這般價錢怎麽厮合[5]的? 你則說賣的價錢, 無來由這般高索[6]甚麽. 俺不是矯[7]商量的, 你道的是呵, 兩三句話便成了交易。不爭[8]你這般胡索[9]價錢, 怎生的還[10]呵是[11]? 牙子道 : 伴當每, 恁底似的

---

1) 相滾 : 通扯, 共總。

2) 一箇家 : 家, 猶 "地"。元無名氏 ≪漁樵記≫第一折 :「此女頗不賢慧, 數次家和小生作鬧, 小生只得將就, 讓他些罷了。」【單子解】家, 止指一數之稱。一個家, 훈낫식; 幾個家, 몃낫식, 又현낫식; 幾年家, 현혜식。又槩也。大家, 대개。又擧姓呼人之稱。李家, 張家。又呼皇帝曰官家。又語助。沒有家, 업다。

3) 評 : 評論; 評定。

4) 定 : 舊時銀幣鑄成一定形狀, 稱爲 "定"。亦爲貨幣計量單位。後通寫作 "錠"。明 陶宗儀 ≪輟耕錄 賢母辭拾遺鈔≫ :「(村人)拾得至元鈔十五定。」(≪漢語大詞典≫, 漢語大詞典出版社, 1991年)

5) 合 : 折算; 共計, 折合。如 : 一公頃合十五市畝。

6) 索 : 討, 要。索價錢, 卽 "討價錢"。

7) 矯 : 假托 : 詐稱。

8) 不爭 : 此作 "不知, 想不到"。≪忍字記≫ : "不爭俺這一回還了俗, 却原來倒做了佛。" (李申 著, ≪金瓶梅方言俗語匯釋≫, 北京師範學院出版社, 1992年, 頁83)

9) 索 : 討, 要。馬致遠 ≪漢宮秋≫一折 :「不想使臣毛延壽問妾身索要金銀, 不曾與他, 將妾影圖點破, 不曾得見君王。」(許少峯 主編, 同前揭書, 頁1083)

10) 還 : 支付; 付給。≪水滸傳≫九回 :「兩箇公人那裏敢再開口, 吃了些酒肉, 收拾了行李, 還了酒錢, 出離了村店。」

11) 是 : 好。關漢卿 ≪拜月亭≫一 正旦白 :「呵! 我每常幾曾和個男兒一處說話

休多索, 恁兩箇枉[12]了, 成合[13]不得。我是箇牙人, 也不向[14]買主, 也不向賣主。我則依本分[15]的中間說, 你索一百二十定鈔呵, 這五箇好馬, 十箇歹馬, 恁評[16]多少? 這五箇好馬, 俺評五十定, 這十箇歹馬, 我評七十定。似這般價錢, 其實[17]著落[18]不得。我依著如今直實的價錢說與恁, 兩家依著我說倒[19]的去[20]如何?

來! 今日到這裏無奈處也, 怎生呵是那!≫ (藍立蓂 編著, ≪關漢卿戲曲詞典≫, 四川人民出版社, 1993年, 頁255)

12) 枉 : 徒然, 白費。≪紅樓夢≫九八回 :「將來你成了人, 老太太也看着樂一天, 也不枉了老人家的苦心。」

13) 成合 : 成全。關漢卿 ≪切鱠旦≫一 白姑姑白 :「我與你做個落花的媒人, 成合了您兩口兒, 可不省事也?≫(藍立蓂 編著, 同前揭書, 頁35)

14) 向 : 偏向; 偏袒。

15) 本分 : 亦作 "本份"。本人的身分地位。≪醒世恒言 賣油郎獨占花魁≫ :「(卜喬)平昔是個游手游食, 不守本分, 慣喫白食, 用白鏹的主兒。」(≪漢語大詞典≫, 漢語大詞典出版社, 1991年)

16) 評 : 就是 "評價"。購物時講價錢。

17) 其實 : 實在。≪水滸傳≫十九回 :「這是笑裏藏刀, 言淸行濁的人, 我其實今日放他不過!」(香坂順一著 植田均 譯, ≪水滸詞匯硏究(虛詞部分≫ 文津出版社, 1992年, 頁106)

18) 著落 : 猶按配; 處置。≪元典章 刑部十八 孛蘭奚≫ :「本省去都四千餘里, 誠恐沿路瘦損倒死…若不早爲著落, 歲月旣久, 死損更多。」同 "着落"。≪古今小說≫卷十九 :「就把箱籠東西, 叫人着落停當。」

19) 倒 : 此作 "定"之意。"倒"用在動詞後做補語, 卽 "說倒"。也就是 "說定"之意。≪灰闌記≫楔白 :「只是你家裏有個大渾家哩, 我女孩兒過門來, 倘或受他欺負, 又不如在家的好, 也要與員外說個明白, 一發講倒了, 纔好許你這親事。」(劉堅 江藍生 主編, ≪元語言詞典≫, 上海敎育出版社, 1998年, 頁112)

20) 去 : 語助詞, 猶來也; 啊也; 着也; 了也。此作 "來"意。張相 ≪詩詞曲語辭匯釋≫ :「≪雍熙樂府≫十八, 無名氏小令, ≪朝天子≫ : "志高伯夷, 才超仲舒, 說的去, 行不去"。此猶云說得來做不來。其猶啊字者。」(中華書局, 1991年. 頁

번역

商客 : 좋은 말 나쁜 말, 나이 든 말 어린 말, 모두 합쳐서 얼마를 달라고 하는 것이요?

漢商 : (한 마리씩 값을 매긴다)[21] 모두 합쳐서 120定은 받아야 합니다.

商客 : 당신이 말한 이 가격이 어떻게 합산한 것이요? 팔 값을 말하시고, 이유도 없이 이렇게 비싼 가격을 달라고 하는군요. 우리는 속임수로 장사하자는 것이 아니요. 옳은 가격을 말하면, 몇 마디에 거래가 이뤄질 것이요. 이렇게 값을 엉터리로 부를 줄은 정말 몰랐소, 어떻게 (값을)치르는 것이 좋겠소?

---

329) 按 : 原本斷句爲 "兩家依著我說, 倒的去如何"。應是 "兩家依著我說倒的去如何"。以現代漢語可譯爲 "你們兩個人依着我說定的來決定怎麽様呢?"。

21) 本文의 '一箇家評了價錢'은 ≪飜譯老乞大≫에서는 '一箇家說了價錢'으로 改修本되어 나타나고 "ᄒᆞ나ᄒᆞ나 · 콤 갑 · 슬 니ᄅᆞ · 라(하나씩 값을 말하라)" 언해되어 있음을 볼 때, 本文의 '家'는 '地'와 유사한 조사의 용도로 보고 있다. 즉 本文의 '一箇家評了價錢'은 現代漢語의 "一個一個地說了價錢(하나하나씩 값을 따져 말하시오, 즉 한 마리 한 마리의 값을 말하시오)"로 해석될 수 있을 것이다. 이러한 用例는 바로 뒤의 제66화「這契寫時, 一總寫那? 一箇家分開著寫?」에서도 확인 할 수가 있다. 또한 이러한 쓰임은 近代漢語의 ≪醒世姻緣傳≫에서 ≪老乞大≫아와 ≪朴通事≫에서 볼 수 있는 '家'字의 用例, 즉 '數詞+量詞+家' 형식의 여러 개의 用例에서 확인되고 있다. 예를 들면 ≪醒世姻緣傳≫ 20回에서 볼 수 있는 '一個家'가 그것이다.「大尹問夫人道 : "這些婦人全了不曾?" 夫人道 : "就是這十四個人。" 大尹叫本宅的家人媳婦盡都出來, 一個家歪歪拉拉來到。大尹叫把這些婦人身上仔細搜簡。(大尹이 부인에게 묻는다 : '여인들은 다 모였습니까?' 부인이 말한다 : '바로 이 14명입니다.' 大尹이 집안 하인들의 아내들을 다 나오라고 하니, 하나같이 (한 사람 한 사람씩)억지로 모여들었다. 大尹은 이 여인들의 몸을 샅샅이 뒤지라고 하였다.」

牙子 : (중개인이 말한다) 이보시오 형씨들, 형씨들은 한사코 값을 많이 받으려고만 하시는데, 그러면 두 분은 공연한 헛고생만 하시고 거래가 이뤄질 수가 없습니다. 난 중개인으로, 사는 사람 쪽도 아니고 파는 사람편도 아닙니다. 난 내 직책을 걸고 중간의 입장에서 말씀을 드립니다. 형씨께서는 120定의 銀子를 요구하셨는데, 그럼 괜찮다고 생각되는 이 다섯 마리의 말은 얼마를 치신 것이고, 좀 떨어지는 이 열 마리의 말은 얼마를 치신 것 입니까?

麗商 : 괜찮은 이 다섯 마리는, 50定으로 보았고, 질이 좀 떨어지는 이 열 마리는, 우린 70定으로 계산한 것입니다.

牙子 : 그와 같은 값이면, 솔직히 처리해 드릴 수가 없습니다. 제가 오늘 거래되는 사실 가격으로 손님들에게 말씀을 드릴 것이니, 양쪽은 제 결정에 따르는 것이 어떻습니까?

第六十三話 害風那, 做甚麽來這裏商量
(미쳤다고 이곳에 와서 흥정을 한다는 말이요?)

我試聽你定的價錢。這五箇好馬, 每一箇評七定, 計三十五定。這十箇歹馬, 每一箇評五定, 計五十定。通做八十五定, 成了去[1]。似你這般定價錢, 就[2]高麗田地裏也買不得。那裏是[3]實[4]買馬的? 則是[5]胡商量[6]的。這箇伴當你說甚麽話? 不買時, 害風[7]那, 做甚麽[8]來這裏商量?

---

1) 去 : 語氣助詞 "罷", "吧"。成了去, 就 "成了罷"。

2) 就 : 此作介詞 "在" 關漢卿 ≪望江亭≫三 正旦白 :「自從俺父親就那客店上生扭俺夫妻兩箇, 我不曾有片時忘的下俺那染病的男兒。」(藍立蓂 編著, ≪關漢卿戲曲詞典≫ 四川人民出版社, 1993年, 頁137)

3) 那裏是 : 怎算得, 哪裏是, 說什麽。

4) 實 : 副詞。眞。又作 "實是"。

5) 則是 : 只是, 只顧。≪薛仁貴≫ :「俺那孩兒薛驢哥, 不肯做那庄農的生活, 每日則是刺創弄棒, 習甚麽武藝。」(龍潛庵 編著, ≪宋元語言詞典≫, 上海辭書出版社, 1985年, 頁311)

6) 商量 : 討價還價。≪宣和遺事≫元集 :「楊志…將一口寶刀出市貨賣, 終日價無人商量。行至日晡, 遇一惡少後生要買寶刀。」(龍潛庵 編著, 同前揭書, 頁845)

7) 害風 : 神經發病, 發神經。宋 王喆 ≪解風令≫詞 :「害風王三, 前時割稅。爲酒愛, 飲中沈醉。往往來來, 眼前事, 全然不記。」又譚處端 ≪憶王孫≫詞 :「害風哥, 割了舌頭趕退魔。」(許少峯 編, ≪近代漢語大詞典≫, 中華書局, 2008年, 頁714)

8) 做甚麽 : 爲甚麽, 因何。≪水滸全傳≫四五回 :「大嫂, 我夜來醉了, 又不曾惱你, 做甚麽了煩惱?」(許少峯 主編, ≪近代漢語詞典≫團結出版社, 1997年, 頁1563)

번역

麗商 : 중개인이 정한 가격을 좀 들어봅시다.

牙子 : 이 다섯 마리의 좋은 말은 한 마리 당 7定으로, 합해서 35定이고요. 이 열 마리의 상태가 좀 좋지 않은 말은, 마리 당 5定으러, 합이 50정입니다. 모두 합쳐서 85定이니, 거래를 합시다.

麗商 : 중개인의 그러한 가격은, 고려 땅에서도 살 수가 없습니다. 어찌 정말 말을 살 사람이라고 할 수가 있다는 말이요, 단지 장난삼아 흥정해 보려는 것이지요!

商客 : 이보시오 무슨 말을 그렇게 하시오? 사질 않는다면, 미쳤다고[9], 왜 이곳에 와서 흥정을 한다는 말이요?

9) 原文 '害風'의 '風'은 '瘋'과 같고 "미친 것, 정신 나간 것" 등의 뜻이다. (≪鄭光本≫, 255쪽 주 1번)

第六十四話 咱每則依牙人的言語成了者
(우리 중개인의 말대로, 성사합시다)

這馬恰纔牙家定來的價錢, 猶自[1]虧著俺有。這般價錢不賣, 你更待想甚麽? 你兩家休只管[2]叫喚。買的更添些箇, 賣的減了些箇。再添五定, 做九十定成交呵, 天平地平。買主, 恁不著[3]價錢也買不得, 賣主多指望[4]價錢也賣不得。(邊頭[5]立地[6]閑看的人說) 這牙家說的價錢, 哏是[7]本分[8]的言語。罷, 罷。

1) 猶自 : 亦作 "由自"。尙自, 還是。金 董解元 ≪西廂記諸宮調≫卷七 :「悶對西廂月, 添香拜。去年此夜, 猶自月圓人在。」(高文達 主編, ≪近代漢語詞典≫, 智識出版社, 1992年, 頁963)

2) 只管 : 只顧; 一味。≪五代史 · 漢上≫ :「咱爺娘得恁地無見識, 將個妹妹嫁與日個事馬的驅口, 敎咱弟兄好不羞了面皮。只管憎嫌他妹夫劉知遠。」(劉堅 江藍生 主編, ≪元語言詞典≫, 上海敎育出版社, 1998年, 頁430)

3) 著 : 又作 "着", 添; 加。≪岳陽樓≫二【賀新郎】白 :「這師父倒會吃! …第三盞吃個杏湯, 再着上些乾糧, 都飽了半日。」(劉堅 江藍生 主編, 同上揭書, 頁441)

4) 指望 : 希望, 期望。≪劉知遠諸宮調≫第二 :「莫想青凉傘兒打, 休指望坐騎着鞍馬, 你不是凍殺須餓殺!」(龍潛庵 編著, ≪宋元語言詞典≫, 上海辭書出版社, 1985年, 頁618)

5) 邊頭 : 近傍; 根前。元 缺名 ≪貨郎旦≫二折 :「慌走到岸邊頭, 倉卒間怎着手。」(許少峯 主編, ≪近代漢語詞典≫ 團結出版社, 1997年, 頁58)

6) 立地 : 站着。永樂大典戲文 ≪張協壯元≫十出 :「甚人來投此處? 早早開門, 莫敎奴家立地。」(許少峯 主編, 同上揭書, 頁690)

7) 是 : 通 "似"。≪金瓶梅詞話≫九九回 :「王六二道 : 還有大是他的, 睬這殺才做什么?」(許少峯. 同前揭書. 頁1704)

8) 本分 : 安分, 守規格。

咱每則依牙人的言語, 成了者[9]。旣這般時價錢, 哏虧著俺。

번역

麗商 : 방금 이 말에 붙인 중개인이 부르는 값으로는, 아무래도 우리가 손해입니다.

商客 : 이러한 가격에도 파시지 않겠다면, 다른 생각이 또 있습니까?

牙子 : 두 양반이 자신들의 입장에서만 말씀을 하시는군요. 사는 사람은 값을 좀 더 보태시고, 파는 사람은 좀 깎아 주시지요. 5定을 보태서, 90정으로 거래를 한다면, 서로가 공평[10]할 것 입니다. 사는 쪽은 돈을 보태지 않으면 살 수가 없고, 파는 사람도 더 많은 가격을 바라면 팔수가 없는 것입니다.

閑人 : (길가에 서있던 구경꾼이 참견을 한다) 이 중개인이 말 한 가격이, 매우 합당한 말인 것 같소이다.

漢商 : 자 그만들 합시다! 우리 중개인의 말대로, 성사합시다.

麗商 : 그러한 가격이면, 내 손해가 막심합니다.

9) 者 : 同 "吧"。

10) 原文 '天平地平'은 "매우 공정하다"는 뜻이다. ≪월절서(越絶書)≫(권13)에 "聖人은 위로 하늘 을 알고, 아래로는 땅을 알며, 가운데로 사람을 안다, 이것을 天平地平이라고 한다"라는 구절이 있고, 또 ≪五燈會元≫(권19)에 "天平地平, 同明同暗"이라는 기사가 있다. (≪鄭光本≫, 258쪽 주 1번)

第六十五話 與俺好鈔
(우리에게 상태가 좋은 돈으로 주시오)

只是一件, 爛鈔[11]不要, 與俺好鈔。那般者。爛鈔也沒, 俺的都是好鈔。旣是好呵, 咱先撿了鈔, 寫契。那般者。布袋裏鈔將來, 都撿了。著[12]牙人[13]先撿了。你賣主自撿。裏頭無一張兒歹的。這鈔雖是撿了, 假僞俺不識。恁使了記印[14]者, 已後使不得[15]時, 俺則問[16]牙人換。那般者, 使著印兒[17]也, 不揀[18]幾時管[19]換。

---

11) 爛鈔 : 張帆 ≪元典章≫札記 :「≪元典章≫合, … 如字迹模糊, 稱爲昏鈔, 邊角毁缺, 稱爲爛鈔, 兩者亦統稱昏鈔。」

12) 著 : 同 "着"。敎, 命。≪水滸全傳≫十六回 :「你常說這個人十分了得, 何不着他委紙領狀, 送去走一遭。」≪近代漢語大詞典≫, 中華書局, 2008年, 頁2452)

13) 牙人 : 爲賣買雙方撮合從中取得傭金的人。也說 "牙子"。≪元典章　尸部五≫ :「哈迷委曾先已商議定價, 令牙人估計前後房院實直。」(劉堅 江藍生 主編, ≪元語言詞典≫, 上海敎育出版社, 1998年, 頁370)

14) 記印 : 應是 "記認"。記認, 卽'記號,' '標識'。元·朱凱 ≪顥天塔≫三折 :「這骨殖都有件數, 每件都有郞主朱筆記認的字迹在上, 那一個敢假得。」(許少峯 主編, ≪近代漢語詞典≫團結出版社, 1997年, 頁525)

15) 使不得 : 猶 "無須" "不可以" "用不着"。常用爲阻止之詞。也作 "使不的" "使不着"。(王學奇 王靜竹 撰著, ≪宋金元明淸曲辭通釋≫, 語文出版社, 2002年, 頁1001)

16) 問 : 此作介詞 "向"。≪元典章　刑部三≫ :「因弟李辛六問夢龍取索舊欠二兩, 無錢歸還, 將夢龍毁罵。」(劉堅 江藍生 主編, 同前揭書, 頁335)

17) 印兒 : 泛指圖章。

18) 不揀 : 不論。也說 "不選"。

19) 管 : 准定; 包管。≪七國春秋≫卷下 :「伯楊大驚, 管解了厭法, 救了孫子!」(劉堅 江藍生 主編, 同前揭書, 頁113)

번역

漢商 : 다만 한 가지, 험한 돈[20]은 받지 않겠으니, 우리에게 상태가 좋은 돈으로 주시오.

商客 : 그렇게 합시다. 찢어진 헌 돈은 없고, 우리 것은 모두가 상태가 좋은 지폐입니다.

漢商 : 좋다면, 우리 먼저 화폐의 상태를 점검하고, 계약서를 씁시다.

商客 : 그렇게 하시지요. 자루에서 지폐를 가져와 검수를 해보시오.

漢商 : 중개인에게 먼저 확인하게 해주시오.

牙子 : 파시는 분이 확인하시지요.

漢商 : 이 가운데 나쁜 지폐는 없군요. 이 돈은 비록 검수는 했지만, 가짜인지는 우리는 모릅니다. 중개인께서 표기를 해주세요, 나중에 사용할 수 없다면, 우리는 중개인에게 바꿔달라고 할 것입니다.

牙子 : 그렇게 하세요, 도장을 찍으면, 언제든지 틀림없이 바꿀 수 있습니다.

---

20) 原文 '爛鈔'는 '昏鈔'와 같이 불량지폐를 말하지만, '昏鈔'가 지폐의 문자 등이 흐려진 것에 비하여 '爛鈔'는 특히 파손된 지폐를 말한다. (≪鄭光本≫, 261쪽 주 1번)

第六十六話 文契著誰寫
(계약서는 누구보고 쓰라고 해야 합니까?)

文契[1]著誰寫? 牙家就寫。這契寫時, 一總[2]寫那? 一箇家[3]分開著寫? 休總寫, 總寫時, 怎麽發落[4]? 你各自寫者。恁這馬是一箇主兒的那? 是各自的? 一主兒的不是。這四箇伴當是四箇主兒, 這馬裏頭各自有數目。你從頭[5]寫我的馬契。你的馬是家生[6]的那元[7]買的? 我的是元買的。你在那裏住? 姓甚麽? 我在遼陽城裏住, 姓王, 寫著王客者。

---

1) 文契 : 立下的字據, 執凭。

2) 一總 : 總括; 一竝。臧本 ≪薛仁貴≫一白 :「則不這件, 一總過海平遼, 有五十四件大功, 都被張士 貴賴了。」(劉堅 江藍生 主編, ≪元語言詞典≫, 上海教育出版社, 1998年, 頁390)

3) 家 : 猶 "地"。元無名氏 ≪漁樵記≫第一折 :「此女頗不賢慧, 數次家和小生作鬧, 小生只得將就, 讓他些罷了。」【單子解】家, 止指一數之稱。一個家, ᄒᆞᆫ낫식; 幾個家, 몃낫식, 又현낫식; 幾年家, 현ᄒᆡ식。又槩也。大家, 대개。又擧姓呼人之稱。李家, 張家。又呼皇帝曰官家。又語助。沒有家, 업다。

4) 發落 : 此作處置, 處理。≪京本通俗小說 菩薩蠻≫ :「明日分付臨安府, 量輕發落。」

5) 從頭 : ① 全部; 一一。≪東堂老≫ 一【賺殺】:「你將這連天的宅憎嫌小, 負郭的田還不好, 一張紙從頭兒賣了, 不知久後栖身何處着? ② 仔細。≪劉弘嫁婢≫一【油葫蘆】:「人家一領簇新的衣, 你去那典場上你便從頭的覰。」(劉堅 江藍生 主編, 同前揭書, 頁55)

6) 家生 : 生物由人工飼養或栽培, 稱爲家生。對"野生"而言。北魏 賈思勰 ≪齊民要術·養猪≫ :「牡性遊蕩, 若非家生, 則喜浪失。」(≪漢語大詞典≫, 漢語大詞典出版社, 1991年)

7) 元 : 通 "原"。本來, 原來。

번역

麗商 : 계약서는 누구보고 쓰라고 해야 합니까?

漢商 : 중개인이 씁니다.

牙子 : 계약서를 쓸 때, 한 번에 씁니까? 하나하나씩[8] 나눠서 씁니까?

漢商 : 한꺼번에 쓰지 마세요, 하나로 묶어서 쓰면, 어떻게 처리를 하겠습니까? 각자 따로 써 주세요.

牙子 : 이 말들은 주인이 한 사람입니까? 각자 따로 입니까?

漢商 : 한 사람이 주인이 아닙니다. 이 네 사람이 각자 주인이고, 각자 자신들의 몫이 있습니다. 중개인께서는 우리들의 계약서를 하나하나 자세히 써주세요.[9]

---

8) 原文의 '一箇家'에서의 '家'는 '地'와 유사한 조사의 용도로 보고 있다. 이러한 견해는 앞의 제62화 주석 제 21번)에서 설명한 바 있다. 즉 '一箇家評了價錢'은 現代漢語의 "一個一個地說了價錢(하나하나씩 값을 따져 말하시오)"로 해석을 하였다. 마찬가지로 原文의「一箇家分開著寫」도 '한 장씩 한 장씩 나눠 쓰다'라고 번역이 되어야 한다고 본다.

9) 原文 '你從頭寫我的馬契'一句에 대해 ≪飜老≫의 諺解는 '첫 그투로'이고, ≪老乞大≫의 諺解는 '첫머리로'이다. 이에 ≪鄭光本≫(264쪽)에서도「당신은 맨 처음에 내계약서를 먼저 쓰시오」라는 번역을 볼 수 있다. 그러나 앞의 註 5)번에서처럼 '從頭'는 '全部(전부, 몽땅)' 또는 '仔細(자세히) 등으로 풀이되고 있음을 近代漢語詞典에서 쉽게 찾아볼 수가 있다. '從頭'에 대한 ≪現代漢語詞典≫(商務印書館; 2001年)에서는 '從最初(처음부터)' 또는 '重新(다시)'으로 풀이하고 있음을 볼 수 있다. '從頭'가 "全部'나 '仔細' 그리고 '從最初' 또는 '重新'으로 풀이가 된다고 하더라도, 諺解나 ≪鄭光本≫에서처럼 '첫 번째' 또는 '맨 처음'으로 번역할 수는 없다고 본다. '내 계약서를 맨 먼저 쓰시오' 등의 의미를 現代漢語로 번역을 한다면「你(最)先寫我的馬契吧」또는「你第一個寫我的馬契」등이 되어야 할 것이다. ≪詩詞曲語辭集釋≫(王鍈 曾明德 著)에서도 많은 用例를 제시하면서 '從頭'가 '全部, 一一'의 의미를 가진다는 설명을 볼 수 있다. 많은 예문가운데「待從頭收拾舊山河, 朝天闕」(岳飛 ≪滿江紅≫

牙子 : 당신의 이 말은 집에서 새끼를 내어 키운 것이요[10] 아니면 사온 것입니까?

漢商 : 제 말은 사온 것입니다.[11]

牙子 : 어디에 사시고, 성은 무엇입니까?

漢商 : 저는 遼陽城에서 살고, 성은 王씨고, 王客이라고 써주시오.

詞)가 그것인데, 여기서의 '從頭'가 '全部, 一一'의 의미를 가진다면「내 하나하나 (오랑캐에게 잃은)옛 산하를 수습하여 천자를 알현하리라」라고 번역할 수 있을 것이고, '從頭'가 現代漢語에서 풀이되고 있는 '重新'이라고 해석되어도「내 다시 잃어버린 옛 산하를 회복시켜 천자를 뵈리라」라고 번역할 수 있을 것이다. 그러나 '從頭'를 '처음으로'나 '첫 번째' 또는 '맨 처음' 등으로 풀이를 한다면, 앞의 주 5)번에서 제시되고 있는 예문은 물론이고, 위의 岳飛의 ≪滿江紅≫詞 조차도 엉뚱한 번역이 된다. 그러므로 '你從頭寫我的馬契' 一句에서 '我'를 복수로 보고,「중계인은 우리들의 계약서를 하나하나 소상히 써주시오」라고 번역을 하였다.

10) 原文 '家生'은 자기 집에서 키운 가축이나 또는 자기 집 奴婢에서 태어난 씨종을 말한다. ≪輟耕錄≫(권17)「奴婢」조에 "奴婢가 낳은 아이를 家生孩이라고 말한다」라는 설명이 있다. (≪鄭光本≫, 264쪽 주 3번)

11) 原文 '元買'는 "지금은 자기 것이지만, 원래는 산 것"이라는 의미이다. (≪鄭光本≫, 264쪽 주 4번)

第六十七話 我寫了這一箇契也
(계약서를 다 작성을 했습니다)

我寫了這一箇契也。我讀, 你試聽。遼陽城裏住人王客, 今爲要錢使用, 別無得處, 遂將自己元買到赤色騸馬一疋, 年五歲, 左腿上有印記, 憑大都管牙人羊市角頭街北住坐[1]馬二作牙人, 賣與直南府客人張五, 永遠爲主。兩言議定, 價錢中統鈔七定, 其錢立契日一并交足, 外無懸欠。如馬好歹, 買主自見。如馬來處不明, 賣主一面承當。成交已後, 各不許番悔[2]。如先悔的, 罰中統鈔一十兩與不悔之人使用無詞。恐後無憑, 故立此文契爲用者。某年月日。立契人王客押。管牙人馬二押。其餘的馬契都寫了也。

번역

牙子 : 계약서를 다 작성을 했습니다. 내가 읽을 터이니, 들어 보시오.

遼陽城에 사는 사람 王客은 지금 쓸 돈이 필요하지만, 다른 곳에서 변통할 곳이 없기 때문에 자신이 산 붉은 색의 거세마 한 마리, 나이

1) 住坐 : 住居, 居住。≪五代史平話 梁史≫卷上 :「行到前面, 見荊棘中有一草舍, 有個老叟在彼住坐。」(龍潛庵 編著, ≪宋元語言詞典≫, 上海辭書出版社, 1985年, 頁441)

2) 番悔 : 應是“翻悔”。對曾許諾的事後悔而不予承認。【累字解】番悔, 자븐 이를 므르다。番字意未詳, 疑作返, 飜爲是。

는 5살, 왼쪽 다리에 표식[3]이 있고, 大都의 羊市角頭 북쪽에 살고 있는 중개인 馬二의 중개로, 直南府 상인인 張五에게 영원한 소유자로 팔기로 하였다. 쌍방이 합의하여, 가격을 中統鈔 7定으로 정했으며, 그 대금은 계약서를 작성한 날에 모두 지불하기로 하고 외상은 없다. 말의 좋고 나쁨은 산 사람이 알아서 판단하기로 한다. 예를 들어, 말의 내력이 분명치 않을 경우, 파는 사람이 책임을 진다. 매매가 성립된 후에는, 각자 무를 수가 없다. 만일 번복하고자 할 때는, 벌금으로 中統鈔 10兩을 번복을 원하지 않는 쪽에 주어 쓰도록 하여도 이의를 달지 않는다. 나중에 근거가 없음이 염려되어, 이 계약서를 작성하여 사용도록 하였다.

모년 모일(某年月日)
계약인 王客 서명
중계인 馬二 서명

牙子 : 나머지 말들의 매매계약서도 다 작성했습니다.

---

3) 原文 '印記'는 烙印을 가리킨다. 元代에는 軍馬, 驛馬 등의 확보를 위해 말의 소유, 매매가 엄격하게 제약되었다. ≪大元馬政記≫에서는 정부가 화매(和賣, 강제로 매입하는 것), 구쇄(拘刷, 강제로 징용하는 것) 등의 수단으로 민간인에게 모은 말에 烙印을 찍었다. 또 쓰지 못하게 된 말을 민간인에게 매각하는 경우에도 退印을 찍었는데, 여기의 印記는 그 가운데 어느 하나를 말할 것이다. (≪鄭光本≫, 267쪽 주 2번)

第六十八話 咱每筭了牙稅錢者
(중개료와 세금을 계산합시다)

咱每筭了牙稅錢者。體例[1]裏, 買主管稅, 賣主管牙, 你各自筭將牙稅錢來。俺這八十五定價錢裏, 該多少牙稅錢? 你自筭, 一兩三分, 十兩三錢, 一百兩該三兩。八十五定鈔, 計四千二百五十兩, 牙稅錢各該著一百二十六兩五錢。牙稅錢都筭了也。俺這馬契, 幾時稅得[2]了[3]? 那的[4]不容易那? 你著一箇伴當根[5]我去來, 到那裏便了[6]。更不[7]時[8], 恁都則這裏有[9]者, 我去稅了, 送將來與恁。

---

1) 體例 : 禮法, 格範。高則誠 ≪琵琶記≫三九出 :「媳婦事舅姑合體例, 相公怎不教女孩兒同去?」

2) 得 : 用作動詞後綴, 表示對該動作的肯定。猶"到""了""成水"。元 缺名 ≪碧桃花≫楔子 :「不提防雙親在背後, 我可也怎遮得這場羞!」(許少峯 編, ≪近代漢語大詞典≫, 中華書局, 2008年, 頁412)

3) 了 : 完畢, 完成。

4) 那的 : 那, 那個。≪元典章·禮部六≫ :「除那的以外, 不揀甚麼差發休與者。」

5) 根 : 介詞。同'跟'。

6) 便了 : 語末助詞, 有就是。≪水滸全傳≫十一回 :「不若只是一怪, 推却事故, 發付他下山去便了, 免致後患。」(許少峯 主編, ≪近代漢語詞典≫團結出版社, 1997年, 頁61)

7) 更不 : 連詞。再不。關漢卿 ≪蝴蝶夢≫二孤白 :「這三個小厮必有名諱, 更不呵, 也有個小名兒。」(藍立蓂 編著, ≪關漢卿戲曲詞典≫ 四川人民出版社, 1993年, 頁92)

8) 時 : 同'呵'。表示假定的語氣詞。猶似現代漢語的 "…的話"。

9) 有 : 等候。關漢卿 ≪五侯宴≫三 正旦白 :「(劉知遠見科, 云:)哥哥, 呼喚你兄弟那廂使用? (李嗣源云 : 且一壁有者, 等五將來全時, 支拔與你軍馬)。」(藍立

번역

牙子 : 우리는 중개료와 세금을 계산합시다. 규정에 따르면, 산 사람이 세금을 내고, 판 사람이 중개료를 부담하는 것으로 되어 있습니다. 두 분이 각자 중개료와 세금을 계산해 보세요.

漢商 : 우리는 85定[10]인데, 중개료와 세금이 얼마입니까?

牙子 : 계산해 보세요, 1兩이면 3分[11]이고, 10兩은 3錢, 100兩은 3兩이 됩니다.

漢商 : 85定鈔는 총 4, 250兩으로, 중개료와 세금은 각각 126兩5錢[12]을 내야 하겠군요.

牙子 : 중개료와 세금 둘 다 계산이 되었습니다.

漢商 : 우리의 이 계약서는, 언제 세금이 납부가 되는 것입니까?

牙子 : 그것은 쉬운 일이 아닙니까? 동행 한 사람을 시켜 나랑 함께 가도록 하시지요, 그곳에 가면 됩니다. 그렇지 않으면, 이곳에서 기다리시지요, 내가 세금을 내고, 가져다 드리겠습니다.[13]

蕒 編著, 同前揭書, 頁360)

10) 原文 '85定'은 제64화에서 중개인의 조언으로 5정을 더하여 90정으로 낙착되었는데, 저자가 깜박 잊었던 것일지도 모른다. (≪鄭光本≫, 271쪽 주 1번)

11) ≪元典章≫「戶部」(권8) '課程 契本'의 '契本稅錢'조에 "商稅는 30分에 대하여 1分을 징수함"이라는 규정이 있어 당시 세금이 대체로 30분의 1이었음을 알 수 있다. 1냥(100푼)에 3푼(分)의 세금을 징수하는 것이 된다. (≪鄭光本≫, 271쪽 주 2번)

12) 원래는 '1백27냥5전'이 되어야 옳다. 저자가 착각한 듯하다. 아니면 주인공인 고려인이 계산을 잘못했거나 1냥을 속인 셈일지도 모른다. (≪鄭光本≫, 271쪽 주 3번)

13) 元代의 稅納에 대한 상세한 설명을 ≪鄭光本≫ (272쪽 주 6번)에서 상세한 설

명을 볼 수 있다 :「元代에 상품을 매매할 때에 세금을 납부하는 것에 대하여 ≪元典章≫…條에 "보통 諸人인 田宅, 인구, 頭疋을 典賣(전당 잡힘과 전매)하여 작성하는 文契를 報하기 위해서는 務(稅務)에 가서, 稅를 投하여야 하며, 隨即에 契本을 粘連하여 買主에게 給付함. 每本에 寶鈔 3錢을 납입함"이라는 규정이 있다. 이에 의하면 상거래가 성립되면 중개인이 세무서에 가서 세금을 납부함과 동시에 戶部가 발행한 '契本'(收入印紙와 같음)을 사서 계약서에 붙이고 買主에게 주기로 되어 있다. … 契本을 붙이지 않는 경우 脫稅로 간주하고 처벌하였으나 효과는 별로 없었다고 ≪元典章≫의 前揭부분에 나와 있다.」

第六十九話 這箇馬元來有病
(이 말은 애당초 병들어 있었습니다)

我不曾[1]好生[2]覷, 這箇馬元來有病。有甚麽病? 那鼻子裏攞膿, 是[3]馬。俺怎麽敢買將去? 不爭[4]將去時, 連其餘的馬都染的壞了。這般的, 你更[5]待[6]悔交[7]那? 我是索[8]不要。你旣不要時, 契上明白寫著。如馬好歹, 買主自見, 先悔的罰鈔十兩。官憑印信[9], 私憑要約[10]。你罰下他十兩鈔與他賣主, 悔

---

1) 不曾 : 未, 沒有。

2) 好生 : 此作 "認眞, 着着實實"解。≪龍圖耳錄≫第八七回 :「只要三角酒一完, 咯噔的就打起哈起來了, 飯也不能好生吃。」≪近代漢語大詞典≫, 中華書局, 2008年, 頁729)

3) : 同'嗓'。六畜病名。明 胡應麟 ≪少室山房筆叢 庄岳委談下≫ :「凡六畜勞傷, 鼻中流膿, 則謂之嗓也。」

4) 不爭 : 如果, 若是。≪京本通俗小說 錯斬崔寧≫ :「我從丈人家借辦得幾貫錢來養神活名, 不爭你偸了我的去, 却是怎的計結?」(龍潛庵 編著, ≪宋元語言詞典≫, 上海辭書出版社, 1985年, 頁130)

5) 更 : 難道。又作 "更怕"。關漢卿 ≪調風月≫三【鬼三臺】:「俺那厮做事一滅行, 這妮子更敢有四星?」(藍立蓂 編著, ≪關漢卿戲曲詞典≫ 四川人民出版社, 1993年, 頁92)

6) 待 : 打算, 想要。≪水滸全傳≫十七回 :「欲要就崗子上自尋死路, 却待望黃泥崗下躍身一跳, 猛可省悟, 拽住了脚。」(許少峯 主編, ≪近代漢語詞典≫, 團結出版社, 1997年, 頁238)

7) 悔交 : 因反悔而廢棄交易。【累字解】悔交, 흥졍 므르다。亦曰倒裝。

8) 是索 : 索, 須也。時索, 是須。是須, 卽'務須; 務必'也。

9) 印信 : 公私印章的總稱。此指'官印'。

10) 要約 : 立盟; 立約; 約定。≪朱子語類≫卷二二 :「如今與人要約, 當於未言之前, 先度其事之合義與不合義。」亦指契約, 盟約。(≪漢語大詞典≫ 漢語大詞

交去便是[11]。索甚麽[12]煩惱? 那般者。你擡出[13]這箇馬契來, 問[14]他每元定價錢內中, 除了[15]十兩鈔做罰鈔, 毁了文契者。這箇馬悔交了也。該[16]著五定價錢。你要過[17]的牙稅錢, 各該著七兩五錢, 你却廻將來。那般者, 廻與你。你都這裏有[18]者, 我稅契去。索甚麽[19]等你, 俺趕著馬, 下處兌付[20]草料去。你稅了契時, 到明日俺下處送來。相別散了。

典出版社, 1991年)

11) 便是 : 此同 "便了"。就是了, 句末語氣詞。

12) 索甚麽 : 用不着; 無須。又作 "索甚", "色甚麽"。

13) 擡 : 拿。≪忍字記≫二【牧羊關】:「擡去波, 我可是敢拿也不敢拿?」

14) 問 : 猶向也。杜甫 ≪春日江村≫詩 :「隣家送魚鼈, 問我數能來」言屢向我送魚鼈也。張相 ≪詩詞曲語辭匯釋≫上海古籍出版社, 2009年, 頁510。開口向人。≪水滸全傳≫六一回 :「去裏面提出一個包, 內取出四面白絹旗, 問小二哥討了四根竹竿, 每一根縛起一面旗來。」(許少峯 主編, 同前揭書, 頁1940)

15) 除了 : 除去, 去掉。

16) 該 : 欠, 賒。明 范受益 ≪尋親記≫六出 :「只因做夫生受, 着你去張員外家借生錢, 如今又該月了, 本利算來, 那得還他。」(許少峯 主編, 同前揭書, 頁370)

17) 過 : 副詞。了。關漢卿 ≪謝天香≫四 柳耆卿白 :「怕你不放心, 待我再去與他說過。」(藍立蓂 編著, ≪關漢卿戲曲詞典≫, 四川人民出版社, 1993年, 頁102)

18) 有 : 等, 候。元 鄭德輝 ≪齊公定齊≫楔子 :「(淨虎白長做見科, 云)某奉俺秦國元帥秦姬輦的將令, 將這一對玉連環進與公子 … (齊公子云)將來, 一壁有者。」又, 缺名 ≪凍蘇秦≫第三折 :「賢士, 你則這裏有者, 待我將的來。」(許少峯 主編, 同前揭書, 頁2271)

19) 索甚麽 : 用不着; 無須。又作 "索甚", "色甚麽"。

20) 兌付 : 付。關漢卿 ≪竇兒寃≫一 卜兒白 :「我數次索取這銀兩, 他兌付不起。」(藍立蓂 編著, ≪關漢卿戲曲詞典≫, 四川人民出版社, 1993年, 頁74). 凭票據支付現金。清 蒲松齡 ≪聊齋志異 局詐≫ :「某拜恩出。卽有前日袁馬者從至客邸, 依券兌付而去。」

번역

商客 : 내가 잘 살펴보질 못했는데, 이 말은 애당초 병들어 있었습니다.

漢商 : 무슨 병이 있다는 말이요?

商客 : 코에서 고름이 흐르고 있는 것으로 보아, 콧물을 흘리는 병에 걸린 말이요. 내 어찌 사 가지고 갈 수 있겠습니까? 만약 끌고 간다면, 다른 말까지도 감염시켜 나쁜 결과를 초래 할 것이요.

牙子 : 그럼, 설마하니 거래를 번복할 생각이요?

商客 : 난 절대 필요치 않습니다.

牙子 : 당신이 원하지 않는다면, 계약서에 분명히 써져 있습니다. 말의 상태는 산 사람이 스스로 살펴야 하고, 먼저 무르자고 한 사람이 10냥의 벌금을 내야합니다. 관청은 도장을 근거로, 개인은 약속(계약)을 근거로 일이 이뤄지는 법입니다. 당신이 위약금조로 10냥을 판 사람에게 주고, 무르면 되는 것이지요. 고민하실 필요는 없습니다.

商客 : 그렇게 합시다. 계약서를 내놓으시고, 저분들에게 원래 정한 값에서, 10냥을 벌금으로 빼고, 계약서를 파기하기로 하지요. 이 말의 매매는 철회되었습니다. 5定을 돌려 줘야겠군요. 중개인께서 받으신 중계료와 세금은 각 7兩정5錢이니, 돌려주셔야지요.

牙子 : 그러하다면, 돌려드리지요. 여기서 모두 기다리시지요, 난 세금을 납부하러 가겠습니다.

漢商 : 기다릴 필요는 없지요, 우린 말을 몰고, 숙소에 돌아가 말먹

이 값이나 지불해야겠소. 중개인께서 세금을 내고, 내일 우리가 묶는 숙소로 보내주시오.

牙子 : 서로 각자 헤어집시다.

第七十話　到涿州地面賣去
(탁주에 가서 팔까 합니다)

你這人參, 布疋不曾[1]發落[2], 敢[3]有些[4]時[5]住[6]裏[7]。我別[8]無甚買賣, 比及[9]恁賣布的其間[10], 我買些羊, 到涿州[11]地面賣去。走

1) 不曾 : 未曾。與現代漢語 "沒有"同。
2) 發落 : 此作 "處置, 辦理"。元 · 缺名 ≪延安府≫二折 : 「這個是你衙門裏小的每, 打甚麽不緊, 你那裏自發落去罷。」(許少峯 主編, ≪近代漢語詞典≫, 團結出版社, 1997年, 頁329)
3) 敢 : 只怕, 也許。元 · 鄭庭玉 ≪後庭花≫三折 : 「這孩兒敢死在黃泉下, 這官司無頭無尾, 那賊人難捉難拿。」(許少峯 主編, 同上揭書, 頁378)
4) 有些 : 略微, 稍微。≪水滸傳≫四回 : 「昨日有三四個做公的來隣舍街坊打聽得緊, 只怕要來村裏緝捕恩人, 倘或有些疎失, 如之奈何?」(羅竹風 主編, ≪漢語大詞典≫, 漢語大詞典出版社, 1991年)
5) 時 : 語氣詞。表停頓, 相當于 "呵"。
6) 住 : 停留, 留。≪盛世恒言 施潤澤灘闕遇友≫ : 「向年我丈夫在盛澤買絲, 落掉六兩多銀子, 遇着個好人拾得, 住在那裏等候。我丈夫尋去, 原封不動, 把來還了。」(羅竹風 主編, 同前揭書)
7) 裏 : 助詞。用在句末, 相當于 "哩", "呢"。
8) 別 : 猶 "另", 謂另外也。元 · 王仲文 ≪救孝子≫楔子 白 : 「別着個人送去也好。」
9) 比及 : 此用爲副詞, 表示 "未及", "未到"之意, 指在某時或某事以前。元 · 王實甫 ≪西廂記≫一本三折 白 : 「比及小姐出來, 我先在太湖石畔牆角兒邊等待。」(龍潛庵 編著, ≪宋元語言詞典≫, 上海辭書出版社, 1985年, 頁107)
10) 其間 : 時候, 正當時。元 · 鄭庭玉 ≪楚昭公≫一折 : 「等小官直至西秦, 借他兵來, 那其間內外夾攻, 方能取勝。」
11) 涿州 : 今河北省涿縣。【老乞大集覽】涿州, 直隸順天府。秦爲上谷郡, 魏晉爲范陽郡, 元陞爲涿州路, 今仍之。

一遭[12]回來, 咱每商量別買行貨[13]如何? 那般者也好。你買羊時, 咱每一處去來, 我也閑[14]看價錢去。到街上立地[15]的其間[16], 一箇客人趕著一群羊過來。伴當, 你這羊賣麼? 可知賣裏。你要買時, 咱們商量。

번역

漢商 : 노형의 인삼과 베를 아직 처리를 못하셨으니, 어쩌면 얼마간 머물러야 할 것입니다. 난 별도의 팔 것이 없으니, 노형의 천이 팔릴 때까지, 난 양을 좀 사서, 탁주(涿州)[17]에 가서 팔까 합니다. 한 차례 갔다 와서, 다른 물건을 살 것을 상의를 하는 것이 어떻겠습니까?

麗商 : 그리해도 좋겠지요. 형님께서 양을 사신다면, 우리 함께 가

---

12) 遭 : 量詞。回; 次。≪京本通俗小說 西山一窟鬼≫ :「教授分付了渾家, 換了衣服, 出去閑走一遭。」

13) 行貨 : 貨物, 物品。≪水滸傳≫十六回 :「你這厮好大膽, 怎敢看俺的行貨!」(高文達 主編, ≪近代漢語詞典≫, 知識出版社, 1992年, 頁287)

14) 閑 : 隨便; 胡亂。≪琵琶記≫三出 :「休閑說! 今日能勾在此閑戲歇子, 也不是容易。」(劉堅 江藍生 主編, ≪元語言詞典≫, 上海教育出版社, 1998年, 頁348)

15) 立地 : 立刻; 卽時。元 鄭德輝 ≪㑳梅香≫二折 :「我是個未出嫁的閨女, 你與他將着這等淫詞來戲我, 倘或我風火性的夫人知道呵, 教你立地有禍。」(許少峯 主編, 同前揭書, 頁690)

16) 其間 : 指某一段時間。

17) 原文의 '涿州'는 直隷順天府를 말한다. 秦代에는 上谷郡, 魏晋 시대에는 范陽郡이 있었고, 元代에는 涿州路를 두었다(≪老朴集覽≫). 北京에서 서남쪽으로 약 50킬로 떨어진 곳에 있는 도시. 元代의 驛路가 이곳에서 남쪽의 山東 방면으로 가는 길과, 서쪽의 山西 방면으로 가는 길로 갈라진다. (≪鄭光本≫, 279쪽 주 1번)

시지요, 저는 그냥 시세가 어떻게 돌아가고 있는지 보기나 하렵니다.

(길에 도착하여 잠깐 사이에, 한 상인이 한 무리의 양떼를 몰고 다가왔다.)

漢商 : 이보시오! 양을 팔 것입니까?

羊商 : 물론 팔지요. 사신다면, 흥정을 해보시오.

第七十一話 臨晚也賤合殺賣與你
(곧 날도 저물고 하여, 값을 싸게 파는 것입니다)

這箇羝羊[1], 羖胡羊[2], 羯羊[3], 羖羅[4]羔兒[5], 母羖羅[6], 都通要多少價錢? 我通要六定鈔。量[7]這些羊索[8]這般高價錢? 好綿羊[9]却賣多少? 索的是虛, 還[10]的是實。你與多少? 你這般胡索

---

1) 羝羊 : 公羊。≪老乞大集覽≫ :「≪音義≫云 : 好鬪的。≪質問≫云 : 公羊見人抵觸, 方言謂之羝羊。又云 : 乃有角之騸羊也。」

2) 羖胡羊 : 山羊。≪老乞大集覽≫ :「≪質問≫云 : 有角公羊未割腎子, 方言謂之羖胡羊。≪譯語指南≫云 : 羖羊 수양。≪質問≫又云 : 羖羊, 未割腎羊也。胡羊, 山羊也。又云 : 乃有角大山羊, 有鬍子。」按, 用來繁殖的成年公羊叫羖羊。

3) 羯羊 : 閹割過的公羊。

4) 羖羅 : 一種黑色長毛的公羊。≪老乞大集覽≫ :「≪譯語指南≫云 : 양 염 흘워나ᄒᆞᆫ 것。≪質問≫於羖羅羔兒註云 : 初生公羊, 方言謂之羖羅羔兒。」

5) 羔兒 : 應是 "羔子"。初生小羊。

6) 母羖羅 : ≪老乞大集覽≫ :「≪質問≫云 : 初生牝羊, 方言謂之母羖羅羔。又羖羅羔兒·母羖羅二名下云 : 此二者俱美嫩小羊也。」

7) 量 : 用于句首, 加强否定語氣。關漢卿 ≪單刀會≫ :「一魯肅白, 俺這裏有雄兵百萬, 戰將千員, 量他到的那裏!」(藍立蓂 編著, ≪關漢卿戲曲詞典≫, 四川人民出版社, 1993年, 頁162)

8) 索 : 討, 要。馬致遠 ≪漢宮秋≫一折 :「不想使臣毛延壽問妾身索要金銀, 不曾與他, 將妾影圖點破, 不曾得見君王。」(許少峯 主編, 同前揭書, 頁1083)

9) 綿羊 : ≪老乞大集覽≫ :「≪音義≫云 : 터리 긴 양。一說蓑衣羊。今按, 綿羊卽蓑衣羊, 今婚禮多用之。且漢人呼羊與本國不同, 本國所呼羊卽漢呼胡羊也, 本國所呼염쇼卽漢呼山羊也。(下略)」

10) 還 : 支付, 付給。≪水滸傳≫九回 :「兩個公人那裏敢再開口, 吃了些酒肉, 收拾了行李, 還了酒錢, 出離了村店。」(高文達 主編, ≪近代漢語詞典≫, 知識出版社, 1992年, 頁315)

價錢, 我那些箇[11]還呵是[12]! 你道[13]的是[14]者[15], 這般者, 減了半定者。你來[16], 你休[17]減了半定。我老實價錢, 則一句兒話還你。我與你四定鈔, 肯時賣, 你不肯時, 趕將去。休四定, 你再添半定, 賣與你。添不得, 肯時肯, 不肯時罷[18]。我是快性[19], 撿好鈔來。臨[20]晚也, 賤合殺[21]賣與你。

---

11) 那些個 : 亦作'那些兒"。哪裏是, 說不上。宋 無名氏 ≪錯立身≫戲文十三出 : 「事到頭, 如今不自由, 那些個男兒得志秋!」 元 關漢卿 ≪金線池≫四折 : 「受了你萬方作賤, 那些兒體面。」 (高文達 主編, 同前揭書, 頁563)

12) 是 : 此作語助詞, 相當于 "呵"。

13) 道 : 意爲, 認爲。

14) 是 : 此作 "這", "這樣"。關漢卿 ≪蝴蝶夢≫一【金盞兒】: 「相當時, 你可也不三思, 這一還一報從來是, 想皇天報應不容私。」 (藍立蓂 編著, ≪關漢卿戲曲詞典≫, 四川人民出版社, 1993年, 頁255)

15) 者 : 此作表商酌, 表聲明的語氣助詞。≪元朝秘史≫續卷一 : 「若退了軍時, 咱那時再做商量也者。」 (孫錫信, ≪近代漢語語氣詞≫, 語文出版社, 1999年, 頁118)

16) 來 : 或作倈, 唻, 音義同。用在句中或句尾的助詞, 只起音節作用, 無義, 略同現代漢語中的啊, 呢, 拉, 哩。≪度柳翠≫二【梁州第七】: 「柳翠唻, 少不得搜尋遍四大神州。」 (顧學頡 王學奇, ≪元曲釋詞≫卷二, 中國社會科學出版社, 1984年, 頁302, 305)

17) 休 : 副詞。用在動詞前, 表示禁止或勸阻。可譯作 "不要", "別"。≪張協狀元≫四出 : 「先凶後吉, 身在淸霄外, 君休慮。」

18) 罷 : 停止, 取消。≪水滸全傳≫五三回 : 「你從今已後, 只依得我一件事, 我便罷得這法。」 (許少峯主編, ≪近代漢語詞典≫, 團結出版社, 1997年, 頁21)

19) 快性 : 爽快, 乾脆。

20) 臨 : 將要; 快要。

21) 合殺 : 同 "合煞"。了結, 收場。徐本 ≪汗衫記≫二【洛絲娘么篇】: 「待去來當街裏立着兵馬, 俺却是怎生合煞!」 (劉堅 江藍生 主編, ≪元語言詞典≫, 上海教育出版社, 1998年, 頁119)

번역

漢商 : 이놈은 수놈이고, 이놈은 뿔이 큰 山羊의 종자고, 이놈은 거세한 놈이고, 이놈은 어린 숫양이고, 이놈은 암양인데, 모두 합쳐서 얼마요?

羊商 : 전부 합쳐서 6定을 주시오.

漢商 : 이까짓 (형편없는)양들을 가지고 이렇게 높은 가격을 요구한다는 말이요? 그렇다면 좀 괜찮은 면양(綿羊)은 얼마에 판다는 말이요?

羊商 : '부르는 가격은 虛數이고, 받는 가격이 진짜다'라는 말이 있습니다. 얼마나 주시겠소?

漢商 : 이렇게 값을 터무니없이 달라고 하니, 내 값을 부를 수가 없소!

羊商 : 손님께서 그렇게 생각을 하신다면, 이렇게 합시다, 半定을 깎아 드리겠습니다.

漢商 : 보세요![22] 半定이라면 깎지도 마시오. 내 솔직한 가격이면, 두 말도 않고 샀을 것이요. 내4定을 주겠소, 원하면 팔고, 원하지 않으면, 몰고 가시지오.

羊商 : 4定은 안되고, 半定을 더 보태주시면, 팔겠습니다.

漢商 : 더 줄 수는 없고, 된다면 하고, 원하지 않으면 관둡시다.

羊商 : 난 성질이 급합니다, 좋은 돈으로나 골라주세요. 곧 날도 저물고 하여, 값을 싸게 하여, 손님에게 파는 것입니다.

---

22) 原文의 '你來'에서의 '來'는 現代漢語에서 쓰이고 있는 語氣助詞 '啊'와 같은 語氣助詞이다. 예를 들어 "這些年啊, 咱們的日子越過越好啦。(요즘은 말입니다, 우리의 형편이 갈수록 좋아지는 것 같습니다)"처럼, "啊"는 "啊" 뒤에서 오는 말에 대한 약간의 강조(환기)의 기능을 가지고 있다.

第七十二話　我餘剩有些鈔裏
(나에게 여유 돈이 있습니다)

恁好坐的者, 我趕着羊, 到涿州賣了, 便回來。我恰[1]尋思[2]來, 這幾箇羊也當走一遭, 旣待去也, 我餘剩有些鈔裏, 閑[3]放怎麽[4]? 一就[5]買段子[6]將去。咱每鋪裏商量去來。這茶褐[7]暗花[8]鴉靑[9]胸背, 象牙底兒胸背, 六花暗花遍金荅子[10], 雲肩[11],

1) 恰 : 時間副詞或時間名詞。剛剛; 剛才。

2) 尋思 : 考慮, 思索。≪古今小說≫三四卷 :「李元尋思間, 一老人策杖而來。」

3) 閑 : 副詞。空。也作 “閒”。≪太平樂府≫七套數【越調】鬪鵪鶉 :「女校尉 : 百歲光陰轉首, 休閒生受, 嘆功名似水上浮漚。」(藍立蓂 編著, ≪關漢卿戲曲詞典≫, 四川人民出版社, 1993年, 頁312)

4) 怎麽 : 做什么。關漢卿 ≪單鞭奪槊≫二 元吉 白 :「那厮道 : 你來怎麽?」(藍立蓂 編著, 同上揭書, 頁380)

5) 一就 : 一竝, 就便。≪前漢書平話≫下卷 :「今代州劉武手下二十萬雄兵, 令卿一就掌者。」(許少峯 主編, ≪近代漢語大詞典≫, 中華書局, 2008年, 頁2199)

6) 段子 : 緞子。≪水滸傳≫二回 :「史進幷太公苦留不住, 只得按排一個宴席送行, 托出一盤兩個段子, 一百兩花銀謝師。」(吳士勛 王東明 主編, ≪宋元明淸百部小說詞語大辭典≫, 陝西敎育出版社, 1992年, 頁262)

7) 茶褐 : 赤黃而略帶黑的顔色。

8) 暗花 : 隱而不顯的花紋。

9) 鴉靑 : 暗靑色。

10) 金荅子 : 是元朝高級官員衣料之一種。≪元史　輿服一≫ :「職官除龍鳳文外, 一品, 二品服渾金花, 三品服金答子, 四品, 五品服雲袖帶襴, 六品, 七品服六花, 八品, 九品服四花。」

11) 雲肩 : 婦女披在肩頭前后左右四周的一種裝飾物, 以彩錦綉紋制成。云肩的種類有對開雲肩, 四方雲肩, 串珠雲肩, 有領雲肩與無領雲肩等不同造型, 雲肩的結構均圍繞頸部中心放射或旋轉爲骨架, 有四方, 八方等不同量的放射暗花和織和素, 紅綾[12], 生絹[13], 紅裏絹, 綿紬[14], 銷金[15]段子, 披氈[16], 氈衫, 油單[17], 罟罟[18], 裁帛腰線[19]。鴉青[20], 鴨綠, 柳靑,

形態, 目的在于對太陽崇拜并以此來象徵四時八節, 順應古代造物講究四方四合, 八方吉祥的祝頌理念。中國雲肩的典型款式是"四合如意式"與"四方柳葉式"。

12) 紅綾 : 一種紅色絲織品。古代的時候女子頭上綁的紅色頭繩。紅色的綢帶。

13) 生絹 : 未漂煮過的絹。

14) 綿紬 : 綿綢。指的是由絹紡落綿爲原料織成的手感柔軟條干均勻, 表面有粗節的厚實絲織物。≪資治通鑑≫ 一七三陳太建九年注 : 「綿綢, 紡綿爲之, 今淮人能織綿紬, 緊厚, 耐久服。」

15) 銷金 : 嵌金色線。≪水滸傳≫第三四回 : 「林子中跳出三个好漢來……都戴着一頂銷金萬字頭巾。」將金箔貼于紙上鏤成細條, 用以織錦, 這種用法, 稱爲"銷金"。

16) 披氈 : 羊毛線編織而成, 亦有各種花紋圖案。這種披氈, 旣可防雨, 又可御寒。周去非 ≪嶺外代答≫記云 : 「自蠻王以下至小蠻, 無一不披氈者, 但蠻王中錦衫披氈, 小蠻袒裼披氈爾。北氈厚且堅, 南氈之長, 至三丈餘, 其闊亦一丈六七尺, 擢其闊而夾縫之, 猶闊八九尺許, 以一長氈帶貫摺處, 乃披氈而繫帶于腰, 婆娑也。晝則披, 夜則臥, 雨晴寒暑。」

17) 油單 : 塗油的布。可用以防濕。元 孟漢卿 ≪魔合羅≫第一折 : 「我則怕蓋行李的油單有漏處, 我與你須索從頭覷。」

18) 罟罟 : 亦作"罟姑", "姑姑冠", "顧姑", "故姑", "古固"等, 是宋元時蒙古族婦頭飾的漢語名稱, 蒙古語則稱"包閣塔格(boghtag)"。≪蒙韃備錄≫ : 「凡諸酋之妻則有顧姑冠, 用鐵絲結成, 形如竹夫人, 長3尺許, 用紅青錦繡或珠, 金飾之, 其上又有杖枝, 用紅青 絨飾之。」李志常 ≪長春眞人西游記≫ : 「婦人冠以樺皮, 高2尺許, 往往以皂褐籠之。富者以紅綃, 其末如鵝鴨, 名曰故故, 大忌人觸, 出入廬帳須低徊。」

19) 裁帛腰線 : 元代蒙古族有一種長襖, 以氈革, 彩綿或苧絲制成, 交領窄袖, 下長過膝; 它的主要特點是用彩絲捻成細線, 橫綴于腰數道, 旣可藉此束腰, 又可用爲裝飾, 因形得名, 被稱爲"腰線襖子", 省稱"腰線"。"裁帛腰線"爲"裁帛之腰線"也。

20) 鴉青 : 鴉羽的顏色。卽黑而帶有紫綠光的顏色。

大紅[21], 小紅, 肉紅[22], 桃紅[23], 茜紅[24], 銀褐, 鵝黃[25], 金色, 茶褐[26], 麝香茶褐, 酒浸茶褐。紫紵絲[27], 紅腰線襖子[28]。

번역

漢商 : 형씨들은 쉬고 계십시오, 내 양을 몰고, 涿州로 가서 팔고, 이내 돌아오겠습니다. 내 방금 생각을 해보았는데, 이 양들도 몰고 한 번은 가야하고, 갈 것이라면, 나에게 여유 돈이 좀 있는데, 놀려서 무엇을 하겠습니까? 가는 김에 옷감을 사가지고 (팔러)갈까 합니다.

麗商 : 우리 포목상으로 흥정이나 하러 갑시다.

漢商 : 다갈색 옅은 꽃무늬의 짙은 청색의 흉배 포(胸背布), 상아색

21) 大紅 : 中國傳統色彩名稱, 卽正紅色, 三原色中的紅, 傳統的中國紅, 又稱絳色。≪紅樓夢≫ 第三五回 : 「鶯兒道 : "汗巾子是什麽顏色?" 寶玉道 : "大紅的。"」

22) 肉紅 : 紅顏色的一種, 類似肌肉的淡紅色。

23) 桃紅 : 粉紅色。

24) 茜紅 : 絳紅色。

25) 鵝黃 : 中國傳統色彩名稱, 指淡黃色, 鵝嘴的顏色, 高明度微偏紅黃色。像小鵝絨毛的顏色。

26) 茶褐 : 像濃茶水那樣的深褐色。

27) 紵絲 : 就是"緞子"。≪明代的絲綢衣料≫ : 「宋人吳自牧 ≪夢粱錄≫卷十八 : "紵絲染絲所織, 諸顏色有織金, 閃褐, 間道等類。」又 ≪吳縣志≫卷五十一稱 : 「紵絲俗名緞, 因造鍛字"。」

28) 腰線襖子 : 也作 "辮線襖", 省稱 "腰線"。一種圓領, 緊袖, 下長過膝, 下擺寬大, 腰上部分打上細密橫褶後縫以辮線的 "腰線襖子"。

흉배 포(胸背布), 여섯 꽃무늬의 금면(金綿)[29] 답자(荅子)[30], 운견(雲肩)[31], 엷은 꽃무늬의 和織과 和素[32], 붉은색의 명주띠, 생견(生絹)[33], 붉은 명주[34], 綿紬[35], 금실의 비단, 양털의 쓰개

---

29) 原文의 '銷金'은 금박을 종이 등에 붙여 실처럼 가늘게 썰어 베를 짜는 한 기법(織金)을 말함이다.

30) 原文 '遍金荅子'의 '遍金' 또한 금색 실로 짠 옷감에 꽃무늬를 수놓은 옷감을 말한다. ≪元史 輿服一≫에「職官에 따라 龍鳳紋외에 一品, 二品은 '渾金花'를 입고, 三品은 '金答子'를 입는다.」라는 설명을 볼 수 있다.

31) 原文의 '雲肩'은 목에서 어깨까지 걸치는 '어깨걸이'와 같은 장식을 말함이다. 雲肩은 기호에 따라 "四合如意式"와 "四方柳葉式"의 다양한 무늬가 있다.

32) 原文의 '和織'은 '和素'가 구체적으로 무엇을 말함인지 알 수는 없다. 다만 바로 뒤에서 나오는 '和織'은 '90兩'이고 '和素'은 '50兩'이라는 가격을 흥정하는 對話화 앞뒤의 문맥으로 보아, '和織' 다채로운 색상과 무늬를 가지 천을 말함이고, '和素'은 단색의 색상의 수수한 무늬의 천을 말하는 것으로 보인다. 다음의 글은 原文의 '和織'과 '和素' 이해에 다소 도움이 될 것으로 생각되어 옮겨본 것이다. ≪織綿與披氈≫(內蒙古教育出版社) :「侗錦有彩, 素兩種, "織彩爲紋曰錦, 織素爲紋曰綺"。素錦以黑白二色, 黑藍二色或藍白二色織成, 一般以白線爲經, 藍, 黑線爲緯, 經緯互爲花紋, 陰陽兩面起花。彩錦以棉線爲經, 絲線爲緯, 喜用玫瑰紅, 粉綠, 淺紫, 淡黃, 淺藍等色絲線, 淡雅淸新, 朴素大方。」

33) 原文의 '生絹'은 삶거나 물을 들이지 않은 명주를 말한다.

34) 原文 '紅裏絹'에 대해서 앞의 '제 10화'「打染做小紅裏絹」에서 이미 설명한 바 있다. '裏絹'에 대해서 ≪飜譯老乞大諺解≫에서는「안 · 깁'으로 諺解가 되어, '裏絹'을 '안감 · 깁으로 삼고'라고 諺解하고 있음을 볼 수가 있다. '絹'은 명주(明紬)라고 하여 당시 중국 明나라에서 만든 견직물로 일반백성들은 혼수에 쓰였던 귀한 옷감이다. 이것을 물을 들여 안감으로 만들어다는 것은 常識이 아닌 것 같다. 이에 '裏'는 말의 균형을 맞추려는 어조사 '的'로 보았다. 이에「하얀색의 絹을 염색을 하여 분홍색의 옷감(絹)으로 만들었다」로 해석을 하였다.

35) 原文의 '綿紬'는 풀솜을 짠 울이 굵고 성긴 직물을 말한다. ≪大金國志≫(卷39)「男女官服」조에 "富人은 春夏에 苧絲, 綿紬로 많이 衫을 만든다"라는 구절이 있다. 따라서 長衫을 만드는 綿紬 옷감을 말하는 것으로 보인다. (≪鄭光本≫, 287쪽 주 10번)

(披氈)와 전삼(氈衫)[36], 기름먹인 천(油布), 罟罟冠[37]을 감싸는 천, 비단으로 마름질한 腰線[38]. 어두운 푸른색(鴉靑), 진한 녹색(鴨綠), 유청색(柳靑色), 진홍색, 엷은 진홍, 살색(肉色), 분홍색, 암적색, 은 갈색, 황색(鵝黃), 금색, 다갈색(茶褐色), 사향다갈색, 주침다갈색(酒浸茶褐). 보라색 비단(紵絲)[39], 그리고 붉은색의 腰線襖子[40] 등.

---

36) 原文의 '披氈'과 '氈衫'은 양털로 만든 지금의 담요 같은 것 또는 그러한 옷이나 이불 등을 말하는 것으로 보인다.

37) '罟罟冠'은 爵位가 있는 몽고족의 귀부인만이 쓸 수 있는 높이가 2尺정도로 높은 모자와 같은 것이다.

38) 原文'腰線'은 허리를 감는 띠를 말하거나 또는 그러한 띠를 단 옷(腰線襖子)를 말함이다.

39) 原文의 '紵絲'는 바로 우리가 흔히 알고 있는 비단(緋緞)을 말함이다. 宋人이 지은 ≪夢粱錄≫과 ≪吳縣志≫를 인용한 ≪明代的絲綢衣料≫라는 글을 보면 「'紵絲'는 絲(蠶絲)를 여러 색으로 염색을 한 것이고, '紵絲'를 宋나라 사람들은 '緞'이라고 불렀으므로, 이에 '緞'字 가 만들어 졌다, 그러므로 宋代에 이미 '紵絲'를 '緞'이라고 했음을 알 수 있다」라는 설명을 볼 수 있다. (≪明代的絲綢衣料≫ : 「宋人吳自牧 ≪夢粱錄≫卷十八 : "紵絲染絲所織, 諸顔色有織金, 閃褐, 間道等類。" 又 ≪吳縣志≫卷五十一稱 : "紵絲俗名緞, 因造鍛字"。可見宋時已稱 "紵絲"爲緞, 織緞已運用加金, 閃色, 彩條諸工藝。明淸時期, 緞織物提花工藝高度發展, 緞已成爲高級絲織品中最流行的品種)

40) 原文의 '腰線襖子'는 앞에서 설명하고 있는 여러 註釋 등을 종합하면, '腰線襖子'는 '腰線' 또는 '辮線襖'이라고도 하는데, 모두 같은 것임을 알 수 있다.

第七十三話 俺不是利家
(난 풋내기가 아니고 장사꾼이요)

這段疋你都看了也, 你端的[1]待買甚麽段子? 別箇[2]不要, 鴉青金胸背[3]段子和這和織, 和素。俺老實[4]對你說, 俺自穿的不是, 要將投鄕外轉賣[5], 覓些利錢去。你老實[6]索[7]價錢。這金胸背三定, 和織九十兩, 和素五十兩。你休這般胡索, 倒[8]隔[9]

---

1) 端的 : 到底。≪後庭花≫一【一半兒】:「這釵釧委的是金子委的是銀? 你兩個端的是家奴端的是民?」(劉堅 江藍生 主編, ≪元語言詞典≫, 上海敎育出版社, 1998年, 頁86)

2) 箇 : 助詞。的。≪竇兒寃≫四 鬼旦白 :「當日問官要打俺婆婆, 我怕他年老受刑不起, 因此咱認做藥死公公, 委實是屈招箇。」(藍立蓂 編著, ≪關漢卿戲曲詞典≫, 四川人民出版社, 1993年, 頁91)

3) 金胸背 : 應是“銷金胸背”。銷金, 嵌金色線。≪水滸傳≫第三四回 :「林子中跳出三個好漢來 … 都戴着一頂銷 金万字頭巾。」

4) 老實 : 此作“正經”,“乾脆”。≪五鳳吟≫第九回 :「況你身體柔弱, 怎麽吃得外面風霜之苦。不要管我, 你老實自尋生路罷。」(許少峯 主編, ≪近代漢語大詞典≫, 中華書局, 2008年, 頁1117)

5) 轉賣 : 把買進的東西再賣出去。晉 于寶 ≪搜神記≫卷十八 :「魏郡張奮者… 賣宅與程應, 應入居, 擧家病疾, 轉賣隣人何文。」

6) 老實 : 眞實, 實實在在。清·李漁 ≪風箏誤≫第十六出 :「戚相公請老實些, 上門的生意, 不要錯過。」(許少峯 主編, ≪近代漢語大詞典≫, 中華書局, 2008年, 頁1117)

7) 索 : 討, 要。馬致遠 ≪漢宮秋≫一折 :「不想使臣毛延壽問妾身索要金銀, 不曾與他, 將妾影圖點破, 不曾得見君王。」(許少峯 主編, 同前揭書, 頁1083)

8) 倒 : 正, 却。

9) 隔 : 打斷。≪禪眞后史≫四五回 :「潘三澼, 潘厓一齊道 : 尊駕要出什么惡氣, 隔了這個人話頭。」(許少峯 主編, 同前揭書, 頁390)

了你買賣。俺不是利家[10], 這緞子價錢俺都知道。這金胸背是草金, 江南[11]來的, 你索三定呵, 這服地[12]眞金的却賣多少也? 不索多說, 你旣知道價錢, 你與多少價錢? 這金胸背兩定, 和織七十兩, 和素四十兩, 是實實的價錢。你肯時我買, 不肯時俺別處商量去。旣你知道價錢, 索甚麽[13]多說。撿好鈔來, 賣與你。這段子買了也[14]。

---

10) 利家 : 應是"戾家"。戾家, 謂外行或外行人也。按 : 元代戲曲行業中有行家, 戾家之别。行指行業, 屬此行業的職業演員之團體謂之行院, 引申爲職業演員, 亦稱行家。如此相對, 稱爲"戾家", 是指非由正途出身客串的子弟。戾家之稱爲外行, 蓋有自矣。…宋·灌圃耐得翁 ≪都城紀勝·四司六局≫ : "四司六局人祗應慣熟, 便省賓主一半力, 故常諺曰 : 燒香點茶, 掛畫揷花, 四般閑事, 不許戾家。"(戾家, 後來聲轉俐巴, 力把。(王學奇 王靜竹 撰著, ≪宋金元明淸曲辭通釋≫, 語文出版社, 2002年, 頁663)【老乞大集覽】≪音義≫云 : 不會賣買的。會賣買的便叫行家。今按, 利家亦是市行之人, 杭作行是。漢俗呼市廛曰鋪行, 曰行市。行音杭。

11) 江南 : ① 長江下游以南的地區, 就是江蘇, 安徽兩省的南部和浙江省的北部。② 泛指長江以南。

12) 服地 : 應是"腹裏"。猶內地。元時爲對中書省直轄地區的通稱。≪元典章 戶部 科征包銀≫ :「江西行省准咨文內一款, 腹裏漢兒百姓無田地的, 每一丁納兩石糧, 更納包銀絲綿。」(羅竹風 主編, ≪漢語大詞典≫, 漢語大詞典出版社, 1990年, 卷六) 又, 元代中書省直轄的今河北, 山西, 山東和內蒙古部分地區稱'腹裏"。(劉堅 江藍生 主編, ≪元語言詞典≫, 上海敎育出版社, 1998年, 頁98)

13) 索甚麽 : 用不着; 無須。又作"索甚""色甚麽"。

14) 了也 : 時態助詞'了'。又作"了來"。脈古 ≪竇娥寃≫四 竇天章 白 :「我剔的這燈明了也, 再看幾種文卷。」(藍立蓂 編著, ≪關漢卿戲曲詞典≫, 四川人民出版社, 1993年, 頁157)

번역

布商 : 옷감들을 모두 구경하셨는데, 손님께서는 그러하시다면 어떤 옷감을 사실 것입니까?

漢商 : 다른 것은 필요 없고, 짙은 청색의 금실의 胸背[15]와 和織과 和素를 주시오. 내 솔직히 말하지만, 내가 입을 것은 아니고, 다른 곳에 이 물건을 가져다 팔아, 이득을 좀 남길까 합니다. 그러니 솔직한 값을 내주시오.

布商 : 이 金胸背는 3定이고, 和織은 90兩 그리고 和素은 50兩입니다.

漢商 : 이렇게 엉터리로 가격을 부른다면, 이 거래는 끊어질 것이요. 난 풋내기가 아니고 장사꾼이요, 이 비단의 가격을 난 다 알고 있습니다. 이 金絲胸背는 질이 낮은 초금(草金)[16]의 것으로, 江南에서 온 것인데, 3定을 달라고 한다면, 이 內地[17]에서 만든 황금색의 金絲胸背[18]는 도대체 얼마에

---

15) 原文의 '金胸背'은 '銷金胸背'를 말하는 것으로 보인다. ≪明史 · 志第四十三 · 輿服三≫에는「玉色羅銷金胸背襖子」,「高麗舞四人, 皆笠子, 青羅銷金胸背襖子」,「黑素羅銷金葵花胸背大袖女袍」등과 같은 여럿색상의 금실로 짠 胸背의 옷을 볼 수가 있다.

16) 原文의 '草金'에 대한 本義는 알 수가 없다. ≪鄭光本≫ (291쪽 주 4번)에서는「원문은 '草金'으로 '草'는 "조잡하다"는 뜻이 있다.」라는 설명을 볼 수 있고, 또 "這金胸背是草金, 江南來的"一句를「이 금을 넣은 흉배가 있는 천은 질이 떨어지는 금(金)으로 만들었고 강남에서 온 것이야.」라고 번역하고 있음을 볼 수 있다. 금실(金絲; 金縷; 금종이를 가늘게 오려서 실 모양으로 만듦)로 짠 옷감을 말하는 것으로 보인다. '草'는 '조잡하다'의 의미가 있으므로 '황금색 금실'이 아닌, 즉 질이 낮은 '織金胸背'를 말하는 것으로 보인다.

17) 原文의 '服地'에 대하여 ≪鄭光本≫ (292쪽 주 5번)에서 : ≪원문 '服地'는 "대도의 성문 안"을 말한다. 元代에서는 大都를 중심으로 한 北方의 中央政府

판다는 것입니까?

布商 : 더 말할 필요가 없지요, 가격을 알고 계시다니, 그렇다면 얼마나 주시겠습니까?

漢商 : 이 金絲胸背는 2定이고, 和織은 70兩. 和素는 40兩이 솔직한 가격입니다. 그렇게 한다면 내가 살 것이고, 그렇지 않으면 우린 다른 곳으로 흥정하러 갈 것입니다.

布商 : 가격을 이미 알고 계시는데, 더 말을 할 필요가 없겠습니다. 깨끗한 돈으로 주신다면, 팔겠습니다.

漢商 : 이 옷감을 삼시다.

直轄地域을 '腹裏'라고 하였다. '服地'는 '江南'에 대비하여 말하고 있다는 점과 ≪飜譯老乞大≫에서 '東京'으로 바꾼 점, 그리고 다음 第74話에서 '外路'에 대하여 말하고 있는 점에서 미루어 '服裏'와 같은 뜻을 나타내는 것으로 보인다.≫라는 설명을 볼 수 있다.

18) 原文의 '眞金胸背'의 '眞金'에 대해서는 알 수가 없다. 다만 앞에서 '草金胸背'를 '질이 낮은 금색의 胸背'로 해석을 했기 때문에 '眞金胸背'를 '황금색의 金絲로 짠 織金胸背'로 해석하였다.

第七十四話 這箇紫紵絲段子, 到多少尺頭
(이 보라색 비단은, 그 길이는 얼마나 됩니까?)

咱每更商量。這箇紫紵絲段子, 到多少尺頭[1]? 句[2]做一箇襖子[3]麽? 你說甚麽話? 滿七托[4]有。官尺裏二丈八, 裁衣尺裏二丈五。你一般身材做襖子呵, 細褶兒[5]儘句[6]也, 若做直身[7]襖子有剩。你打開, 我試托。那裏滿七托, 剛剛的[8]七托有。你身材大的人, 一托比別人爭[9]多。這段子[10]地頭[11]是那裏的?

---

1) 尺頭 : 尺寸。指布的長度。≪水滸全傳≫103回 :「張世開嫌那段子顔色不好, 尺頭又短, 花樣又是舊的, 當下把王慶大罵。」

2) 句 : 應是'勾'。勾, "够"的簡字。滿, 足。

3) 襖子 : 卽襖。短于袍而長于襦的有襯裏的上衣。又如 : 綿襖; 皮襖;。亦爲上衣的通稱。如 : 紅襖綠襖。

4) 托 : 長度單位。成人兩臂左右平伸時兩手之間的距離。≪元典章 工部一≫ :「議得繫官緞匹例, 織造幅闊一尺四寸, 長五托之上。」(劉堅 江藍生 主編, ≪元語言詞典≫, 上海敎育出版社, 1998年, 頁326)

5) 褶兒 : 就是 "褶子"。一種帶大領大襟, 有長套袖的衣服。明 馮夢龍 ≪喩世明言≫35卷 :「着一領大寬袖斜襟褶子, 下面襯貼衣裳, 甛鞋淨襪。」

6) 句 : 應是'勾'。勾, "够"的簡字。滿, 足。

7) 直身 : 一種左右襟對稱的上衣。(吳士勛 王東明 主編, ≪宋元明淸百部小說詞語大辭典≫, 陝西敎育出版社, 1992年, 頁1288)

8) 剛剛的 : 就是 "剛剛地", 僅能, 勉勉强强。≪水滸全傳≫十七回 :「那裏來的這個和尙! 眞個好本事, 手段高, 俺却剛剛地只敵得他住。」(許少峯 主編, ≪近代漢語詞典≫, 團結出版社, 1997年, 頁381)

9) 爭 : 更。≪玉鏡台≫三【耍孩兒】: 三「你少年心想念着風流配, 我老則老爭多的幾歲?」(劉堅 江藍生 主編, 同前揭書, 頁423)

10) 段子 : 應是'緞子'。

11) 地頭 : 地點, 處所。(劉堅 江藍生 主編, ≪宋語言詞典≫, 上海敎育出版社,

你道是"我識行貨", 却又不識。這段子外路[12]的, 不是服地段子有。你仔細看, 沒些箇粉飾[13], 好淸水[14]段子。索[15]多少價錢? 這段子價錢誰不識? 索甚麼[16]索價錢。若索呵[17]索六定, 老實[18]價錢五定, 撿[19]鈔來便是[20]。這段子也買了也。

번역

漢商 : 우리 좀 더 흥정해 봅시다. 이 보라색 비단(紵絲)은, 그 길이는 얼마나 됩니까? 윗도리(襖子) 하나 만들기에 충분합니까?

1999年, 頁72)

12) 外路 : 外地。准對本地而言。元·石軍寶 ≪紫雲庭≫三折 :「俺這外路打份, 其實沒這異錦輕羅。」

13) 粉飾 : 掩蓋壞的, 只說好的。≪檮杌萃編≫十九回 :「做書的也不是勸人家遇事粉飾, 專做好好先生。」(許少峯 主編, 同前揭書, 頁351)

14) 淸水 : 謂物品質量純淨無雜。≪水滸傳≫二四回 :「西門慶作別了王婆, 便去市上綢緞鋪裏買了綾綢絹緞, 並十兩淸水好綿。」

15) 索 : 討, 要。馬致遠 ≪漢宮秋≫一折 :「不想使臣毛延壽問妾身索要金銀, 不曾與他, 將妾影圖點破, 不曾得見君王。」(許少峯 主編, 同前揭書, 頁1083)

16) 索甚麼 : 用不着; 無須。又作"索甚", "色甚麼"。

17) 呵 : 助詞。用在第一個分句末尾, 表示假設, 假設兼讓步, 原因, 條件。關漢卿 ≪救風塵≫一 外旦白 :「我嫁了安手才呵, 一對兒好打蓮花落。」

18) 老實 : 忠厚誠實; 眞實, 確實。

19) 撿 : 揀出, 挑選。≪西遊記≫七九回 :「假僧將那些心, 血淋淋的, 一個一個撿開與衆看。」

20) 便是 : 助詞。用于句末, 表示肯定語氣。關漢卿 ≪陳母敎子≫一二末白 :「我得了官, 母親喜歡便是, 可怎生到怪我?」(藍立蓂 編著, ≪關漢卿戲曲詞典≫, 四川人民出版社, 1993年, 頁17)

布商 : 무슨 말씀입니까? 7발[21]이 넘습니다. 官尺[22]은 2장(丈) 8촌(寸)이고, 옷을 재단하는 자(裁衣尺)[23]으로는 2장(丈) 5촌(寸)이나 됩니다. 손님 같은 체격에 윗옷을 만든다면, 옷깃이 넓고 소매가 긴 옷(褶兒)[24]도 충분히 지을 수 있고요, 좌우 깃이 같은 일반적인 옷이라면 남을 것입니다.

漢商 : 옷감을 펼쳐보시오, 내 한 번 재보리다. 어디 일곱 발이 넘습니까? 가까스로 일곱 발이나 되겠군요.

布商 : 손님처럼 몸집이 큰 사람은, 한 발의 길이는 다른 사람보다 더 긴 법입니다.

漢商 : 이 비단천은 産地는 어디요?

布商 : 손님께서 물건을 잘 아신다고 하시더니, 잘 모르시는군요. 이 비단은 外地것이고, 이곳 大都 內地의 비단이 아닙니다.

---

21) 原文의 '托'은 길이의 단위로 성인의 양쪽 팔을 좌우로 편 길이, 즉 한 발을 말한다.

22) 原文의 '官尺'은 나라에서 정한 표준 '자'를 말함이다. 元代의 度量衡은 宋代의 것을 이어받았다고 확신할 수는 없으나, 宋代에서는 '太府寺'라는 관청에서 '布帛'을 徵收하기 위하여 官尺'의 鑄造를 당당하였기 때문에 '삼사포백척(三司布帛尺)'이라고도 하였다. 그 길이는 약 31.6cm이다.

23) 原文의 '裁衣尺'은 옷을 짓는 裁縫匠들 사이에 통용되었던 私製의 '자'를 말함이다. 일반적으로 中國 歷代의 '尺制'는 그 용도에 따라 세 가지로 나눌 수 있다. 하나는 '律用尺'으로서 法에서 定한 '官尺'을 말함이고, 하나는 '木工尺'으로서 농사기구나 수레(車)를 제조할 때 쓰이는 '자'를 말함이다. '木工尺'은 '魯班尺'이라고도 한다. 또 다른 하나는 바로 앞에서 말한 '裁衣尺'가 그것이다. 明 朱載의 ≪律呂精義≫를 보면 明代에서는 사용되었던 자(尺)는 '裁衣尺(鈔尺), 曲尺(營造尺), 寶源局銅尺(量地尺)' 등의 세 종류인데, 그 길이는 각각 34cm, 32cm, 32.6cm라고 한다. 우리는 여기서 '裁衣尺'가 '官尺'보다 그 길이가 조금은 길었음을 알 수가 있다.

24) 原文의 '褶兒'은 '褶子'라고도 하는데, 옷깃이 넓은 긴 도포(長衫) 같은 옷이다.

자세히 보십시오, 흠잡을 것이 없는, 아주 질이 좋은 비단입니다.

漢商 : 얼마를 달라는 것이요?

布商 : 이 비단의 가격을 모르는 사람이 있겠소? 값을 흥정할 필요는 없습니다. 받아야 한다면 6定을 받아야 하는데, 솔직한 값으로 5定을 주시오, 대신 좋은 지폐나 주시오.

漢商 : 이 옷감들을 사겠소.

第七十五話　替子全買了也

(덮개 등을 전부 사겠소)

恁這鞍子[1], 轡頭[2], 大鞦[3], 小鞦, 攀胸[4], 鞊[5], 鞍橋子[6], 鐙徹板, 鐙徹皮, 肚帶, 籠頭[7], 牽控[8], 編繮, 繮繩[9], 兜頦, 閘口[10], 汗替[11],

---

1) 鞍子 : 放在牲口背上馱運東西或供人騎坐的器具, 多用皮革或木頭加棉墊制成。

2) 轡頭 : 駕馭牲口的嚼子的繮繩。繮繩繞過馬項, 兩端分別繫于銜兩側環上, 呈封閉式半圓狀, 騎者握繮以馭馬。

3) 鞦 : 同“鞧”。也稱後鞧, 指套車時洛于服馬臀部的革帶。

4) 攀胸 : 亦作“胸帶”。

5) 鞊 : “韉”。鞍下墊鞍褥, 多爲毛氈制作, 以防磨損馬背。鞍韉下有障泥, 是一種設于鞍韉之下垂懸馬腹兩側障塵擋泥用的馬具。

6) 鞍橋子 : 亦作“鞍鞽”。馬鞍。其拱起處形似橋, 故稱。一種凹形馬鞍。兩晋南北朝時, 馬鞍前後起橋, 因兩鞍橋均直立, 所以稱之爲“兩橋垂直鞍”。隋唐以降, 鞍橋的形制又有了新的變化, 表現爲前鞍橋高而直立, 后鞍橋向下傾斜, 可稱之爲“後橋傾斜鞍”。

7) 籠頭 : 勒。也稱絡頭, 俗稱馬籠頭。用來拴馬的專用皮具, 形狀像一個籠子, 用于把馬頭套起來, 然後再繫上繮繩。按, 一副完整的勒由革制的“項帶, 額帶, 鼻帶, 咽帶, 頰帶和銜, 鑣”等組成。

8) 牽控 : 此疑作“牽繮”一類。≪夢粱錄≫卷二 :「親從對對, 衫帽新鮮, 士卒威風, 凜凜可畏, 使馬牽控, 寶裝鮮新, 黃轎前引, 幟旗後隨。」

9) 繮繩 : 轡。繞過馬頸, 兩端分別繫于銜兩側環上, 呈封閉式半圓狀, 騎者握繮以馭馬。

10) 閘口 :【老乞大集覽】≪音義≫云 : 馬嚙。一說水嚼環。今按, 水嚼環是閘口。俗呼爲馬嚼子, 或云嚼子, 亦曰水環。

11) 汗替 : 軒屜。汗, 音借“軒”。替, 音借“屜”。(何茂活, ≪老乞大輯覽, 單字解 訓詁方法評介≫, 中國 蘭州大學學報, 第36卷2期, 08年)【老乞大集覽】≪音義≫云 : 汗替·皮替之總名。今按, 本文既歷擧汗替·皮替言之, 則不必更擧總名皮替, 替子[12], 全買了也。

번역

漢商 : 당신네들의 말안장과 말굴레[13] 그리고 큰 밀치, 작은 밀치[14], 가슴설이[15], 언치[16], 안장(鞍裝)[17], 등자[18]쇠(발걸이), 등자 끈, 오랑(腹帶), 고삐[19], 고삐 끈[20], 말머리 꾸미개[21], 마함(馬

之替也。蓋汗替卽如本國別造單替, 加於馬背以防汗者也。皮替卽如本國以皮爲之加着厚替之上爲飾者也。替子卽着(氈)絮爲裏, 而作厚替者也。又有指甲替者, 卽鞍兩翅板下襯着爲飾, 此元制也。今俗只用厚替·汗替, 而不用皮替·指甲替之類, 古今罕稱之。汗作軒, 替作屜是。

12) 替子 : 馬鞍, 屜子。≪金瓶梅詞話≫六八回 :「一面牽出大白馬來, 搭上替子, 兜上嚼環, 躧着馬台, 望上一騸, 打了一鞭。」(許少峯主編. ≪近代漢語詞典≫, 團結出版社, 1997年, 頁1113)

13) 原文의 '轡頭'은 '고삐'로서 말이나 소를 몰거나 부리려고 코뚜레, 굴레에 잡아매는 줄을 말함이다.

14) '밀치'는 말이나 당나귀의 안장이나 소의 길마에 걸고 꼬리 밑에 거는, 좁다란 나무 막대기(가죽)나 또는 잡아매는 끈을 말한다. 原文에서의 '大, 小'는 '밀치'의 길고 짧은 것을 말하는 것으로 짐작된다.

15) 말의 가슴에 걸어 안장에 매는 가죽 끈.

16) 原文의 '鞊'은 '韉'으로서, 안장이나 길마 밑에 까는 깔개(방석이나 깔개)를 말한다.

17) 原文의 '鞍橋子'는 말은 편하고 안점감이 있게 타기 위한 승용구로서 말안장 앞뒤로 굽자 모양의 장식을 말한다. 앞쪽의 부분을 '앞가리개(前輪)', 뒷부분의 것은 '뒤가리개(後輪)'라고 한다.

18) 原文의 '鐙子(등자)'는 말을 탔을 때 두 발을 디디는 기구이다.

19) 原文의 '籠頭'는 말의 머리에 '씌우는 굴레'로서, 가죽 끈 등으로 만들며, 고삐와 장식(방울) 따위를 단다. 사실 '籠頭'와 '轡頭'는 말의 머리에 '씌우는 굴레'를 뜻하는 같은 말이다. 이에 앞에 '轡頭'를 '굴레'로 번역하였고, 뒤의 '籠頭'를 '고삐'로 번역하였다.

銜)[22], 그리고 말안장 덮개[23] 등을 전부 사겠소.

---

20) 原文의 '繮繩'은 '고삐 끈(굴레 끈)'으로 말의 굴레에 연결되어 말을 제어하는 줄을 말한다. 原文의 '牽控'에 대해서 그 뜻은 알 수 없으나 앞의 註釋에서 例文으로 제시한 ≪夢梁錄≫ 卷二「士卒威風, 凜凜可畏, 使馬牽控, 寶裝鮮新, 黃轎前引, 幟旗後隨。(병사들의 위품은 늠름하여 위엄이 넘치고, 말을 부리는 고삐와 굴레 등의 장식은 휘황찬란하고, 거대한 가마(黃轎)는 앞에서 인도하고, 수많은 깃발들은 뒤에 따른다.」에서 '고삐 끈' 등을 말하는 것으로 보인다. '編繮' 또한 '고삐 끈'의 일종으로 보이나, 구체적인 뜻은 알 수가 없다. ≪鄭光本≫ (299쪽)에서는 '牽控'은 '엮은 고삐', '編繮'은 '매어서 끄는 줄'로 번역하고 있음을 볼 수 있다.

21) 原文 '兜頦'에 대하여 ≪鄭光本≫ (300쪽 주8)에서는「말의 얼굴 부위에 붙이는 금속제의 장식을 말한다.」라는 설명을 볼 수 있다. 다운 백과서전에는「말머리가리개는 말의 이마나 얼굴에 씌우던 것으로 화살로부터 말을 보호하기 위한 것이고, 말머리꾸미개란 말의 이마나 얼굴에 씌우는 꾸미개를 말한다.」라는 설명을 볼 수 있다.

22) 原文 '嚼口'에 대해서 ≪飜譯老乞大諺解≫에서는 '마함'이라고 諺解되어 있음을 볼 수 있다. '마함'은 말을 제어하기 위해 입에 가로물리는 쇠토막을 재갈이라고 하는데 굴레에 달렸으며, 양 끝에 고삐를 매게 되어 있다. 재갈의 양 끝을 말의 입 가장자리에 대는 막대기나 판대기 모양의 도구를 재갈멈치라고 하며 한쪽에 고삐를 매어 잡아당길 때 재갈이 빠지지 않도록 고정시키는 구실을 한다.

23) 原文의 '替子'는 말안장(馬鞍)을 가리키는 또 다른 말이다. 鞍裝이라 하며 안장틀, 안장대, 안장깔개, 안장꾸미개, 안장가리개 등으로 이루어진다고 볼 수 있는데, 여기서의 '替子'는 '屜子(언치; 안장)'의 音借일 것으로 볼 수 있다. '汗替'의 '汗'은 '鞧'의 假借字로서 '鞧屜', 즉 '가죽 안장'이라고 할 수 있을 것이다. 그러므로 原文의 '替子'는 말안장의 총칭이고, '汗替, 皮替'은 안장깔개의 여러 종류 인것 같다. ≪飜譯老乞大諺解≫에서도 각각 'ㅅㄷ、어치', '갓어치', 'ㅂ、어치'로 언해되고 있음을 볼 수 있다. 이에 통틀어 '말안장 덮개'라고 번역을 하였다. '替子'를 '屜子'로 해석하고 있는 이러한 견해는 논문「中國 蘭州大學學報 第36卷2期, (08年)에 실려 있는 何茂活 ≪老乞大輯覽≫, ≪單字解≫訓詁方法評價」에서 발췌하였다.

第七十六話 再買一張弓去
(또 활 한 자루를 사러갑시다)

再買一張弓去。到賣弓的房子裏問到。賣的好弓有麽? 可知[1]有, 無呵[2], 做甚麽買賣裏! 你將這一張黃樺弓[3]上絃者, 我試拽[4], 氣力有呵, 我買。新上了的弓, 慢慢的拽。是[5]好弓呵[6], 怕甚麽[7]拽? 這弓把[8]裏軟, 難拽, 沒廻性有。這弓你却是强[9]褒彈[10], 兀的弓, 你更嫌甚麽? 由他[11]說, 箌彈的是買的。

---

1) 可知 : 自然, 確實。元　缺名 ≪勘金環≫一折 :「我可知喜歡哩。俺無甚事, 後堂中飮酒去來。」(許少峯 主編, ≪近代漢語詞典≫, 團結出版社, 1997年, 頁645)

2) 呵 : 助詞。用在第一個分句末尾, 表示假設, 假設兼讓步, 原因, 條件。關漢卿 ≪救風塵≫一 外旦白 :「我嫁了安手才呵, 一對兒好打蓮花落。」

3) 黃樺弓 : 宋代弓名。其弓飾有黑漆, 黃白樺, 麻背之別, 飾黑漆的爲黑漆弓, 飾黃樺的爲黃樺弓, 飾白樺的爲白樺弓。

4) 拽 : 同"曳", 牽引; 拖; 拉。

5) 是 : 眞正, 實在。元　鄭庭玉 ≪後庭花≫一折 :「這年紀小的女孩兒, 是生的好, 叫他伏侍老相公。」(許少峯 主編, ≪近代漢語詞典≫, 團結出版社, 1997年, 頁1035)

6) 呵 : 用于句中停頓處, 表示假設的助詞。

7) 怕甚麽 : 有何不可。又作 "怕做甚麽"。關漢卿 ≪哭存孝≫四 李克用白 :「息婦兒也, 你也辭我一辭去, 怕做甚麽?」

8) 弓把 : 也作 "弓弝"。

9) 强 : 甚。關漢卿 ≪救風塵≫二【散調集賢賓】:「我想這姻緣匹配, 少一時一刻强難爲。」

10) 褒彈 : 又作 "包彈"。批評; 指責。關漢卿 ≪拜月亭≫四【掛玉鉤】:「我特故里說的別, 包彈遍。」

11) 由他 : 表示聽凭自然。壽便; 算了。≪金瓶梅詞話≫四三 :「西門慶道 : "端的是誰拿了? 由他, 慢慢兒尋罷。"」(白維國 編, ≪金瓶梅詞典≫, 中華書局, 1991

這一張弓爲甚麼不樺了? 你不理會[12]的, 這弓最好, 上等弓若樺了時, 買的人不委信[13]。敎人看了面子[14]上角, 背子上鋪的朸[15], 商量了價錢, 然後樺了也不遲裏。這弓卸下[16]。叩子[17]小些箇, 梢兒[18]短, 弓也買了也。

번역

麗商 : 또 활 한 자루를 사러갑시다.

(활을 파는 가게에 와서 묻는다)

팔만한 좋은 활이 있습니까?

弓商 : 당연히 있지요, 없다면, 무슨 장사를 한다는 말이요!

麗商 : 이 黃樺弓에 줄을 한번 매어보시오, 내가 당겨보고, 힘이 있으면, 내가 사겠소.

弓商 : 막 활줄을 매었으니, 천천히 당기시오.

麗商 : 좋은 활이라면, 당기다고 뭐가 문제가 되겠소? 이 활의 손잡

年, 頁640)

12) 理會 : 明白; 知道。關漢卿 ≪竇兒寃≫二【鬪蝦蟆】:「枉着你煩惱沒理會, 人生死, 是輪回。」(藍立蓂 編著, ≪關漢卿戲曲詞典≫, 四川人民出版社, 1993年, 頁159)

13) 委信 : 委任信賴。

14) 面子 : 指物體的表面。

15) 朸 : 應是 "筋"。"筋", 肌肉; 肌腱或附在骨頭上的韌帶。

16) 卸下 : 脫掉, 除去。

17) 叩子 : 叩, 同 "扣"。扣子, 亦稱 "扣兒". 卽 "紐扣"。

18) 梢兒 : 應是 '弰兒'。卽弓的末端。

이 부분인 줌통[19]이 약하여 당기기가 어렵고, 탄력[20]이 없는 것 같소.

弓商 : 이 활이 무척이나 못마땅하신 모양인데, 이 할이 어디가 맘에 들지 않습니까?

漢商 : 말하게 놔두시오, 따지고 시시비비를 가리는 사람이 살 사람인 것입니다.

麗商 : 이 활은 어찌하여 자작나무 칠을 하지 않았소?

弓商 : 손님께서는 잘 모르시고 계시는군, 이 활은 가장 좋습니다. 上品의 활에 칠을 해놓으면 사는 사람이 믿질 않습니다. 살 사람들에게 활 표면에 부착된 뿔과 활 등의 쇠 힘줄을 볼 수 있도록 하여, 값을 흥정한 다음, 칠을 하여도 늦지 않은 것입니다.[21]

---

19) 原文의 '弓把'를 우리말로 '줌통'으로 번역하였다. '줌통'은 '활줌통'이라고 하며, 활 몸체의 한가운데에 손으로 쥐는 부분을 말한다. (신기철 신용철 편저, ≪새우리말 큰 사전≫, 삼성출판사, 1983년)

20) 原文 '迴性'에 대하여 ≪鄭光本≫ (302쪽 주 6번)에 다음과 같은 설명을 볼 수 있다 :「원문 '迴性'에 대하여는 明 王砢玉의 ≪珊瑚網≫(卷23)에 "寶刀를 按하면 곧 휘어지고, 이것을 舍하면 곧 勁直함이 처음과 같도다. 세속에서는 이것을 迴性이라고 한다."라는 설명이 있다. 즉 탄력(彈力)을 가리킨다.」

21) 활의 제작 방법에 대하여 ≪鄭光本≫ (303쪽 주 8번)에 상세한 설명을 볼 수 있다 :「이 시대에 활을 만드는 방법은 전술한 ≪天工開物≫(卷15) "弧矢"조에 자세하게 설명되어 있다. 이에 의하면 먼저 대나무(북방에서는 소나무)와 물소 뿔을 합하여 붙여서 본체를 만들고 양 끝에 뽕나무를 연결한다(이 부분을 '弓稍'라고 함). 그 맨 끝에 활시위를 걸기 위한 활고자를 새긴다(이 부분이 '拍子' 즉 '활고자'). 뿔이 안쪽으로 가도록 활시위를 당길 때에 뒤쪽으로 탄력을 더하기 위하여 소의 힘줄을 아교(阿膠)로 붙이고, 그 바깥쪽을 자작나무의 껍질로 붙여서 고정 시킨다.」

麗商 : 이 활의 활줄을 풀어보세요. 활에 시위를 거는 고리[22]가 좀 작은 것 같고, 활의 양머리의 활고자도 좀 짧지만, 이 활을 사겠습니다.

22) 原文의 '叩子'는 "扣子"와 같은 의미를 가지는 어휘다. "단추" 또는 "단추를 달다" 등의 의미를 가지는데, 여기서는 활줄을 매는 구멍을 말한다. 改修本인 ≪飜譯老乞大≫에서는 "彄子(弓弩兩端繫弦處)"로 改修되어 나타나고 있음을 볼 수 있다.

第七十七話 有賣的弓絃時將來
(활시위 줄도 팔 것이 있으시면 가져오시오)

有賣的弓絃[1]時將來, 俺一就[2]買一條, 就[3]這裏上了這弓者。絃有, 你自揀著買。這的忒[4]細, 這的却又麤[5]倴[6], 似這一等[7]兒著中[8]恰好。這弓和弦都買了也。

---

1) 絃 : 同‘弦’。

2) 一就 : 順便。

3) 就 : 介詞。在。≪水滸傳≫四二回 : 「只見黑旋風李逵, 就闕下放聲大哭起來。」(高文達 主編, ≪近代漢語詞典≫, 智識出版社, 1992年, 頁426)

4) 忒 : 太, 過于。

5) 麤 : 同‘粗’。略, 稍微。≪朱子語錄≫一二一卷 : 「眼前雖粗有用, 又都零零碎碎了, 少間只見得利害。」(許少峯 主編, ≪近代漢語詞典≫, 團結出版社, 1997年, 頁191)

6) 倴 : “笨”的異體。「“坌”, “㨧”, “㤓”, “倴”, “㬇”各字, 均系 “笨”的同音假借字。其中 “㨧”, “㤓”, “㬇”不見字書, 可能是當時的俗體。其意隨所指對象而異 : 以言思維, 則謂痴鈍, 不聰明。以言身材, 則謂粗笨, 不靈巧。以言出力打工, 則謂粗活, 笨重勞動。以言絲縷絹帛, 則謂粗劣。以言治學習藝, 則謂硬功夫, 死功夫或苦功夫。…又有寫作 “夯”的, ≪紅樓夢≫30回 : “誰都像我心拙口夯, 由着人說呢!” 夯, 亦讀如 “笨”。口夯, 謂笨嘴笨舌也。」(王學奇 王靜竹 撰著, ≪宋金元明清曲辭通釋≫, 語文出版社, 2002年, 頁63)

7) 這一等 : 一種, 一類。這等, 猶言這樣, 這般。按, “等”, ≪廣韻≫云 : “類也”。≪倩女離魂≫一【混江龍】白 : 「梅香, 似這等, 幾時是了也?」(顧學頡 王學奇, ≪元曲釋詞≫卷四, 中國社會科學出版社, 1990年, 頁418)

8) 著中 : 適合。‘著’又作‘着’。着, 適合。高安道【哨遍】≪皮匠說謊≫ : 「快做能裁, 着脚中穿, 在城第一。」中, 適于; 合于。徐本 ≪任風子≫三【普天樂】: 「這的中做布碾, 好做鋪持。」(劉堅 江藍生 主編, ≪元語言詞典≫, 上海教育出版社, 1998年, 頁433)

번역

麗商 : 활시위 줄도 팔 것이 있으시면 가져오시오, 활을 사는 김에 함께 한 가닥을 사서, 여기서 이활에 활줄을 맬 것이요.

弓商 : 활시위는 있습니다, 몸소 골라보시지요.

麗商 : 이것은 너무 가늘고, 이것은 또 약간 굵고[9], 이런 종류가 적당하고 딱 좋은 것 같습니다. 활과 시위를 모두 샀습니다.

9) 본문의 '麤倴'은 하나의 어휘로 보고 "粗惡하다"라고 새길 수도 있으나, 앞에서 쓰여진 "忒細"에서의 "忒"는 副詞이고 "細"를 수식하고 있기 때문에, "麤(粗)"를 뒤에 오는 "倴(笨)"을 수식하는 副詞로 해석을 하였다.

第七十八話 更買幾隻箭
(또 화살을 좀 사야겠습니다)

更[1]買幾隻箭。這鈚子[2], 虎爪[3], 鹿角樸頭[4], 響樸頭, 艾葉[5], 柳葉[6], 迷針[7]箭。這箭竿是竹子的, 這的是[8]木頭的。更買這箭胡蘆[9]弓袋。這雜帶[10]都買了也。

번역

麗商 : 또 화살을 좀 사야겠습니다.

---

1) 更 : 再。關漢卿 ≪謝天香≫一【金盞兒】:「他則道官身休失誤, 啓口更無詞。」(藍立蓂 編著, ≪關漢卿戲曲詞典≫, 四川人民出版社, 1993年, 頁92)

2) 鈚子 : 卽鈚箭, 鈚子箭。箭的一種, 箭頭較薄而闊, 箭杆較長。【老乞大集覽】≪質問≫云 : 箭鏃極寬大且長。

3) 虎爪 :【老乞大集覽】≪質問≫云 : 箭鏃上有鉤如虎爪。

4) 樸頭 : 箭頭爲皮革裹棉花而成, 箭頭用繩縛于箭杆之上, 杆以木或竹制, 此箭專爲演習, 對抗射擊之用。

5) 艾葉 : 卽'艾葉箭'。箭頭爲艾葉狀, 尖刃之下有前斜出之若于尖刺, 整個箭頭呈扁平狀。【老乞大集覽】≪質問≫云 : 箭鏃寬長有鋸齒, 如艾葉樣。

6) 柳葉 : 卽'柳葉箭'。其式樣與普通之箭相同, 惟箭頭形似柳葉。整個箭頭呈扁平狀。【老乞大集覽】≪質問≫云 : 箭名, 細尖而長如柳葉楊。

7) 迷針 :【老乞大集覽】≪質問≫云 : 箭名, 細尖而長如針馬迷針樣。

8) 這的是 : 這個是, 此便是。元 · 孟漢卿 ≪魔合羅≫三折 :「這的是打家劫盜勘完的贓, 這個是犯界茶鹽取定的詳。」(許少峯 主編, ≪近代漢語詞典≫, 團結出版社, 1997年, 頁1474)

9) 箭胡蘆 : 卽箭袋, 箭壺。按, 胡蘆爲"壺"之誤寫。

10) 雜帶 : 古代諸侯和大夫便服上的帶子。

店主 : 이것은 비자화살[11], 거리살[12], 사숨뿔고두리살[13], 소리나는 고두리살[14], 애엽전(艾葉箭), 유엽전(柳葉箭), 미침전(迷針箭)[15]입니다. 이 화살대는 대나무로 만든 것이고, 이것은 나무로 만든 것입니다.

麗商 : 화살통과 활주머니도 사야겠습니다. 이것저것 활에 필요한 여러 가지 잡동사니를 다 샀습니다.

---

11) 原文의 '鈚子'는 비자전(鈚子箭)으로 촉이 크고 긴 화살을 말한다(≪老朴集覽≫) … ≪飜老≫의 언해 '셔보조'는 그저 '화살'이란 뜻이다. (≪鄭光本≫, 310쪽 주 1번)

12) 原文의 '虎爪'는 화살촉의 모양이 호랑이 발톱(갈고리)과 같은 사냥 수렵용 화살이다. 이를 '거리살'이라고 하는데, ≪飜老≫의 언해에서도 '거리살'이라고 하였다.

13) 原文의 '鹿角樸頭(사슴뿔고두리살)'는 "사슴뿔로 둥글게 만든 화살촉을 단 연습용 화살"을 말한다. '樸頭'는 화살촉의 끝을 동그랗게 하여 연습용으로 쓰는 화살을 가리킨다. ≪飜老≫의 언해에서는 '樸頭'는 모두 '고도리'로 번역하였다. 고유어에서는 '고두리살'로 불렸던 것이다. (≪鄭光本≫, 310쪽 주 3번)

14) 原文의 '響樸頭'는 날아갈 때 소리가 나게 만든 순무 모양의 촉을 단 화살을 말한다. (≪鄭光本≫, 310쪽 주 4번)

15) 原文의 '迷針箭'에 대해서 확실하게 말 할 수 없지만, 文獻을 찾아보면 '梅針箭'·'眉針箭'·'齊梅針箭' 등으로 불리는 화살의 명칭을 볼 수 있다. '針箭'이라 함은 화살촉이 바늘처럼 가늘고 긴 화살을 말하는 것 같다.

第七十九話 更買些椀子什物
(또 그릇 따위의 생활용품들도 삽시다)

更買些椀子什物[1]。鍋兒[2], 鑼鍋[3], 荷葉鍋[4], 六耳鍋。磁楪子[5], 木楪子, 漆楪子。這紅漆匙[6], 黑漆匙, 銅匙。紅漆筯[7], 銅筯。三脚鏀兒。這盤子是大盤子, 小盤子, 漆椀[8]。這漆器家具[9], 一半兒是通布裹的, 一半兒是膠漆托的。更有些豹子[10]生活[11]。其餘的通布裹的是主顧[12]生活[13], 其餘的都是市賣[14]的。

---

1) 什物 : 各種物品器具。多指日常生活用品。【老乞大集覽】師行二五爲什, 食器之數必共之。故謂之什物·什具。今人通謂生生之具爲什物。

2) 鍋兒 : 炊事用具, 圓形中凹, 多用鐵制。

3) 鑼鍋 : 亦作 "烙鍋"。本爲軍中用具。鍋 · 鑼兩用(白天燒飯, 晚間報更)。

4) 荷葉鍋 : 大鐵鍋。指一種很大而如荷葉之形的鍋。

5) 磁楪子 : 卽 "瓷碟兒", 盛食物等的器具, 比盤子小, 扁而淺。"楪"古同 "碟"。

6) 紅漆匙 :【老乞大集覽】達子· 女眞用匙, 而用鐵用角爲之, 或黑或紅爲漆, 行路亦帶之。漢俗不用匙。

7) 筯 : 筯, 應是 "筋"之誤寫。卽 "筷子"。"紅漆筯", 卽 "紅漆筋"。

8) 椀 : 同 "碗"。盛食物或飮料的器皿。

9) 家具 : 家庭器具, 指木器, 也包括炊事用具等。

10) 豹子 : 假的。≪擧案齊眉≫一【勝葫蘆】:「兀的是豹子峨冠士大夫, 何必更稱譽。」(劉堅 江藍生 主編, ≪元語言詞典≫, 上海敎育出版社, 1998年, 頁16)

11) 生活 : 指手工製品。≪元典章 · 戶部八≫ :「令各處鋪戶之家, 長現在鐵器生活須管立限發賣了畢。」(劉堅 江藍生 主編, ≪元語言詞典≫, 上海敎育出版社, 1998年, 頁285)

12) 主顧 : 顧主, 顧客。元·鄭德輝 ≪王粲等樓≫一折 :「酒店門前三尺布, 人來人往圖主顧, 好酒做了一百缸, 倒有九十九缸似滴醋。」(許少峯 主編, ≪近代漢語詞典≫, 團結出版社, 1997年, 頁1510)

13) 生活 : 此指用品, 器物。元 · 鄭廷玉 ≪金鳳釵≫第三折 :「(正末云)委實埋的

번역

麗商 : 또 그릇 따위의 생활용품들도 삽시다.

店主 : 이것은 鍋兒[15], 鑼鍋[16], 荷葉[17]鍋, 六耳[18]鍋 등의 여러 솥(냄비)[19] 종류입니다. 이것은 磁器접시(磁楪子), 木器접시(木楪子), 옻칠접시(漆楪子)입니다. 이것은 붉은 옻칠의 숟가락(紅漆匙), 검은 옻칠의 숟가락(黑漆匙), 구리쇠 숟가락(銅匙)입니다. 이것은 붉은 옻칠의 젓가락(紅漆筯)이고 이것은 구리쇠

是金釵, 不知怎麽刨出這東西來。(店小二云)怎生變出這個生活來。」

14) 市賣 : 卽 "賣"也。市, 也作 "賣"。如 : "市酒(賣酒)。市食(市中售賣的食物; 購買食物)。市馬" 等。

15) 原文의 '鍋兒'는 원형의 둥근 바닥을 하고 있는 중국의 전통 솥이다.

16) 原文의 '鑼鍋'는 징 모양의 솥을 말한다. '鑼鍋'는 본시 軍中에서 낮에는 취사도구로 밤에는 경보용으로 쓰이는 동라(銅鑼)를 말함이다.

17) 原文의 '荷葉鍋'는 엄청 큰 무쇠 솥을 말하는 것 같다. 연꽃잎은 일반 꽃잎보다 크므로 이에 '荷葉鍋'라고 부르는 것으로 보인다.

18) 原文의 '六耳'는 '여섯 귀'가 달린 솥을 말함이다. 전통의 한국 무소 솥은 네 귀가 달려있다. 아궁이(부뚜막) 등에 걸 수 있도록 귀 모양을 형태로, 일종의 걸개 구실을 하는 것으로 손잡이는 아니다.

19) 原文의 '鍋兒, 鑼鍋, 荷叶鍋, 兩耳鍋'에서의 '鍋'는 통틀어 '솥'을 번역할 수 있을 것이다. 전통의 한국의 솥은 중국의 솥과는 다르다. 한국의 부엌은 부뚜막이 있어, 그곳에 솥을 걸고 음식을 만드는 동시에 방을 덥게 하였으므로 솥의 모양은 밑이 그다지 우묵하지 않고 약간 편평한 편이고 무겁고 고정되어 있다. 즉 한국의 재래식 솥은 네 귀가 달렸고 아가리가 오긋하며, 꼭지가 있는 뚜껑이 있다. 용도에 따라 물솥, 밥솥, 국솥, 쇠죽솥으로 나뉜다. 또 노구솥(鑪口솥 : 놋쇠나 구리로 만든 솥)이라고 불리는 솥이 있는데, 이 노구솥은 자유로이 옮기어 따로 걸고 쓸 수 있어 주로 제사 때에 메 짓는 데 사용한다고 한다. 반면 중국의 솥은 둥근 바닥을 가진 까만 주철로 만든 것으로, 지금 시중의 만두가게에서 만두(찐빵)를 찔 때 쓰는 동그란 무쇠 솥으로 보면 될 것이다.

젓가락(銅筯)입니다. 이것 세발의 노(鑪兒)[20]입니다. 큰 접시와 작은 접시, 그리고 옻칠을 한 주발들입니다. 이 漆器의 家具들 가운데, 반 정도는 麻布로 안을 댄(布漆)[21] 것이고, 반 정도는 膠漆[22]을 입힌[23] 것입니다. 또 비슷하게 만든 모조품들도 있습니다. 조금 전 말씀드린 것처럼 麻布로 안을 댄 食器들은 단골손님의 맞춤 그릇이고, 나머지는 반은 모두 내놓고 판매하는 것들입니다.

---

20) 原文의 '鑪(노)'는 무엇을 말함인지 알 수가 없다. 소리가 비슷한 글자로는 '鑪'가 있는데, 사전에는「貯火的器具, 作冶煉, 烹飪, 取暖等用(불을 모아두는 기구로, 쇠를 불리거나 음식조리 또는 난방 등의 용도로 쓰인다)」이라는 설명을 볼 수 있다. 이에 '세발의 풍로'로 번역할 수도 있을 것이다. 그러나 확실한 原義를 알 수 없으므로 原文인 '노(鑪兒)'를 그대로 써서 번역하였다. 改修本인 ≪飜老≫에서는 '甑兒(음식을 찌는 시루의 일종)'으로 고쳐져 있음을 볼 수 있다. 甑(증)은 우리말로 '시루'라고 번역할 수 있지만, 발이 셋으로 굽어 있는 鬲(력) 모양의 솥이 달려 있는 시루를 말함이다(甑, 古代蒸飯的一種瓦器。底部有許多透蒸氣的孔格, 置于鬲上蒸煮, 如同現代的蒸鍋).

21) 原文의 '通布裏'는 '木器 등의 食器의 안쪽을 麻布와 漆로 안을 발랐다'로 보았다. 바로 뒤에 오는「一半兒是膠漆托的」一句에서 '膠漆(아교와 옻칠을 섞은)'은 명사 이므로, '通布'를 일반명사, 즉 '麻布'의 일종으로 보았다. '裏'에 대한 ≪說文≫에는 '안에 속옷을 입다(裏, 衣內也。衣外曰表)'라는 설명을 볼 수 있다. 이에 '裏'字는 動詞로 '(漆器 안을)漆을 입히다'라고 해석할 수가 있을 것이다. 漆器를 제작하는 과정 중에 마포를 칠로 겹쳐 바르는 방법을 마포건칠(麻布乾漆)이라는 용어를 볼 수 있고, 中國文獻에는 生地(칠 등을 입히지 않은 木器)에 漆로 麻布를 부착시켜 바르는 것을 '布漆'이라는 용어와 설명을 볼 수 있다. (布漆 : 在經梢當之后的器物上, 用法漆將麻布糊貼上去的一道漆工藝。這樣, 卽使用石搓磨, 也不至于將木胎或木筋暴露出來。木胎拼合處也不容易松裂脫開)

22) 原文의 '膠漆'은 漆器제작 기법의 하나로, 漆에 적당한 점조제(아교 등)를 혼합한 칠을 말한다.

23) 原文 '膠漆托'에서의 '托' 또한 앞의 '裏'처럼, '~안에 붙이다, 바르다'의 의미를 가지는 글자다. 예를 들어 現代漢語에 '托一層紙(종이를 한 겹 입히다)'라는 말이 바로 그것이다.

第八十話[1] 酒也醉了茶飯也飽了也
(술도 취하도록 마셨고, 밥도 배부르게 잘 먹었습니다)

今日備辦了些箇茶飯[2], 請咱每衆親眷閑坐的[3]。翁翁[4], 婆婆[5], 父親, 母親, 伯伯, 叔叔, 哥哥, 兄弟[6], 姐姐, 姉妹, 外甥[7], 侄兒, 侄女[8], 舅舅, 女婿, 妗子[9], 又嬸母[10], 姨姨, 姑姑, 姑夫, 姨夫, 姐夫, 妹夫, 外甥女婿, 叔伯哥哥兄弟, 姑舅哥哥兄弟,

---

1) 제80화에 대하여 ≪鄭光本≫ (316쪽 주 1번)에 다음과 같은 설명을 볼 수 있다 :「재96화로 미루어볼 때 여기서 친척을 초대한 것은 중국인의 王으로 생각되지만 요양(遼陽)에 거주하는 王의 친족이 大都에 이렇게 많이 있다는 것은 자연스럽지 못하다. 아마도 중국인의 복잡한 친족 호칭의 습득을 위해 특별히 이 대목이 마련된 것으로 보인다.

2) 茶飯 : 普通進餐的菜和飯, 也指筵席。≪孝經直解≫十八 :「孝子沒了父母時分…吃茶飯呵不美, 阿的便是他煩惱的情分。三日後索要吃些茶飯。」(劉堅 江藍生 主編, ≪元語言詞典≫, 上海教育出版社, 1998年, 頁39)【累字解】茶飯, 總稱食品之謂。

3) 坐的 : 卽 "坐地"。坐着, 坐定。≪古今小說≫二卷 :「那田氏還呆呆的坐地, 問他時全然不省。」(許少峯 主編, ≪近代漢語詞典≫, 團結出版社, 1997年, 頁1553)【單子解】地, 土也。田地 · 土地 · 地方 · 地面。又指當處。土地之神亦曰土地。又語助, 坐地。又恁地. 猶言如此。

4) 翁翁 : 猶公公。老翁, 多指祖父。

5) 婆婆 : 丈夫的母親。祖母; 外祖母。

6) 弟兄 : 此指'弟弟'。金 · 董解元 ≪西廂記諸宮調≫ 卷二 :「思量了, 兄弟歡郎忒年紀小。」

7) 外甥 : 自己姉妹的兒子叫 "外甥", 女兒叫 "外甥女"。

8) 侄兒 : 自己兄弟的兒子。也可以叫侄子, 女兒叫侄女。

9) 妗子 : 舅母。≪醒世姻緣傳≫ 第八二回 :「吃畢, 同狄希陳到了相主事宅內, 見了母舅妗子合相主事已畢, 你問我對, 說了前後始末根由。」

房親[11]哥哥兄弟, 兩姨哥哥兄弟, 親家翁[12], 親家母, 親家伯伯, 親家舅舅, 親家姨姨, 使喚的奴婢, 都請將來。欄門盞兒[13]都把了也, 請屋裏坐的。今日些小淡薄禮, 虛請親眷。酒也醉不得, 茶飯也飽不得, 休怪。休這般說, 不當。教恁盡一日生受[14]。酒也醉了, 茶飯也飽了也, 恁休怪。

번역

甲某 : 오늘 음식을 좀 장만하여, 우리의 여러 친척들을 초대하여 모셨다. 할아버지, 할머니, 아버지, 어머니, 백부님, 숙부님, 형님과 동생, 누나와 여동생, 생질(甥姪)[15], 조카와 조카딸, 외삼촌과 사위, 외숙모 그리고 또 숙모, 이모, 고모, 고모부, 이모부, 매형, 매제, 조카사위, 친사촌형제, 고종사촌형제, 육

10) 嬸母 : 叔父的妻子。

11) 房親 : 指家族近支宗親。

12) 親家翁 : 男女結婚以後, 夫妻雙方的父母彼此互稱 "親家"。"親家翁", "親家婆"爲 "親家"之敬稱。

13) 欄門盞兒 : '欄', 應是'攔'。攔門盞兒, 也作 "攔門", "攔門鍾", "攔門酒"等。(王學奇 王靜竹 撰著, ≪宋金元明淸曲辭通釋≫ : 『宋代婚俗, 娶婦之日, 女子至男家時, 樂人及家人攔在門外索要錢物, 叫做 "攔門"。宋 · 孟元老 ≪東京夢華錄≫卷五 "娶婦"條 : "迎客先回至兒家門, 從人及兒家人乞覓利市錢物花紅等, 謂之'攔門'"。…今西藏土族結婚時仍有 "攔門鍾"的儀式。在明代在結婚外 凡遇慶事, 亦有 "攔門勸酒"之俗。≪金瓶梅≫五二回 : "話說那日西門慶在夏提刑家吃酒, 宋巡按送禮與他, 心中十分歡喜, 夏提刑亦敬重不同往日, 攔門勸酒 : 吃至二更天氣, 才放回家。"是其證。』(語文出版社, 2002年, 頁640)

14) 生受 : 客套話。辛苦。

15) 原文의 '外甥'은 우리말로 생질(甥姪), 즉 자매(여자형제)의 아들을 말한다.

촌형제[16], 이종사촌형제, 사돈, 안사돈, 처가 백부, 처삼촌, 처이모와 집에서 부리고 있는 하인들도 모두 모셨다. 문 앞에서 환영의 의식을 거행하고[17], 집안으로 모셨다.

오늘 변변치 못한 음식으로 친척 여러분들을 괜히 모셨다는 생각이 듭니다. 술대접도 형편없고, 음식 대접도 형편이 없었습니다.

賓客 : 그렇게 말씀하시지 마시지요, 전혀 그렇지 않습니다. 하루 종일 고생하셨습니다. 술도 취하도록 마셨고, 밥도 배부르게 잘 먹었으니, 그런 말씀은 마십시오.

---

16) 原文의 '房親'은 "同姓六寸"을 말함이다. (≪譯語類解≫, 서울 亞細亞文化社 刊行, 影印本, 118쪽)

17) 近代漢語에 "把酒", "把盞", "把鍾"의 어휘를 볼 수 있는데, "술을 권하다", "술잔을 올리다"의 의미를 가진다. 原文의 '把了'는 "손님들에게 술잔을 권하여 환영의 의식을 마치다", 즉 "把了盞兒"의 의미로 보았다.

第八十一話 拾來的糞將來
(주워온 가축의 똥을 가져오세요)

如今正是臘月, 天氣寒冷, 拾來的糞將來, 熰著些火者, 熱手脚。糞拾在籠子裏頭, 收將來, 休敎別人將去了。這車子折了車網子[1], 輻條[2]將來。可惜了, 咱每[3]後頭[4]不[5]備[6]牢那! 車軸, 車釧[7], 車諫[8], 車頭, 車梯, 車廂, 車轅, 繩索都好有。樓子車, 庫車[9], 驢騾[10]大車[11], 驢駕轅車, 馬妳子[12]車, 坐車兒[13]。都

---

1) 網子 : 應是“輞子”。輞子, 車輪周圍的框子。

2) 輻條 : 車輪中連接車轂和輪圈的一條條直棍或鋼條。

3) 咱每 : 我, 我們。

4) 後頭 : 此後, 以後。≪元典章 · 台綱二≫ : 「如今俺省得勾當不說呵, 怕後頭道俺不是去也。」

5) 不 : (1) 莫非, 豈不。敦煌變文 ≪伍子胥變文≫ : 「吳王問子胥曰 : “今欲伐楚, 可用幾兵?” 子胥啓吳王曰 : “且須萬兵。“ 吳王曰 : “萬兵不少以不?”」(2) 語助, 無義。≪劉知遠諸宮調≫ 第一 : 「傍里知遠嗔怒, 叫一聲不若春雷。」

6) 備 : 更, 培加。唐 · 王昌齡 ≪宴南亭≫詩 : 「城樓空杳靄, 猿鳥備清切。」

7) 車釧 : “釧”, 臂鐲的古稱。車釧, 應是 “車輨”或 “車軑”。“輨”即包在車轂頭上的金屬套。≪說文≫ : 「輨, 轂端錔也。」【老乞大集覽】用鐵爲環以冒轂空外端者。 슴윗 갈모。

8) 車諫 : “諫”, 應是 “鐧”或 “鐗”。車軸上的鐵條, 用以減少軸與轂之間的摩擦。【老乞大集覽】車轂空內用鐵條縱貼之, 以防軸之磨損。

9) 庫車 :【老乞大集覽】達子無定居, 車上施氈帳爲室, 逐水草以居。今此庫車蓋收藏物料之車, 如車藏者也。元俗猶然。≪質問≫云 : 其形似箱樻。

10) 驢騾 : 雄驢和雌馬交配所產的雜種叫驢騾。

11) 大車 : 泛稱牲口拉的兩輪或四輪車。≪兒女英雄傳≫第二回 : 「老爺一輛太平車, 太太一輛河南棚車, 其餘家人都是半裝半坐的大車。」【老乞大集覽】驢騾大車, 一車駕驢騾五六頭者。平地任載大車也。

好生[14]房子裏放者, 休教雨雪濕了。

번역

甲某 : 지금은 섣달이라, 날씨가 추우니, 주워온 가축의 똥[15]을 가져와서, 불을 피워[16], 손발이나 따뜻하게 하자. 마른 가축의 똥을 주어와 바구니에 담아놓았으니 가져오고, 다른 사람들이 가져가지 못하게 하세요.

乙某 : 이 수레는 바퀴 테가 꺾였으니, 바퀴살을 가져와야겠군. 참으로 애석하게 되었습니다, 참으로 아까운 일입니다! 이러니 우리는 앞으로도 더욱 (수레의 바퀴를)손을 잘 봐야만 하지 않겠습니까?[17] 수레의 굴대(軸), 바퀴통의 바깥 끝을 덮어 싸

12) 馬妳子 : 馬奶子。亦作 "馬嬭子"。卽馬奶酒。元 · 楊允孚 ≪灤京雜咏≫之六二 :「內宴重開馬湩澆, 嚴程有旨出丹霄」原注 :「馬湩, 馬妳子也, 每年八月開馬妳子宴。」

13) 坐車兒 : 古代供人乘坐的一種小車。金 · 董解元 ≪西廂記諸宮調≫卷六 :「夫人好毒害, 道, "孩兒每, 回取個坐車兒來。」

14) 好生 : 此作 "用心, 好好交"。≪封神演義≫第四九回 :「娘娘吩咐女童 : '好生看守洞府, 我去就來。」許少峯編 ≪近代漢語大詞典≫ 中華書局, 2008年, 頁729。

15) 原文의 '糞'은 '馬糞', '羊糞', '牛糞' 등의 가축의 똥을 말하는 것으로, 지금도 티베트나 몽골지역에서는 겨울철의 난방이나 취사에 가축의 똥을 쓰고 있음을 볼 수 있다.

16) 原文의 '熰'는 形容詞로 쓰이면 '炎熱(날씨가 엄청 덥다)'의 의미를 가지고, 動詞로는 '충분히 연소하지 못하여 연기만 피어오르거나, 연기만 나고 불꽃이 없이 타는 것'을 말한다. 그러나 中國의 客家語에서는 '熰'을 '焚燒'라고 하고, '熰火'를 '熰火爐'라고 하고 있음을 볼 수 있다.

17) 原文 '可惜了, 咱們後頭不備牢那'에 대해서 ≪鄭光本≫ (320쪽)에서는「아까운 일입니다. 나중에 튼튼히 고쳐놔야지요.」라는 번역을 볼 수 있다. 改修本 ≪飜

는 휘갑쇠, 굴대(쇠)[18], 거두(車頭), 거제(車梯)[19], 차여(車輿)[20], 끌채(車轅)[21], 밧줄 등은 모두 괜찮습니다. 누각 수레(樓子車)[22], 짐 운반용 수레(庫車)[23], 노새가 끄는 큰 수레(驢騾大車)[24], 나

老≫에서는「可惜了, 咱們後頭不修理那。」로 改修되어 있고, 또한「앗가올셔 우리 후에 아니 슈리ᄒᆞ려」라고 諺解가 되어 있음을 볼 수 있다. 原文의 '後頭'는 '나중에(此後, 以後)'라는 의미로 해석할 수가 있고, '不'는 뒤에 오는 語氣助詞 '那'와 함께 '不~那', 즉 '豈不~呢'와 같은 反語의 形式으로 보고,「豈不備牢呢(어찌 더욱 견고하게 하지 않을 수 있겠는가)?」로 해석할 수 있을 것이다. 또는 앞의 註釋 5번)에서 '不'의 설명 (2)번에서처럼, '不'을 '無義'의 助詞로 보고「아까운 일입니다! 우리는 앞으로 더욱 튼튼하게 손을 봐야만하겠습니다.」라는 해석도 가능하다고 보았다.

18) 原文의 '車諫'에 대해서 ≪鄭光本≫ (321쪽)은 '차축의 철 덮게'라고 번역을 하였다. 原文 '車諫'에 대해서 ≪鄭光本≫ (320쪽 주5번)은 다음과 같은 설명을 하고 있다 :「원문 '車諫'의 '諫'은 ≪飜老≫처럼 '鐗'이라고 쓰는 것이 옳다. 차축과 바퀴통 사이에 끼워 넣어 바퀴통과 차축이 서로 磨滅하는 것을 방지하기 위해 덮는 철을 말한다(≪老朴集覽≫).

19) 原文 '車頭'에 대해서는 확실히 무엇을 지칭하는지를 알 수가 없고, '車梯'는 수레를 오르내리는 '사다리', 즉 '발판'으로 짐작이 된다. ≪鄭光本≫ (321쪽)은 ≪飜老≫의 諺解「술윗 앏 괴오ᄂᆞᆫ 나모 술위 뒤 괴오ᄂᆞᆫ 나모」를 참고하여, 原文 '車頭'와 '車梯'에 대해 '수레 앞과 뒤를 받치는 나무'라고 번역하고 있음을 볼 수가 있다.

20) 原文의 '車廂'은 '車輿' 또는 '車箱'으로, 수레에 사람이 타거나 짐을 싣는 방같은 것으로, 수레에 가마를 얹어놓은 그러한 모습일 것이다.

21) 原文의 '車轅'은 '끌채'로, 마소가 수레를 끌게 하기위하여 양쪽에 대는 긴 나무를 말함이다.

22) 原文 '樓子車'의 실제는 알 수가 없고, ≪鄭光本≫ (321쪽)에서는 '누각 올린 수레'라고 번역하고 있다.

23) 原文의 '庫車'에 대하여 ≪飜老≫의 諺解는「자븐 것 녀는 술위」라고 하였고, ≪鄭光本≫ (321쪽)에서는 '짐 넣는 창고 같은 수레'라고 번역하고 있다.

24) 原文의 '驢騾大車'에 대해서 ≪鄭光本≫ (321쪽 주11번)에서 다음과 같은 설명을 볼 수 있다 :「수레에 대여서 마리 노새를 매어 평지에서만 짐을 나르게 만든 큰 수레를 말한다.」

귀가 끄는 작은 수레(驢駕轅車)[25], 말 젖술[26] 수레(馬妳子車)[27], 혼자 탈 수 있는 작은 수레(坐車兒). 이 모든 수레들을 집안에 잘 관수하여 눈비에 젖지 않게 하세요.

---

25) 原文의 '轅車'은 '끌채가 대어진 수레'의 의미로 보았다. '끌채'는 駕御하기 쉽게 單匹의 牛馬에 댄 긴 나무이고, 또한 앞에 '驢騾大車'의 '大車'가 출현되었으므로, 이에 '작은 수레'라고 번역을 하였다.

26) 原文의 '馬妳子'는 '마유주' 또는 '말 젖술'이라고도 하는데, 말 젖을 발효시켜 만든 몽골의 대표적인 술(음료)이다.

27) 原文'馬妳子車'에 대해서 ≪鄭光本≫ (321쪽)은 '우유를 실어 나르는 통수레'라고 번역하고 있다.

第八十二話　咱每遠垛子放者射
(리 멀리에 과녁을 세워놓고 활쏘기를 합시다)

似這般冷呵, 咱每遠[1]垛子[2]放者射, 賭一箇羊。咱每六箇人, 三棚[3]兒箭句[4]射也, 那壁廂[5]先射過來。人叫喚有：大了也。恰好者。射歪了也。高些箇射。休小了。低射時竄[6]到也。誰贏誰輸由他[7]! 恁覷, 未裏。暫霎兒更[8]添一箇箭呵, 咱每滿也。已贏了也, 輸了的做宴席者。

---

1) 遠 : 遠距離。

2) 垛子 : 箭靶。元 · 張國賓 ≪薛仁貴≫一折 :「我如今推出紅心垛子, 上面安一文金錢, …若射中金錢, 便將三箭定天山的功勞, 填在他名下。」(許少峯 主編, ≪近代漢語詞典≫, 團結出版社, 1997年, 頁318)

3) 三掤 : "掤", 箭筒上的蓋子。【老乞大集覽】≪詩抑釋≫掤忌註 : 矢箭蓋也。用矢則擧掤以開箭, 旣用則納矢箭中, 釋下掤以覆箭。因此凡言矢箭曰掤。≪質問≫云 : 三根箭方言謂之一掤, 九根箭爲之三掤兒。

4) 句 : 應是'勾'。勾, "够"的簡字。滿, 足。

5) 壁廂 : 邊。又作 "壁", "邊廂"。

6) 竄 : 應是 "攛"。攛, 直着擲下。≪警世通言≫ 第十一卷 :「趙三看得眞, 一刀砍去, 正劈着脖子, … 又復一刀砍殺, 拖出艙口, 向水裏攛下去了。」(許少峯 主編, ≪近代漢語大詞典≫, 中華書局, 2008年, 頁319)

7) 由他 : 表示聽凭自然。壽便; 算了。≪金瓶梅詞話≫四三 :「西門慶道 : "端的是誰拿了? 由他, 慢慢兒尋罷。"」(白維國 編, ≪金瓶梅詞典≫, 中華書局, 1991年, 頁640)

8) 更 : 還; 再。≪七國春秋≫卷下 :「孫子曰 : 來救五更有誰? 角曰 : 無人。吾只獨自撞陣入來探信。」

번역

甲某 : 이렇게 추우니, 우리 멀리에 과녁을 세워놓고 활쏘기를 합시다, 양 한 마리를 내기로 합시다.

乙某 : 우리 여섯 사람은 각자

(사람들이 고함을 지른다. 너무 힘이 들어갔어요! 딱 좋습니다! 빗나갔습니다! 좀 높이 쏘세요! 힘을 너무 적게 주지마세요! 낮게 쏘면 아래로 내리 꽂히게 됩니다!)[9]

甲某 : 이기고 지는 것은 다 정해진 이치가 아닌가!

乙某 : 보세요, 아직 끝나지 않았습니다.[10] 잠시 후에 화살 한 대만 보태게 되면, 우리는 만점이 됩니다. 우리가 이겼습니다, 진 사람들은 한 턱을 내십시오.

9) 原文 '竄到'의 '竄'은 '곧장 내리꽂히다'의 의미를 가지는 '攛'으로 보았고, '到'는 動詞뒤에서 오는 補語이다. ≪鄭光本≫ (325쪽 주8번)은 「원문 '竄到'는 화살이 과녁에 닿기 전에 땅에 떨어져버리는 것으로 보인다. ≪飜譯老乞大≫의 諺解는 '흔들리면서 간다'라고 하였다.」는 설명을 볼 수 있다.

10) 原文 '未裏'의 '裏'는 句末의 語氣助詞로 '哩', '呢'의 의미를 가진다. 이에 '아직 끝나자 않았다', '아직은 (승부를)모른다' 등으로 해석될 수 있을 것이다.

第八十三話 咱每做漢兒茶飯者
(우리 漢族 음식으로 식사를 하기로 합시다)

咱每做漢兒茶飯[1]者[2]。頭一道細粉, 第二道鮮魚湯, 第三道鷄兒湯, 第四道三下鍋[3], 第五道乾按酒[4], 第六道灌肺[5], 蒸餅[6], 第七道粉羹[7], 饅頭[8], 臨了[9]割肉, 水飯[10]打散[11]。咱每點

1) 茶飯 : 普通進餐的菜和飯, 也指筵席。≪孝經直解≫十八 : 「孝子沒了父母時分…吃茶飯呵不美, 阿的便是他煩惱的情分。三日後索要吃些茶飯。」(劉堅 江藍生 主編, ≪元語言詞典≫, 上海教育出版社, 1998年, 頁39)【累字解】茶飯, 總稱食品之謂。

2) 者 : 此作語尾助詞猶 "吧"。

3) 三下鍋 : 菜名。腊肉, 豆腐, 蘿蔔一鍋炖, 叫作 "合菜", 這道菜以后演變成 "三下鍋"。

4) 按酒 : 下酒用的肉菜。【累字解】按酒, 飮酒時, 其所助酒按下物曰按酒, 猶言餚饌。

5) 灌肺 : "灌肺"爲東京(今開封)市肆名菜, 南宋臨安(今杭州)市場上, 又有 "香洪肺", "香辣渡肺"等品。元代的 ≪居家必用素類全集≫, 明代的 ≪多能鄙事≫ 等古籍, 對它的制作方法均有詳細的記載。此菜以猪肺(或羊肺)用核桃仁, 松子仁, 杏仁等多種配料灌制而成。

6) 蒸餅 : 蒸餅, 與燒餅一同, 從西域傳至中國, 亦稱 "炊餅"。蒸餅, 炊餅, 一物異名。做法皆 "入籠內蒸", 可見其 "蒸餅"爲正名。

7) 羹 : 古老的烹調法之一, 是指切制成丁的食物用沸湯煮後, 除加入濕生粉, 使湯水溜成糊狀的烹調方法。如 : 羹湯。肉羹。鷄蛋羹。

8) 饅頭 : 用面粉加水發酵蒸熟。其形圓而隆起。本有餡。

9) 臨了 : 到最後。關漢卿 ≪單刀會≫一【賺煞尾】: 「準備下千般奸狡, …臨了也則落的一場談笑, 到陪了一領西川十樣錦征袍。」(藍立蓂 編著, ≪關漢卿戲曲詞典≫, 四川人民出版社, 1993年, 頁164)

10) 水飯 : (1) 粥, 稀飯。≪醒世姻緣傳≫第四回 : 「丫頭將酒菜放在桌上。進去又端出一小盆火來, 又端出一楪八個餅, 兩碗水飯來。」(2) 指用水浸過的米飯。元 · 鄭光祖 ≪伊尹耕莘≫第一折 : 「新撈的水飯鎭心凉, 半截稍瓜蘸醬。」(3)

視[12]這果子[13]菜蔬, 看[14]整齊[15]那不整齊? 這藕菜[16], 黃瓜[17], 茄子, 生葱, 薤蒜[18], 蘿蔔, 冬瓜[19], 葫蘆, 芥子[20], 蔓菁[21], 赤根[22], 海帶[23]。這按酒[24], 煎魚兒, 肝, 雙腸[25], 頭, 蹄, 肚兒[26], 腦子,

---

指祭奠時用的酒, 飯。元本 高明 ≪琵琶記 五娘尋夫上路≫ :「眞容已描就了, 只就這裏燒香紙, 奠些水飯, 拜辭了二親出去。」

11) 打散 : (1) 拆散, 攪黃。明 · 梁辰魚 ≪巫山十二峰 · 懷人≫ 曲 :「雙雙配偶, 是誰打散?」(2) 分享祭祀食物。也叫散福。≪金瓶梅詞話≫ 四九回 :「落後又是一大碗鱔魚麵, 與菜卷兒一齊拿上來, 與胡僧打散。」(許少峯 主編, ≪近代漢語大詞典≫, 中華書局, 2008年, 頁361)

12) 點視 : 檢查, 視察。

13) 果子 : 果實。

14) 看 : 準備, 安排。元 · 武漢臣 ≪老生兒≫ 楔子 :「孩兒每, 看頭口兒, 送你父親庄兒上去來。」(許少峯 主編, ≪近代漢語大詞典≫中華書局, 2008年, 頁1027)

15) 整齊 : 周正, 齊整。

16) 藕菜 : 藕。又名 "蓮藕"。

17) 黃瓜 : 也稱胡瓜, 青瓜。

18) 薤蒜 : 薤。又名 "薤頭", "蕎頭", "野韭"等。

19) 冬瓜 : 瓜熟之際, 表面上有一層白粉狀的東西, 就像是冬天所結的白霜, 因而得名。冬瓜又稱'白瓜'。

20) 芥子 : 即是 "芥子菜"或 "芥菜"。

21) 蔓菁 : 又名 "芜菁"又稱 "葑", 俗稱 "大頭菜"。

22) 赤根 : 即 "赤根菜", 也叫 "菠菜"。

23) 海帶 : 別名 "昆布", "江白菜"。褐藻的一種, 生長在海底的岩石上。

24) 按酒 : 此作 "下酒用的肉菜"。

25) 雙腸 : 應指是 "羊雙腸"。羊雙腸湯俗稱羊雙湯。明代的開封市場上已有售賣, 流傳至今, 愈益興盛。其制作方法 : 先把羊的大腸小腸洗淨, 灌以羊血煮制熟後切成半寸長, 與胎胞羊, 羊腰, 羊腸一起入鍋再煮。現北京羊雙腸的制法 : 它用剛宰殺的羊血過濾後, 加少量淀粉, 灌入洗淨的羊腸內, 放在鍋內加葱, 姜, 花椒, 大料煮。(摘自 Baidu)

26) 肚兒 : 供食用的動物的胃。如, 猪肚子。羊肚兒。

眼睛, 脆骨[27], 耳朶。這果子, 棗兒, 乾柿, 核桃, 乾葡萄, 龍眼, 荔枝, 乾杏, 西瓜, 甛甛瓜, 柑子, 石榴, 梨兒, 李子, 松子, 粆糖[28], 蜜栗子。這肉都煮熟也, 脖項骨, 背䏶, 胁扇[29], 前膊, 後腿, 胸子, 却怎麽不見一箇後腿? 饅頭餡兒裏頭使了也。湯水茶飯都了[30]也, 日頭[31]落也, 疾忙擡肉呵散[32]者。咱每今日宴席喫了多少酒? 喫了三十兩的酒。咱每通是十數箇人, 怎麽喫三十兩的酒? 且不則[33]十數箇人喫, 下頭伴當每偏[34]不喫那。宴席散了也。

번역

甲某 : 우리 漢族 음식[35]으로 식사를 하기로 합시다.[36] 첫 번째 나오

27) 脆骨 : 此指可以食用的動物軟骨部分。

28) 粆糖 : 蔗糖。

29) 胁扇 : 就是 "肋扇"。胁, 同脅同肋。胁扇, 應是 "排骨", "肋骨"。

30) 了 : 完畢, 完成。

31) 日頭 : 太陽。≪水滸全傳≫二十四回 : 「混沌濁物, 我倒不曾見日頭在半天裏, 便把着喪門關了。」(許少峯 主編, ≪近代漢語大詞典≫, 中華書局, 2008年, 頁1582)

32) 散 : 即'散開', '散會'。

33) 不則 : 意爲不只, 不但。元 · 蕭德祥 ≪殺狗勸夫≫三【隔尾】: 「不則我來, 和你哥哥在此。」(王學奇 王靜竹 撰著, ≪宋金元明淸曲辭通釋≫, 語文出版社, 2002年, 頁101)

34) 偏 : 副詞, 表示反問, 意猶 "怎麽"。≪對玉梳≫二【滾繡球】: 「則養你一個, 偏我不疼?」(劉堅 江藍生 主編, ≪元語言詞典≫, 上海教育出版社, 1998年, 頁224)

35) 原文의 '漢兒茶飯'은 당시 漢族式 음식을 말하는 것으로 보인다. 元 · 忽思慧 ≪飮膳正要≫의 "聚珍異饌"篇에 '西天茶飯(인도음식)', '畏兀兒茶飯(Uihur : 위구르 음식) 등의 기록을 볼 수 있다.

36) 原文 "做漢兒茶飯"에서의 "做"는 "擧行, 擧辦"의 의미로 제 82화 마지막 "輸

는 음식은 '細粉'[37]으로 만든 요리이요, 두 번째는 신선한 생선으로 만든 '鮮魚湯'이요, 세 번째의 요리는 닭으로 만든 '鷄兒湯'입니다, 네 번째 나오는 음식은 고기와 두부 그리고 배추를 함께 넣어 만든 '三下鍋'[38]이고요, 다섯 번째로는 마른 육포나 건과(乾果)의 '乾按酒'[39]가 있고요, 여섯 번째로는 허파 요리인 '灌肺'[40]와 밀가루 떡에 각종 속을 넣어 찐 증병(

了的做宴席(진 사람이 잔치를 열다)"의 "做"의 의미와 같이 보았다.

37) 原文 '細粉'에 대한 설명은 찾아볼 수가 없고, 다만 宋·孟元老의 ≪東京夢華錄≫에 볼 수 있는 각종 음식이름에서 대충 짐작할 수가 있다. 예를 들어 ≪東京夢華錄≫에서 볼 수 있는 '雜合細粉, 珍珠粉, 七寶科頭粉, 科頭細粉' 등은「煮蒸麵食類」에 속하는 음식이름으로, 주재료가 麵分이나 澱粉임을 알 수가 있다. 그 밖에도 '梅血細粉'은 澱粉의 한 종류로 파악이 되고, 羹類의 음식으로 으로는 '細粉小素羹'이라는 음식도 찾을 수가 있다. 이에 '細粉'은 쌀이나 콩 또는 감자 등의 전분이 주재료가 되는 음식의 總稱으로 짐작이 된다. 현대 중국의 음식이름 가운데 '油豆腐細粉, 桂花炒細粉' 등의 이름도 볼 수가 있다.

38) 原文의 '三下鍋' 요리는 말린 고기(腊肉)와 두부 그리고 무 등을 함께 넣어 끓인 음식을 말한다. 元·忽思慧 ≪飮膳正要≫卷二 "聚珍異饌"篇에 '羊고기와 초과(草果 : 초두구의 하나. 열매의 크기는 가지 정도이며, 씨는 굵다. 껍질은 검고 두꺼우며 신맛이 난다. 약재로 쓴다)와 양강(良薑 : 생각의 일종) 등의 세 가지를 불에 고와서 먹으면 보양(補陽)에 좋다는 기록을 볼 수 있다. 本考에서는 ≪原老≫에서 제시하고 있는 각종 음식과 음식명의 이해를 돕기 위하여 元代의 忽思慧가 편찬한 ≪飮膳正要≫를 참고 제시하고 있다. 그러나 ≪飮膳正要≫는 각종 음식의 藥理作用(藥膳料理)을 설명한 醫學書이지, 음식의 조리과정과 맛 등을 설명하는 '요리책'이 아님을 참고하기 바란다.

39) 原文 '乾按酒'는 '육포'와 '어포' 등의 마른안주를 말할 것이다. 참고로 우리말에 '주안상'이라는 말이 있다.술을 대접하기 위해 차리는 상을 주안상이라고 하는데, 약주를 내는 주안상에는 육포, 어포, 어단, 부각, 자반 등의 마른안주와 전, 편육, 찜, 신선로나 전골 등의 찌개 한두 가지와 회, 구절판, 나물, 젓갈, 생채, 김치, 과일 등이 올려졌다. 또한 정종류의 주안상에는 전과, 편육, 생채, 김치 외에 몇 가지 마른안주가 올려졌다(네이버 백과사전에서 인용).

40) 原文의 '灌肺'는 앞의 註釋에서 알 수 있듯이 양이나 돼지 허파에 각종 재료를

蒸餠)[41]이고요, 일곱 번째로는 각종 고기와 야채의 '粉羹'[42]과 각종 소를 넣은 만두(饅頭)[43]입니다, 끝으로는 양고기와 죽[44]

채워 넣어 만든 요리임을 알 수 있다.

41) 原文의 '蒸餠'은 발효된 밀가루 반죽을 넓게 펴서 속을 넣고 싼 다음 쪄낸 음식을 말함이다. 네이버의 한자 사전에는 '蒸餠'을 '증편'이라고 하고, 「떡의 한 가지로, 멥쌀가루에 막걸리를 조금 탄 더운물을 붓고 질척하게 반죽하여, 더운 방에 하룻밤쯤 두어 부풀게 하여 틀에 담아 붓고 밤・대추・실백 등의 고명을 얹어서 찐 떡」이라고 설명하고 있다. 宋·孟元老의 ≪東京夢華錄≫ 卷五 "娶婦"편에 「결혼 3일 후 여자 집에서 비단과 密蒸餠(꿀을 넣은 餠)을 이바지로 보내오는데, 이를 '蜜和油蒸餠'이라고 한다. (三日, 女家送彩段, 油蜜蒸餠, 謂之蜜和油蒸餠)」라는 기록을 볼 수 있다.

42) 原文의 '粉羹'은 고기와 야채를 썰어 감자전분 등을 넣어 만든 국물이 걸쭉한 우리나라 '찌개'같은 음식이다. 元 · 忽思慧 ≪飮膳正要≫卷二 "食療諸病"篇에 '닭의 머리를 가루를 내고, 羊의 척추 뼈를 살과 함께 고와 생강즙과 함께 먹는 것'을 '鷄頭粉羹'라고 하는데, 이러한 鷄頭粉羹'은 허리와 무릎 등에 좋다는 기록을 볼 수 있다. ≪飮膳正要≫에서는 또 중풍에는 '葛粉羹'이 좋다는 기록 등도 볼 수 있다.

43) 原文의 '饅頭'는 우리말의 '만두'를 연상하면 될 것이다. 元 · 忽思慧 ≪飮膳正要≫卷一에 「倉饅頭, 鹿奶肪饅頭, 茄子饅頭, 剪花饅頭」 등과 같은 饅頭의 종류를 볼 수 있는데, '倉饅頭'는 「양고기와 파로 속을 만들고 생강과 陳皮 그리고 소금 등으로 간을 한다」라는 설명을 볼 수 있다. 그러나 현재 중국에서 말하는 '饅頭'는 속을 넣지 않은 둥근 형태의 발효 빵을 말한다.

44) 原文 '水飯'에 대한 詞典의 해석은 '뜨거운 쌀밥을 찬물에 담가 식힌 밥'을 말하고 있다. 지금도 중국 북방사람들은 물에 식혀서 차갑게 먹는 밥을 '水飯(今北方人, 夏季以米煮飯, 用冷水泡之, 待凉透之後食用, 謂之水飯)'이라고 한다. 元나라 사람 熊夢祥의 ≪析津志≫에 「大都에서 생활하는 匠人들은 아침 저녁으로 '水飯'을 자주한다. 사람들은 젓가락보다는 나무수저를 사용하고 큰 동이에 국자로 같이 앉아 함께 음식을 취하고, 파와 부추, 또는 醬類나 마른 소금 등을 반찬으로 한다(都中經紀生活匠人等, 早晚多便水飯。人家多用木匙, 少使筋, 仍以大烏盆大杓就地分坐而共食之, 菜則生葱, 韭蒜, 醬, 乾鹽之屬).」라는 기록을 볼 수 있다. 이러한 기록으로 미루어 볼 때, '水飯'은 '물에 마른 밥(用水浸過的米飯)'을 말하기도 하지만, 여러 가지를 넣어 만든 '죽(粥)'으로 볼 수도 있을 것이다. '水飯' 앞에 '割肉'라는 어휘를 볼 때, 고기를 다져 넣

을 함께 나눠 먹습니다.[45]

乙某 : 여기 이 과일들과 채소들의 준비가 잘 되었는지를 점검해 보시지요? 여기 이것은 연근, 오이, 가지, 파, 염교(薤蒜)[46], 무, 동과(冬瓜)[47], 조롱박[48], 갓(芥菜)[49], 순무(蔓菁), 시금치(赤

어 만든 후식의 '죽'으로 사료된다.

45) 原文의 '割肉'은 '고기를 베다', '고기를 발라 먹다' 등의 의미로 쓰이는데, 여기서의 그 의미는 확실치 않다. ≪鄭光本≫ (329쪽 주7번)에서는 ≪原老≫의 '割肉'을 몽고 사람들이 행하는 설설(挈設)로 해석하고 있음을 볼 수 있다. 몽골 사람들이 큰 축제나 잔치를 행할 때, 羊 을 통째로 삶아, 각자가 칼로 고기를 발라 먹는(割肉進餐) 그러한 몽골전통의 음식을 '설설(挈設)' 또는 '오차지연(烏叉之宴)'이라고 하고 또는 '전양석(全羊席)'이라고도 한다. 일곱 번째의 漢族의 음식을 먹고 나서, 마지막으로 양고기를 발라먹었다고 해도 해석이 가능할 것이다. 또한 '水飯'에 대해서 바로 위의 註釋에서 설명한 바처럼, 죽(粥)은 '큰 동이에 각자 떠먹었다'하였으니, 이에 '羊고기와 水飯을 나눠(打散; 分享) 먹는다'라고 번역을 하였다. '打散'은 앞의 註釋에서 설명한 바처럼, '분산시키다' '흩트리다' 등의 의미로 쓰이거나, '제사의 음식을 나눠 먹다' 등의 의미로 쓰이고 있음을 알 수 있다. 그러나 맛있게 음식을 먹은 끝에 '打散'이라는 語彙는 앞뒤 문맥에 어울리지 않는 것 같다. 이에 '打散'을 註釋의 설명에서처럼 '分享祭祀食物', 즉 '水飯(죽)을 나눠먹는다'는 의미로 해석하였다.

46) 原文의 '薤蒜'는 주로 장아찌를 담아먹는 쪽파(전체적으로 쪽파와 비슷하나 뿌리 부분이 쪽파보다 크고 편편하다)와 유사하다.

47) 原文의 '冬瓜'는 '동과(冬瓜)'라고도 하고, '동아'라고 부르기도 한다.

48) 原文의 '葫蘆'는 '조롱박' 또는 '호리병박'이라고도 한다. 어릴 때의 속살(果肉)은 식용할 수 있으나, 성숙하면 과피(果皮)가 매우 굳어지며 털이 없어져서 매끄럽게 되고 과육은 쓴맛이 나서 식용할 수 없다. 元代 王禎의 ≪農書≫에는 「조롱박은 용도가 많다, 큰 것은 고기 등과 끓여서 '羹'으로, 꿀과 함께 조려서 약과로, 썰어 말려서 먹고(匏之爲用甚廣, 大者可煮作素羹, 可和肉煮作葷羹, 可蜜煎作果, 可削條作乾…)」라는 기록을 볼 수 있다. (참고 Baidu 인터넷)

49) 原文의 '芥子'는 '갓'으로, 漢字로 개채(芥菜) 또는 신채(辛菜)라고도 한다. 중국에서는 BC 12세기 주(周)나라 때 이 종자를 향신료로 사용하였다고 하며, 한국에서도 중국에서 들여온 채소류로 널리 재배한다. 잎은 주로 김치와 나물로 쓰는데 향기와 단맛이 있으며 적당히 매운맛도 있다. 종자는 가루로 만들

根), 다시마 등입니다. 이것은 안주류의 생선전(煎魚兒)[50], 간(肝), 순대[51], 머리 살, 족(蹄)[52], 곱창[53], 연골, 뇌, 눈, 귀 등입니다. 이것은 과실(果實)로 대추, 곶감, 호두, 건포도, 용안(龍眼), 여지(荔枝), 은행, 수박, 참외, 귤, 석류, 배, 자두, 잣, 설탕[54], 꿀에 잰 밤(蜜栗子) 등입니다.

甲某 : 고기가 거의 삶아져가는군요, 이것은 목뼈(목심)[55], 등심[56],

어서 향신료인 겨자 또는 약용인 황개자(黃芥子)로 쓴다. (네이버 백과사전)

50) 原文의 '煎'은 번철(燔鐵 : 프라이팬)에 기름을 두르고 재료를 익히는 것을 말한다. (鍋里放油加熱後, 把食物放進去, 使表面變成焦黃)

51) 原文의 '雙腸'은 지금 우리나라에서 볼 수 있는 곱창순대(국)와 유사한 것으로 보인다. 지금 중국 북경에서 '羊雙腸', '羊雙腸湯'이라는 음식을 볼 수 있는데, 만드는 방법은 앞의 註釋의 설명을 보면 우리의 순대와 비슷한 면이 있음을 볼 수 있다.

52) 原文의 '蹄'는 식품으로 본다면 소나 돼지의 '굽 부분을 포함한 다리부분'을 말함이다. 예를 들면 '蹄髈(돼지 뒷다리)', '蹄筋(소 돼지의 다리 힘줄)' 등이다.

53) 原文의 '肚兒'는 식용으로 쓰이는 동물의 창자(胃)를 말함이다. 예를 들면 '猪肚子(돼지 곱창)', '羊肚兒(양곱창)' 등이다.

54) 原文의 '粆糖'은 사탕수수로 만든 지금의 설탕으로 보았다. '粆', 는 본래 '蔗糖'을 나타내는 글자이고, 또 三藏法師玄奘이 지은 ≪大唐西域記卷第二≫에 印度(天竺)사람들은 '粆糖'을 먹는다'라는 기록을 볼 수 있다. '天竺(印度)國의 物産'條에「… 蔬菜則有姜, 芥, 瓜, 瓠, 葷陁菜等。葱蒜雖少, 啖食亦希, 家有食者, 驅令出郭。至于乳酪, 膏酥, 粆糖, 石蜜, 芥子油, 諸餅麨, 常所膳也。」(Baidu 인터넷 電子版)

55) 原文의 '脖項骨'에서 시작되는 이 句節은 제82화에서「羊 한 마리를 걸고 활쏘기 시합을 벌이는 장면」과 연결된다고 보았다. 이 句節은 羊의 部位를 漢語로 익힐 수 있도록 배려한 것으로, '脖項骨'은 '목(뼈)' 부분이므로, 살도 같이 있었다고 보고 '목심'으로 번역을 하였다. 現代漢語에서는 이 부분의 살을 '頸肉'라고 한다.

56) 原文 '背䏶'의 '䏶'에 대해서는 알 수가 없고, 改修本 ≪飜譯老乞大≫에서는 '背皮(븨피)'로 나타나고 있다. 그러나 '背皮'에 대한 상세한 설명을 볼 수는 없고, 羊의 등(背) 부위를 말하는 것으로 보고 등심(脊背)으로 번역하였다.

갈비, 앞다리[57], 뒷다리, 가슴살 등입니다, 그런데 어째서 뒷다리 한 짝이 안보이지요?

乙某 : 만두 속을 만드는데 섰습니다.

甲某 : 각종 음식들은 대체로 준비가 되었고,[58] 해도 저물어가니, 빨리 고기를 날라 먹고 연회를 마치기로 합시다.

乙某 : 우리 오늘 잔치에 술을 얼마나 마셨습니까?

甲某 : 30兩어치의 술을 마셨습니다.

乙某 : 우리 모두는 열 몇 명인데, 어떻게 30兩어치의 술을 마셨단 말이오?

甲某 : 열 사람이 넘게 마셨을 뿐만 아니라, 아래의 하인들도 어찌 먹지 않았겠습니까?

乙某 : 잔치가 끝났습니다.

---

57) 原文의 '前膊'은 ≪飜譯老乞大≫에서는 '앏엇게'로 諺解되어 있음을 볼 때, '앞다리(前腿)'로 보인다.

58) 原文 '湯水茶飯都了也'一句에 대하여 ≪鄭光本≫ (328쪽)에서는 '국도 요리도 끝났네', 즉 '음식을 다 먹었다'라는 뜻으로 번역하고 있음을 볼 수 있다. 그러나 ≪飜譯老乞大≫에서는「湯水茶飯都完備了」라고 改修되어 있음을 볼 때, '잔치의 음식들이 거의 다 되어간다'의 의미로 새겨야 할 것이다. ≪原本老乞大≫의 '了'나 '끝나나'의 의미가 아닌, '완성되다'의 의미를 가지고 있기 때문이고, 또한 앞뒤의 문맥이 그러하기 때문이다.

第八十四話 我有些腦痛頭眩
(내가 머리가 아프고 어지럽습니다)

我有些腦痛頭眩。請太醫[1]來胗[2]後[3]脉息[4], 看甚麽病。太醫說：你脉息浮沉, 你敢[5]傷[6]著冷物來? 我昨日冷酒多喫來。那般呵, 消化不得上頭[7], 腦痛頭眩, 不思飲食。我這藥裏頭與你箇剋 化[8]的藥餌[9], 喫了便教無事。消痞丸, 木香分氣丸, 神芎丸, 檳榔丸, 這幾等藥裏頭堪中[10]服可治飲食停滯, 則

---

1) 太醫 : 古代宮廷中掌管醫藥的官員。宋元以後用爲對一般醫生的敬稱。

2) 胗 : 胗視(察看病情)。胗, 同 "診"。

3) 後 : 猶呵或啊。王周 ≪問春≫ 詩 :「把酒問春因底意, 爲誰來後爲誰歸?」"後" 字爲語氣間歇之用, 猶云爲甚麽來呵又甚歸去也。(張相, ≪詩詞曲語辭匯釋≫, 上海古籍出版社, 2009年, 頁274)

4) 脉息 : 指脉搏。元· 高文秀 ≪遇上皇≫第三折 :「喚大夫是甚脉息, 則我這病眼難醫。」

5) 敢 : 准定, 包管。

6) 傷 : 因某種致病因素而得病。如 : 傷風。傷寒。

7)上頭 : 表示原因。常同 "爲, 以"等介詞配合使用. 也說 "上"。【單子解】頭, 首也。東頭· 西頭, 동녁 근· 셧녁 근; 頭到, 나죵내; 到頭, 나죵애。通作投。又上頭, 천ᄎᆞ로。又頭盤, 첫 판; 頭館 첫 관; 頭鷄 첫ᄃᆞᆰ。

8) 剋化 : 同 "克化"。消化(食物)。≪紅樓夢≫十一回 :「昨日老太太賞的那棗泥餡的山藥糕, 我倒吃了兩塊, 倒像克化的動似的。」(許少峯 編, ≪近代漢語大詞典≫, 中華書局, 2008年, 頁1046)

9) 藥餌 : 藥物。王實甫 ≪西廂記≫五本二折 :「他道是醫雜證有方術, 治想思無藥餌, 鶯鶯你若是知我害相思, 我甘心兒死, 死。」許少峯 編, 同上揭書, 頁2177)

10) 堪中 : 中用, 合式。≪水滸全傳≫七九回 :「不論是何船隻, 堪中的盡數拘拿, 解赴濟州。」(許少峯 主編, ≪近代漢語詞典≫, 團結出版社, 1997年, 頁622)·

喫一服檳榔丸。食後喫每服三十丸, 生姜湯送下。喫了時, 便動臟腑, 動一兩次時, 便思量飯喫。先喫些薄粥補一補, 然後喫茶飯。明日太醫來問。你較[11]些箇麽? 今日早晨纔喫了些粥, 較爭[12]些箇也, 明日病痾了時, 太醫根底[13]重重的酬謝也。

번역

漢商 : 내가 머리가 아프고 어지럽습니다. 의원을 모셔다가 진찰도 받고 맥도 좀 짚어봐야겠습니다.

太醫 : (의원이 말한다) 선생의 맥박의 부침이 심한 것을 보니, 틀림없이 찬 것 때문에 탈이 난 것 같습니다.

漢商 : 제가 어제 찬술을 많이 마셨습니다.

太醫 : 그리하셨다면, 소화가 안 돼서, 머리가 아프고 어지럽고, 식욕이 없습니다. 제가 가지고 온 약제 중에서 소화에 도움을 주는 약을 드릴 것이니, 먹으면 아무 일도 없을 것입니다. 소

---

11) 較 : 病情減輕。又作 "較痊"。關漢卿 ≪拜月亭≫三【尾】:「您哥哥暑濕風寒從較些。」

12) 較爭 : "爭"은 "부족하다", "모자라다"의 "差"의 의미를 가진다. 張相의 ≪詩詞曲語辭匯釋≫에 보면 "較"와 "爭"은 聯用되어 쓰이는 같은 의미를 가지는 글자로 보고 있다. 전체의 의미는 "기운을 차리기에는 좀 부족하다"는 의미로 "아직 쾌유되지 못했다"라고 번역할 수 있을 것이다. 爭, 猶差。意爲 "相差, 不足"也。≪西廂記≫四本四折 :「我想那廢寢忘餐, 香消玉減, 花開花謝, 猶自較爭些。」此爭與較聯用也; 較亦差也。(張相, ≪詩詞曲語辭匯釋≫, 中華書局, 1991年, 頁247)

13) 根底 : 猶跟前。根, 通 "跟"。元· 尙仲賢 ≪三奪槊≫第一折 :「爭奈秦王根底有尉遲, 無人可敵。」

비환(消痞丸), 목향분기환(木香分氣丸), 신궁환(神芎丸), 빈랑환(檳榔丸)[14] 등, 이런 종류의 藥은 식체(食滯)에 복용을 하면 적합한 것들인데, 빈랑환(檳榔丸)을 한번 드셔보시지요. 식후마다 30알을, 생강을 달인 물로 넘기시지요. 잡수시면, 오장육부에 자극을 주고, 이렇게 한두 번 자극을 받으면, 식욕이 생겨 밥을 먹게 되지요. 먼저 죽을 먹고 보신을 좀 하시고, 그러하신 다음에 식사를 하십시오.

太醫 : (다음날 의사가 왕진하여 물어 본다)병이 차도가 좀 있는지요?

漢商 : 오늘 아침에 겨우 죽을 좀 먹었는데, 이직은 좀 그렇습니다. 내일쯤 병이 나으면, 의원님에게 크게 사례를 하겠습니다.

14) 原文 '消痞丸', '木香分氣丸', '神芎丸', '檳榔丸' 등은 현재에도 그 처방이 통용되고 있음을 볼 수 있다. 예를 들어 '消痞丸'은 두 가지 처방이 있다. ≪醫方類聚≫에서 제시하고 있는 처방은 주로 설사 후 배가 팽팽해지고 답답할 때(痢後肚腹滿悶) 먹는다고 하였고, 또 다른 ≪醫學發明≫에는 五臟이 뒤틀리고 가슴이 답답할 때(脾胃不和, 心下痞悶) 먹는다고 하고 있다. 原文에서 제시한 네 가지의 처방은 모두 '배앓이'에 관한 처방인데, 이에 의원은 진맥결과 환자의 증상에 '檳榔丸'의 처방이 적합하다고 여기고, '檳榔丸'을 복용도록 한 것으로 보인다.

第八十五話[1] 咱每每年每月每日快活
(우리는 해마다 달마다 날마다 즐겁게 생활합니다)

咱每每年每月每日快活[2], 春夏秋冬一日也休撇[3]了。咱人[4]今日死的明日死的不理會得[5], 安樂時不快活[6]呵, 眞箇呆人也。死的後頭[7], 不揀[8]甚麽都做不得主張[9]有, 好行的馬別人騎也, 好襖子別人穿也, 好媳婦[10]別人根底[11]去也, 活時節[12]著

1) 제87화에 대해서 ≪鄭光本≫ (338쪽)은「이 장부터는 지금까지의 회화체 문장과는 달리, 산문체 문장으로 되어 있으며 내용도 여행 중에 일어나는 장면이 아니라 일종의 처세의 방법을 가르치는 것으로 바뀌었다. 따라서 회화체로 이어지던 이야기의 줄거리 전개가 일시적으로 중단 되었다. 아마도 원래의 없었던 부분을 나중에 삽입하였을 가능이 높다.」라고 설명하고 있음을 볼 수 있다.

2) 快活 : 愉快, 開心。

3) 撇 : 扔; 抛棄。

4) 咱人 : 我這人。語氣傲氣。元·關漢卿 ≪陳母救子≫第三折 :「我咱青春有限不再來, 金榜無名誓不歸。」(許少峯 編, ≪近代漢語大詞典≫, 中華書局, 2008年, 頁2313)

5) 理會得 : 領悟, 理解。同 "理會"。元·缺名 ≪勘金環≫楔子 :「兄弟也, 我則理會得壯志男兒當自强, 省可裏將他厮料量。」

6) 快活 : 愉快, 開心。

7) 後頭 : 此後, 以後。≪元典章·台網二≫ :「如今俺生得底勾當不說呵, 怕後頭道俺不是去也。」(許少峯 編, ≪近代漢語大詞典≫, 中華書局, 2008年, 頁758)

8) 不揀 : 不管, 無論。明·高則誠 ≪琵琶記≫ 三四出 :「今日俺寺中建一個無碍道場, 不揀甚麽人, 或是薦悼雙親, 保安身己的, 都來這裏聚會。」(許少峯 編, ≪近代漢語大詞典≫, 中華書局, 2008年, 頁143)

9) 主張 : 做主; 處置; 安排。又作 "主仗"。

10) 媳婦 :【單子解】媳, 音息。子之婦曰媳婦。又告語汎稱婦人曰媳婦。次妻亦曰媳婦。

甚麽[13]來由[14]不受用[15]?

번역

우리는 해마다 달마다 날마다 즐겁게 생활을 하고, 春夏秋冬 단 하루라도 버려두지 마라. 우리네 사람은 오늘 죽을지 내일 죽을지 모르는데, 이렇게 편안한데 즐겁지 아니하면, 정말 바보이지요. 죽은 다음에는 어느 것도 자신의 의지대로 할 수가 없고, 잘 달리는 말도 다른 사람이 타고, 좋은 옷도 다른 사람이 입고, 예쁜 마누라는 다른 사람 앞에 가버리는데, 살아 있을 때 어찌 누리지 못하리?

---

11) 根底 : 猶云面前或旁邊也。(張相, ≪詩詞曲語辭匯釋≫, 上海古籍出版社, 2009年, 631頁)

12) 時節 : 時候, 辰光。

13) 著甚麽 : 因何, 爲何。也可做 "着甚麽", "着甚"。宋·張原干 ≪蝶戀花≫詞 : 「敗意常多如意少, 着甚來由, 入鬧尋煩惱。」(許少峯 編, ≪近代漢語大詞典≫, 中華書局, 2008年, 頁2453)

14) 來由 : 原故, 緣由。

15) 受用 : 享受, 安享。元 · 缺名 ≪寃家債主≫一折 : 「你孩兒幼小, 正好受用, 有的是錢, 使了些打甚麽緊?」(許少峯 主編, ≪近代漢語詞典≫, 團結出版社, 1997年, 頁1042)

第八十六話 三條道兒中間裏行者
(세 갈레 길 가운데 항상 가운데 길을 가도록 해라)

大概[1]人的孩兒, 從小來[2]好敎道[3]的[4]成人[5]呵。官人前面行也者, 他有福分[6]呵, 官人也做也者[7]。若[8]敎道他不立身, 成不得人, 也是他的命也者。咱每爲父母的心盡了, 不曾落後[9]。你這小孩兒若成人呵, 三條道兒中間裏行者。別人東西休

---

1) 大概 : 一般; 普通。≪儒林外史≫48回 :「要求老師不認作大概學裏門生, 竟要把我做個受業弟子纔好。」(吳士勛 , 王東明 主編, ≪宋元明淸百部小說詞語大辭典≫, 陝西敎育出版社, 1992年, 頁198)

2) 來 : 句中襯詞, 用以强調。猶 "麼"。

3) 敎道 : 同 "敎導"。猶敎育。

4) 的 : 與得同。≪城南柳≫劇一 :「這劍六合砌爲爐, 二氣鑄成模, 呼的風, 喚的雨, 驅的雲霧, 屠的龍, 誅的虎。」(張相 著, ≪詩詞曲語辭匯釋≫, 上海古籍出版社, 2009年, 442頁)

5) 成人 : (1) 德才兼備的人。猶完人。≪論語 · 憲問≫ :「子路問成人, 子曰 : 若臧武仲之知, 公綽之不欲, 卞庄子之勇, 冉求之藝, 文之以禮樂, 亦可以爲成人矣。」(2) 達到完全發育的人, 成年。唐 · 劉長卿 ≪送姨子弟往南郊≫詩 :「別時兩童稚, 及此俱成人。」(3) 成器, 成材。≪紅樓夢≫ 第八一回 :「如今論起來, 你可也該用功了。你父親望你成人, 懇切的很。」

6) 福分 : 亦作 "福份"。猶福氣。≪水滸傳≫ 第九八回 :「我眞箇有福分, 天賜異人助我!」

7) 也者 : 語氣詞; 猶呀。

8) 若 : 同 "偌", 這麽; 那麽。≪盆兒鬼≫三【小桃紅】白 :「許了俺一個盆兒, 若多時纔與得俺, 也該揀一個好的。」(劉堅 江藍生 主編, ≪元語言詞典≫, 上海敎育出版社, 1998年, 頁265)

9) 落後 : 怠慢; 耽誤。≪元典章 · 刑部十五≫ :「若約會處早不來到呵, 天氣熱時尸首變爛, 人命的勾當干落後了。」(同上揭書, 頁180)

愛者, 別人折針也休拿者, 別人是非休說者。若依著這般在意[10]行呵, 不揀幾時成得人也者。常言道：“老實[11]常在[12], 脫空[13]常敗。”[14] 休做賊說謊, 休奸猾懶惰。官人每前面出不得氣力行呵, 一日也做不得人有。

번역

일반 사람들은 자식들을, 어려서부터 잘 가르쳐서 학식을 갖추고 예의를 아는 成人이 되게 한다. 관리들 밑에서 일을 함에 있어, 자신들에게 복과 운이 따른다면, 큰 벼슬도 할 수 있을 것이다. 이렇게 가르쳐서도 남 앞에 바로 서지 못하고, 사람노릇을 못한다면, 이 또한 자신의 팔자인 것이다. 부모 된 도리를 다 하였고, 한시도 소홀히 해본적이 없다. 아이들아 (당부를 할 것은)너희들이 成人이 되면, 세 갈레 길 가운데 항상 가운데 길을 가도록 해라. 다른 사람의 물건을 탐하지 말고, 다른 사람의 부러진 바늘 한 개라도 가지지 말고, 다른 사람을 비평하지 도 말라. 이렇듯이 心力을 다하여 실천을 하면, 언젠가는 사람구실을 할 것이다.[15] 속담에 '老實常在, 脫空常敗(정직은 오래

10) 在意 : 多用心力; 注意。≪調風月≫一【鵲踏枝】:「燕燕己身有甚末孝順? 拗不過哥哥行在意殷勤。」(同上揭書, 頁407)

11) 老實 : 忠厚誠實。關漢卿 ≪救風塵≫一折 :「待嫁一個老實的, 又怕盡世兒難成對。」

12) 常在 : 長久存在。

13) 脫空 : 落空; 沒有着落; 弄虛作假。元·無名氏 ≪抱妝盒≫二折 :「常言道脫空到底終須敗, 可着我怎刮劃。」

14) 老實常在, 脫空常敗 : 辦事誠實的人終究不會吃虧, 奸猾不實的人往往失敗。

15) 原文의 '成得人'은 '남 앞에 설 수 있는 사람', 즉 '成器, 成材'의 의미로 보았다. 본 제86화에서 '成人'과 관련된 語句가 총 4번이 출현되고 있음을 볼 수 있다.

가고, 거짓은 반드시 망한다)'[16]라는 말이 있다. 도둑질과 거짓말은 하지 말고, 교활하고 게으르지 말라. 윗사람들 앞에서 열심히 하지 않으면, 단 하루도 사람 구실을 할 수가 없는 것이다.

「好教道的成人」, 「教道他不立身, 成不得人, 也是他的命」, 「你這小孩兒若成人呵, 三條道兒中間裏行者」, 「不揀幾時成得人也者」 등이 그것인데, 앞의 註釋에서 설명한 바처럼 '成人'은 '才德을 갖춘 사람', '성장한 成人', '立身揚名한 사람' 등의 의미로 해석할 수가 있을 것이다. 이에 문맥에 따라서 각각 「잘 교육하여 才德을 갖춘 사람」, 「立身揚名한 사람」, 「成長한 成人」, 「成器의 사람」 등으로 해석을 하였다.

16) 作者未詳의 ≪名賢集≫에 「老實常在, 脫空常敗(정직하면 반드시 이롭고, 간사하고 성실하지 못한 사람은 망한다)」라는 말을 볼 수는 있다.

第八十七話 別人落處休笑
(다른 사람의 단점을 비웃지 말라)

伴當其間, 自家能處[1]休說, 休自夸。別人落處[2]休笑。達達[3]家比喻[4]說你了不得, 我嘍儸[5]有, 那言語休說者。舡[6]投水裏出, 旱地裏行不得, 車子載著有。車子水裏去呵, 水裏行不得, 舡裏載著有。一箇手打呵響不得有, 一箇脚行呵去不得有。咱每人厮[7]將就[8]厮附帶[9]行呵好有。更伴當每好的歹的都厮負荷[10]著行。人有好處揚說者, 人有歹處掩藏者。常言道:"隱惡揚善"。若是[11]隱人德, 揚人的非, 最是歹句當[12]有。

1) 能處 : 長處。

2) 落處 : 落, 低劣。落處, 即短處。

3) 達達 : 達達原爲蒙古人的別稱, 由"韃靼"轉音而來, 在元代爲尊稱。

4) 比喻 : 打比方。

5) 嘍儸 : 應是"嘍羅","嘍囉"。能幹, 機靈。≪水滸傳≫八四回 :「郎主道 : 引兵的那蠻子是甚人? 這等嘍羅!」(高文達 主編, ≪近代漢語詞典≫, 智識出版社 1992年, 頁507)

6) 舡 : 同船。船俗作舡。

7) 厮 : 互相。董解元 ≪西廂記≫五卷 :「姐姐言語錯, 休恁厮埋怨, 休恁厮奚落。」(劉堅 江藍生 主編, ≪元語言詞典≫, 上海教育出版社, 1998年, 頁1064)

8) 將就 : 照顧, 寬容。≪水滸傳≫三六回 :「宋太公, 你若是曉事的, 便把兒子宋江獻將出來, 我們自將就他。」(高文達 主編, ≪近代漢語詞典≫, 智識出版社 1992年, 頁373)

9) 附帶 : 另有所補充。

10) 負荷 : 擔負, 承擔。

11) 若是 : 如果; 如果是。

12) 句當 : 事情。應是"勾當"。元·缺名 ≪劉弘嫁婢≫二折 :「一個婚姻, 一個社

번역

친구사이에, 자신의 장점을 말하지 말고, 자랑하지도 마라. 다른 사람의 단점을 비웃지 말라. 윗사람이 예를 들어 널 대단하다고 칭찬해도, 내가 능력이 있다는, 그런 말은 하지도 마라. 배가 물 밖으로 나와, 뭍에서는 갈 수는 없는 법이니, 수레에 물건을 실어야 하는 것이다. 수레가 물속에서 간다면, 물속에서는 갈 수가 없으니, 배가 실어야 하는 것이다. 한 손으로는 소리가 나지 않는 법이고, 한 발로는 갈 수가 없는 법이다. 사람은 서로 관용을 베풀고 서로 돕고 살아야 되는 것이다. 더욱 친구의 좋은 것과 나쁜 것들을 서로 짊어지고 가야 한다. 남의 좋은 점을 알려야 하고, 남의 단점은 숨겨줘야 한다. 옛말에 '隱惡揚善(단점은 덮고 장점은 알려라)'이란 말이 있다. 만일 남의 덕을 숨기고, 남의 단점만을 드러낸다면, 그것은 가장 나쁜 짓인 것이다.

葬, 咱將着那金子銀子, 那裏尋這般好勾當做出來。」(許少峯 主編, ≪近代漢語詞典≫, 團結出版社, 1997年, 頁403)

第八十八話 便是在下人扶侍官長的道理
(바로 아랫사람이 윗사람을 섬기는 이치인 것이다)

咱每做奴婢的人, 根[1]著官人每行呵, 這裏那裏下馬[2]處[3], 將官人的馬牽控[4]拿者, 好生絟[5]著。肥馬涼者, 瘦馬鞍子摘了, 絆[6]了脚, 草地裏撒[7]了, 教咽[8]草。布帳子[9]疾忙打起[10]者,

---

1) 根 : 跟, 隨。≪新編五代史平話·晉≫上卷 :「敬塘根着莊宗名做李存勖, 出入行陣間, 多立了奇功, 在李存審帳下充馬軍總管。」(許少峯 編, ≪近代漢語大詞典≫, 中華書局, 2008年, 頁632)

2) 下馬 : (1) 從馬上下來。宋·蘇軾 ≪湯村開運鹽河雨中督役≫詩 :「下馬荒堤上, 四顧但湖泓。」(2) 指官吏到任。≪水滸傳≫第六二回 :「你的那瞞心昧己勾當, 怕我不知! 你又占了他家私, 謀了他老婆, 如今把五十兩金子給我, 結果了他性命。日後提刑官下馬, 我吃不的這等官司!」

3) 處 : 用於詞尾, 表時間, 其時。元 · 王實甫 ≪西廂記≫三本三折 :「我也不瞧破他, 只請他燒香。今夜晚粧處比每日較別, 我看他到其間怎的瞞我?」(許少峯, 主編, ≪近代漢語詞典≫, 團結出版社, 1997年, 頁171)

4) 牽控 : 此疑作 "牽繮"一類。≪夢粱錄≫卷二 :「親從對對, 衫帽新鮮, 士卒威風, 凜凜可畏, 使馬牽控, 寶裝鮮新, 黃轎前引, 幟旗後隨。」

5) 絟 : 古同 "拴"。拴, 用繩子繫住。

6) 絆 ; 馬縶也。

7) 撒 : 卽撒和。馬匹在騎乘之後, 除去鞍轡, 使慢步遛躂, 得到休息, 元朝人稱之爲撒和。【單子解】撒, 散之也。撒了, 헤티다。

8) 咽 : 呑入, 呑食。

9) 帳子 : 帳, 用布或其他材料等做成的遮蔽用的東西。如 : 帳子, 帳幕, 帳篷, 蚊帳。帳子, 挂在床上的帳子。≪紅淚夢≫第二三回 :「遣人進去各處收拾打掃, 安設簾幔牀帳。」

10) 打起 : 打着。"起", 猶 "着"。放在動詞後, 表示該動作正在進行。≪古今小說≫三卷 :「船上走起三個婦人, 一個中年胖婦人, 一個老婆子, 一個小婦人。」(許少峯 主編, ≪近代漢語詞典≫, 團結出版社, 1997年, 頁895) ≪四春園≫四【太平

鋪陳[11]整頓者, 房子裏搬入去者。鞍子, 轡頭自己睡臥房子裏放者, 上頭著[12]披氈[13]蓋著。那的之後, 鑼鍋安[14]了者, 疾忙茶飯做者, 肉熟也撈出來。茶飯喫了呵, 椀子家具收拾者。官人每睡了時, 教一箇伴當伺候者。若[15]這般謹愼行呵, 便是在下人[16]扶侍[17]官長的道理[18]。

번역

우리와 같은 하인들은, 상전을 모시고 다니며, 이곳저곳 당도하여 말에서 내리 때마다, 상전의 말고삐를 잘 잡아야 하고(상전이 편안하게 내릴 수 있도록), 말들을 잘 매어 둬야 한다. 살찐 말은 시원하게 해주고, 여윈 말은 안장을 벗겨, 멀리 도망치지 못하도록 발목에 줄을 매고, 재갈을 풀고 풀밭에 풀어, 풀을 먹게 해야 한다. 재빨리 침상(寢牀)의 가림 막을 치고, 이부자리를 정돈한 다음, 방안으로 들어가시게 해야 한다. 안장과 재갈은 자신이 자는 방에 두고, 위에는 양털의 쓰

令】:「快將斗大來銅鎚準備, 將頭稍定起。」(藍立蓂 編著, ≪關漢卿戲曲詞典≫, 四川人民出版社, 1993年, 頁209)

11) 鋪陳 : 鋪蓋。

12) 著 : 同 "着"。拿, 將。

13) 披氈 : 羊毛綫編織而成, 亦有各種花紋圖案。這種披氈, 既可防雨, 又可御寒, 且便于騎射。

14) 安 : 擺放, 設置。

15) 若 : 如, 像。

16) 在下人 : 在下, 對人自稱謙辭。猶卑人。下人, 此指下屬。在下人, 應是'下人'。

17) 扶侍 : 卽 "服侍, 伺候"之意。

18) 道理 : 規矩。≪初刻拍案驚寄≫三卷 :「只是看見娘子稱號詞色之間, 甚覺輕倨, 不像個婆媳婦道理。」(許少峯 主編, 同前揭書, 頁410)

개(披氈)를 덮어놓습니다. 그러고 난 다음에 노구 솥(鑼鍋)을 설치하고, 빨리 음식을 준비해야 하고, 고기가 익으면 건져 올린다. 식사가 끝나면, 그릇들을 잘 챙겨야 한다. 상전이 잠을 청하면, 아랫사람을 시켜 시중을 들도록 해야 한다. 이와 같이 삼가고 신중히 처신을 하는 것이, 바로 아랫사람이 윗사람을 섬기는 이치인 것이다.

第八十九話 自己錢物休愛惜
(자신의 재물을 아까워하지 말라)

咱每結相識[1]行呵, 休說那你歹我好, 朋友的面皮[2]休教羞了。親熱和順行呵, 便是[3]一箇父母生的弟兄一般[4]厮[5]相待[6]厮相顧盼[7]著行。朋友每若困中無盤纏[8]呵, 自己錢物休愛惜, 接濟[9]朋友每教使者。朋友若不幸遭著官司[10]口舌[11]呵, 衆朋友

1) 相識 : 朋友, 知交。明·缺名 ≪補白免記≫第十四出 :「醉舞酣歌日, 酕醄飮宴時, 相識滿天下, 知心能有幾。」

2) 面皮 : 臉; 相貌。

3) 是 : 通 "似"。≪金瓶梅詞話≫九九回 :「王六二道 : 還有大是他的, 睬這殺才做什么?」(許少峯, ≪近代漢語大詞典≫, 中華書局, 2008年, 頁1704)

4) 一般 : 相似, 猶如。元·李文蔚 ≪圯橋進履≫二折 :「師父這言語, 便似印板兒記在心上一般。」(許少峯 編, ≪近代漢語大詞典≫, 中華書局, 2008年, 頁2188)

5) 厮 : 相互。宋 · 歐陽脩 ≪漁家傲≫ :「蓮子與人長厮類, 無好意, 年年苦在中心裏。」≪五燈會元 · 善眞禪師≫ :「德安雲夢人, 初參妙喜 … 喜曰 : 我聞你安州人善厮撲, 是否?」

6) 相待 : 招待, 款待。≪京本通俗小說 · 西山一窟鬼≫ :「免不得買些酒相待他們。」

7) 顧盼 : 眷慕相視。≪元朝秘史≫ 卷二 :「你兩個年小的常相顧盼, 明後休相棄。」

8) 盤纏 : 生活費用, 日常開銷。元·李行道 ≪灰闌記≫一折 :「因爲貧難, 無以度日, 要尋我妹子, 討些盤纏使用。」(許少峯 編, ≪近代漢語大詞典≫, 中華書局, 2008年, 頁1402)

9) 接濟 : 用物資援助。≪水滸全傳≫八六回 :「那裏盡是四面高山, 無計可出, 又無糧草接濟, 一行人馬, 實是艱難。」(許少峯 主編, ≪近代漢語詞典≫, 團結出版社, 1997年, 頁567)

10) 官司 : 此解 "糾葛, 麻煩事"之意。

每向前[12]救濟者。若不救呵, 傍人不唾罵那甚麽[13]? 有些病疾呵, 休回避, 與請太醫[14]下藥看治者; 早起[15]晩夕休離了, 煎湯煮水問候者。若這般厮覷當[16]呵, 便[17]有十分病也減了五分。朋友有些病疾, 廻避著不照覷[18], 那病人想著沒[19]朋友的情分[20], 凄惶呵, 縱[21]有五分病添做十分也者[22]。

---

11) 口舌 : 此作 "非議, 指摘"。≪古今小說≫三卷 :「吳山辭別動身, 囑咐道 : 我此去未來哩, 生得衆人口舌。待你尋得所在, 八老來說知, 我來送你起身。」(許少峯 主編, ≪近代漢語詞典≫, 團結出版社, 1997年, 頁644)

12) 向前 : 勤墾, 努力。

13) 甚麽 : 反問之語氣助詞。

14) 太醫 : 對醫士的尊稱, 不專指御醫。

15) 早起 : 一早; 早辰。元 · 秦簡夫 ≪東堂老≫ 三折 :「如今可在城南破窯中居住, 吃了早起的, 無晩夕的。」(許少峯 主編, ≪近代漢語詞典≫, 團結出版社, 1997年, 頁1443)

16) 覷當 : 照顧, 照看。當, 助詞。元 · 孟漢卿 ≪魔合羅≫ 楔子 :「你是必好覷當小嬰孩。」

17) 便 : 卽使, 縱然。元 · 狄君厚 ≪介子推≫三折 :「我便有那論邦辯國的巧舌頭, 則不如裝做個啞, 啞, 啞。」(許少峯 主編, ≪近代漢語詞典≫, 團結出版社, 1997年, 頁60)

18) 照覷 : 照顧。金 · 董解元 ≪西廂記諸宮調≫卷六 :「粉箋暗, 被塵汚, 悄沒人照覷子箇。」

19) 沒 : 丢失, 不見。≪三刻拍案驚奇≫第十九回 :「但是失物怨來人, 馮家沒了物事, 自然要胡猜難猜。」

20) 情分 : 交情, 情誼。≪水滸全傳≫三回 :「雖是你們的好情分, 只是我心去意難留。」(許少峯 編, ≪近代漢語大詞典≫, 中華書局, 2008年, 頁1538)

21) 縱 : 縱然, 卽使。宋 · 柳永 ≪雨霖鈴≫ :「縱有千種風情, 更與何人說!」

22) 也者 : 語氣詞; 猶呀。

번역

우리가 친구로 사귀고 行世를 하자면, '네가 못하고 내가 잘났다'라는 말은 하지 말고, 친구들의 체면을 잃게 하지 말라. 사이좋고 화목하게 지내려면, 마치 한 부모에게서 태어난 형제처럼 서로 너그럽게 대하고 서로 흠모하는 태도로 행동을 해야 한다. 친구가 어렵게 되어 생활비가 없다면, 자신의 재물을 아까워하지 말고, 친구에게 도움을 주어 사용도록 해라. 친구에게 만약 좋지 못한 일이나 구설수에 휘말리는 일이 있다면, 여러 친구들이 힘을 써서 구제해주어라. 만일 도와주지 않는다면, 다른 사람들이 욕을 하지 않겠는가?[23] 병이 들었다면, 피하지 말고, 의원을 모셔서 처방을 내고 진찰도록 해라. 아침저녁으로 떠나지 말고, 약을 먹고 음식을 먹었는지 문후를 해라. 이와 같이 보살피면, 설령 엄청 아픈 병이라도 좀 덜 할 것이다. 친구가 아픈데, 회피하고 보살피지 않는다면, 그 병든 친구는 친구의 덕이 없다고, 처량한 생각이 들어, 조금 아픈 병일지라도 더 심하게 앓는 법이다.

23) 原文의 '甚麽'는 文尾에서 오는 反問의 語氣助詞로 앞의 부정사 '不'와 함께, '不 …那甚麽'를 문형을 이루는 것으로, ≪原老≫에서만 이와 같은 用例를 3번을 볼 수 있다. 앞의 제15화에서의「俺不打火, 喝風那甚麽?」와 마지막의 제106화에서의「不是好弟兄那甚麽!」바로 그것이다. 혹자는 이러한 문형이 바로 당시의 北方漢語, 즉 老乞大時代의 '漢兒言語'의 특징이라고 하기도 한다. (參考 : 李崇興 等著, ≪元代漢語(語法研究)≫, 上海教育出版社, 2009年, 266쪽)

第九十話 自己祖上的名聽休壞了
(자신의 조상의 명예를 훼손해서는 안 된다)

咱每世上人做男兒行[1]呵, 自己祖上的名聽[2]休壞了。凡事要謹愼行呵, 卓立[3]的男兒人。父母名聽辱磨[4]了呵, 別人唾罵也。父母在生時, 家法[5]名聽好來[6], 田産物業[7]有來, 孳畜[8]頭匹有來, 人口[9] 奴婢有來。爺娘亡沒之後, 落後[10]下的孩兒每

---

1) 行 : 用在表人的名詞之後, 略同 "輩"。

2) 名聽 : 名聲。≪孝敬直解≫十六 :「孝順父母, 敬重哥哥的勾當都行到盡處呵, 好的名聽神明知道, 四海都知道。」(劉堅 江藍生, 主編, ≪元語言詞典≫, 上海教育出版社, 1998年, 頁196)

3) 卓立 : 直立。指行爲正直。

4) 辱磨 : 卽 "辱沒"。玷辱, 使人或事不光彩。"沒"或作 "末, 抹, 莫, 麽"。≪西廂記≫二本一折【柳葉兒】:「待從軍又怕辱沒了家門, 我不如白練套頭兒尋個自盡。」(劉堅 江藍生 主編, ≪元語言詞典≫, 上海教育出版社, 1998年, 頁264)

5) 家法 : 治家的禮法。宋· 無名氏 ≪宦門子弟錯立身≫三【梁州令】白 :「父爲宰執當朝, 累代簪纓之裔。說家法過如司馬, 掌王條勝如龐涓。」(王學奇 王靜竹 撰著, ≪宋金元明淸曲辭通釋≫, 語文出版社, 2002年, 頁535)

6) 來 : 語助詞。此處表示過去的事。

7) 物業 : 失物, 産業。≪淸平山堂話本· 合同文字記≫ :「哥哥年紀大, 有桑田, 物業家緣, 又將不去, 今日寫爲照證。」(許少峯 編, ≪近代漢語大詞典≫, 中華書局, 2008年, 頁1970)

8) 孳畜 : 牲畜。

9) 人口 : 家庭成員的總稱。徐元瑞 ≪吏學指南≫ :「同居親屬曰人, 役使驅賤曰口。」≪拜月亭≫二【賀新郞】:「家緣都撇漾, 人口盡逃亡, 閃的俺一雙子母無歸向。」

10) 落後 : 遺留; 留下。≪西廂記≫四本二折 :「他道紅娘你且先去, 敎小姐權時落後。」(劉堅 江藍生 主編, ≪元語言詞典≫, 上海敎育出版社, 1998年, 頁180)

不務營生[11], 敎[12]些幇閑[13]的潑[14]男女, 狐朋狗党, 每日穿[15]茶房[16], 入酒肆, 妓女人家胡使錢。衆親眷, 街坊[17]老的每, 莊院[18]老的每, 勸道：你爲甚麽省[19]不得, 執迷[20]著心? 廻言[21]道：使呵[22]使了我的錢, 壞[23]呵壞了我的家私[24], 干[25]恁甚麽

11) 營生 : 營運生計。

12) 敎 : 應是 "交"。交往, 結識。

13) 幇閑 : 無正當職業, 專一替人奔走效力獲得吃喝。元·秦簡夫 ≪東堂老≫二折 :「自從楊州奴賣了房屋, 將着錢鈔與那兩個幇閑的兄弟去月明樓上, 與宜時景飮酒歡會去了。」(許少峯 編, 同前揭書, 58頁)【老乞大集覽】幇閑, 人有依附於人, 而無正身差役之苦者也。一說裝扮雜劇之人。

14) 潑 : 詈駡, 怨詈之詞。有劣, 賤, 討厭之義。≪怨家債主≫一折 :「引着些個潑男潑女相扶策, 你你你則待每日上花台。」(龍潛庵 編著, ≪宋元語言詞典≫, 上海辭書出版社, 1985年, 頁588)

15) 穿 : 進出, 通行。元 · 關漢卿 ≪緋衣夢≫二折 :「兩隻脚穿房入戶, 一雙手偸東摸西。某裵炎便是。」(許少峯 主編, ≪近代漢語詞典≫, 團結出版社, 1997年, 頁174)

16) 茶房 : 茶館。亦作 "茶坊, 茶局子。

17) 街坊 : 附近隣居。

18) 莊院 : 財主家的大宅。≪水滸全傳≫第九回 :「過得橋來, 一條平坦大路, 早望見綠柳陰中, 顯出那座莊院。」(許少峯 編, 同前揭書, 2437頁)

19) 省 : 淸醒, 覺悟。也可作 "懂, 明白"。≪水滸全傳≫五十回 :「小妹一時粗鹵, 年幼不省人事, 誤犯威顔, 今者被擒, 望乞將軍寬恕。」(許少峯 主編, ≪近代漢語詞典≫, 團結出版社, 1997年, 頁1292)

20) 執迷 : 堅持錯誤, 不思悔改。元·武漢臣 ≪老生兒≫三折 :「你越饒着越逞, 爲人誰無個錯處, 我當初是我執迷來!」(許少峯 編, 同前揭書, 頁2394)

21) 廻言 : 回答。

22) 呵 : 語助詞, 表示假設或條件。

23) 壞 : 花費, 耗費。≪水滸全傳≫第三九回 :「你這厮要便與人合口, 又敎哥哥壞了許多銀子。」(許少峯 編, 同前揭書, 786頁)

24) 家私 : 家業, 財産。元 · 缺名 ≪來生債≫二折 :「且休論這倉廒波務庫, 更和這家私也那無數。」(許少峯 主編, ≪近代漢語詞典≫, 團結出版社, 1997年, 頁533)

事? 因此上頭[26], 衆人再不曾勸, 信[27]著他胡使錢。每日十數箇幇閑的, 家裏媳婦孩兒, 喫的, 穿的都是這呆厮的錢。騎馬呵, 五十錠的好竄行[28]馬, 鞍子是時行[29]的鑿木鞽子[30], 上頭打角[31], 通[32]使五十錠鈔。

번역

이 세상에서 남자들은, 자신의 조상의 명예를 훼손해서는 안 되고, 모든 일을 삼가 행하면, 반듯한 사람이 될 것이다. 부모님의 명성을

---

25) 干 : 管, 關。≪水滸全傳≫第四九回 :「解寶道 : "… 你倒將去請功, 教我兄弟兩個吃限棒。" 毛太公道 : "你吃限棒, 干我甚事。"」(許少峯 編, 同前揭書, 602頁)

26)上頭 : 表示原因。常同 "爲, 以"等介詞配合使用. 也說 "上"。【單子解】頭, 首也。東頭·西頭, 동녁 근·셧녁 근; 頭到, 나죵내; 到頭, 나죵애。通作投。又上頭, 천ᄎᆞ로。又頭盤, 첫 판; 頭館 첫 관; 頭鷄 첫ᄃᆞᆰ。

27) 信 : 由, 任凭。≪醒世姻緣傳≫二回 :「要不拿出綱紀來, 信着他胡行亂做, 就不成個人家!」(許少峯 主編, ≪近代漢語詞典≫, 團結出版社, 1997年, 頁1283)

28) 竄行 : 應是 "攛行"。(馬)疾行狂奔。又作 "躥行"。曾瑞 ≪懷離≫ :「百忙裏攛行馬兒不住叫喊, 脚兒又疾, 口兒又喃。」(劉堅 江藍生 主編, ≪元語言詞典≫, 上海教育出版社, 1998年, 頁57)

29) 時行 : 時下流行, 時尚。亦作 "時興"。宋·無名氏 ≪宦門子弟錯立身≫五【賞花時】:「閑話且休提, 你把這時行的傳奇…你從頭與我再溫習。」(王學奇 王靜竹 撰著, ≪宋金元明淸曲辭通釋≫, 語文出版社, 2002年, 頁996)

30) 鞽子 : 亦作 "鞍鞽"。馬鞍。其拱起處形似橋, 故稱。一種凹形馬鞍。兩晋南北朝時, 馬鞍前後起橋, 因兩鞍橋均直立, 所以稱之爲 "兩橋垂直鞍"。隋唐以降, 鞍橋的形制又有了新的變化, 表現爲前鞍橋高而直立, 后鞍橋向下傾斜, 可稱之爲 "後橋傾斜鞍"。

31) 打角 : 包裹。宋 · 劉昌詩 ≪芦浦筆記≫ 券三 :「席地而睡謂之打鋪, 包裹謂之打角。」

32) 通 : 總共, 合計。

욕되게 하고 더럽히면, 남들이 욕할 것이다. 부모님이 살아계실 때는, 집안의 법도가 있다고 명성이 자자하고, 논밭 등의 재산이 많고, 가축들도 있고, 식구들과 노비 등이 넘친다. 부모님들이 돌아가시고 나면, 남아 있는 자식들은 가계는 돌보지 않고, 할 일 없이 먹고 마시고 노는 시정잡배들과 어울려서, 날마다 찻집이 들락거리고, 술집이며 기생집에 들어가 돈을 헛되게 써버린다. 친척들과, 이웃의 어른들, 그리고 대지주의 어른들이 '자네는 왜 깨닫지 못하고, 계속 빠져들고 헤어나지 못하는가?' 하고 권고를 하면, 그는 '쓰는 것도 내 것이요, 없애는 것도 내 재산인데, 당신들과 무슨 상관이요?'라고 대답한다. 그러한 이유로, 더 이상 권고를 안 하고, 자신이 하고 싶은대로 마구 돈을 쓰도록 내버려 둔다. 날마다 수십 명의 잡배들은 한량들과 그들의 마누라며 아이들이, 먹는 것, 입는 것 모두가 다 이 바보의 돈이다. 말을 탈 때도 50錠이나 하는 잘 달리는 말을 타고, 안장[33]은 시중에서 유행되는 나무 조각 가리개와, 안장에 예쁜 덮개를 덮는데,[34] 모두 50錠을 써

---

33) 原文의 '鞍橋子'는 말은 편하고 안점감이 있게 타기 위한 승용구로서 말안장 앞뒤로 굽자 모양의 장식을 말한다. 앞쪽의 부분을 '앞가리개(前輪)', 뒷부분의 것은 '뒷가리개(後輪)'라고 한다. 다리처럼 생겼다하여 "橋"라고 하기도 한다. 아마 原文의 '鏨木韂子'는 예쁘게 가리개를 말하는 것으로 보인다.

34) 原文의 '打角'은 '꾸러미' 또는 '꾸러미를 꾸리다' 등의 의미를 가진다. 宋 · 劉昌詩의 ≪芦浦筆記≫(劵三)의 '打字'條에는 '打'字로 이뤄진 어휘에 대한 설명을 볼 수 있다. ≪裝飾謂之打扮, 請酒醋謂之打醋, 打酒, 鹽場裝發謂之打袋, 席地而睡謂之打鋪, 包裹謂之打角…。「몸을 치장하는 것을 '打扮'이라 하고, 술이나 초를 (양조장에서)받아오는 것을 '打酒', 鹽田에서 포대에 담는 것을 '打袋', 자리를 깔고 자는 것을 '打鋪', 꾸러미를 꾸리는 것을 '打角'이라고 한다..≫또 元의 王士點 등이 편한 ≪秘書監志≫(卷三)에 지방의 관아에서 윗선에 물건을 驛馬에 실어 보내는 물품 목록에「書籍으로는 ≪通鑑≫1부, ≪播芳≫1부 … 꾸러미로 꾸린 물건에는 버드나무 상자 4개, 대자리 4장 … (書籍 : ≪通鑑≫一部, ≪播芳≫一部, … 打角物件 : 柳箱子四個, 葦席四領, 單三索

버린다.

四條, 連邊紙). 등의 기록을 볼 수 있다. 이에 위의 두 문헌에서 볼 수 있는 '打角'에 기록을 보면, '꾸러미', '꾸러미를 싸다' 등의 '포장하다'의 의미로 볼 수 있으므로, '말안장(鞍橋子)에 털가죽이나 화려한 천이 감싸져 있다'의 의미로 해석해 보았다.

第九十一話 按四時穿衣服
(사계절에 맞춰 옷을 갈아입는다)

穿衣服呵, 按四時穿衣服, 每日出套煥套[1]有。春間好紫羅纑[2]搭胡[3], 白羅紅腰線襖子[4], 梅花羅搭搭五兒, 白羅衫[5]兒。到夏間好極細的毛施布布衫, 上頭纑荊[6]褐紗搭胡, 白紗搭搭五兒。到秋間是羅衣裳[7]。到冬間斜紋[8]紵絲[9]襖子[10], 斜紋

---

1) 出套煥套 : 整套地更換衣服。

2) 羅纑 : 有文纑的絲羅。

3) 搭胡 : 亦作 "答忽"。元代蒙古人衣服中有一種皮襖。蒙古語叫 "daqu"。答忽有兩種, 一種是毛向外的羊皮答忽, 對襟無領, 在後下擺處有開衩, 主要是牧民在冬季穿在長袍外面; 另一種是毛向裏, 有面有裏的答忽, 主要是富貴之家天冷是服之。据史料分析(≪中國全史(14)≫), 答忽有兩種式樣。一種是 ≪元史 · 輿服志≫中的 "襻子答忽"卽有扣襻的答忽。≪元史語解≫卷二四名物門 : "達呼, 皮端罩也。" 卷七十八作 "答忽。" 這是無袖皮背心之屬。卽沒有雙袖的上衣。≪事物紀原≫卷三 "半臂" : "今背子也。江淮之間, 或曰 綽子。今俗名搭護。"

4) 腰線襖子 : 辮線襖。爲圓領, 緊袖, 下擺寬大, 折有密襉, 另在腰部縫以辮線制成的寬闊圍腰, 有的還釘有 紐扣, 俗稱 "辮線襖子", 或稱 "腰線襖子"。

5) 衫 : 指無袖頭的開衩上衣。

6) 荊 : 就是 "牡荊"。也叫 "荊條"。

7) 衣裳 : 古時上曰衣, 下曰裳(古代指裙子)。≪詩經 · 邶風 · 綠衣≫ : 「綠衣黃裳。」≪毛傳≫ : 「上曰衣, 下曰裳。」古人最早下身穿的是一種類似裙子一樣的 "裳"。"裳"字也寫作 "常"。

8) 斜紋 : 經線和緯線的交織點在織物表面呈現一定角度的斜紋線的結構形式。

9) 紵絲 : 就是 "緞子"。≪明代的絲綢衣料≫ : 「宋人吳自牧 ≪夢梁錄≫卷十八 : "紵絲染絲所織, 諸顔色有織金, 閃褐, 間道等類。」又 ≪吳縣志≫卷五十一稱 : 「紵絲俗名緞, 因造鍛字"。」

10) 襖子 : 襖, 有襯裏的上衣。如 : 棉襖, 皮襖。襖子, 棉襖的俗稱。

絲紬襖子, 纏身金龍襖子, 茶褐水波紋地兒四花襖子, 象眼[11]地兒鴉青六花襖子, 雲肩[12]搭胡, , 茜紅[13]毛衫, 藍紵絲袴[14]兒, 棗褐紵絲三襜, 白絹汗衫[15], 銀褐紵絲板褶兒, 短襖子, 渾金[16]搭子[17]搭搭五兒。這般按四時穿衣裳。

번역

옷을 입는데 있어, 사계절에 맞춰 옷을 갈아입고, 날마다 속옷이며 겉옷의 전체를 갈아입는다. 봄에는 고운 자주색 명주비단으로 만든 '搭胡'[18], 흰 명주비단에 붉은 '腰線襖子', 매화무늬의 '搭搭五兒'[19], 하

---

11) 象眼 :【方言】斜象眼兒; 菱形。

12) 雲肩 : 婦女披在肩頭前后左右四周的一種裝飾物, 以彩錦綉紋制成。云肩的種類有對開雲肩, 四方雲肩, 串珠雲肩, 有領雲肩與無領雲肩等不同造型, 雲肩的結構均圍繞頸部中心放射或旋轉爲骨架, 有四方, 八方等不同量的放射形態, 目的在于對太陽崇拜并以此來象徵四時八節, 順應古代造物講究四方四合, 八方吉祥的祝頌理念。中國雲肩的典型款式是"四合如意式"與"四方柳葉式"。

13) 茜紅 : 絳紅色

14) 袴 : 同"褲"字。

15) 汗衫 : 吸汗的貼身短衣。古稱"中衣", "中單"。中衣又稱裏衣, 是漢服的襯衣, 起搭配和襯托作用。

16) 渾金 : 在雕刻或瀝粉紋飾構造的表面滿飾金箔者, 稱渾金做法。

17) 搭子 : 應同"荅子"。≪原本老乞大≫ 第72回有「六花暗花遍金荅子」一句, 此之"荅子"應是"搭子。荅子, 是元朝高級官員衣料之一種。≪元史 · 輿服一≫ : 「職官除龍鳳文外, 一品, 二品服渾金花, 三品服金答子, 四品, 五品服雲袖帶襴, 六品, 七品服六花, 八品, 九品服四花。」

18) 原文의 '搭胡'에 대해서 자료를 종합해보면, 소매 없는 겉옷으로, 이러한 '搭胡'는 나중에 '馬掛(馬褂)'로 변전된 것으로 보인다. 우리 한복의 '마고자'와 유사한 형태로 추측된다.

19) 原文의 '搭搭五兒'에 대한 자료를 찾을 수가 없다. 다만 앞에서 제시하고 있는

얀색 명주비단의 衫兒[20] 등을 입는다. 여름에는 곱고 가는 모시로 만든 衫兒[21]에, 그 위에 모형(牡荊) 꽃을 수놓은 '褐紗[22]搭胡', 白紗의 '搭搭五兒' 등을 입는다. 가을에는 비단의 옷(衣裳)을 입는다. 겨울에는 '斜紋[23]의 비단(紵絲)[24] 솜옷(襖子)', 斜紋의 명주(絲紬)솜옷, 금색의 蟠龍[25]이 수놓아진 솜옷, 다갈색 물결무늬에 꽃이 수놓아진 솜옷, 마름

소매 없는 겉옷 '搭胡'는 몽고어로 'daqu'로서, 당시 '搭胡', '答忽', '達呼', '搭護' 등으로 音譯되어 불리고 있음을 볼 때, '搭搭五兒'는 '搭胡'와 같은 것으로 짐작이 된다.

20) 原文의 '衫兒'은 소매 단이 없는 윗저고리를 말함이다.

21) 原文의 '布衫' 앞에는 '毛施布'라는 말이 있다. 즉 모시(麻)로 만들었기 때문에 '布衫'이라 하였을 것이다. 바로 앞에서 출현한 '白羅衫兒'의 '衫兒'과 같은 모양의 것으로, 단지 옷의 소재가 다를 뿐이다.

22) 原文의 '褐紗'의 '褐'은 바로 뒤에 오는 '白紗搭搭五兒'의 '白紗'에서 볼 수 있듯이, '褐色의 紗'로 볼 수 있으나, '褐'은 大麻의 거친 천을 말하는 것으로, 여기서의 '褐紗'는 모시와 같은 마(麻)가 혼합된 여름용 麻絲일 것이다.

23) 原文의 '斜紋'은 직물의 기본 조직의 하나로서, 날줄과 씨줄을 둘이나 그 이상으로 건너뛰어 무늬가 비스듬한 방향으로 도드라지게 짜는 방법을 이른다. '빗줄짜임', '능문(綾文)' 이라고도 하는데, 씨줄을 비스듬한 방향으로 두껍게 짠 흰 비단을 말함이다.

24) 原文의 '紵絲'에 대해서 앞의 飜譯과 註釋의 설명에서 설명된 바처럼, '紵絲'는 비단(緋緞)을 말하는 것이다. 宋代에서는 '紵絲'를 '緞'이라고 불렀음을 알 수 있고 또 당시의 문헌에는 '紵絲', '苧布, 熟苧布' 등의 명칭을 볼 수 있는데, '紵絲'는 緋緞의 종류로 보이고, '苧布, 熟苧布' 등은 '麻' 제품으로 구분하고 있음이 짐작이 된다. (≪吳縣志≫卷五十一稱 : 「紵絲俗名緞, 因造鍛字。」又 ≪嘉靖吳江縣志≫卷九 : 「嘉靖 : 苧麻, 黃麻, 絡麻, 絲, 綿, 絹, 羅, 紵絲, 綾, 紬, 乂絲, 綿布, 苧布, 熟苧布, 縑絲布…」)

25) 原文 '纏身金龍襖子'에 대해서 ≪鄭光≫本(357쪽)에서는 '전신에 金龍의 수를 놓은 도포'라고 번역하고 있음을 볼 수 있는데, 그러나 여기서의 '纏身'은 '金龍'을 수식하는 한정어로서 뒤에 오는 '金龍'을 수식하고 있다고 본다. '纏'은 '휘감다' 등의 의미를 가지므로, '纏身金龍'은 몸을 휘감고 있는 모습의 金色의 蟠龍(盤旋環繞的龍)인 것이다. 이에 '황금색 蟠龍의 수가 수놓아진 장포(長

모꼴 무늬[26] 바탕에 鴉靑색의 六花가 수놓아진 솜옷, 운견(雲肩)[27]이 있는 '搭胡', 진홍색 털로 만들어진 衫兒, 남색의 비단 바지, 자주(紫褐)색 명주 三襜[28], 흰 명주 한삼(汗衫), 흑갈색 비단 板褶兒[29], 짧은 솜옷

袍)'로 번역 하였다.

26) 原文 '象眼'은 '마름모꼴'의 무늬를 말한다. '마름모'를 또 능형(菱形)이라고도 하는데, '象眼'은 '마름모꼴'의 기하무늬를 말하는 것이다. 元代 戚輔之 ≪佩獻楚客談≫에 「(後蜀)의 孟氏가 蜀에서 열 종류의 비단(錦)을 만들었는데, 그 이름은 長安竹, 天下樂, 鵰團, 宜男, 寶界地, 方勝, 獅團, 象眼, 八搭韻, 鐵梗襄荷이다.」라는 기록을 볼 수 있는데, 여기서 나열하고 있는 '象眼' 등의 명칭은 모두 기하무늬를 나타내는 것으로 해석하고 있다. 예를 들면 ≪漢服紋樣發展史≫와 ≪絲綢圖案藝術≫ 등의 글에 隋唐시대의 복식 紋樣의 종류를 (1) 聯珠團窠紋(둥근 원형에 獸鳥무늬), (2) 寶相花紋(꽃송이와 꽃술), (3) 瑞錦紋(눈꽃송이), (4) 散點式小簇花, 小朶花(꽃송이의 대칭무늬), (5) 穿枝花(唐草紋과 같은 덩굴무늬), (6) 鳥銜花草紋(동심결 등을 물고 있는 봉황이나 공작이 등의 무늬), (7) 狩獵紋(수렵무늬), (8) 幾何紋(기하문) 등으로 나눠 설명하고 있음을 볼 수 있는데, 그 중의 幾何紋樣으로는 위의 ≪佩獻楚客談≫에서 열거하고 있는 '象眼' 등의 열 가지를 들고 있다. (≪漢服紋樣發展史≫ : 「隋唐五代時期的服飾紋樣, … 概括起來, 大體有如下各大類 : (一)聯珠團窠紋。…几何紋。有龜甲, 雙距, 方棋, 雙勝, 盤條, 如意等形式。隋唐時期紋樣造型丰腴, 主紋突出, 地部疏朗, 常用對稱構圖, 色彩鮮麗明快。至五代 紋樣漸趨寫實細膩, 如孟蜀時成都蜀錦有長安竹, 天下樂, 鵰團, 宜男, 寶界地, 方勝, 獅團, 象眼, 八搭韻, 鐵梗襄荷等。」) 참고로 우리말 사전이나 漢子辭典 등을 찾아보면 '象眼'을 '상감(象嵌)'의 다른 이름으로 설명되고 있음을 볼 수가 있으나, 금속 · 도토(陶土) · 목재 따위의 소지(素地) 표면에 여러 무늬를 새겨서 그 속에 같은 모양의 금 · 은 · 보석 · 뼈 · 자개 따위 다른 재료를 박아 넣는 공번로예기법인 '상감(象嵌)' 漢語(中國語)에서의 '鑲嵌'이라고 한다.

27) 原文의 '雲肩'은 목에서 어깨까지 걸치는 '어깨걸이'와 같은 장식을 말함이다. 雲肩은 기호에 따라 "四合如意式"와 "四方柳葉式"등의 다양한 무늬가 있다.

28) 原文 '三襜'가 구체적으로 어떤 옷을 말함인지 알 수가 없다. 詩經 小雅의 ≪采綠≫편에 「終朝采藍, 不盈一襜(하루 종일 쪽 풀을 뜯어도, 짧은 앞치마 하나도 쪽물을 드릴 수가 없다)」라는 노래를 볼 수 있는데, 여기서의 '襜'은 '무릎까지 오는 짧은 앞치마'를 말하는 것이다. 짧은 홑옷을 '襜褕(古代一種短的便

(襖子), 혼금(渾金)[30]의 옷감(搭子)[31]으로 만든 '搭搭五兒'를 입는다. 이렇게 사시사철에 맞춰 옷(衣裳)을 입는다.

衣)'이라고 하는데, 三襜'은 '짧은 겹옷'으로 추측이 된다. 宋史에 "三襜'이라는 말이 보이지만 구체적인 설명을 볼 수가 없다(≪宋史·卷一百四十三≫ :「輦官二十七人, 幞頭, 白獅子 纈 羅單衫, 塗金銀海捷腰帶, 紫羅裏夾三襜」).

29) 原文 '板褶兒'가 구체적으로 어떤 옷을 말함인지는 알 수가 없다. 단지 ≪碎金≫이라는 당시의 문헌에 '板褶'의 이름을 찾아 볼 수가 있다. ≪碎金≫에는 22가지나 되는 元代의 男服의 명칭(深衣, 襖子, 褡護, 貂鼠皮裘, 羅衫, 布衫, 汗衫, 錦襖, 披襖, 團襖, 夾襖, 氈衫, 油衣, 遭褶, 膀褶, 板褶, 腰線, 辮線, 出袖, 曳撒, 衲夾, 合鉢)이 기록 되어 있다. '褶子'에 대한 漢語詞典에는 '古代 사람들의 일상복이다'라는 설명을 볼 수 있는데, 옷깃이 넓고 옆으로 여미는 옷으로 두루마기 같은 겉옷(도포) 속에 받쳐 입는 남녀노소 신분의 구분 없이 淸代이전까지 입었던 옷이다. 지금은 중국의 戲劇(古典劇)에서 볼 수 있다.

30) 原文의 '渾金'은 織造(織金)방법의 하나로 보인다. ≪元史≫(卷一百四·志第五十二·刑法三)에는「職官一品, 二品許服渾金花(일품과 이품 품계는 '渾金花' 着服을 許한다)」,「命婦一品至三品服渾金(일품에서 삼품의 내명부는 '渾金'을 입는다)」등의 기록을 보아, 金箔(金絲)이로 꽃무늬를 옷감을 말하는 것이다. 中國古代漆器製品의 目錄을 살펴보면 '渾金花脫瓶', '牡丹花渾金脫瓶' 등의 명칭을 볼 수 있고 또 실물의 사진을 살펴볼 때, 금박의 모란꽃이 바탕을 이루고 있음을 볼 수 있다. 精練하기전의 금을 '渾金'이라고도 하지만, '渾'은 또 '全', "滿'의 의미로도 쓰이므로, 꽃무늬 등에 금박을 넓게 입히는 織金의 한 기법으로 볼 수 있을 것이다.

31) 原文의 '搭子'는 本文 제 72화「六花暗花遍金荅子」에서의 '荅子'와 같은 것으로 보았다. 여기서의「遍金荅子」는, 금색 실로 짠 옷감에 꽃무늬를 수놓은 옷감을 말한다. ≪元史 · 輿服一≫에「職官에 따라 龍鳳紋외에 一品, 二品은 '渾金花'를 입고, 三品은 '金荅子'를 입는다.」라는 설명을 볼 수 있다.

第九十二話 繫腰呵也按四季
(요대는 계절에 맞춰 찬다)

繫腰[1]呵, 也按四季：春裏繫金繫腰。夏裏繫玉繫腰, 最低的是菜玉[2], 最高的是羊脂玉[3]。秋裏繫鈒鐵[4], 尋常的不是, 有玲瓏花樣的。冬裏繫犀繫腰, 有綜眼[5]的, 更毛犀[6]不要。

1) 繫腰：腰帶。元·鄭廷玉 ≪忍字記≫第二折：「我一只手將繫腰來采住向前掐。」≪元史 · 順帝紀六≫：「答失八都魯克復襄陽, 樊城有功, 升四川行省右丞, 賜金繫腰一。」“繫腰”當指 ≪黑韃事略≫中 “用紅, 紫帛捻成線, 橫在腰上” 的 “腰線”, 屬于蒙古傳統服裝辮線襖的基本特徵, 參證 ≪元史≫(卷143) ≪自當傳≫的 “乃賜禿滿迭兒黃金繫腰”, 葉子奇 ≪草木子≫(卷3下) “帽子繫腰, 元服也”, ≪通制條格≫(卷27) ≪雜令 · 控鶴等服帶≫中伯顏上奏禁止普通民戶 “繫着褁肚, 繫腰”這三條史料, 可以確證此點。鐘焓 ≪民族史研究中的“他者”視角≫ (歷史研究, 2008年 第1期)

2) 菜玉：次等玉石, 其色如菜。

3) 羊脂玉：又稱 “白玉”, “羊脂白玉”, 爲軟玉中之上品, 極爲珍貴。

4) 鈒鐵：應是 “減鐵”。元·高文秀 ≪黑旋風≫ ;「那厮綠羅衫, 絛是玉結 ; 皀頭巾, 環是減鐵。」又, 孫仲章 ≪勘頭巾≫ :「芝麻羅頭巾, 減銀環子。」”所謂 “減鐵”, “減銀”, 原是金銀器加工方法的一種稱謂, 前者是在鐵物上嵌銀絲, 後者是在銀器上嵌金絲。此項工藝似起源于北方, 宋·佚名 ≪百寶總珍集≫卷六(“減鐵”條前所冠口訣云) :「減鐵元本北地有, 頭巾環子與腰絛。馬鞍作子幷刀靶, 如今不作半分毫。」(揚之水, ≪江西省博物館藏宋元金銀器叢考≫)

5) 綜眼：應是 “鬃眼”, “棕眼”。卽表面不平的坑洼凹陷之處。如, 紅釉器, 釉面有密密麻麻似桔子皮様小孔, 叫 “棕眼”。

6) 毛犀：牦牛。

번역

허리띠[7]를 차는데 있어, 계절에 맞춰 차고 다닌다. 봄에는 '金繫腰'요, 여름에는 옥으로 만든 '玉繫腰'인데, (지니고 있는 옥띠 가운데)가장 낮다는 것이 '菜玉'이요, 비싼 것으로는 '羊脂玉'으로 만들어진 것이다. 가을에는 銀을 象嵌한 '減鐵'[8]의 '繫腰'로, 평범한 것이 아니라, 정교한 무늬를 象嵌한 것이다. 겨울에는 코뿔소 뿔을 장식한 '犀繫腰'로, 코뿔소 뿔의 무늬(鬃眼)[9]가 선명한 것으로, 야크 뿔 같은 것은 아니다.

---

7) 原文의 '繫腰'는 허리띠를 말하는 것으로, 당시의 몽고사람들은 '繫腰'를 차는 것은 권위의 상징이라고 하는데, 일반적으로 '袍子'에는 '繫腰'를 한다고 한다. 葉子奇 ≪草木子≫卷三 "雜制編"에 「帽子와 繫腰는 元의 옷이다(帽子繫腰, 元服也).」라는 기록에서 당시의 '繫腰'가 장신구로서 중요시 되고 있음을 엿볼 수 있다고 본다. 또한 당시에는 옷의 종류나 색깔에 따라 '繫腰'를 바꿔 차고 다님을 알 수 있고, '繫腰' 또한 金屬에서부터 짐승의 뿔 그리고 각종 천으로 만들어 차고 다님을 알 수 있다. ≪華夷譯語(韃靼館下續增)衣服門≫에는 「"安壇不薛(金帶)", "哈石不薛(玉帶)", "蒙昆不薛(銀帶)", "額別兒不薛(角帶)"」 등의 금속으로 장식한 '繫腰'와 짐승의 뿔로 만든 '繫腰'의 명칭을 볼 수가 있다.

8) 原文의 鋮鐵은 '減鐵'이 맞다. 뒤의 제 104화에서 '減鐵'이라는 어휘를 볼 수 있고, ≪飜譯老乞大≫에서는도 '減銀'으로 改修되어 있음을 볼 수 있다. '減銀'이나 '減鐵'은 당시의 金銀器에 象嵌을 입히는 加工의 名稱이다. 위의 '減鐵'의 註釋에서 이미 설명한 것처럼, 鐵物에 銀絲를 上嵌시키는 것을 '減鐵'이라 하고, 銀器에 金絲를 上嵌시키는 것을 '減銀'이라고 한다.

9) 原文의 '綜眼'은 '鬃眼' 또는 '棕眼'을 말하는 것으로 본다. '鬃眼' 또 '針眼', '猪毛孔'이라고도 하는데, 귤 껍질의 난 숨구멍 또는 표면에 작게 울퉁불퉁 튀어나온 그러한 부분이나 그러한 무늬 등을 말하는 것으로 보인다.

第九十三話 上頭都有金頂子
(모자에는 金으로 만든 頂子가 장식되어 있다)

頭上戴的帽子, 好水獺毛氈兒, 貂鼠皮簷兒[1], 琥珀珠兒[2], 西番[3]蓮金頂子[4], 這般一箇帽子結裹[5]二十錠鈔。又有單桃牛尾笠子[6], 玉珠兒羊脂玉頂子, 這般笠子通結裹三十錠有。又有裁帛暗花紵絲帽兒, 雲南氈海青[7]帽兒, 青氈鉢笠兒[8],

1) 簷兒 : 覆蓋物的邊沿或伸出的部分。如 : 帽檐兒。

2) 珠兒 : 此作巾頂上所裝飾的大珠而言。

3) 西番 : 亦作 "西藩"。指吐蕃。唐 · 高适 ≪賀哥舒大夫破九曲≫詩 :「遙傳副丞相, , 昨日破西蕃。」又, 中國古代對西域一帶及西部邊境地區的泛稱。≪明史 · 西域傳二 · 西番諸衛≫ :「西番卽西羌, 族種最多, 自陕西歷四川, 雲南 西徼外皆是。」又, 可指 "印度"。

4) 頂子 : 帽上裝飾, 是裝飾在巾頂之中的大珠。≪金史 · 輿服志≫下 :「巾之制, 以皂羅若沙爲之, 上結方頂, 折垂于後。… 貴顯者于方頂, 循十字縫飾以珠, 其中心貫以大者, 謂之頂珠。」清代官吏依其等級在冠上, 綴珠玉寶石金銀等以爲飾, 謂之頂。

5) 結裹 : 開銷, 支費。≪朱子語錄≫四二卷 :「更有那班裏換受底大使臣, 這個最可畏, 每人一月自用四五百千結裹它。」(許少峯 主編, ≪近代漢語詞典≫, 團結出版社, 1997年, 頁572)

6) 笠子 : 笠帽, 用竹篾, 箬葉或棕皮等編成, 可以御暑, 亦可御雨。

7) 海青 : 應指是 "海東青"。一名雕, 獵鷹之一種, 俗稱 "放鷹"。海東青, 肅愼語 "雄庫魯(songgor)"漢譯。世界上飛得最高和最快的鳥, 有 "萬鷹之神"的含義。宋 · 庄季裕 ≪鷄肋編≫卷下 :「鷙禽來自海東, 唯青鵁最嘉, 故號海東青。」≪元史 · 地理志二≫ :「有俊禽海東青, 由海外飛來, 至奴兒干, 土人羅之以爲土貢。」

8) 鉢笠 : 也就是 "鈸笠帽"。形狀像鈸, 能起到笠的作用的, 帽子。(參考 : 鈸笠冠和一般草帽, 竹笠的區別。竹笠, 草帽. 邊較寬 ; 元代的鈸笠冠帽簷較窄, 冠較淺。這種鈸笠冠, 冠頂有的有纓, 有的有羽飾, 而且大多與著元代官服和騎馬又有貂鼠簷兒皮帽, 上頭都有金頂子, 又有紅瑪瑙珠兒。

번역

머리에 쓰는 帽子[9]에는, 질이 좋은 수달피에 담비가죽 챙에, 호박(琥珀) 구슬을 장식하고 연꽃 봉우리 모양[10]의 金頂子(금으로 만든 꼭지)를 달았는데, 이와 같은 모자는 20錠이 족히 될[11] 것이다. 또 쇠꼬리

的官員相配。至於明本, 淸本中出現的竹笠帽, 草帽, 多戴在船工和農民的頭上, 好些勞動者還著短褐, 半臂或牛鼻犢褌, 可見它不是元代特有的官帽)

9) 原文의 '帽子'에 대해서 ≪元史≫와 ≪黑韃事略≫ 등에는「官民皆戴帽(官民 모두가 모자를 쓴다)」,「男子冬帽而夏笠(남자들은 겨울에 "帽"를 쓰고, 여름에는 "笠"을 쓴다)」,「婦人頂故姑(부인네들은 "故故冠"을 쓴다)」라는 기록을 볼 수 있다. 머리를 덮는 덮개(모자)에는 毛織의 '帽'의 종류와 말꼬리 털과 대나무 등의 소재로 만든 '笠(갓 모양)'으로 크게 두 종류로 나눌 수 있음을 볼 수 있다. 本文의 제93화 原文의 內容(好水獺毛氈兒 … 這般一箇帽子…又有單桃牛尾笠子 … 這般笠子)에서도 두 종류의 모자, 즉 '帽子'와 '笠子'를 설명하고 있음을 볼 수가 있다.

10) 原文의 '西番蓮'은 '西域의 연꽃'을 말하는 것으로 보인다. '西番'은 印度를 포함한 西域을 통틀어 지칭하는 말이기도 한다. '西番蓮'은 아마도 西域(印度)에서 나는 연꽃으로, 일반적인 중국의 연꽃과 다른 모양으로 보인다. ≪元史≫(卷七十)에 다음과 같은 기록을 볼 수 있다 :「說法隊 … 次七隊, 樂工十有六人, 冠五福冠, 服錦繡衣, 龍笛六, 觱栗六, 杖鼓四, 與前大樂合奏 ≪金字西番經≫之曲。… 次十隊, 婦女八人, 冠青螺髻冠, 服白銷金衣, 執金蓮花。… 一人爲普現像, 執西番蓮花。」(≪禮樂志 · 第二十二≫) 즉「普賢菩薩 손에는 '西番蓮花'이 쥐어져 있고, 나발(螺髮; 螺髻)을 한 여덟 명의 여인들은 '蓮花'를 쥐고 있다」라는 설명에서 연꽃이 구분되고 있음을 알 수 있다. 지금도 寺刹에 가보면 연꽃을 쥐고 있는 탱화나 불상을 볼 수 있는데, 아마도 모자 꼭지(頂子)가 금으로 만들어진 연꽃의 봉우리 모양을 한 것으로 보인다.

11) 原文의 '結裹'는 註釋의 설명처럼 '支費(지불하다)' 등의 의미를 가진다. ≪飜老≫의 諺解에도「이 흔 가디 넉 량은 드러ㅿ 밍ㄱ라 내엿고」라고 하고 있으므로, '結裹'는 '비용을 드리다', '비용을 지불하다'의 의미를 가진다고 본다.

털을 꼬아 만든 갓(笠子)에,[12] 羊脂玉의 옥구슬 頂子, 이와 같은 갓은 그 비용이 총 30錠이나 된다. 이밖에도 또 꽃무늬 비단모자(裁帛暗花紵絲帽兒), 雲南의 毛氈으로 만든 海青式[13] 모자(雲南氈海青帽兒), 청모전(青毛氈)의 발립(鉢笠)[14], 또 담비 차양의 가죽모자(貂鼠簷兒皮帽) 등이 있는데, 이러한 모자에는 金으로 만든 頂子와 붉은 마노(瑪瑙)의 구슬이 장식되어 있다.

---

12) 原文'單桃牛尾笠子'에 대해서 구체적으로 어떤 형식의 갓(笠)인지를 알 수가 없다. '笠'에는 끝이 뾰족한 삼각형과 지금의 밀짚모자처럼 머리통에 맞도록 만든 둥근 형태 등이 있다. 당시에는 '笠'의 끝 부분이 복숭아의 꼭지 부분처럼 생겼다 하여 '桃尖帽'라는 이름의 모자를 볼 수 있는데, 여기서 '單桃'의 '桃'字가 보이므로 혹시 그러한 형태의 갓(笠)이 아닌가 짐작이 된다.

13) 原文의 '海青帽兒'에 대해서 자세히 알 수는 없으나, '海青'은 '海東青'의 준말이고, '매'를 나타내는 말로 본다면, '海青帽兒'는 '독수리 머리 형상의 모자'로 볼 수 있을 것이다. 이에 ≪元史≫ 등에는 '栖鷹冠'이라고 불리는 모자의 명칭을 볼 수가 있다. 12, 3세기의 몽골 남자들은 모자 깃에 海東青 또는 맹금류의 깃털을 꽂고, 모자의 형태 또한 독수리 머리 형태와 비슷하다. 이것이 후에 '栖鷹冠'으로 발전되었는데, 이러한 형태의 모자는 그들의 神話(흰 송골매)와 관계가 있다. 이러한 '栖鷹冠'은 둥근 형태(圓頂)와 끝이 뾰족한 형태(尖頂) 두 가지로 나눌 수 있고, 여름용은 비단 천으로 만들어 졌으며, 겨울용은 여우나 담비 가죽으로 만들고, 金이나 玉으로 꼭지(頂子)를 장식했다.

14) 原文의 '青氈鉢笠兒'은 青色의 毛氈으로 만든 모자(鉢笠)를 말함이다. '鉢笠'은 註釋에서 설명한 바처럼 바라 즉 동발(銅鈸) 형태를 한 모자를 말함이다. 우리말의 벙거지(조선시대 궁중 또는 양반집의 군노나 하인이 쓴 돼지털 등으로 만든 모자)와 비슷할 것으로 짐작된다. 元代의 '笠'은 차양이 넓은 것(大檐), 좁은 것(小檐), 둥근 것(圓形), 사각형(方形) 등의 몇 종류가 있는데, 기본적으로 지금의 '여름용 둥근 밀짚모자' 형태와 비슷하다고 한다.

第九十四話 春間穿雲南獏皮靴
(봄에는 雲南에서 나는 양가죽 신발을 신는다)

穿靴[1]呵, 春間[2]穿雲南獏皮靴, 上頭更縫上花樣。夏間穿紫斜皮四乖頭刻子靴, 夾金線黑斜皮靴。到冬間穿斜皮靴, 眞皮[3]靴。氈襪[4]呵, 穿好絨毛[5]襪子, 都敎氷藍紵絲緣口子[6]。一對靴上都有紅絨雁爪。那靴底都是兩層淨底, 上[7]的線蠟[8]打了, 錐兒細線䴏, 上的分外的牢壯好看。

번역

신는 신발[9]은, 봄에는 雲南에서 나는 獏皮(양가죽)[10] 신발로, 위에는

1) 靴 : 高到踝骨以上的長筒鞋。

2) 間 : 之間, 正時候。≪紅樓夢≫第五回 :「飮酒間, 又有二十四個舞女上來, 請問演何詞曲。」

3) 眞皮 : 此指牛, 羊, 猪, 馬, 鹿或某些其它動物身上剝下的原皮。

4) 氈襪 : 用氈作的襪子。

5) 絨毛 : 此指絲, 棉紗或羊毛等的紡績物。

6) 緣口子 : "緣", 給衣履等物鑲邊或緄邊。"口子", 有容積的器物的通外面的地方。

7) 上 : 縫; 裝配。≪盛世姻緣傳≫第十九回 :「東邊晁家宅內有幾座空房, 不知有人住了不曾, 你上完了鞋, 我和你同去看看。」"上"今作 "緔"。(許少峯 主編, ≪近代漢語大詞典≫, 中華書局, 2008년年, 頁1636)

8) 蠟 ; 用蠟塗抹。如 : 蜡引(塗蠟于紙張或布帛上, 以防水濕)。

9) 原文의 '靴'는 가죽으로 만든 무릎까지 오는 장화(長靴)를 말함인데, 우리말에 발에 신는 물건의 총칭을 신(신발)이라고 하므로 이에 신(신발)로 번역하였다.

10) 原文의 '獏皮'의 '獏'字는 사서(辭書)에서 보이지 않는다. 다만 ≪飜譯老乞大≫의 諺解에서 "뎐피'로 풀이되고 있음을 볼 수 있다. '뎌피'는 '무두질한 양피',

꽃무늬의 문양을 넣었다. 여름에는 자주색 담비가죽[11]으로 만든 '四乖頭刻子靴'[12]를 신던지, 아니면 금실을 박은 검정색 담비가죽의 가죽신을 신는다. 겨울에는 담비가죽 신발, 소나 양가죽 등의 原皮로 만든 신발은 신는다. 털로 짠 버선(足衣)은, 질이 좋은 毛皮 등으로 만든 버선, 버선목에는 순청색 비단실 태가 수놓아져 있다. 신발에는 붉은 융단(絨緞)만들어진 신발 끈이 달려 있고, 신발들은 모두 이중의 바닥으로, 바느질한 실은 초를 입혔고, 송곳을 가늘고 실은 굵어서, 꿰맨 것이 아주 튼튼하고 예쁘다.

즉 털과 기름을 뽑아 부드럽게 만든 양가죽을 말함이다.

11) 原文의 '斜皮'에 대해서 우리말 사전과 문헌에서는 '貂皮(돈피)'로 해석되고 있음을 볼 수 있다. 貂皮는 '담비의 가죽', 즉 '담비 종류 동물의 모피를 통틀어 이르는 말'로 설명되고 있다.

12) 原文의 '四乖頭刻子靴'는 구체적으로 어떤 형태의 신인지 알 수가 없다. ≪鄭光本≫(367쪽)에서는 「네 귀퉁이를 깎아낸 신발」로 번역되어 있고, 또 같은 쪽의 주 3번에는「원문 '刻子'는 "깎나내다, 파내다"는 뜻이다. 구두의 네 귀퉁이를 깎아내는 것은 통풍을 좋게 하기 위해일 것이다」라는 설명을 볼 수 있다.

第九十五話 揀口兒喫
(입에 맞는 것만 가려 먹는다)

喫飯呵, 揀口兒[1]喫。淸早晨起來, 梳頭洗面了, 先喫些箇醒酒湯[2], 或是些點心[3]。然後打餠[4]熬[5]羊肉, 或白煮[6]著羊腰節胸子。喫了時, 喫些酪解粥。騎著[7]鞍馬, 引著僕奴, 著[8]幾箇幇閑的般弄[9]著, 先投[10]大酒館裏坐下, 二三十兩酒肉喫了時。酒帶[11]半酣[12], 引動[13]斜心[14], 座子[15]人家裏去。到那裏教

1) 揀口兒 : 吃東西挑愛吃的吃。元·關漢卿 ≪碧玉簫≫曲 :「知他是甚病疾, 好教人沒理會。揀口兒食, 陡恁的無滋味。」(許少峰 編, ≪近代漢語大詞典≫, 中華書局, 2008年, 頁880)

2) 醒酒湯 :【老乞大集覽】≪質問≫云 : 人傷酒困倦不醒, 作酸湯食之, 方言謂之醒酒湯。又云肉汁作湯, 細切精肉, 下切麵, 加椒, 醋, 葱菜, 酸而且美, 足以醒酒。

3) 點心 : 正餐之前小食以充飢。唐·孫頠 ≪幻異志 · 板橋三娘子≫ :「有頃, 鷄鳴, 諸客欲發, 三娘子先起點燈, 置新作燒餠於食牀上, 與諸客點心。" 宋·庄季裕 ≪鷄肋編≫卷下 :「上覺微餒, 孫見之, 卽出懷中蒸餠云 : 可以點心。」

4) 餠 : 圓形薄片或扁圓形的面制食品。如 : 燒餠, 烙餠, 月餠。

5) 熬 : 烹調方法, 把蔬菜等放在水裏煮。

6) 白煮 : 將加工整理的生料放入淸水中, 燒開後改用中小火長時間加熱成熟, 冷却切配裝盤, 配調味料(拌食或蘸食)成菜的冷菜技法。

7) 著 : 同 "着"。助詞。緊接動詞後, 表示動作, 狀態的持續。(≪漢語大詞典≫, 漢語大詞典出版社)

8) 著 : 此作介詞 "被"。宋 袁去華 ≪雨中花≫詞 :「雨鬢靑靑。盡著吳霜偸換」(同上揭書)

9) 般弄 : 引誘, 挑逗。元·吳昌齡 ≪東坡夢≫第三折 :「轉瑤階月色朦朧, 你看那花間四友相般弄, 鬪起他那花心動。」(許少峰 編, 同前揭書 頁50)

10) 投 : 走向, 進入。

11) 帶 : 含有, 附有。

那彈絃子[16]的謊厮[17]每, 捉弄[18]著假意兒叫幾聲舍人[19]郎中[20], 早[21]開手[22]使錢也[23]。那錢物則[24]由[25]那幇閑的人支使[26], 他則

---

12) 半酣 : 飮酒至半中間。也指似醉非醉的程度。≪西遊記≫六十四 : 「酒至數巡, 羅刹覺有半酣, 色情微動, 就和孫大聖挨挨擦擦, 搭搭拈拈。」(許少峰 編, 同前揭書, 頁52)

13) 引動 : 啓發, 誘起。

14) 斜心 : 同 "邪"。不正当, 不正派。按, 斜心, 就是 "邪心"。

15) 座子 : 應是 "坐子"。坐子, 指暗娼。陳高華, ≪元代的妓女(1)≫ : 「元成宗時, 鄭介夫上書說 : "今街市之間, 設肆賣酒, 縱妻求淫, 暗爲娼妓, 明收鈔物, 名曰 : 嫁漢……又有典買良婦, 養爲義女, 三四群聚, 扇誘客官, 日飮夜宿, 自異娼戶, 名曰 : 坐子。都城之下, 十室而九, 各路郡邑, 爭相仿效, 此風甚爲不美。"(鄭介夫 ≪太平策≫, ≪元代奏議≫, 75頁) 鄭介夫說的 "娼戶"是公開的娼妓, 卽上面提到的官妓。"坐子"指暗娼, 都城有大量公開的娼妓和暗娼, 外地亦是如此。」

16) 絃子 : 三弦。又稱 "弦子", 彈撥樂器。柄很長, 音箱方形, 兩面蒙皮, 弦三根, 側抱于懷演奏。【老乞大集覽】樂器名, 亦曰三絃子。項細而長, 腹圓且短, 施三絃彈之, 如月琴形。

17) 謊厮 : 不老實的家伙。

18) 捉弄 : 戲弄人, 惡作劇。

19) 舍人 : 宋元時對貴顯子弟的稱號。

20) 郎中 : 對役吏的尊稱。≪水滸全傳≫第三十回 : 「兄長, 這幾位郎中, 是張都監相公處差來取你。」(許少峰 編, 同前揭書, 頁1102)

21) 早 : 已經, 業已。

22) 開手 : 開始動手, 着手。淸·李漁 ≪閑情偶寄 · 演習 · 選劇≫ : 「故開手學戲, 必宗古本。」

23) 也 : 語氣助詞。用于句末, 表示對已然或將然情況的確認。類似現代漢語的 "了", "啦"。類似現代漢語的 "啊", "呀", "啦"。與文言之助詞 "也"不同。

24) 則 : 此作 "就"。

25) 由 : 隨, 任凭。≪古今小說≫第二七卷 : 「我賣柴以救貧賤, 讀書以取富貴, 各不相妨, 由他笑話便了。」(許少峰 編, ≪近代漢語大詞典≫, 中華書局, 2008年, 頁2265)

粧孤[27], 正面兒坐著做好漢。那厮每將著鈔破[28]使了, 中間剋落[29]了一半兒, 養活他媳婦孩兒。一箇日頭比及[30]到晚出來呵, 至少使五六定鈔。後頭使的家私[31]漸漸的消乏[32]了, 人口[33]頭疋[34]家財, 金銀器皿都盡賣了, 田産房舍也典當了。身上穿的也沒, 口裏喫的也沒。那幇閑的男女[35], 更[36]沒一箇肯

---

26) 支使 : 擺布, 布置。≪紅樓夢≫第四十回 :「誰這會子又把那個筷子拿了出來, 又不請客擺大宴席, 都是鳳丫頭支使, 還不換了呢。」(許少峰 編, ≪近代漢語大詞典≫, 中華書局, 2008年, 頁2265)

27) 粧孤 : 裝着做官人, 裝做富貴的樣子, 擺闊。也指 "嫖客"。元·無名氏 ≪百花亭≫第一折 :「小二哥, 你也知道我粧孤愛女, 你肯與我做個落花的媒人。」(許少峰 編, 同前揭書, 頁2439)【老乞大集覽】≪質問≫云 : 假粧官人也。又云假粧作富貴模樣。又云如人好做大模樣。

28) 破 : 耗費; 豁出。≪金瓶梅詞話≫二回 :「撮合得此事成, 我破兒兩銀子謝他, 也不値甚的。」

29) 克落 : 克扣。≪元典章 · 禮部二≫ :「周伴叔告唐兀衛百戶卽力嵬尼克落軍人口糧。」(劉堅 江藍生 主編, ≪元語言詞典≫, 上海教育出版社, 1998年, 頁156)

30) 比及 : 等到, 及至。

31) 家私 : 家業, 財產。元 · 缺名 ≪來生債≫二折 :「且休論這倉廒波務庫, 更和這家私也那無數。」(許少峯 主編, ≪近代漢語詞典≫, 團結出版社, 1997年, 頁533)

32) 消乏 : 消耗竭盡。

33) 人口 : 家庭成員的總稱。徐元瑞 ≪吏學指南≫ :「同居親屬曰人, 役吏驅賤曰口。」(劉堅 江藍生 主編, 同前揭書, 頁259)

34) 頭疋 : 牲畜。≪元典章 · 聖政一≫ :「不以是何諸色人等, 毋得縱放頭疋, 食踐損壞桑果田禾。」(劉堅 江藍生 主編, 同上揭書, 頁321)

35) 男女 : 對人的蔑稱。猶賤種。≪水滸全傳≫第四九回 :「這兩個男女, 却放他不得, 不如一發結果了他, 免致後患。」(許少峰 編, 同前揭書, 頁1338)

36) 更 : 還; 再。≪七國春秋≫卷下 :「孫子曰 : 來救五更有誰? 角曰 : 無人。吾只獨自撞陣入來探信。」

俫保[37]的。如今根著[38]官人把馬, 且[39]得衣飯行[40]有[41]。

번역

밥을 먹을 때에도, 입에 맞는 것만 가려 먹는다. 아침 일찍 일어나, 머리를 빗고 세수를 하고나서, 먼저 술 깨는 해장국(醒酒湯)을 먹던지, 아니면 간식[42]으로 허기를 채운다. 그고 나서 餅(부꾸미)[43]을 만들고 양고기 요리를 하던지, 아니면 양의 내장이나 등심[44]을 물에 푹 삶아[45] 먹는다. 식사를 끝마치고, 양젖으로 만든 죽(酪解粥; 酪粥) 등을

37) 俫保 : 睞睬, 理睬。【老乞大集覽】≪音義≫云 : 理也。如國俗所云 : 聽理之謂。

38) 根 : 跟, 隨。"根著"就是 "跟着"。≪五代史平話 · 晋≫卷上 :「敬瑭根着庄宗名做李存勖, 出入行陣間, 多立了奇功, 在李存審帳下充馬軍總管。」(許少峯 主編, ≪近代漢語詞典≫, 團結出版社, 1997年, 頁392)

39) 且 : 猶只也; 但也。

40) 行 : 從事某種活動。

41) 有 : 蒙古語助動詞的直譯, 用于句末, 相當于漢語的語氣助詞。

42) 原文의 '點心'은 정찬(正餐) 전에 허기를 가시게 하기 위한 가볍게 먹는 음식을 말한다,

43) 原文의 '打餅'은 '餅(부꾸미)'을 만든다는 의미로, '餅'은 밀가루(옥수수 가루)를 반죽을 하여 어떤 재료를 넣고 굽고 부치는가에 따라 그 이름을 달리한다. 예를 들어 '파'를 넣어 부치면「葱油餅」이고, 부추와 고기를 다져 넣은 것은「韮菜肉陷餅」이라고 한다.

44) 原文의 '腰節胸子'에 대해서 鄭光 역주해제, ≪原本老乞大≫(김영사, 2004年, 370쪽)에서는「등심과 안심」으로 번역되고 있음을 볼 수 있다. '腰節'의 정확한 부위는 알 수 없으나, '腰脊'로 본다면「갈비가 붙은 등뼈 전체」또는「등심」부위를 말하는 것으로 보이고, '胸子'는 '胸子肉', '胸肉' 등의 명칭으로 본다면 '차돌박이' 등으로 해석할 수 있다. 또 中國語에서 '羊腰子'는 羊의 콩팥(腎)이나 불알(睾丸)을 나타내는 말이므로, 여기서는 羊의 고기나 내장을 통틀어 말하는 것으로 볼 수 있을 것이다.

45) 原文의 '白煮'는 간을 하지 않은 맹물에 삶아내는 것을 말하는 것으로, 우리나

먹는다. 안장을 얹은 말을 타고, 하인들을 이끌고, 몇 놈의 잡배들의 꼬임에 혹하여, 먼저 큰 술집에 들어가 자리를 잡고, 이삼십 냥 어치의 술과 고기를 먹는다. 술기운이 좀 오르면 欲情이 발동하여, 娼妓가 있는 사창가[46]로 자리를 옮긴다. 그곳에서 娼妓들[47]에게 둘러싸여, 마음에도 없는 '도련님', '나리' 등의 입에 발린 아첨을 듣고, 돈을 쓰도록 만든다. 자신의 돈을 잡배들 마음대로 쓰도록 하고, 자신은 돈 많은 사람[48]인 척하면서, 가운데 자리에 대장부처럼 점잖은 척 앉아 있다. 그 자들은 돈을 엄청 쓰도록 하고는, 중간에서 그 돈의 반을 챙겨 자신들의 자식과 마누라를 먹여 살린다. 아침부터 저녁때까지 하루종일 놀고 나오면, 적어도 다섯 여섯 정(錠)의 돈을 써버리고 만다. 재산이 점점 없어지고, 식솔들과 가축 그리고 가구와 金銀의 그릇들까지 다 팔아 버리고, 논밭과 집 등은 저당을 잡혀 없애버린다. 몸에 는 걸칠 것도 없고, 입에 먹을 것도 없다. 그와 같이 놀던 못된 놈들은, 더 이상 한 놈도 기꺼이 아는 체를 하지 않는다. 지금은 벼슬아치들을 따

라의 닭백숙(白熟)의 백숙과 같은 방법으로 보인다.

46) 原文의 '座子'는 '坐子'로, 앞의 주석의 설명에서처럼 몸을 파는 기녀나 私娼街를 당시에는 '坐子'라고 부르고 있음을 알 수 있다.

47) 原文의 '彈弦子的謊厮每'는 '三絃을 연주하는 못된 놈들'이라는 의미지만, '青樓에서의 娼妓들'이라는 의미로 번역을 하였다.

48) 原文의 '裝孤'의 '孤', 帝王이 자신을 낮추어 '孤'라고 칭하였으므로, 이에 '裝孤'는 '신분이 높은 사람으로 가장(분장)하다'의 의미로 볼 수 있을 것이다. 또한 元代의 雜劇에서는 官員의 역할을 '裝孤'라고 하기도 한다. 또한 元代 雜劇의 歌辭에서 '裝孤'라는 어휘를 볼 수 있는데, 예를 들어 「元·無名氏 ≪百花亭≫第一折 : "小二哥, 你也知道我粧孤愛女, 你肯與我做個落花的媒人。"」에서 볼 수 있듯이 '裝孤'는 '嫖客(난봉꾼; 오입쟁이)'로 해석이 된다. 그러므로 本文의 앞뒤 문맥으로 보아 '裝孤'는 '잘난 척하다' 등의 의미를 가진다고 보았다.

라다니며 말고삐나 잡고, 겨우 밥과 옷이나 얻어 입으면서 살아가고 있다.[49]

49) 原文의 '有'字에 있어, ≪原本老乞大≫에서 '有'자가 文尾에 와서 語氣助詞처럼 쓰이는 用例를 51차례를 볼 수 있으나, ≪飜譯老乞大≫에서는 단 한 차례를 볼 수가 있다. 이로서 元代에 쓰였던 '有'자는 明代에 이르러 漢語口語에서 사라졌음을 의미한다. ≪老乞大集覽≫에는 文尾에 오는 '有'에 대해서「元代言語에 있어 文尾에 반드시 '有'字가 오는데, 語助詞처럼 보이나 실제는 어조사가 아니다. 지금은 사용하지 않는다.」라고 설명하고 있음을 볼 수 있다. 이렇듯이 文尾에 '有'字가 오는 것은 元代漢語의 특유의 언어현상이다. 蒙古語는 文尾에 助動詞가 오는데, 이를 漢語로 直譯하는 과정에서 생긴 현상으로 蒙古語의 語法體系에서는 助動詞의 역할을 하지만, 漢語에 進入해서는 語氣助詞로 변환된 것이라는 견해를 볼 수 있다. 李泰洙, ≪老乞大四種板本語言研究≫ :「句末語助詞 "有"是元代漢語特有的語言現像, …這個句末助詞遽余志鴻(1992), 饒尚寬(1986)等考證, 實爲蒙古語句末助詞的直譯。在蒙古語語法體系中它是助動詞, 但當它進入漢語語法體系裏時, 就轉而成爲語氣助詞了。這或許就是, ≪老乞大集覽≫說 "如語助而實非語助"的原因。(語文出版社, 2003年, 頁30)

第九十六話 咱商量買廻去的行貨
(사가지고 갈 물건에 대하여 상의를 드려야 합니다)

我買這[1]行貨,[2] 待涿州[3]賣去, 這幾日爲[4]請親眷筵會, 又爲病疾耽閣[5], 不曾去的[6], 我如今去也。伴當, 恁落後[7]好坐的[8]者[9]。我到那裏, 賣了行貨便來。恁好去者。俺賣了這人參, 毛施[10], 帖裏布[11]時。不揀[12]幾日, 好歹[13]等你來, 咱商量買廻去

---

1) 這 : 這些。關漢卿 ≪陳母敎子≫三三末詩 :「你這漏網之魚都跳過, 因何撇下狀元郎?」

2) 行貨 : 貨物, 物品。≪水滸傳≫十六回 :「你這厮好大膽, 怎敢看俺的行貨!」(高文達 主編, ≪近代漢語詞典≫, 智識出版社 1992年, 頁287)

3) 涿州 : 今河北省涿縣。

4) 爲 : 因。≪水滸全傳≫十五回 :「他雖是個不通文墨的人, 爲見他與人結交眞有義氣, 是個好男子, 因此和他來往。」(許少峯 主編, 同前揭書, 頁1181)

5) 耽閣 : 滯延, 停留。同 "耽擱"。≪水滸全傳≫六一回 :「但有乾淨客店, 先做下飯等候, 車仗脚夫, 到來便吃, 省得耽閣了路程。」【老乞大集覽】≪音義≫云 : 遲滯之意, 謂耽悞, 廢閣之意。

6) 去的 : "的", 同 "得", 動詞詞尾, 表示完成。"去的"卽 "去得"。≪三戰呂布≫一折 :「爭奈俺手下兵微將寡, 怎生破的呂布?」(龍潛庵 編著, ≪宋元語言詞典≫, 上海辭書出版社, 1985年, 頁550)

7) 落後 : 遺留, 留下。元 · 王實甫 ≪西廂記≫四本二折【鬼三台】:「他道紅娘你且先行, 敎小姐權時落後。」(劉堅 江藍生 主編, ≪元語言詞典≫, 上海敎育出版社, 1998年, 頁180)

8) 坐的 : 坐着。亦作 "坐地"。≪玩江亭≫二折 :「呆漢㗏! 你尋一坨兒穩便處閑坐的。」【單子解】地, 土也。田地 · 土地 · 地方 · 地面。又指當處。土地之神亦曰土地。又語助, 坐地。又恁地. 猶言如此。

9) 者 : 表祈使語氣。又作 "着", "咱"等。關漢卿 ≪玉鏡台≫老夫人白 :「梅香, 綉房中叫小姐來拜哥哥者。」

10) 毛施 : 毛施布。苧麻布。又稱木絲布, 沒絲布, 訛而爲毛施布。

的行貨, 你是必[14]早來。

번역

漢商 : 난 이 물건들을 사서, 涿州로 팔러 갈 작정이었는데, 요 몇 칠 친척들을 초청하여 연회를 열고, 또한 병 때문에 지체되어, 가질 못하였는데, 난 오늘 가야겠습니다. 노형, 남으셔서 잘 쉬고 계십시오. 내 그곳에 가, 물건들을 팔고 곧 오겠습니다.

麗商 : 노형[15]은 잘 살펴 가시지요. 우린 인삼과 모시 그리고 삼베[16]를

---

11) 帖裏布 : 鐵勒, 麻鐵黎, 苧麻。

12) 不揀 : 無論, 不管。

13) 好歹 : 無論如何。≪京本通俗小說 · 錯斬崔寧≫ :「若是半路里追不着的時節, 直到他爹娘家中, 好歹追他轉來, 問個明白。」(龍潛庵 編著, 同前揭書, 頁 379)

14) 是必 : 務必。≪單刀會≫二【滾綉球】:「你是必卦口兒則休提着那荊州。」

15) '恁'은 '您'으로 쓰기도 한다. 2인칭 대명사로서 문맥에 따라 단수 또는 복수를 나타낸다. 당시 즉 老乞大時代에서 '您'字는 現代漢語에서와는 달리 존칭의 의미를 가지지 않는다(恁或作 "您"。你; 你們, 不含恭敬意味, 與今語 "您"用法有所不同). 原文의 '恁'은 2인칭 대명사로 대체적으로 複數의 의미를 가지는데, 呂叔湘은 ≪近代漢語指代詞≫ 一書에서 '恁(nín)'은 '你們'의 合音으로 金 · 元時代의 문헌에서는 '恁'이 '您'보다 흔히 쓰였다고 한다. 예를 들어 ≪董西廂≫에서는 '恁'이 17번이 쓰였고, '您'은 총 4번 쓰이고 있음을 볼 수 있다. '您(恁)'는 現代漢語에서처럼 尊稱의 의미는 없고, 그렇다고 '당신'이라고 하면 어감이 좀 겸손하지 않는 느낌을 주므로 이에 '노형'이라는 호칭을 써서 번역을 하였다.

16) 原文의 '帖裏布'는 삼베(大麻布)를 말하는 것으로 보인다. '帖裏布'에 대해서 陳高華는 元代 王貞의 ≪農書· 農器圖譜集(十二)≫을 인용하여 다음과 같이 설명하고 있다 :「≪農書· 農器圖譜集(十二)≫에는 詹云卿의 ≪造布之法≫를

팔고 있겠습니다. 며칠이든, 어찌되었던 오시기를 기다리겠습니다. 물건을 사서 가져가야할 것들에 대하여 상의를 드려야 하니, 꼭 서둘러서 일찍 오세요.

볼 수 있다. ≪造布之法≫에는 '毛施布法', '鐵勒布法', '麻鐵黎布法'의 기록을 볼 수 있다. … '鐵黎布'와 '帖裏布'는 音譯의 다른 이름이고, '麻鐵黎布'의 '麻'는 '麻(삼)'을 원료로 한 것이다. 詹云卿의 설명에 의하면, '毛施布'와 '麻鐵黎布'의 구분은 前者는 단색의 하얀 모시(白苧麻)를 쓴 것이고, 後者는 잡색의 老火麻를 쓴 것이다. 元代의 방직 원료로 쓰이는 麻 는 두 종류가 있는데, 하나는 苧麻이고 하나는 大麻이다. '火麻'는 '大麻'의 다른 이름이다. 즉 帖裏(鐵黎)布는 大麻로 만든 것이다. 苧麻로 만든 베는 부드럽고 질기고 또한 하얘서 일반 다른 천보다는 가격을 비싸다. (這部著名農學著作的 ≪農器圖譜集≫之二十 "麻苧門", 刊載了 "行台監察御史詹云卿 ≪造布之法≫", 其中有 "毛施布法", "鐵勒布法", "麻鐵黎布法"。… "鐵黎布"與 "帖裏布"應是同名異譯, 至于 "麻鐵黎布"的 "麻"是指該布用麻作原料。根据詹云卿的說法, "毛施布"和 "麻鐵黎布"的主要區別名, 前者用 "一色白苧麻", 而後者則用 "雜色老火麻"。元代作爲紡織原料的麻有兩種, 一種是苧麻, 一種是大麻。"火麻"則是大麻的別名。也就是說, 帖裏(鐵黎)布是用大麻制作的。苧麻績成的布, "柔韌潔白, 比之常布又價高一, 二倍") 原文 '帖裏布'에 대하여 鄭光 역주해제, ≪原本老乞大≫(김영사, 2004年)에서는 '삼베'로 번역이 되어 있고, 同書 43쪽 주 9번에서는 다음과 같이 설명하고 있다 : ≪'帖裏布'는 전술한 왕정(王禎)의 농서(農書)에는 '毛施布法' 다음에 '鐵勒布法'과 '麻鐵勒布法'이 있다. '帖裏(tieli)'란 '鐵勒'(tiele) 또는 '麻鐵黎'(matiele)를 말하는 것으로 보인다. 전자는 '雜色苧麻', 후자는 '雜色老火麻'를 재료로 한 것이고, 둘 다 모시(毛施)보다 약간 질이 떨어진 마포(麻布)인 것 같다. 그 어원은 중국어가 아닌 것으로 보이면 현재로는 분명하지 않다. ≪飜老≫에서는 모두 삭제되었고, 다만 第98話에서 '帖裏布' 대신에 '黃布'로 바꿨다.≫

第九十七話 商量人蔘價錢
(인삼 가격을 흥정하다)

店主人家引著幾箇鋪家[1]來, 商量[2]人蔘價錢。這蔘是好那歹[3]? 將些攁[4]蔘來我看。這蔘是新羅蔘有。也著[5]中。你說甚麽話? 這蔘絶[6]高有, 怎麽[7]做的[8]著中? 牙家道 : 索甚[9]恁兩家折辨[10]高低, 如今時價二十五兩一斤, 有甚麽商量? 你這蔘多少斤重? 俺這蔘一百一十斤。恁枰如何? 俺枰放[11]著印子裏[12], 誰敢使私稱? 這價錢一定也, 俺則要上等擇銀,

---

1) 鋪家 : 店家, 商店。李劼人 ≪天魔舞≫第十章 :「兩面應該拆御退讓人行道的鋪家, 大概爲了很多原因, 有的照規定尺寸退進去了。」

2) 商量 : 問價。買東西討價還價。

3) 歹 : 壞, 惡。

4) 攁 : 同"樣"。"樣", "式樣"。

5) 著 : 此作 動詞 "居于"之義。≪赤壁之戰≫ :「時東南風急, 蓋以十艦着前。」

6) 絶 : 極; 最。≪史記·伍子胥列傳≫ :「平王遂自娶秦女而絶愛幸之。」

7) 怎麽 : 爲甚麽。秦簡夫 ≪東堂老≫三折 :「他就是楊州奴? 怎麽做出這等的模樣?」

8) 做的 : 疑是 "做的個"。"做的個", 意爲 "弄得個, 落得個", 常指某種不如人意的壞結果。

9) 索甚 : 用不着; 無須。

10) 折辨 : 爭辯; 分辯。"辯"或作 "辨"。≪張天師≫三【石榴花】 揷白 :「荷花, 你可怎生不近前來折辯?」

11) 放着 : 明明存在, 現成有的。≪水滸傳≫四一回 :「黃文炳那賊也吃我殺得快活。放着我們有許多軍馬, 便造反怕怎地!」(龍潛庵 編著, ≪宋元語言詞典≫, 上海辭書出版社, 1985年, 頁581)

12) 裏 : 猶助詞 "呢"。

見鈔, 不賒[13]也。怎那般說? 鈔呵, 與你好鈔。買行貨的那裏[14]將便[15]與鈔裏? 湏(須)索[16]限[17]幾日。恁兩家休爭, 限十箇日頭還[18]足價錢[19]。這般者, 依著牙家話。這蔘稱了, 勾[20]得一百斤。恁說一百一十斤, 那一十斤却在那裏? 俺家裏稱了一百一十斤, 恁這枰大的上頭[21], 折[22]了十斤也。那裏[23]枰大? 這蔘恁稱時節[24]有些濕來, 如今乾了。爲[25]那上頭, 折了這十斤。這蔘做了五分[26]兒分了。一箇人二十斤家[27]。每一斤

---

13) 賒 : 欠賬。

14) 那裏 : 與現代漢語 "哪裏"同。有 "怎麼", "如何"之意, 但比之 "怎麽"語氣却强。元 · 石德玉 ≪秋胡戲妻≫第二折 :「多謝親家, 我那裏吃得這酒!」

15) 便 : 卽, 卽刻。

16) 須索 : 必須, 須要。

17) 限 : 期限。

18) 還 : 支付, 付給。≪水滸傳≫第九回 :「兩個公人那裏敢再開口, 吃了些酒肉, 收拾了行李, 還了酒錢, 出離了村店。」(高文達 主編, ≪近代漢語詞典≫, 知識出版社, 1992年, 頁315)

19) 足價錢 : 卽是 "足錢", 足數的錢。≪警世通言≫卷十二 :「就是飯, 也不過是粗糲之物, 又怕衆人搶奪, 交了足錢, 方纔取來與你充飢。」(高文達 主編, 同前揭書, 頁1025)

20) 勾 : "够"的簡字。"滿, 足", "到"等義。

21)上頭 : 表示原因。常同 "爲, 以"等介詞配合使用. 也說 "上"。【單子解】頭, 首也。東頭· 西頭, 동녁 근· 셧녁 근; 頭到, 나죵내; 到頭, 나죵애。通作投。又上頭, 천ᄎᆞ로。又頭盤, 첫 판; 頭館 첫 관; 頭鷄 첫ᄃᆞᆰ。

22) 折 : 缺, 短少。元· 缺名 ≪陣州糶米≫一折 :「我能可折升不折斗, 你怎也圖利不圖名。」

23) 那裏 : 同前注 14)

24) 時節 : 時光; 時候。

25) 爲 : 因。≪水滸全傳≫十五回 :「他雖是個不通文墨的人, 爲見他與人結交眞是義氣, 是個好男子, 因此和他來往。」

26) 分 : 份(兒)。

二十五兩, 二十斤該五百兩。是十定, 通[28]計五十定。

번역

가게주인이 몇 명의 장사치들을 데리고 와서, 인삼 가격을 흥정한다.

商人 : 이 인삼의 품질은 어떻습니까? 견본품을 꺼내 봅시다.

麗商 : 이 인삼은 신라 인삼이요.

商人 : 품질이 중 정도가 되겠군요.[29]

麗商 : 무슨 말씀을 하는 거요? 이 인삼은 최상품인데, 어째서 中品이라는말이요?

牙人 : 중개인이 말 한다 : 두 사람은 좋고 나쁨을 따질 필요가 없습니다, 오늘 시세는 25냥에 한 근인데, 가격을 따질 필요가 뭐가 있습니까?

商人 : 이 인삼은 얼마나 됩니까?

麗商 : 우리 이 인삼은 110근이요. 당신들의 저울들은 어떻소?

商人 : 우리 저울은 官印이 새겨져 있습니다, 누가 감히 관인도 없는 사사로운 저울을 쓴다는 말이요?

麗商 : 가격이 정해져 있느니, 우린 상등의 擇銀을 주시고, 현찰이

---

27) 家 : 或作 "價, 介, 假"。語助詞。用在數量詞後面, 表示數額。≪元典章 · 戶部下≫ :「在先一引鹽兩定家鈔買來。」(劉堅 江藍生主編, ≪元語言詞典≫, 上海敎育出版社, 1998年, 頁135)

28) 通 : 總共, 全部。

29) 原文의 '著中'에서의 '著'는 "着"字의 原體字로서 動詞 "居于"의 의미를 가진다. "…에 자리하다" "…에 위치하다"로 새길 수 있다. 그러므로 '著中'은 중간에 위치하다, 즉 "인삼의 품질이 중간에 속하다"라고 새길 수 있을 것이다.

고, 외상은 안합니다.

商人 : 어찌 그리 말씀하시오? 돈(지폐)은 깨끗한 돈(지폐)으로 주겠소. 물건을 사는 사람이 어디 바로 돈을 주는 법이 어디 있소? 며칠 기한을 주시오.

牙人 : 두 분은 다투지 마세요, 열흘 기한으로 약정한 금액을 지불하도록 합시다.

麗商 : 그렇다면, 중개인의 말을 따르기로 하지요.

商人 : 이 삼을 달아보니, 일백 근이 되는군요. 댁은 백열 근이라고 했는데, 그 열 근은 어디로 달아났소?

麗商 : 집에서 백열 근을 달았는데, 댁의 이 저울질이 좀 과했기 때문에[30], 열 근이 모자라는 것이요.

商人 : 어디 과하게 저울질을 했다는 말이요? 댁이 이 인삼을 달 때는 물기가 좀 있었는데, 지금은 물기가 말라 있소. 그러한 이유 때문에, 열 근이 모자란 것이요.

牙人 : 이 인삼을 다섯 몫으로 나누었습니다. 한 사람이 이십 근입니다. 한 근당 25兩이니, 20근이면 5백 兩입니다. 5백 兩은 10定이니, 총 50定이 되겠군요.

30) 여기서의 "這"는 指示詞가 아닌 語氣를 조절하는 "襯字"로 볼 수도 있을 것이다. "稱"이나 "秤"은 "달다"의 의미를 가지는 動詞이고, "大"는 動詞 뒤에서 동작의 결과를 나타내는 結果補語로 보고, 이에 해석을 하였다. 바로 다음 구절에 볼 수 있는 "那裏秤大"가 좋은 例가 될 것이다.

第九十八話 買毛施帖裏布的客人來
(모시와 삼베를 사는 상인을 데리고 오다)

更[1]店主人家引將幾箇買毛施, 帖裏布的客人[2]來。恁這毛施布, 十一綜[3]的價錢, 九綜的價錢, 索[4]多少? 十一綜的是上等好布, 三定半, 沒商量。九綜的是中等的, 兩定半。這帖裏布, 好的多少價錢, 低的多少價錢賣? 帖裏布這一等好的兩定, 這一等較低的六十兩。恁休胡索價錢, 這布如今見有行市[5]。俺買呵, 買一兩箇, 自穿的不是, 一發[6]買將去要覓些利錢。俺依著如今價錢, 一句兒[7]還[8]恁。這毛施布高的三錠,

---

1) 更 : 還; 再。≪七國春秋≫卷下 :「孫子曰 : 來救五更有誰? 角曰 : 無人。吾只獨自撞陣入來探信。」

2) 客人 : 行販, 往返販貨的人。≪水滸全傳≫十六回 :「怎知客人爲些微名薄利, 又無枷鎖拘縛, 三伏內, 只得在那途路中行。」

3) 綜 : 織機上使經線上下交錯以便梭子通過的裝置. 漢·劉向 ≪烈女傳·魯季敬姜≫ :「推而往, 引而來者, 綜也。」晋·傅玄 ≪馬鈞傳≫ :「舊綾機五十綜者五十躡, 六十綜者六十躡, 先生患其喪功費日, 乃皆易以十二躡。」

4) 索 : 討, 要。馬致遠 ≪漢宮秋≫一折 :「不想使臣毛延壽問妾身索要金銀, 不曾與他, 將妾影圖點破, 不曾得見君王。」(許少峯 主編, ≪近代漢語詞典≫, 團結出版社, 1997年, 頁1083)

5) 行市 : 行情。市面上通行的價錢。≪紅樓夢≫六一回 :「只知鷄蛋是平常物件, 那裏知道外頭賣買的行市呢?」(許少峯 主編, 同前揭書, 頁450)

6) 一發 : 一同; 一并。

7) 一句兒 : 不詳。疑爲 "一拘"。一拘 : 全部, 統統。猶一股腦兒。≪玉嬌梨≫第二十回 :「(白公)又另叫一個家人途他們房中去取, 那一家人隨卽到門房中將許多門簿俱一拘拿了來。」(許少峯 編, ≪近代漢語詞典≫, 中華書局, 2008年, 頁2199)

8) 還 : 付, 償還。

低的兩錠。這帖裏布高的七十兩, 低的一錠。俺不賒[9]恁的, 一撿兒[10]與好鈔。牙家道 : 他每還的價錢是著實的價錢。恁客人每直[11]東新來, 不理會得直實價錢。恁休疑惑, 成交了者。那般者, 價錢呵依著恁。依[12]的俺時成交, 依不得時, 俺不賣。鈔呵, 擇鈔[13], 爛鈔[14]都不要。你則[15]要一等[16]料鈔[17]時, 每兩官除工墨[18]三分, 私下五分家[19]出工墨也, 倒[20]不出料鈔

9) 賒 : 欠賬。

10) 一撿兒 : 不詳。疑爲 "一脚"。一脚, 猶云一旦, 一下子。亦作 "一脚的" "一覺的" "一覺裏" "一覺地"。音近義幷同。按, 脚, 覺同音通用。的, 地, 裏爲語尾助詞, 無義。≪水滸傳≫第二十四回 :「一脚歇了担子, 他便取了帘子, 關上大門, 却來家裏坐地。」(王學奇 王靜竹 撰著, ≪宋金元明淸曲辭通釋≫, 語文出版社, 2002年, 頁1286)

11) 直 : 用在方位詞前, 起指示方位作用。≪射柳捶丸≫一【混江龍】白 :「爲因直北雁門關外, 有一人仍是耶律萬戶。」(劉堅 江藍生主編, ≪元語言詞典≫, 上海敎育出版社, 1998年, 頁430)

12) 依 : 聽從, 遵。元 · 蕭德祥 ≪殺狗勸夫≫楔子 :「哥說的是, 我只依你便了。」

13) 擇鈔 : 如 "料鈔"次一等級, 比之 "昏鈔"上一等級之鈔幣謂之 "擇鈔"。

14) 爛鈔 : 張帆 ≪元典章≫札記 :「《元典章》合, … 如字迹模糊, 稱爲昏鈔, 邊角毁缺, 稱爲爛鈔, 兩者亦統稱昏鈔。」

15) 則 : 只。關漢卿 ≪救風塵≫二周舍白 :「我到房裏, 只見被子到高似床。…則聽的被子裏答應道 : "周舍, 我在被子裏面裏。"」

16) 一等 : 第一等。卽 "一等級"。

17) 料鈔 : 元初發行的紙幣, 以絲料合價標準, 故稱。後泛稱紙幣。≪元典章 · 鈔法 · 昏鈔≫ :「諸行用庫, 凡遇人以昏鈔易換料鈔, 皆須庫官監視。」

18) 工墨 : 印制工本。≪元史 · 食貨志一≫ :「凡鈔之昏爛者, 至元二年, 委官就交鈔庫, 以新鈔倒換, 除工墨三十文。三年減爲二十文。」

19) 家 : 或作 "價, 介, 假"。語助詞。用在數量詞後面, 表示數額。≪元典章 · 戶部下≫ :「在先一引鹽兩定家鈔買來。」(劉堅 江藍生 主編, 同前揭書, 頁135)

20) 倒 : 換轉, 倒換, 更換。鄭廷玉 ≪金鳳釵≫四折 :「兀那銀匠, 我有些東西, 倒些錢使。」(高文達 主編, ≪近代漢語詞典≫, 知識出版社, 1992年, 頁141)

來。似恁這般都要料鈔時, 虧著俺。待虧恁多少? 肯時成交, 不肯時, 恁別處買去。那般者, 與恁料鈔買。

번역

가게 주인이 또 몇 명의 모시와 삼베를 사는 상인[21]을 데리고 왔다.

商人 : 당신의 이 모시 가운데, 11세(綜)[22]의 것과 9세(綜)의 값은 얼마요?

麗商 : 11세(綜) 上等의 좋은 모시는, 가격이 3定半으로, 에누리는 없습니다. 9세(綜)짜리는 중질의 것으로, 2定 半입니다.

商人 : 이 삼베, 좋은 것은 얼마이고, 품질이 좀 떨어지는 것은 얼마에 팝니까?

麗商 : 이와 같이 질이 좋은 삼베는 2定이고, 이런 좀 낮은 것은 60兩입니다.

商人 : 터무니없는 가격을 달라고 하지 마세요, 이러한 천은 오늘의 시세가 다 있는 법입니다. 내가 사는 것은, 한두 필을 사서, 혼자 옷을 해 입으려는 것은 아니고, 모두 사가지고 이문을 남기자는 것입니다. 난 오늘 시세대로라면, 두 마디도 않고 살 것입니다.[23] 이 모시는 좋은 것은 3定이고, 낮은 것

---

21) 原文의 '客人'은 길을 가는 나그네를 뜻하기도 하지만, 장사하는 사람의 뜻으로도 쓰인다.

22) 原文의 '종'은 피륙을 짜는 데 가로 줄을 만들어주는 제구의 한 가지이다. 여기서는 베의 촘촘한 정도를 나타내는 단위로 쓰고 있다.

23) 原文 '俺依著如今價錢, 一句兒還恁' 一句에 대해 改修本인 ≪老乞大≫나 ≪老乞大新釋≫本에서는 '一句兒'는 삭제되어 「我依着如今的價錢還你」, 「我依着

은 2定입니다. 이 삼배는 좋은 것은 70兩이고, 좀 떨어지는 것은 1定을 쳐드리겠습니다. 난 외상은 하지 않고, 모두[24] 좋은 돈으로 드리겠습니다.

牙人 : 중개인이 말 한다 : 저 분이 내겠다는 가격이 정당한 가격입니다. 손님들께서는 直東에서 막 오셔서, 정확한 가격을 모르고 계십니다. 의심하지 마시고, 거래를 하세요.

麗商 : 그렇다면, 값은 당신들의 말대로 합시다. 다만 내 말을 따라주신다면 거래를 할 것이고, 따라주지 않는다면, 난 팔지 않겠습니다. 돈(지폐)은 말입니다, 擇鈔[25]와 爛鈔는 모두 다 거절하겠습니다.

如今現有的價錢還你」로 개수되어 있음을 볼 수 있다. 앞의 주7)번에서처럼, '一句兒'는 '一拘'의 의미로, '句'나 '拘'는 소리가 같아, 通假의 현상으로 보았다.

24) 原文 '一撿兒'은 未詳이다. 앞뒤의 문맥으로 보아 '모두', '단번에'의 의미를 가진다고 보았다. 改修本인 ≪老乞大≫나 ≪老乞大新釋≫本은 '一撿兒' 대신에 모두 '一頓兒'으로 改修되어 있음을 볼 수 있다. '一頓'은 '罵了一頓(욕을 한바탕 했다)에서처럼 '數量'을 나타내거나, '一起', '一下子'의 의미로도 쓰이는 詞語이다. 앞의 주10)번에서의 설명에서처럼, '撿'의 소리는 '覺' 소리와 가깝다. 이에 '音近義幷同', 즉 通假字 의 원리에 따라 '一撿兒'은 '모두', '단숨에'의 의미로 번역을 하였다.

25) 原文 '擇鈔'는 '料鈔'보다 상태가 나쁘고, '昏鈔'보다는 보존상태가 좋은 지폐를 말함이다. 元代에서 사용되고 있는 지폐는 사용 상태에 따라 '料鈔', '擇鈔', '昏鈔', '爛鈔' 등으로 구분하여 부르고, 글자가 흐릿한 '昏鈔'나 귀퉁이 등이 없어진 '爛鈔' 등은 주무관청에서 신권으로 교환을 해주었는데(張帆 ≪元典章≫ 札記 :「查 ≪永樂大典≫卷2611引 ≪南台備要 · 整治鈔法≫條 : 至正十一年御史台咨文, 各處百姓至鈔庫倒換昏鈔, 庫官往往多方刁難, "妄分料鈔, 擇鈔, 市鈔等第, 多取工墨"」), '工墨(앞주 18번 참조)'이라는 명분을 내세워 3%에서 5%까지 교환수수료를 지불해야 했다(第98話 原文 참조).

商人 : 오로지 일등급의 料鈔[26]만을 달라고 하시면, (料鈔로 교환하려면)1兩마다 3分(0.3%)의 교환 수수료를 관아에 내야하고, 개인적으로 거래는 5分(0.5%)을 주어도, 料鈔로 바꿀 수 없습니다. 손님과 같이 料鈔만을 달라고 하시면, 난 손해가 납니다.

麗商 : 손해를 보면 얼마나 보겠소? 원하면 거래를 할 것이고, 원치 않으면, 다른 곳에서 사시오.

商人 : 그러하다면, 좋은 돈(料鈔)을 드리겠소.

---

26) 原文 '料鈔'에 대해서 張帆의 ≪元典章≫ 札記에 다음과 같은 설명을 볼 수 있다 : ≪鄭介夫의 ≪太平策≫를 인용한 ≪元代奏議集錄≫에는 다음과 같은 기록을 볼 수 있다. "貫伯(발행관청 및 액면가 등이 인쇄되어 있는 부분을 말함)이 분명하고, 귀퉁이가 떨어져나간 부분이 없다면, 京都이하에서는 '料鈔'라고 한다. 이것으로 보아 '料鈔'는 반드시 새로 찍어낸 것을 말하는 것은 아니고, 지폐의 표면과 글자가 선명하고 깨끗하면, '料鈔'라고 불렀다(≪元代奏議集錄≫所引 ≪太平策≫, 有云 : "貫佰分明, 沿角無缺, 京都之下, 謂之料鈔。"据此, 料鈔幷不一定是新印之鈔, 只要票面完好, 字迹清晰, 卽可稱爲料鈔).≫'貫伯'에 대해서는 鄭光 역주해제, ≪原本老乞大≫(김영사, 2004年, 202쪽, 注 3번)에 상세한 설명을 볼 수 있다. ≪元代의 지폐는 上下 두 개의 난으로 나누어 위쪽은 '이관문성(貳貫文省)' 등의 액면 가격이 표시되었고, 그 아래에는 액면가에 해당하는 엽전 다발을 그렸다. 아래 난에는 僞造者에 대한 처벌 규정이나 발행 관아의 이름이 인쇄되었다. 한편 ≪元典章≫ …에는 "貳貫文省 등의 문자와 貫伯이 보이면 '鈔張의 下截(지폐의 下欄)'이 파손되어도 새 돈과 교환할 수 있다"는 기사가 있다. 이에 의하면 '貫伯'이란 아래 난에 그려진 엽전 그림을 가리키는 것임을 알 수 있다. '貫'은 엽전 천(千) 장을 끈으로 꿴 모습이고. '伯'은 '百'과 통하여 엽전 백장이 원래 뜻이다.≫

第九十九話 恁這布裏頭長短不等
(이 옷감들 길이가 똑 같지 않습니다)

恁這[1]布裏頭長短不等, 有勾五十尺的, 有麽[2]則到四十尺的, 更[3]有四十八尺, 長短不等呵? 是地頭[4]織來的, 俺又不曾打了稍子[5], 兩頭放[6]者印記[7]裏。似這一箇布, 經緯都一般[8]。便是魚子兒[9]也似[10]勻淨[11]好有。似這一等, 經緯不等, 織的又鬆, 哏不好有。買的人多少[12]褒彈[13], 急且[14]難著[15]主兒。似這

1) 這 : 這些。

2) 麽 : 助詞。用在句中停頓處, 喚起人對于下文的注意。

3) 更 : 又。關漢卿 ≪謝天香≫四【哨篇】:「又無箇交錯觥籌, 更無箇賓客閑游飮杯酒。」

4) 地頭 : 應是 "當地, 就地"之意。

5) 稍子 : 此作衣料之末端處。凡指事物之末端爲 "稍"。

6) 放 : 有; 具有。關漢卿 ≪望江亭≫一折 :「放著你這一表人物, 怕沒有中意的丈夫嫁一個去?」

7) 印記 : 公章; 圖章。≪宋史·輿服志六≫ :「請令有司製州縣官合用印記, 舊印非所當用者, 毁之。」

8) 一般 : 同樣, 相等。

9) 魚子 : 魚卵。清·葆光子 ≪物妖志·鱗·白魚≫ :「以刀剖之, 悉是魚子。」(≪漢語大詞典≫, 漢語大詞典出版社, 1991年)

10) 也似 : 表示比喩的詞 相當于, "一般", "一樣"。≪前漢書≫卷上 :「忽見東南上一陣軍馬, 約到三千餘騎, 如勝也似來。」

11) 勻淨 : 均勻平整; 均勻平靜。(≪漢語大詞典≫, 漢語大詞典出版社, 1991年)

12) 多少 : 偏義復詞。許多, 好多。元 · 缺名 ≪碧桃花≫二折 :「休道是我慣做媒, 我說的這事和諧費了多少元陽氣, 則索先報與夫人相公喜。」(許少峯 主編, ≪近代漢語詞典≫, 團結出版社, 1997年, 頁315)

13) 褒彈 : 又作 "包彈"。批評; 指責。

等布寬呵[16]好, 這幾箇布哏窄有。窄呵[17]偏[18]爭[19]甚麼? 也一般賣了。恁怎說那等言語? 寬呵, 做衣裳有餘剩, 又容易賣。窄呵做衣裳不勾, 不爭[20]少些箇[21], 又索[22]這一等的布零截, 又使五兩鈔。爲[23]這上[24], 買的人少, 怎做[25]? 爭甚麼有? 買也

14) 急且 : 應是'急切'。一時間, 倉促。元 · 金仁杰 ≪追韓信≫一折 : 「時遇着山梁雌雉, 急切釣不的滄海鯨鰲。」(許少峯 主編, 同上揭書, 頁522)

15) 著 : 同'着'。遇到。關漢卿 ≪謝天香≫三【尾聲】: 「我正是閃了他悶棍着他棒, 我正是出了箔籃入了筐。」(藍立蓂 編著, ≪關漢卿戲曲詞典≫, 四川人民出版社, 1993年, 頁384)

16) 呵 : 用在句中, 表示停頓。≪三奪槊≫四【倘秀才】: 「我呵, 圪搭地勒住征 "馬+宛", 立在這邊。」

17) 呵 : 用在條件復句的前一分句末尾, 表示假設。≪拜月亭≫二白 : 「但較些呵, 郎中行別有酬勞。」

18) 偏 : 此作 "又"。≪樂府群珠≫卷四 玄虛子小令【普天樂 · 題情】: 「情懂的不知心, 精細的偏薄倖。」此 "偏"字, 可解作 "又"字, 亦可解作 "卻"字; "偏薄倖", 謂又薄情或卻薄情也。(顧學頡 王學奇, ≪元曲釋詞≫卷三, 中國社會科學出版社, 1988年, 頁39)

19) 爭 : 競爭, 爭奪, 互不相讓。吵鬧。

20) 不爭 : 只爲, 只因, 因爲。≪漢宮秋≫四折 : 「雁叫科 : 不爭你打盤旋, 這搭裏同聲相應, 可不差訛了四時節令。」(龍潛庵 編著, ≪宋元語言詞典≫, 上海辭書出版社, 1985年, 頁130)

21) 些箇 ; (一)少許, 一點點。(二)表示略微, 稍稍。

22) 索 : 需要。≪水滸傳≫七二回 : 「李逵道 : 不索軍師憂心, 我這一遭幷不惹事。」

23) 爲 : 介詞。與 "因"意同。≪水滸全傳≫十五回 : 「他雖是個不通文墨的人, 爲見他與人結交眞是義氣, 是個好男子, 因此和他來往。」

24) 上 : 原因, 方面。也作 "上頭"。或作 "上起"。徐本 ≪陳摶高臥≫四(步步高) : 「命不快上遭逢着這火醉婆娘, 干誤了我晚夕參聖一爐香, 半夜裏觀乾象。」(劉堅 江藍生 主編, ≪元語言詞典≫, 上海教育出版社, 1998年, 頁278) 又元 · 無名氏 ≪小孫屠≫戲文第九出 : 「後來因此閑言語上, 不曾踏上它門。」≪水滸傳≫第四回 : 「洒家不瞞你說, 因爲你上, 就那日回到壯元橋下, 正遇着鄭屠那廝, 被洒家三拳打死了。」(高文達 主編, ≪近代漢語詞典≫, 知識出版社,

買了也[26]。索甚麽[27]閑[28]厮誕[29]? 筭了價錢檢與他[30]鈔。

번역

商人 : 이 옷감들 길이가 똑 같지 않습니다. 50자(尺)가 넘는 것도 있고, 겨우 40자(尺)가 되는 것도 있고, 또 48자(尺)짜리도 있고, 길이가 똑 같지 않습니다.

麗商 : (고려)현지에서 짜온 그대로 이고, 내가 끝을 잘라 먹지도 않았고, 양쪽 끝에 관인이 찍혀 있습니다.

商人 : 이와 같은 베는 씨실과 날실의 굵기가 똑같습니다. 생선 알(魚卵)처럼 촘촘하고 균일하게 잘 짜여 있습니다. 이런 종류의 베는, 씨실과 날실의 굵기가 균일하지 않고, 헐겁게 짜여져,

---

1992年, 頁687) 又元 · 朱凱 ≪昊天塔≫一折 :「他將我這尸骸恁般摩弄, 因此上向兒行一星星悲控。」(許少峯 主編, 同前揭書, 頁990)

25) 做 : 幹, 經營。元·缺名 ≪凍蘇秦≫一折 :「待要去做庄農, 又怕誤了九經; 做經商又沒個本領。」

26) 了也 : 時態助詞'了'。又作 "了來"。脈古 ≪竇娥寃≫四 竇天章 白 :「我剔的這燈明了也, 再看幾種文卷。」(藍立蓂 編著, ≪關漢卿戲曲詞典≫, 四川人民出版社, 1993年, 頁157)

27) 索甚麽 : 用不着; 無須。索, 又作 "色"。色甚麽, 就是 "索甚麽" "索甚"。≪三奪槊≫一【醉扶歸】:「索甚麽把自己千般獎, 齊王呵, 不如交別人道一聲强。」又, 張可久【柳營曲】≪酒邊有訴秀才負心爲作問答≫ :「便金榜上標了賤名, 絲鞭下就了新婚, 色甚麽哏, 包也還做二夫人。」

28) 閑 ; 同 "閒"字。隨意; 無用的。也作 副詞 "空"。

29) 厮誕 : 厮, 互相。誕, 荒唐的; 不實在的; 不合情理的。例 :「虛誕/荒誕/怪誕」按, 厮誕 : 閑談無用之話。

30) 與他 : 嚫字。無義。關漢卿 ≪單刀會≫二【叨叨令】:「他惡暗暗掀起征袍袖, 不鄧惱犯難收救。您索與他死去也末哥, 您索與他死去也末哥, 那一柄靑龍刀落處都多透。」

참으로 좋지가 않습니다.

麗商 : 사는 사람은 불평이 많은 법이라, 단숨에 임자 찾기가 어려운 것이지요.

商人 : 이런 베처럼 넓어야 좋고, 이 몇 몇의 천은 무척이나 좁군요.

麗商 : (천이)좁다고 뭘 또 따지시오? (다른 베와) 똑같이 팔면 되지요.

商人 : 당신은 어떻게 그런 말씀을 하시오? 넓으면 옷을 만드는데 남음이 있어, 잘 팔릴 것입니다. 좁으면 옷을 만드는데 부족할 것입니다. 조금 모자라기 때문에, 또 똑같은 옷감으로 나머지가 필요한 법이고, 그러면 또 다섯 냥을 써야 합니다. 이러한 이유 때문에 사는 사람이 적은데, 어찌 장사를 하겠소?

麗商 : 뭘 그리 따지고 언성을 높이시오? 사시려면 사시고, 그리 쓸데없는 말을 하시오? 계산을 하고 돈이나 잘 살펴봅시다.

第一百話 該多少
(얼마면 되겠습니까?)

你是牙家, 你筭了者, 該多少? 上等毛施布一百疋, 每疋兩定半, 該二百五十定。低的三十匹[1], 每疋兩定, 計六十定。都與料鈔是。委實[2]沒若干[3]料鈔, 敢則[4]到的三百定料鈔, 那零[5]一十定與恁上等擇鈔如何? 客人覰, 偌多[6]交易, 索甚麼[7]爭[8]這些箇料鈔, 好擇鈔也與料鈔一般使有。那般者, 依著恁。將好擇鈔來。這鈔都撿[9]了也, 俺數將[10]布去。

---

1) 匹 : 同"疋"。計算綢布等織物的長度單位。古代布帛廣二尺二寸爲幅, 長四丈爲匹。

2) 委實 : 確實, 的確。

3) 若干 : 約計詞。那麽些。≪水滸全傳≫四六回 :「放着包裹裏有若干釵釧首飾, 兄弟又有些銀兩, 再有三五個人, 也勾用了。」(許少峯 主編, ≪近代漢語詞典≫, 團結出版社, 1997年, 頁964)

4) 敢則 : 敢則是. 猶云大概是也; 又猶云決定是也; 正是也. 亦作敢只是. …亦有作敢則者. ≪爭報恩≫劇一 :「做甚賣買度的昏期, 敢則是靠些賭官博。」均爲猜度之辭, 亦猶云大概是。(張相, ≪詩詞曲語辭匯釋≫, 中華書局, 1991年 頁548)

5) 零 : 零頭, 餘數。

6) 偌多 : 這麽多, 如此之多。

7) 索甚麽 : 用不着; 無須。索, 又作"色"。色甚麽, 就是"索甚麽""索甚"。≪三奪槊≫一【醉扶歸】:「索甚麽把自己千般獎, 齊王呵, 不如交別人道一聲强。」又, 張可久【柳營曲】≪酒邊有訴秀才負心爲作問答≫ :「便金榜上標了賤名, 絲鞭下就了新婚, 色甚麽哏, 包也還做二夫人。」

8) 爭 : 競爭, 爭奪, 互不相讓。

9) 撿 : 清理; 察看。

10) 將 : 語義虛化, 置於單音節動詞之後, 構成該詞的雙音節形式, 表示動作的繼

번역

麗商 : 당신이 중개인이니, 계산해 보시지요, 얼마면 되겠습니까?

牙人 : 상등(上等)의 모시가 100필이니까, 필 당 2定半이니, 합쳐서 250定이고요. 품질이 좀 낮은 이것은 총 30필이니, 필 당 2定이므로 총 60定이 되겠습니다.

麗商 : 모두 料鈔로 주세요.

商人 : 사실 그 만큼의 料鈔은 없고, 아마 料鈔로 300定 정도가 될 것입니다, 나머지 10정은 上等의 擇鈔로 드리면 어떻겠습니까?

牙人 : 손님들 보세요, 이렇게 많은 거래에, 이런 料鈔를 가지고 다툴 필요까지는 없습니다, 상태가 좋은 擇鈔도 料鈔와 똑 같이 쓸 수가 있습니다.

麗商 : 그러하다면, 중개인의 말을 따르겠습니다. 상태가 좋은 擇鈔를 주세요.

商人 : 돈을 검수했으니, 우리 베의 숫자를 맞추러 갑시다.

續或完成。如 : 般將(搬運), 唱將(演唱), 持將(持), 取將(收取) 等。

第一百一話 這鈔裏頭眞假俺高麗人不識有
(이 돈의 진위를 고려 사람은 알 수가 없습니다)

你且住者。這鈔裏頭眞假俺高麗人不識有，恁都使[1]了記號[2]印兒[3]者。牙家眼同[4]看了者，後頭使不得[5]時，俺則問[6]牙家熯。却不[7] "當面 撿點[8]見數，出門不管[9]退熯"也? 怎道? 恁這等慣[10]做買賣的人，俺一等不慣的人根低[21]多有過瞞

1) 使 : 做; 行。關漢卿 ≪玉鏡臺≫二【賀新郎】:「到這裏惜甚廉恥, 敢傾人命, 休, 休, 做一頭海來深不本分, 使一場天來大昧前程!」(藍立蓂 編著, ≪關漢卿戲曲詞典≫, 四川人民出版社, 1993年, 頁252)

2) 記號 : 爲引起注意, 幇助識別, 記憶而做的標記。關漢卿 ≪緋衣夢≫二折 :「風箏兒記號, 依然有, 俺兩箇相約在梧桐樹邊頭。」

3) 印兒 : 證明, 認證。

4) 眼同 : 幾方面的人一起過目; 親身到場監督或參與。≪元典章 · 刑部五≫ :「對衆眼同自上至下, 一一分明仔細檢驗。」(劉堅 江藍生 主編, ≪元語言詞典≫, 上海教育出版社, 1998年, 頁376)

5) 使不得 : 無須, 用不上。又作 "使不着", "使不的"。關漢卿 ≪單刀會≫ :「一句話不相饒, 使不的武官粗憹文官狡。」(藍立蓂 編著, 同前揭書, 頁252)

6) 問 : 介詞, 向。≪元典章 · 刑部三≫ :「因弟李辛六問夢龍取索舊欠鈔二兩, 無錢歸還, 將夢龍毀罵。」(劉堅 江藍生 主編, 同前揭書, 頁335)

7) 却不 : 應是 "却不道"。即 "豈不知"也。在它後面常引用一兩句成語或熟語, 成爲一定的形式。

8) 撿點 : 查點 查看。

9) 不管 : 不可, 不許。≪劉知遠諸宮調≫卷十二 :「有一事最大, 救取夫人, 不管分毫有損。」又「只管擒賊不管敗。」(高文達 主編, ≪近代漢語詞典≫, 知識出版社, 1992年, 頁47)

10) 慣 : 熟練, 擅長。關漢卿 ≪謝天香≫一折 :「能吹彈, 好比人每日常看伺, 慣歌謳, 好比人每日常差使。」(許少峯 主編, ≪近代漢語詞典≫, 團結出版社, 1997年, 頁426)

有。恁使著記號者，大家把穩[12]。這五十鈔做一束，兀的是九束。那幾箇客人將布子去了，咱每人蔘價錢也都收拾[13]了，行貨都發落[14]了[15]也。

번역

麗商 : 잠깐만 멈춰주세요. 이 紙幣의 진위 여부를 우리 고려 사람은 알 수가 없습니다, 紙幣에 표식을 하여 인증을 해주십시오. 중개인께서도 살펴봐 주시기 바랍니다, 나중에 쓰질 못한다면, 중개인에게 바꿔달라고 하겠습니다.

牙人 : '눈앞에서 숫자를 확인하고, 문밖을 나서면 물릴 수 없다'는 이치를 어찌 모른다는 말입니까?

麗商 : 어찌 하겠습니까? 여러분들과 같은 장사에 익숙한 사람들은, 우리와 같은 장사에 서툰 사람들에게 속임 수를 쓰는 경우가 많아서 그렇습니다. 표시를 해주셔야 모두가 안심이 되지요. 50鈔가 한 묶음이니, 아홉 다발이나 되는군요. 장사꾼들이 베를 가지러 갔고, 우리는 인삼 값도 다 받고, 물건도 처분이 끝났습니다.

---

11) 根底 : 猶"根前"。根通"跟"。

12) 把穩 : 穩當; 可靠。≪警世通言≫ :「但當堂拈鬮怎麽這等把穩。」

13) 收拾 : 此作"收"。關漢卿 ≪切鱠旦≫二【紅綉鞋】:「把似你守着一家一計，誰着你修習下兩婦三妻?」

14) 發落 : 處置，辨理。

15) 了 : 完了，完畢。

第一百二話 宜假不宜眞
(가짜를 좋아하고 진짜를 볼 줄 모른다)

咱每買些甚麽行貨廻去時好! 量[1]其間, 涿州買賣去來的伴當到來相見。好麽? 好麽? 買賣稱意麽? 托著哥哥每福陰裏也有些利錢。你的行貨都賣了那不曾[2]? 俺行貨都賣了也, 正待買廻去的行貨, 尋思[3]不定, 恰好你來到。你待買甚麽行貨? 俺知他[4]甚麽中[5]將去? 大哥, 你與俺排布[6]者。我曾打聽得高麗田地裏賣的行貨, 十分好的倒賣[7]不得, 則

1) 量 : 用於句首, 强調限於某種情況。≪謝天香≫二【賀新郞】:「量妾身則是開封府階下承應輩, 怎做的柳耆卿心上謝天香。」(藍立蓂 編著, ≪關漢卿戲曲詞典≫ 四川人民出版社, 1993年, 頁162)

2) 不曾 : 與現代漢語 "沒有"同。放在句末構成是非疑問句。太田辰夫 著 蔣紹愚, 徐昌華譯 ≪中國語歷史文法≫ :「"沒有"用作准句末助詞以前, 用的是 "不曾"。例如 : "那寄書的人去了不曾?" (救風塵2) "沒有"也用于完成或過去的場合。這種用法出現于明代。例如 : "你灌了他些姜湯兒沒有? (金19)」(北京大學出版社, 1987年, 頁363)

3) 尋思 : 考慮, 思索。≪古今小說≫三四卷 :「李元尋思間, 一老人策杖而來。」

4) 知他 : 略同現代漢語的反語詞 "管他", "不是～嗎元", "怎麽能～呢"之意。王伯成 ≪天寶遺事≫ 祿山謀反(三煞) :「 動無喘息行無汗, 坐也昏沉睡不安, 兩行淚道漬成斑. 每日家做伴的胡友胡兒, 胡舞胡歌, 胡吹胡彈, 知他是甚風範?」(拙稿, <老乞大語彙考>, 中國語文論叢, 第39輯)

5) 中 : 適于; 合于。徐本 ≪任風子≫三【普天樂】:「這的中做布碾, 好做鋪持。」

6) 排布 : 擺布; 處置。淸·李百川 ≪綠野仙踪≫四七回 :「敎何公子今晚得一暴疾, 明早就死在鄭三家裏, 看他們如何排布?」(吳士勛 王東明 主編, ≪宋元明淸百部小說詞語大辭典≫, 陝西敎育出版社, 1992年, 頁720)

7) 倒賣 : 轉買, 販賣。元·缺名 ≪獨角牛≫二折 :「虎口裏截臂骨, 扛紐羊頭帶蹄兒, 倒賣十五貫。」(許少峯 主編, ≪近代漢語詞典≫, 團結出版社, 1997年, 頁

宜[8]豹子[9]行貨倒[10]著主兒快。可知[11], 哥哥你說的哏是有, 俺那裏好的歹的不識, 則揀[12]賤的買。正是 "宜假不宜眞"。

번역

麗商 : 우린 어떤 물건들을 사가지고 가야 좋은지를 잘 모르겠습니다!

(상의를 하는 사이에, 涿州로 장사를 하러갔던 이가 돌아와 만났다)

麗商 : 편안하셨습니까? 장사는 생각하신대로 잘 되었습니까?

漢商 : 노형들의 덕택으로 이익을 좀 보았습니다. 노형들의 물건들은 파셨습니까?

麗商 : 우리의 물건은 다 팔고, 지금 막 돌아갈 때 가져갈 물건들을 사려는 중이고, 어떤 물건을 사야할지 정하지 못했는데, 때마침 오셨습니다.

漢商 : 어떤 물건들을 사시겠습니까?

麗商 : 우리가 가지고 가야할 적당한 물건이 어떠한 것인지 우리가 어찌 알겠습니까? 노형께서 우리에게 안배를 좀 해주세요.

---

253)

8) 宜 : 適合, 適合于。

9) 豹子 : 假的。≪學案齊眉≫一【勝葫蘆】: 「兀的是豹子峨冠士大夫, 何必更稱譽。」(卜鍵 主編, ≪元曲百科大辭典≫, 學苑出版社, 1991年, 頁8)

10) 倒 : 此作 "反而"。

11) 可知 : 此解 "當然"。≪竇兒寃≫二折【隔尾】: 「(張驢兒云)你可怕麼? (卜兒云)可知怕裏。」(卜鍵 主編, 同前揭書, 頁82)

12) 揀 : 挑選, 選擇。

漢商 : 내가 듣기로는 고려 땅에서 팔리는 물건들은, 엄청 좋은 물건은 팔리지가 않고, 품질이 낮은 물건들이 오히려 잘 팔려서 적당하다고 합니다.

麗商 : 물론입니다, 형님의 말씀이 매우 맞습니다, 우리 그곳은 좋은 물건과 나쁜 물건을 볼줄을 몰라서, 그저 싼 것만을 골라 삽니다. '宜假不宜眞(가짜를 좋아하고 진짜를 볼 줄 모른다)' 이란 말이 딱 들어맞는 것 같습니다.

第一百三話 我引著恁買些零碎行貨
(돌아가서 팔 잡화들을 사러갈까 합니다)

我引著恁買些零碎行貨[1]。紅纓[2]一百顆[3], 燒珠兒[4]五百串[5], 瑪瑙珠兒一百串, 琥珀珠兒一百串, 玉珠兒一百串, 香串珠兒一百串, 水精[6]珠兒一百串, 珊瑚珠兒一百串。大針一百裹, 小針一百裹, 青頂牌兒[7]一百副, 鑷兒[8]一百箇, 蘇木[9]一百

1) 行貨 : 貨物, 物品。

2) 纓 : 此作 "瓔", "瓔珞"。亦稱 纓珞。一種用珠玉貫串而成的裝飾品。

3) 顆 : 量詞, 指圓形或粒狀的東西。

4) 原文의 '燒珠兒 "은 구운 구술, 즉 흙으로 구워 만든 사기(砂器)구슬 등을 말하는 것으로 보인다. 葉文程의 論文 ≪宋元時期外銷東南亞陶瓷初探≫에 다음과 같은 설명을 볼 수 있다 :「중국 도자기의 수입은 동남아 사람들의 생활을 아름답게 해주었다. ≪星槎勝覽≫(明代 費信이라는 사람이 지음)彭坑國(지금의 泰國일부)條에 "부잣집 아녀자들은 여러 겹의 금목걸이를 목에 걸고, 일반 사람들은 오색의 '燒珠'를 꿰어서 목에 걸었다"라고 하였는데, 이러한 기록으로 보아 현지의 일반 평민들은 '燒珠'와 '瓷珠'를 응용하여 장식품을 만들어, 그들의 생활을 다채롭고 아름답게 하였다.」(中國陶瓷制品的輸入, 還美化了東南亞人民的生活。≪星槎勝覽≫彭坑國條說 : "富家子女金圈四五飾于項髮, 常人五色燒珠穿圈。" 這則記載證明當地人民普遍應用燒珠瓷珠進行裝飾, 使他們的生活更加絢麗多彩。)

5) 串 : 穿在繩上的一組東西, 尤指穿滿的一串。

6) 水精 : 水晶。≪后漢書 · 西域傳 · 大秦≫ : 「(大秦)宮室皆以水精爲柱, 食器亦然。」

7) 青頂牌兒 : 未詳。

8) 鑷兒 : 夾取毛髮, 細刺及其他細小東西的器具, 一般用金屬制成, 通稱 "鑷子"。

9) 蘇木 : 也作 "蘇枋"。蘇枋源自馬來語 "supang"。常綠小喬木。心材浸液可作紅色染料, 根可作黃色染料。中醫學上用爲行血祛淤藥, 主治經團腹痛 · 産後血脹 · 癰腫及跌打損傷等症。

斤。氈帽兒一百箇, 桃夫椶帽[10]一百箇, 琥珀頂子[11]一百副, 壓纓兒[12]一百副, 圓椶帽兒一百箇, 織結椶帽兒一百箇。香搽粉[13]一百貼[14], 綿臙脂[15]一百斤, 蠟臙脂一百斤, 粉一白斤。牛角盒兒[16] 一百箇, 鹿頂盒兒一百箇, 繡針一百裹, 棗木梳子一百箇, 黃楊木梳子一百箇, 大篦子[17]一百箇, 蟣[18]篦子一百箇, 斜皮針筒兒一百箇。大小刀子共一百副, 雙鞘刀子一十把, 雜使刀子一十把, 割紙細刀子一十把, 裙刀子[19]一十把, 五事兒[20]十副, 象棋十副, 大棋十副, 雙六十副, 茶

---

10) 椶帽 : 似 "鬃帽"。"鬃(騣)", 或作 "棕"。"棕", 同 "椶"。也叫纏棕帽。一種用棕, 藤編織成的帽子, 樣子像一鐘狀的盔, 元明之間很流行。

11) 頂子 : 帽頂, 又稱冠頂, 頂戴。是古人使用在冠頂端上的一種裝飾, 其制始于元代, 發展于明, 盛行于淸。

12) 纓 : 此作絲, 線等做成的穗狀飾物。如 : "紅纓, 帽纓, 纓佩(以纓紐爲佩飾)", "纓蕤(帽子的垂飾)", "纓黴(婦女所佩帶的香囊)"。

13) 香搽粉 : 疑是 "香粉"。

14) 貼 : 膏藥的一張曰一貼。如 : 一貼膏藥。

15) 綿臙脂 : 臙脂, 也作胭脂, 是面脂和口脂的統稱, 是古代女性施于顔面與唇部的紅妝。胭脂是外來詞, 古時還寫作 "燕脂", "焉支", "燕支"等等同音字。綿臙脂, 是一種便于携帶的胭脂。以絲綿卷成圓版權法浸染紅藍花汁而成, 婦女用以敷面或注唇。晋 · 崔豹 ≪古今注≫卷三中 : 「又爲婦人妝色, 以棉染之, 圓徑三寸許, 號綿燕支。」

16) 盒兒 : 盛東西的器皿。一般較小, 大多有蓋。

17) 篦子 : 篦, 同 "篦"。一種齒比梳子密的梳頭用具, 稱 "篦子"。

18) 蟣 : 虱的卵。

19) 裙刀子 : 卽是 "裙刀", 宋, 元間俗語, 卽壓衣刀。壓衣服用的佩刀。元 ≪抱妝盒≫二折 : 「將那孩子或是裙刀兒刺死, 或是縷帶兒勒死, 丢在金水橋河下。」壓衣刀, 就是 "護身", "匕首"。≪水滸傳≫第二一回 : 「宋江狠命只一拽, 倒拽出那把壓衣刀子在席上, 宋江便搶在手裏。」

20) 五事兒 : 包括鑷子, 耳挖, 牙簽, 舌刮和一把小小的鬬刀, 全用銀鏈子連接起

褐象眼[21]地兒欒帶[22]一百條, 紫條兒一百條, 壓口合鉢[23]一百箇, 剃頭刀子一百把, 剪子一百把, 錐兒一百箇。秤[24]三十連, 等子[25]十連, 那秤等子都是官做的, 秤竿, 秤錘, 毫星, 秤鉤子都有。

번역

내가 여러분들과 돌아가서 팔 잡화(雜貨)들을 사러갈까 합니다. 홍영(紅纓)[26] 100알, 사기(砂器)구슬 500목[27], 마노(瑪瑙)구슬 100목, 호박(琥珀)구슬 100목, 옥(玉)구슬 100목, 향목(香木)구슬 100목, 수정(水

來, 又有帶圈, 可以套在腰帶上。也叫 "五設兒"。

21) 象眼 :【方言】斜象眼兒; 菱形。

22) 欒帶 :【老乞大集覽】以黑段爲大帶。儒家好帶, 亦有織成者。

23) 合鉢 : 合鉢一詞本爲蒙古語 "qabta ɣa～qabtar ɣa"的縮合形式 "qab"的音譯, 該詞在蒙古語中本義爲 "口袋, 包袱", 詞根來自突厥語。元代漢語從蒙古語中借用了這個詞, 明淸以來在文獻中多寫作 "荷包"或 "合包"。鐘焓 ≪民族史硏究中的 "他者"視角≫ (歷史硏究, 2008年 第1期)

24) 秤 : 就是 "杆秤"。是秤的一種, 是利用杠杆平衡原理來稱重量的簡易衡器, 由木制的帶有秤星的秤杆, 金屬秤錐, 提繩等組成。

25) 等子 : 亦稱 "戥子", 學名 "戥秤"。是一種小劑量精密衡器, 多用來稱量金銀或藥物。由戥子盒, 戥子杆, 戥子盤, 子錘(又名秤砣)組成。

26) 原文의 '紅纓'의 '纓'은 옥구슬의 '瓔'을 말함이다. 모자와 갓 끈 등에 장식으로 쓰이는 빨간 옥구슬(瓔珞)을 말하는 것으로 보인다. 原文의 '紅纓'에서부터 뒤의 '珊瑚珠兒'에 이르기까지, 치장에 쓰이는 여러 종류의 구슬(珠)에 관한 명칭을 나열하고 있음을 볼 때, '紅纓'이 단순한 갓끈만을 말하고 있는 것으로 보이지 않는다.

27) 原文의 '串'은 '줄에 꿴 한 줄의 물건'을 세는 단위(量詞)로, 現代漢語에서도 여전히 사용되고 있음을 볼 수 있다. ≪飜老≫의 諺解에서 '구운 구슬 갇긴 오빅 목'이라고 풀이하고 있음으로 이에 따랐다.

晶)구슬 100목, 산호(珊瑚)구술 100목. 대침(大針)[28] 100쌈, 소침(小針)[29] 100쌈, 푸른색의 青牌[30] 100벌, 족집게 100개, 소목(蘇木)[31] 100근(斤), 전모(氈帽)[32] 100개, 뾰족한 복숭아 모양의 종모(棕帽)[33]100개, 호박(琥珀)으로 만든 정자(頂子) 100벌, 모자장식의 술[34]이 100벌, 둥근 형태

---

28) 原文의 '大針'은 일반적인 바늘을 말하기보다 한의학에서의 大針을 말하는 것으로 보인다. 바로 뒤에 藥材인 '蘇木'이라는 명칭을 볼 수가 있고, 또 뒤에 '繡針(수바늘)'의 語彙가 출현되고 있기 때문이다.

29) 原文의 '小針' 역시 한의학에서 쓰이는 침(鍼)으로 보았다. 즉 미침(微針)으로 해석을 하였다.

30) 原文 '青頂牌兒'에 대해서 상세한 것은 알 수가 없다. 鄭光 역주해제, ≪原本老乞大≫(김영사, 2004年, 405쪽 주 5번)에는 다음과 같은 설명을 볼 수 있다 : 「원문 '青頂牌'의 '青牌(청패)'는 분명히 알 수 는 없지만, 明史 (권67) '여복(輿服)'조에 南蠻의 춤을 추는 악인(樂人)의 복장을 기술한 것 중에 "泥金의 青牌"라는 구절이 있어서 장신구의 일종임을 알 수 있다. ≪飜老≫에서는 이 구절이 빠졌다.」

31) 原文의 '蘇木'은 다목(red sandal)을 말함이다. 콩과에 속하는 상록 교목으로, 약재에 쓰이는 속살을 한방에서는 '蘇木'이라고 한다. '蘇木'은 어혈이나 통증을 없애는 작용이 있어 외과 질병 및 생리 불순을 치료하는 데 쓴다.

32) 原文의 '氈帽兒'는 모전(毛氈), 즉 양털의 毛織物로 만든 모자를 말한다. 우리말에 전모(氈帽)라는 말이 있는데, 전모(氈帽)는「조선 시대에 여자들이 나들이할 때 쓰던 모자의 하나로, 대나무로 삿갓 모양의 테두리를 만들고 여기에 종이를 발라 기름에 절여 만든 지삿갓」을 말하는 것으로 보인다.

33) 原文의 '桃夫椶帽'은 구체적으로 어떤 모자를 말함인지 알 수가 없다. '桃夫'는 '짐을 나르는 짐꾼' 등을 나타내는 것으로, '桃夫'가 쓰는 '椶帽'라고 해석도 가능할 것이다. 그러나 刪改本 ≪飜譯老乞大≫에서는「桃尖椶帽」로 바뀌 나타나고 있음을 볼 수 있는데, 이는 '笠'의 끝 부분이 복숭아의 꼭지 부분처럼 생긴 형태를 말하는 것으로 당시에는 '桃尖帽'이라고 불렀다. '椶帽'는 '騌帽' 또는 '纏棕帽(椶과 棕은 같은 글자임)'라고 하기도 하는데, 종려나무의 껍질과 등나무 등으로 짠 모자를 말하는 것으로, 모자의 형태는 종(鐘)모양의 투구(盔) 같다. 이와 비슷한 형태의 모자로 당시 몽고족 남자들이 즐겨 쓰는 '瓦楞帽'라고 불리는 모자가 있다.

34) 原文 '壓纓'이 구체적으로 무엇을 말함인지 알 수가 없다. 다만 原文에는 '椶

의 종모(棕帽)100개, 직결종모(織結椶帽)[35] 100개。얼굴에 바르는 향차분(香搽粉)[36] 100첩[37], 면연지(綿臙脂) 100근, 蜜蠟연지(蠟臙脂)[38]

帽'의 종류를 나열하고 또한 '椶帽'장식에 필요한 '琥珀頂子'와 함께 "壓纓"이 출현하고 있음을 볼 때, '壓纓'의 '纓'은 갓끈 등으로 사용할 수 있는 꼭지(술) 같은 매듭을 꿰어서 만든 모자 장식용 끈을 말하는 것으로 보인다. 꽃 술 같은 매듭의 끈이 쓰이는 용도에 따라 '帽纓(갓끈)', '纓佩(허리 끈)' 이라고 하고, 모자의 느림을 '纓蕤(영유)', 여인네들이 차고 다니는 향주머니 끈을 '纓徽(영휘)' 라고 부르고 있음을 볼 수 있다.

35) 原文의 '織結椶帽'은 '종려나무 껍질로 짠 모자'로 번역할 수 있으나, 앞에서 볼 수 있는「桃夫椶帽」와「圓椶帽兒」그리고「織結椶帽」등 모자는 모두 종려나무나 등나무 껍질 등을 이용하여 만든 모자이기는 마찬가지지만, 모자의 모양이 다르기 때문에 나열하였다고 본다.

36) 原文의 '搽'는 '바르다', '칠하다'의 의미를 가지므로, '搽粉'은 '얼굴에 분을 바르다'의 의미를 가진다. 여기서는 '香'字와 함께 '향기 나는 분'이라는 의미의 명사로서 쓰였다. 옛날 중국에서는 '香粉'을 '末香'이라고 부르기도 했는데, 분말 형태의 香을 말함이다.

37) 原文의 '貼(첩)'은, '약 한 첩'과 같이 약봉지에 싼 약의 뭉치를 세는 단위를 말하는 것이다.

38) 原文의 '蠟臙脂'에 대해서 ≪飜老≫의 諺解에서는「낫 미레 든 연지」라고 되어 있고, 鄭光 역주해제, ≪原本老乞大≫(김영사, 2004年, 405쪽)에서는 註釋의 설명 없이「밀납(蠟)에 든 연지」라고 번역되어 있음을 볼 수 있다. '연지(臙脂)'는 홍화(紅花)에서 추출한 顔料이다. 홍화(Carthamus tinctorius L.)는 국화과의 1년생 초본식물로 이집트가 원산지이며, 염료와 약용식물로서 약명은 홍화이며 속명은 '호애꽃, 홍람화'라고도 한다. 中國文獻에서는「紅藍花, 黃藍花, 草紅花, 燕脂花, 臙脂花, 山丹花」등으로 부르고 있음을 볼 수 있다. 南宋의 趙彦衛이 지은 ≪雲夢漫鈔≫화 明代 李時珍이 편찬한 ≪本草綱目≫에서「紅花는 漢代 장건(張騫)이 西域에서 가져온 植物로, 여기서 추출한 색상을 진홍(眞紅)이라고 하였다. 紅花는 繪畫의 顔料로 또는 染料로 쓰이고 있었고, 또한 婦女子의 뺨과 입술에 色料로 쓰였기 때문에 '胭脂花'라고도 한다.」라는 기록을 볼 수 있다. 연지(臙脂)의 제조방법에 대해서「이슬에 젖은 꽃을 따서 절구에 찧어 황색을 제거한 후, 하루 밤을 지내게 되면 엷게 뭉치는데, 이것을 말려서 사용한다.(≪便民圖纂≫曰 : 八月中鋤成行壟, 春穴下種, … 次年花開, 侵晨採摘。微搗去黃, 用靑蒿蓋一宿, 捻成薄餠, 晒乾收用)」등의 기록을 볼

100근, 분(粉) 100근. 쇠뿔로 만든 합(閤)이 100개, 녹각(鹿角)[39]으로 만든 작은 합(盒)이 100개, 수바늘 100 쌈, 대추나무로 만든 얼레빗 100 개, 황양목(黃楊木)으로 만든 얼레빗 100개, 큰 참빗 100개, 서캐

수 있다. ≪本草綱目≫에서도 같은 제조방법과 함께 말린 臙脂의 덩어리를 깨서 약으로 쓰인다는 기록을 볼 수 있다. (≪本草綱目≫ : 紅藍花 : 染材,【釋名】紅花。(開寶)。黃藍。… 其花暴乾。以染眞紅。又做胭脂。… 初生嫩葉苗亦可食。其葉如小薊葉。至五月開花。如大薊花而紅色。侵晨采花搗熟。以水淘布袋。絞去黃汁。又搗以酸粟米泔淸。又淘又絞袋去汁。以靑蒿覆一宿。曬乾。或捏成薄餠。陰乾收之。入藥搓碎用。) 紅花에는 carthamin이라는 물에 녹지 않는 적색소와 safloryellow라는 물에 잘 녹는 황색소가 있어서 염료로 이용할 때는 물에 담가 황색소를 제거한 후 붉은 색소만을 이용하는데 이것을 연지(臙脂)라고 하고, 또한 가루를 내어 약용으로도 쓰이고 있다는 내용이다. 그런데 '蠟臙脂'에 대해서는 명확한 기록을 찾을 수가 없다. 明 · 孫志宏이 편찬한 醫書 ≪簡明醫彀≫ 八卷에「심한 액취(腋臭)에는 蠟胭脂를 겨드랑이에 바르고, 잠시 후 노랗게 나타난 부분에 21개의 뜸을 뜬다. 3일 후에 생강탕을 복용하면 효과가 있다(腋臭…治體氣用蠟胭脂搽在腋下, 待一時看黃處, 灸二十一炷。過三日, 食干姜湯神效。)」이라는 내용을 볼 수 있다. 또한「천연두의 痘瘡도, 종기를 긁어내고 珍珠가루와 함께 蠟胭脂를 바른다.(報痘之時, 如痘不出不長, 恐有痘疔, 須防賊痘。二者皆以銀簪挑破, 口含淸水, 吸去瀐血, 珍珠硏末, 頭髮燒灰, 蠟胭脂調勻, 塡入破處。)」이러한 기록으로 미루어 '蠟胭脂'는 화장품용의 '綿臙脂'와는 달리, 약재로 쓰이는 '蜜蠟한 臙脂' 또는 '덩어리 臙脂'로 볼 수가 있을 것이다.

39) 原文 '鹿頂盒兒'에 대해서 ≪飜老≫에서는「鹿角盒兒」로 改修되고 있음을 볼 수 있다. 南宋의 홍호(洪皓)가 金나라에 使臣으로 가서 본 것을 기록한 ≪松漠紀聞≫의 ≪補遺≫篇에「북쪽 사람들은 鹿角을 '鹿角合'라고 하고, 끝(頂) 부분을 '鹿頂合'이라고 한다(北人謂角爲鹿角合, 頂爲鹿頂合)」는 기록을 볼 수 있고, 또한 宋의 주욱(朱彧)이 지은 ≪萍州可談≫(卷一)에는「북쪽의 사슴은 중국의 것보다는 배가 크다. 鹿角의 뿌리부분은 살과 잘 붙어있고, 내부는 비어 물건을 저장할 수 있는데, 그것을 '鹿頂合'이라고 한다. (北地產鹿, 其倍大于中國者。鹿角根近實處, 肉好相半, 內虛可貯物, 謂之鹿頂合)」이라는 기록으로 보아, '鹿頂盒兒'는 '큰 사슴뿔로 만든 작은 합(盒)'같은 것을 말하는 것으로 보인다.

빗 100개, 담비가죽[40]으로 만든 바늘 통(針筒) 100개, 크고 작은 칼이 합쳐서 100벌, 쌍칼집의 칼[41]이 10자루, 다용도 칼이 10자루, 종이 자르는 가느다란 칼이 10벌, 여인들의 호신용 은장도 10자루, 다섯 가지의 노리개(귀이개, 이쑤시개, 족집게, 혀 닦기, 칼)가[42] 10벌, 장기(將棋)가 10벌, 바둑 10벌, 쌍륙(雙六) 10벌, 다갈색[43] 마름모꼴 무늬[44]의 허리띠인 난대(欒帶)[45]가 100개, 납작한 자주색 허리끈인 자조(紫絛)가 100개, 끈 달린 주머니 100개, 머리 깎는 칼 100자루, 가위 100개, 송곳

---

40) 原文의 '斜皮'에 대해서 우리말 사전과 문헌에서는 '獤皮(돈피)'로 해석되고 있음을 볼 수 있다. 獤皮는 '담비의 가죽', 즉 '담비 종류 동물의 모피를 통틀어 이르는 말'로 설명되고 있다.

41) 原文 '雙鞘刀子'는 '두 개의 칼집의 칼'을 말하는 것으로, 문헌이나 박물관의 사진 설명에 흔히 '青銅雙鞘短劍', '雙鞘劍' 등의 명칭과 그림을 볼 수가 있다. 크고 작은 칼이 나란히 칼집에 꽂혀 있는 그러한 것을 말하는 것으로 보인다.

42) 原文의 '五事兒'는 앞의 註釋에서 설명한 바처럼, 銀 등으로 만든 '귀이개', '이쑤시개', '혀 닦기(舌刮)' 등의 세 개의 용품을 은줄 등에 묶어 허리에 찰 수 있는 것을 '三事'이라고 하고, '족집게', '칼(小鬬刀)'을 합친 다섯 종류를 '五事'라고 한다. 金으로 만들면 '金五事'이고, 銀으로 만들면 '銀五事'이라고 한다.

43) 原文의 '茶褐'은 색상의 명칭으로 소위 말하는 '다갈색'인 것이다. 元末明初의 사람인 陶宗儀가 지은 ≪南村輟耕錄≫(卷十一)에 갈색계통의 다양한 색조의 이름(磚褐, 荊褐, 艾褐, 鷹背褐, 銀褐, 珠子褐, 藕絲褐, 露褐, 茶褐, 麝香褐, 檀褐, 山谷褐, 枯竹褐, 湖水褐, 葱白褐, 棠梨褐, 秋茶褐, 鼠白褐, 丁香褐)을 나열하고 있음을 볼 때, 당시의 服飾에 갈색계통의 색조가 많이 쓰이고 있었음을 볼 수 있다.

44) 原文 '象眼'은 '마름모꼴'의 무늬를 말한다. '마름모'를 또 능형(菱形)이라고도 하는데, '象眼'은 '마름모꼴'의 기하무늬를 말하는 것이다.

45) 原文의 '欒帶'는 당시 남자들이 즐겨 차는 허리띠의 일종이나 구체적인 모양을 알 수가 없다. 다만 元明時期의 문헌인 ≪碎金≫에, 당시 남자들이 허리에 차는 腰帶에 '欒帶'라는 명칭을 볼 수 있다. (元代服飾名目繁多, 男服有深衣, 襖子, 褡護 … 圍腰的有玉帶, 犀帶, 金帶, 角帶, 繫腰, 欒帶, 絨絛。)

100개. 대저울[46] 30벌과 작은저울[47] 10벌입니다. 저울들은 관아에서 인증한 것입니다. 저울대, 저울추, 호성(毫星)[48], 저울의 고리[49]가 모두 달려 있습니다.

46) 原文의 '杆秤'은 우리말로 '대저울'이라고 하고 또 '간칭'이라고 말하기도 한다.

47) 原文의 '等子'는 '분칭(分秤)' 또는 '약저울'이라고도 하는데, 한 푼쭝에서 스무 냥쭝까지 다는 조그만 저울이다. 약이나 금은 따위를 달 때 쓴다.

48) 原文 '毫星'에 대한 자료는 찾을 수가 없다. 鄭光 역주해제, ≪原本老乞大≫(김영사, 2004年, 408쪽, 주 49번)에는「별 모양의 눈금」이라는 설명을 볼 수 있다. 저울대에 무게의 중량을 나타내는 별모양의 눈금을 '秤星'이라고 한다.

49) 原文의 '秤鉤子'는 저울의 고리를 말하는 것으로, 저울에 달려 있는 접시는 '秤盤'이라고 한다.

第一百四話 更買些麤木綿一百匹
(또 굵은 무명 100필을 샀습니다)

更[1]買些麤木綿[2]一百匹, 渾金[3]和素段子一百匹, 草金段子一百匹。更有小孩兒每小鈴兒一百箇, 馬纓[4]一百顆, 減鐵[5]條環一百箇。更買些文書[6]。一部 ≪四書≫, 都是晦庵集注[7]。又買一部 ≪毛詩≫[8], ≪尙書≫[9], ≪周易≫[10], ≪禮記≫[11],

1) 更 : 還; 再。≪七國春秋≫卷下 :「孫子曰 : 來救五更有誰? 角曰 : 無人。吾只獨自撞陣入來探信。」

2) 木綿 : 元代稱棉花爲木綿。

3) 渾金 : 在雕刻或瀝粉紋飾構造的表面滿飾金箔者, 稱渾金做法。

4) 馬纓 : 掛于馬頸的帶飾。唐 · 盧照隣 ≪劉生≫詩 :「翠羽裝刀鞘, 黃金飾馬纓。」

5) 減鐵 : 所謂 "減鐵", "減銀", 原是金銀器加工方法的一種稱謂, 前者是在鐵物上嵌銀絲, 後者是在銀器上嵌金絲。此項工藝似起源于北方。宋·佚名 ≪百寶總珍集≫卷六("減鐵"條前所冠口訣云) :「減鐵元本北地有, 頭巾環子與腰條。馬鞍作子并刀靶, 如今不作半分毫。」(揚之水 ≪江西省博物館藏宋元金銀器叢考≫)

6) 文書 : 文字圖籍。書籍, 文章。宋·朱淑眞 ≪夏日游水閣≫詩 :「獨自憑欄無個事, 水風凉處讀文書。」(≪漢語大詞典≫, 漢語大詞典出版社, 1991年)

7) 晦庵集注 : 卽是宋朱熹所注之 ≪四書章句集注≫而言。≪四書章句集注≫包括 ≪大學章句≫1卷, ≪中庸章句≫1卷, ≪論語集注≫10卷, ≪孟子集注≫7卷。

8) 毛詩 : 指西漢時魯國毛亨和趙國毛萇所輯和注的古文 ≪詩≫, 也就是現在流行于世的 ≪詩經≫。

9) 尙書 : ≪尙書≫又稱 ≪書≫, ≪書經≫, 爲一部多体裁文獻匯編, 是中國現存最早的史書。

10) 周易 : 卽時 ≪易經≫而言。≪易經≫流行于周朝故稱 ≪周易≫, 儒家奉 ≪周易≫, ≪尙書≫, ≪詩經≫, ≪禮記≫, ≪春秋≫爲 ≪五經≫。

≪五子書≫[12], ≪韓文柳文≫[13], ≪東坡[14].≫, ≪淵源詩學大成押韻≫, ≪君臣故事≫, ≪資治通鑑≫[15], ≪翰院新書≫[16], ≪標題小學≫[17], ≪貞觀政要≫[18], ≪三國志評話≫。這些行貨都買了也。

번역

또 굵은 무명 100필, 금박(渾金)[19]의 무늬 없는 비단(和素段子)[20]

---

11) 禮記 : ≪禮記≫是戰國至秦漢年間儒家學者解釋說明經書 ≪儀禮≫的文章選集, 是一部儒家思想的資料匯編。≪禮記≫與 ≪儀禮≫, ≪周禮≫合稱 "三禮"。

12) 五子書 : "五子"應是一般所謂的 ≪宋五子書≫。"五子"應是宋代五名理學家周敦頤, 程顥, 程頤, 張載, 朱熹等五人。五子書, 就是他們五人的作品。

13) 韓文柳文 : 卽韓愈, 柳宗元的詩文集。

14) 東坡 : 卽 "蘇東坡"。蘇軾(1037-1101), 字子瞻, 號東坡居士, 眉山(今四川眉山縣)人。北宋著名文學家, 書畫家, 詩人, 詞人。是唐宋八大家之一。

15) 資治通鑑 : ≪資治通鑑≫, 簡稱 "通鑑", 是北宋司馬光所主編的一本長篇編年體史書, 共294卷。記載的歷史由周威烈王二十三年(紀元前403年)寫起, 一直到五代的後周世宗顯德六年(紀元959年)征淮南, 計跨16個朝代, 共1363年的逐年記載詳細歷史。≪資治通鑑≫有 "鑑于往事, 資于治道"之意。

16) 翰院新書 : 應卽 ≪翰苑新書≫, 收錄各種書啓表箋文字。此書編者佚名, 已收入 ≪四庫全書≫。

17) 標題小學 : 應是朱熹編撰的一本供兒童用的儒學啓蒙著作 ≪小學≫。≪小學≫一書分, ≪內篇≫和 ≪外篇≫。≪內篇≫四篇, 分別爲 "立敎", "明倫", "敬身"和 "稽古"。≪外篇≫則有 "嘉言"和 "善行"兩篇。

18) 貞觀政要 : 唐代史學家吳兢所編。全書10卷40篇。

19) 原文의 '渾金'은 金을 이용한 織造(織金)방법의 하나이다. ≪元史≫(卷一百四·志第五十二·刑法三)에는「職官一品, 二品許服渾金花(일품과 이품 품계는 '渾金花' 着服을 許한다)」,「命婦一品至三品服渾金(일품에서 삼품의 내명부는 '渾金'을 입는다)」 등의 기록을 보아, 金箔(金絲)이로 꽃무늬의 옷감을 말하는 것이다. 中國古代漆器製品의 目錄을 살펴보면 '渾金花脫瓶', '牡丹

100필, 질이 낮은 초금(草金)[21]의 비단 100필을 사야겠습니다. 이밖에 또 아이들을 위한 작은 방울 100 개, 말의 가슴걸이 장식 100개, 銀으로 象嵌한 고리[22] 100개 등도 있습니다. 이밖에 또 典籍들을 좀 사야겠습니다. 사서(四書)가 한 질(帙)로, 전부가 주희(朱熹)가 註釋을 한 회암집주본(晦庵集注本)[23]입니다. 그리고 시경(詩經)[24], 상서(尙書), 주역(周易), 예기(禮記)[25], 송(宋)의 오자서(五子書)[26], 한유(韓愈)와 유종원(柳宗元)의 文集, 소동파시문집(東坡詩集)[27], 연원시학대성압운(淵

花渾金脫瓶' 등의 명칭을 볼 수 있고 또 실물의 사진을 살펴볼 때, 금박의 모란꽃이 바탕을 이루고 있음을 볼 수 있다. 精練하기 전의 금을 '渾金'이라고도 하지만, '渾'은 또 '全', '滿'의 의미로도 쓰이므로, 꽃무늬 등에 금박을 넓게 입히는 織金의 한 기법으로 볼 수 있을 것이다.

20) 原文의 '和素'은 단색의 색상의 수수한 무늬의 천을 말하는 것으로 보인다. (제72화 註32 참조)

21) 原文의 '草金'은 질이 낮은 금박으로 보인다.

22) 原文의 '減鐵'은 당시의 金銀器에 象嵌을 입히는 加工의 名稱이다. 鐵物에 銀絲를 上嵌시키는 것을 '減鐵'이라 하고, 銀器에 金絲를 上嵌시키는 것을 '減銀'이라고 한다.

23) 原文의 '一部 ≪四書≫, 都是晦庵集注'는 宋의 朱熹가 集注한 ≪四書章句集注≫를 말하는 것으로, ≪四書集注≫라고 하기도 한다. '晦庵'은 朱熹의 雅號이다.

24) 原文의 '毛詩'는 '시경(詩經)'을 달리 이르는 말로, 중국 한나라 때의 노(魯)의 모형(毛亨) 등이 전하였다고 하여 '모시(毛詩)'라고 부르기도 한다.

25) 原文의 '禮記'는 앞의 註釋에서 설명한 바처럼, 중국 先秦時代의 禮儀와 禮節을 비롯하여 일상생활에 필요한 祭祀와 曆法 등을 기술한 책으로 중국의 先秦 儒家의 사상과 당시의 사회상을 알 수 있는 중요한 자료이다.

26) 原文의 '五子書'는 '宋五子書'라고도 하는데, 宋代의 儒學者 주돈이(周敦頤), 정호(程顥), (정이)程頤, (장재)張載, 주희(朱熹)의 詩文集을 이르는 말이다.

27) 原文의 '東坡詩'는 宋代 소식(蘇軾)의 詩詞文集을 말하는 것으로 보인다.

源詩學大成押韻)[28], 군신고사(君臣故事)[29], 사마광(司馬光)의 자치통감(資治通鑑)[30], 한원신서(翰苑新書)[31], 朱熹의 소학(小學)[32], 오긍(吳兢)의 정관정요(貞觀政要)[33], 이야기책 삼국지평화(三國志評話)[34] 등을 각각 한 질(帙) 씩을 사겠습니다. 가지고갈 물건들을 다 샀습니다.

---

28) 原文 '淵源詩學大成押韻'一書에 대한 자료는 찾을 수가 없다. 鄭光 역주해제, ≪原本老乞大≫(김영사, 2004年, 412쪽, 주15번)에서 「원(元)의 엄의(嚴毅)가 편집한 ≪詩學集成押韻淵海≫를 가리킬 것이다. '源'은 아마도 '海'의 잘못인 것 같다. … ≪飜老≫의 '시학대성(시학대성)'은 원(元) 임정(林楨)이 편집한 연신사비시학대성(聯新事備詩學大成)을 말하는 것이 아닌가 한다. 다만 '압운(押韻)의 두 글자가 놓인 위치가 문법적으로 맞지 않다.」라는 풀이를 볼 수 있다.

29) 原文의 '君臣故事' 一書에 대해서 구체적으로 무엇을 말함인지 알 수는 없다. 다만 書名으로 '君臣간의 逸話'를 다룬 이야기책으로 짐작이 된다.

30) 原文의 '資治通鑑'一書는 북송(北宋)의 사마 광(司馬光 : 1019~1086)이 편찬한 편년체(編年體) 형식의 역사서이다. 古代 (周)나라 BC 403년부터 5대(五代) 후주(後周)의 세종(世宗) 때인 960년에 이르기까지 1362년간의 역사를 1년씩 묶어서 편찬하였다.

31) 原文 '翰院新書'의 '院'은 '苑'의 잘못이다. 서간문 작성 시에 필요한 모범문례(模範文例)나 기타의 생활지식을 주제로, 주제별로 분류한 책이다. (鄭光 역주해제, ≪原本老乞大≫, 김영사, 2004年, 412쪽, 주18번)

32) 原文의 '標題小學'은 중국 남송(南宋)시대 주희(朱熹)와 그의 제자인 유청지(劉淸之) 등이 편찬한 책으로 보인다.

33) 原文의 '貞觀政要' 一書는 당(唐)의 오긍(吳兢)이 지은 책으로, 당 (唐) 태종(太宗) 이세민(李世民)과 가까운 신하 위정(魏征), 왕규(王珪) 등과 정관(貞觀) 시대에 정치적으로 행한 조치에 관한 문답과 정치, 경제 등의 중요한 조치 등을 기록한 책이다.

34) 原文의 '三國志評話'는 元代에서 刊行된 5종류의 역사를 소재로 한 이야기책, 즉 話本(이야기꾼들의 대본을 宋代에서는 '話本'이라고 하고, 元代에서는 '評話' 또는 '平話'라고 한다)의 하나이다. 元代에 刊行된 5종류의 역사를 소재로 한 評話로는 ≪三國志平話≫를 비롯하여 ≪武王伐紂平話≫, ≪七國春秋平話≫, ≪秦併六國平話≫, ≪前漢書平話≫ 등이 있다. ≪三國志平話≫ 등은 후에 쓰인 역사소설 나관중(羅貫中)의 삼국지연의(三國志演義) 등의 소설 형성에 많은 영향을 주었다.

第一百五話 俺揀箇好日頭廻去
(우리 길일을 골라서 돌아갑시다)

俺揀[1]箇好日頭廻去。我一就[2]待筭一卦去。這裏有五虎先生，最筭的好有，咱每那裏筭去來。到那卦鋪裏坐定，問[3]先生[4]道。與俺看命。你道將年月日生時來。我是屬牛兒的，今年四十也[5]，七月十七日寅時生。你這八字哏好。一世[6]不少衣祿[7]，不受貧。官分呵沒，宜做買賣，出入[8]通達[9]。今年交[10]大運，丙戌已後[11]財帛大聚，强如[12]已前數倍。這般呵，我待近

---

1) 揀 : 挑選, 選擇。≪西遊記≫五四回 :「只見那猴王脫了冠服, 爬上大樹, 揀那熟透的大桃, 摘了許多。」(許少峯 主編, ≪近代漢語大詞典≫ 中華書局, 2008年, 頁880)

2) 一就 : 此作 "就此, 因而"。元·石君寶 ≪紫雲庭≫第三折 :「且說俺這小哥哥, 爲俺耽驚受怕, 波進流移, 冷落了讀書院, 一就把功名懶墮。」(許少峯 主編, 同上揭書, 頁2199)

3) 問 : 開口向人。向。王實甫 ≪西廂記≫一本二折 :「今日去向長老借一間僧房, 早晚溫習經書。倘遇那小姐出來, 必當飽看一會。」(許少峯 主編, 同前揭書, 頁1940)

4) 先生 : 舊時稱以相面, 卜卦, 賣唱, 行醫, 看風水等爲職業的人。

5) 也 : 語氣助詞。用于句末, 表示對已然或將然情況的確認。類似現代漢語的 "了", "啦"。類似現代漢語的 "啊", "呀", "啦"。與文言之助詞 "也"不同。

6) 一世 : 猶一生。

7) 衣祿 : 衣食福分。

8) 出入 : 支出與收入。≪史記 · 陳丞相世家≫ :「問天下一歲錢穀出入幾何。」

9) 通達 : 此指 "暢通"。

10) 交 : 遇, 硏上。≪警世通言≫第十七卷 :「只嫌二十二歲交這運不好, 官煞重重, 爲禍不少, 不但破家, 也防傷命。」(許少峯 主編, 同前揭書, 頁904)

11) 已後 : 往後, 卽以後。

日廻程, 幾日好? 且住[13], 我與你選箇好日頭。甲乙丙丁戊己庚辛壬癸是天干, 子丑寅卯辰巳午未申酉戌亥是地支, 建除滿平定執破危成收開閉[14]。你則這二十五日起去[15], 寅時東迎喜神[16]去, 大吉利。二兩半卦錢留下者。各自散了。

번역

우리 길일(吉日)을 골라서 돌아갑시다. 내 그래서 점을 좀 보러갈까 합니다. 이곳에 五虎선생이라는 분이 있는데, 점을 잘 본다고 하니, 우리 그곳으로 점을 보러 갑시다.

(점을 보는 가게에 도착하여 좌정을 하고, 점술사에게 묻는다)

麗商 : 우리에게 운수를 좀 봐주시오.

五虎 : 생년월일과 生時를 말씀해 주십시오.

麗商 : 저는 소띠로, 올해 마흔이고, 칠월 십칠일 인시(寅時)에 태어났습니다.

五虎 : 선생께서는 참으로 좋은 팔자를 타고 나셨습니다. 평생 입을 것과 먹을 것이 떨어지지 않고, 가난하게 살 팔자는 아닙

12) 强如 : 勝過。

13) 且住 : 暫且停一下, 猶慢着。

14) 建除 : 古代術數家以爲天文中的十二辰, 分別象徵人事上的“建除滿平定執破危成收開閉”十二種情況。後因以“建除”指根據天象占測人事吉凶禍福的方法。

15) 起去 : 起身離開。

16) 喜神 : 指吉祥之神。≪兒女英雄傳≫二八回 :「出門邁鞍子, 過火盆, 送喜神, 避太歲, 便出了那座游廊屛門。」

니다.[17] 官運은 없고, 장사가 적격이어서, 돈줄이 막히지 않겠습니다.[18] 올해에 大運이 들어와서, 병술(丙戌)년 이후부터는 재물이 모이기 시작하는데, 예전보다는 몇 배나 좋을 것입니다.

麗商 : 그러하시다면, 우리는 가까운 시일 내에 돌아갈까 하는데, 언제가 좋겠습니까?

五虎 : 잠시만 기다려주시지요, 제가 여러분들에게 좋은 날을 擇日해드리겠습니다. (주문을 외우고 점괘(占卦)를[19] 풀고 나서) 여러분들은 25일에 떠나시고, 인시(寅時)에[20] 동쪽으로 길을

---

17) 原文 '不受貧'에 대해서 중국의 속담에 「묻기를 잘하면 길을 잃지 않고, 일을 잘하면 가난하지 않다(好問不迷路, 好做不受貧), 손발이 부지런하면, 평생 가난하지 않다(只要手脚勤, 一世不受貧)」 등의 말이 있다.

18) 原文 '出入通達'에 대해서 ≪鄭本≫ (414쪽, 주 5번)에서는 「원문 出入通達은 주로 여행의 무사함을 말하는데 장사에서의 번창을 의미하기도 한다.」라는 설명을 볼 수 있다. 그러나 앞에 '宜做買賣(장사에 적합하다; 장사에 맞는 운이다)'라는 글귀를 보아, '出入'을 註釋에서와 같이 「돈의 지출과 수입」의 의미로 보고 통틀어서 「돈줄이 막히지 않겠다」라고 번역하였다.

19) 原文의 '建, 除, 滿, 平, 定, 執, 破, 危, 成, 收, 開, 閉'은 '建除12神'이라고도 하는데, 점술가들이 그날그날의 길흉(吉凶)을 십이진으로 배열(配列)하여 정(定)하는 것을 말함이다. 原文의 십간(十干)과 십이지(十二支)는 모두 점술가(占術家)가들이 택일을 하고, 길흉(吉凶)을 점치는 방법과 또는 그러한 명칭이므로 통틀어 '점괘(占卦)를 보다'로 번역하였다.

20) 原文의 '寅時'는 십이시(十二時)의 셋째 번 시, 곧 오전(午前) 3시에서 5시까지를 말함이다. 陰陽五行을 기록한 淸代의 ≪均紀辨方書 · 喜神≫에 「喜神于甲巳日居艮方, 是在寅時(喜神은 갑사(甲巳)일 간방(艮方)에, 인시(寅時)에 만날 수 있다)」라는 설명을 볼 수 있다. 간방(艮方)은 팔방(八方)의 하나로 정동(正東)과 정북(正北) 사이 한가운데를 말하는 것이므로, 原文의 「東迎喜神」 과도 맞아 떨어진다고 본다. 이는 「寅時東迎喜神去, 大吉利」라는 말과도 부합된다고 본다.

떠나시면,[21] 크게 길할 것입니다. 복채 2냥 반을 놓으시지요.

(각자 헤어진다)

21) 原文의 '迎喜神去'는 글자 그대로 '喜神(福神)을 맞이하러 가다'의 의미이다. 즉 동쪽으로 고국을 찾아 떠나는 길은 행운이 따르는 길임을 나타내는 상징적인 말로 보인다. 지금도 중국에서는 이러한 의식이 행해지고 있음을 볼 수 있다.「春節後, 民間習慣選擇第一個吉日, 外出郊游, 稱爲迎喜節, 亦稱游喜神.(정월에 택일을 하여 야외로 나가 일종의 의식을 치루고 喜神을 맞이하는 것을 '迎喜節' 또는 '游喜神'이라고 한다)」

第一百六話 四海皆兄弟
(천하의 모든 사람들은 다 형제다)

至[1]二十五日起程, 辭別那漢兒伴當。已前盤纏[2]了的火帳[3]都筭計明白[4]。哥哥, 俺每廻去也, 你好坐的者。俺多多的定害[5]恁, 恁休怪。咱每爲人[6]四海皆兄弟, 咱每這般做了數月伴當呵, 不曾[7]面赤。如今辭別了, 休道後頭再不厮見, 山也有相逢的日頭。今後再厮見呵, 不是好弟兄[8]那甚麽[9]!

1) 至 : 到…時候。褚少孫 ≪西門豹治鄴≫ :「至其時, 西門豹往會之河上。」

2) 盤纏 : 花費。元 · 鄭廷玉 ≪後庭花≫一折 :「喒如今把他修飾頭面都拿了, 放的他走了, 有誰知道, 這些東西喒一世兒盤纏不了。」

3) 火帳 : 禪林中, 飯頭計算每日用食人數及所食物量之帳簿。又飯頭系負責大衆粥飯之職稱。≪雪岩祖欽禪師語錄卷二(卍續一二二 · 二五六下) :「吹入十八重無間地獄中去, 被閻羅老漢與你打算火帳, 問你索飯錢。(禪林象器箋卷十六)」。

4) 明白 : 淸楚; 明確。

5) 定害 : 攪憂, 煩憂。元 · 張國賓 ≪合汗衫≫二折 :「往常我哥哥見我, 歡天喜地; 今日見我, 有些煩惱…必然見我早晩吃穿衣服定害他了, 因此上恩多怨深。」(許少峯 主編, ≪近代漢語詞典≫, 團結出版社, 1997年, 頁290)

6) 爲人 : 此作 "做人和跟人交往的態度"。

7) 不曾 : 未曾。與現代漢語 "沒有"同。

8) 弟兄 : 此作對同輩, 同伙或對下屬表示親切的稱呼。金 · 董解元 ≪西廂記諸宮調≫卷三 :「弟兄休作外, 幾盞兒淡酒, 聊復致謝。」

9) 甚麽 : 反問之語氣助詞。

번역

25일에 떠나게 되어, 그 동안 함께 동행을 하였던 漢人과 작별인사를 하였다. 그전까지 썼던 비용들을 명확하게 정산을 마쳤다.

麗商 : 형님, 우리는 돌아갑니다, 형님께서는 잘 계십시오. 우리가 많이 폐를 끼쳤는데, 너무 허물치 마십시오. "천하의 모든 사람들은 다 형제다"[10]라는 말도 있지요, 우리가 몇 달 동안 동행하면서, 얼굴을 서로 붉힌 일도 없었습니다. 지금 헤어져서, 앞으로 다시는 만나지 못한다는 말은 하지마세요, 산(山)도 언젠가는 만날 날이 있는 법입니다. 앞으로 다시 만나면, 더욱 친한 형제가 되지 않겠습니까!

10) 原文의 '四海皆兄弟'라는 구절은 '천하의 사람들은 다 형제와 같다'는 말로, 論語의 顔淵篇에서 볼 수 있다.「君子敬而無失, 與人恭而有禮, 四海之內皆兄弟也! 君子何患乎無兄弟也? (君子는 일을 함에 착실하고 잘못이 없고, 사람을 사귀는데 공손하고 예의가 있다면, 천하가 모두 형제인 것이다! 군자가 어찌 형제가 없음을 걱정하는가?)」

【参考文獻】

原典類

≪朴通事新釋 · 朴通事新釋諺解≫, 서울대학교규장각

≪老乞大, 朴通事諺解≫, 亞細亞文化史(影印本), 1973年

汪維輝 ≪朝鮮時代漢語教科書叢刊≫, (全四冊)中華書局, 2005年

鄭光 監修, 國語史資料研究會 譯註 ≪譯註飜譯老乞大≫, 太學社, 1995年

≪譯語類解≫, 서울亞細亞文化社 刊行(影印本)

______, 역주해제, ≪原本老乞大≫, 김영사, 2004年

______. ≪譯註原本老乞大≫, 박문사, 2010年

______, ≪역주번역노걸대와노걸대언해≫, 신구문화사, 2006年

정광 양오진 역주, ≪老朴集覽譯註≫, 태학사, 2011年

錢南揚 著, ≪永樂大典戲文三種校注≫, 臺灣 · 華正書局, 1990年

王學奇 等校注, ≪關漢卿全集校注≫, 河北教育出版社, 1990年

凌景埏校注本, ≪董解元西廂記≫, 人民出版社, 1980年

王季思校注, ≪西廂記≫, 新文藝出版社, 1954年

李小强 王小忠注釋, ≪西廂記≫, 中國文聯出版公司, 1997年

劉堅 蔣紹愚 主編, ≪近代漢語語法資料彙編≫, (元代明代卷) 商務印書館, 2002年

王士點, 商企翁(元), ≪秘書監志≫, 百度(인터넷)電子版

詞典類

張相, ≪詩詞曲語辭匯釋≫, 中華書局, 1991年

______, ≪詩詞曲語辭匯釋≫, 上海古籍出版社, 2009年

顧學頡 王學奇, ≪元曲釋詞≫卷一, 中國社會科學出版社, 1983年

____________, ≪元曲釋詞≫卷二, 中國社會科學出版社, 1984年

____________, ≪元曲釋詞≫卷三, 中國社會科學出版社, 1988年

____________, ≪元曲釋詞≫卷四, 中國社會科學出版社, 1990年

劉堅 江藍生 主編, ≪元語言詞典≫, 上海教育出版社, 1998年

________________, ≪宋語言詞典≫, 上海敎育出版社, 1999年
許少峯 主編, ≪近代漢語詞典≫, 團結出版社, 1997年
_____ 編. ≪近代漢語大詞典≫, 中華書局, 2008年
龍潛庵 編著, ≪宋元語言詞典≫, 上海辭書出版社 1985年
高文達 主編, ≪近代漢語詞典≫, 知識出版社 1992年
吳士勛 王東明 主編, ≪宋元明淸百部小說詞語大辭典≫, 陝西敎育出版社, 1992年
呂叔湘 主編, ≪現代漢語八百詞≫增訂本, 商務印書館, 1999年
______, ≪中國文法要略≫, 商務印書館, 1982年
張惠英, ≪金瓶梅俚俗難詞解≫, 社會科學文獻出版社, 1993年
≪中朝詞典≫, 中國民族出版社, 1986年
≪漢語大詞典≫, 漢語大詞典出版社, 1991年
中國科學院語言研究所詞典編纂室編, ≪現代漢語詞典(修訂本)≫商務印書館, 1986年
中國社會科學院語言研究所詞典編輯室編, ≪現代漢語詞典(修訂本)≫商務印書館, 2001年
王鍈 曾明德, ≪詩詞曲語辭集釋≫, 語文出版社, 1991年
王鍈, ≪詩詞曲語辭例釋≫, 中華書局(增訂本), 1991年
______, ≪唐宋筆記語辭匯釋≫, 中華書局(增訂本), 1990年
______, ≪宋元明市語匯釋≫, 中華書局(修訂增補本), 2008年
蔣禮鴻 主編, ≪敦煌文獻語言詞典≫, 杭州大學出版社, 1994年
______ 著, ≪敦煌變文字義通釋≫, 上海古籍出版社, 1997年
劉昌惇, ≪李朝語辭典≫, 延世大學校出版部, 2005年
藍立蓂 編著, ≪關漢卿戲曲詞典≫, 四川人民出版社, 1993年
李法白 劉鏡芙 編著, ≪水滸語詞詞典≫, 上海辭書出版社, 1989年
張永言 等編, ≪簡明古漢語字典≫, 四川人民出版社, 1991年
卜鍵主編, ≪元曲百科大辭典≫, 學苑出版社, 1991年
史東, ≪簡明古漢語詞典≫, 雲南人民出版社, 1985年
王學奇 王靜竹 撰著, ≪宋金元明淸曲辭通釋≫, 語文出版社, 2002年

白維國 編, ≪金瓶梅詞典≫, 中華書局, 1991年
譚其驤 主編, ≪中國歷史地圖集≫, 地圖出版社, 1982年
謝紀鋒 編纂, ≪虛詞詁林≫, 黑龍江人民出版社, 1992年
楊樹達 著, ≪詞詮≫, 中華書局, 1990年
廖珣英 編, ≪全宋詞語言詞典≫, 中華書局, 2007年
陸澹安 著, ≪小說詞語語彙釋≫, 上海錦綉文章出版社, 2009年

著書類

呂叔湘著 江藍生補, ≪近代漢語指代詞≫, 學林出版社, 1985年
胡安竹等編, ≪近代漢語研究≫, 商務印書館, 1992年
馮春田, ≪近代漢語語法研究≫, 山東敎育出版社, 2000年
梁伍鎭, ≪老乞大朴通事研究≫, 太學社, 1998年
太田辰夫 著 蔣紹愚, 徐昌華譯, ≪中國語歷史文法≫, 北京大學出版社, 1987年
香坂順一著 江藍生 白維國譯, ≪白話語匯研究≫, 中華書局, 1997年
香坂順一著 植田均譯, ≪水滸詞匯研究(虛詞部分≫, 文津出版社, 1992年
江藍生, ≪近代漢語探源≫, 商務印書館, 2000年
兪光中 植田均, ≪近代漢語語法研究≫, 學林出版社, 2000年
孫錫信, ≪近代漢語語氣詞≫, 語文出版社, 1999年
董志翹 蔡鏡浩, ≪中古虛詞語法例釋≫, 吉林敎育出版社, 1994年
曹廣順, ≪近代漢語助詞≫, 語文出版社, 1995年
王雲路 方一新, ≪中古漢語語詞例釋≫, 吉林敎育出版社, 1992年
胡竹安 楊耐思 蔣紹愚 編, ≪近代漢語研究≫, 商務印書館, 1992年
蔣紹愚 江藍生 編, ≪近代漢語研究(二)≫, 商務印書館, 1999年
北京大學中文系1955, 1957級語言班編, ≪現代漢語虛詞例釋≫, 商務印書館, 1982年
房玉淸 著, ≪實用漢語語法≫, 北京語言學院出版社, 1996年
呂叔湘 主編, ≪現代漢語八百詞≫(增訂本), 商務印書館, 1999年
呂叔湘, ≪漢語語法論文集≫(增訂本), 商務印書館, 1984年

日·青山定雄 編 ≪中國歷代地名要覽≫, 臺灣 : 洪氏出版社, 1975年
蔣紹愚 曹廣順 主編, ≪近代漢語語法史研究綜述≫, 商務印書館, 2005年
蔣紹愚, ≪近代漢語研究概要≫, 北京大學出版社, 2005年
李泰洙, ≪老乞大四種板本語言研究≫, 語文出版社, 2003年
傅雨賢 等著, ≪現代漢語介詞研究≫, 中山大學出版社, 1997年
魏耕原, ≪唐宋詩詞語詞考釋≫, 商務印書館, 2006年
郭作飛, ≪張協狀元詞彙研究≫, 巴蜀書社, 2008年
張美蘭, ≪近代漢語論稿≫, 江西教育出版社, 2004年
______, ≪敦煌變文詞彙研究≫, 四川民族出版社, 2002年
程湘清 主編, ≪宋元明漢語研究≫, 山東教育出版社, 1992年
李崇興 等著, ≪元代漢語語法研究≫, 上海教育出版社, 2009年
정승혜 등 옮기고 엮고 지음, ≪박통사 원나라 대도를 거닐다≫, 박문사, 2011년

論文

鄭旭, ≪老乞大이 V着 연구≫, 한국외국어대학교, 석사학위논문(2005年)
鄭潤哲 ≪老乞大方向動詞研究≫, 한국외국어대학교, 박사학위논문(2005年)
金美娘, ≪老乞大 4종판본 전치사연구≫, 한국외국어대학교, 석사학위논문(2005年)
楊聯陞, <老乞大朴通事裏的語法語彙>, 東方學志, 1955年(臺灣)
愼鏞權, <老乞大가 반영하는 漢語의 성격에 대하여>, 中國語文學 第48輯(2006)
拙稿, <董西廂與王西廂裏的語氣助詞用例考>, 中國語文論叢, 第36輯(2008年)
______, <近代漢語語氣詞用例考(上)>, 中國語文論譯叢刊, 第22輯(2008年)
______, <老乞大語彙考>, 中國語文論叢, 第39輯(2008年)
______, <老乞大語彙考(二)>, 中國學論叢, 第25輯(2009年)

______, <老乞大語彙考(三)>, 中國語文論叢, 第41輯(2009年)
______, <老乞大語彙考(四)>, 中國語文論叢, 43輯(2009)
______, <老乞大語彙考(五)>, 中國語文論叢, 44輯(2010)
______, <老乞大語彙考(六)>, 中國語文論譯叢刊, 27輯(2010)
______, <原本老乞大語彙詁釋(一)>, 光州大學校 人文科學, 10輯(2010)
______, <原本老乞大語彙詁釋(二)>, 光州大學校 人文科學, 11輯(2011)
이수진, <老乞大處置文의 把/將字研究>, 中國學 26輯(2006年)

이육화(李陸禾)

대만 국립정치대학 중문과(문학사)
국민대학교 대학원(문학석사)
중국 산동대학 중문연구소(문학박사)
(전) 중국어문연구회 회장
(현) 광주대학교 국제언어문화학부 교수

原本老乞大 新註新譯
원본노걸대 신주신역

초판 1쇄 발행 _ 2015년 12월 15일

역 주 · 이 육 화
발행인 · 정 현 걸
발 행 · 신 아 사
인 쇄 · 예지인쇄
주 소 · 서울특별시 은평구 통일로 59길 4(2층)
전 화 · (02) 382-6411 팩스 · (02) 382-6401
홈페이지 · www.shinasa.co.kr
E-mail · shinasa@daum.net
출판등록 · 1956년 1월 5일(제9-52호)

ISBN: 978-89-8396-922-4 (93720)

정가 *15,000* 원